检察公益诉讼制度研究

Study on the System of Procuratorial Public Interest Litigation

李　新　季美君　赖敏娓 ◎ 著

中国检察出版社

图书在版编目（CIP）数据

检察公益诉讼制度研究／李新，季美君，赖敏娓著.
—北京：中国检察出版社，2023.12
ISBN 978 – 7 – 5102 – 2976 – 3

Ⅰ.①检⋯　Ⅱ.①李⋯　②季⋯　③赖⋯　Ⅲ.①诉讼 –
司法制度 – 研究 – 中国　Ⅳ.①D925.04

中国国家版本馆 CIP 数据核字（2023）第 253782 号

检察公益诉讼制度研究

李　新　季美君　赖敏娓　著

责任编辑：	钟　鉴
技术编辑：	王英英
封面设计：	徐嘉武

出版发行	中国检察出版社
社　　址：	北京市石景山区香山南路 109 号 （100144）
网　　址：	中国检察出版社（www.zgjccbs.com）
编辑电话：	(010) 86423736
发行电话：	(010) 86423726　86423727　86423728
	(010) 86423730　86423732
经　　销：	新华书店
印　　刷：	河北宝昌佳彩印刷有限公司
开　　本：	710 mm × 960 mm　16 开
印　　张：	21.25
字　　数：	387 千字
版　　次：	2023 年 12 月第一版　　2023 年 12 月第一次印刷
书　　号：	ISBN 978 – 7 – 5102 – 2976 – 3
定　　价：	68.00 元

前　言

　　任何一项重大制度的诞生与发展，都与时代的脉搏息息相关。公益诉讼制度是世界各国共有的一项制度，但因各国的政治经济制度、社会文化背景、诉讼传统模式、民族个性特征以及具体国情不同，具体如何构建，应由哪些部门来行使，又如何行使，却大不相同。在我国，由检察机关提起公益诉讼是一项具有鲜明中国特色的检察制度和诉讼制度，承载着重要的政治责任和公益使命。早在20世纪90年代，我国的公益诉讼实践就有零星探索，学术界也开始渐来渐浓地讨论这一主题。这些探索与讨论为建立公益诉讼制度作了必不可少的铺垫。但从纸上谈兵到落地开花，从萌芽设计到试点探索，最终修法发展壮大，却经历了十多年时间。2014年10月23日，党的十八届四中全会通过了《中共中央关于全面推进依法治国若干重大问题的决定》，明确提出"探索建立检察机关提起公益诉讼制度"。2015年7月1日，全国人大常委会授权最高人民检察院在13个省区市开展为期两年的检察机关提起公益诉讼试点工作。2017年6月27日，全国人大常委会审议通过修改《民事诉讼法》《行政诉讼法》的决定，检察机关提起公益诉讼明确写入这两部法律。2017年7月1日，在党的生日这一天，检察公益诉讼制度正式建立，并在全国检察机关全面推开。这就是我国检察公益诉讼短暂的成长历史。这一系列紧锣密鼓的部署，充分体现了党中央对检察公益诉讼制度的高度重视。可以说，检察公益诉讼制度从孕育到诞生，无论是制度的设计，还是制度的实际运用，均表明这是党中央赋予检察机关的一项历史使命：以公益诉讼为手段，充分发挥检察机关的法律监督职能，以法治思维和法治方式推进国家治理体系和治理能力现代化。

　　为不辱这一重大历史使命，检察公益诉讼无论是在试点期间还是全面推开以后，全国各级检察机关斗志昂扬，以极大的热情和高度的责任感，以"双赢多赢共赢""在办案中监督、在监督中办案"等理念为指导，以诉前实现保护公益目的为最佳司法状态，采取持续跟进监督等手段，不遗余力地扎实推进公益诉讼工作。从2017年7月至2022年6月底公益诉讼案件共立案

67 万余件①，其中民事公益诉讼 5.8 万件，行政公益诉讼 61.4 万件，具体情况为：2018 年突破 10 万件，2019 年为 11 万余件，2020 年达到 15 万余件，2021 年为 16.9 万件，2022 年 1—6 月为 10.1 万件；共制发公益诉讼诉前检察建议 52 万余件，行政机关诉前阶段回复整改率从 2018 年的 97.2% 持续上升至 2021 年的 99.5%；共督促恢复被毁损的耕地、林地、湿地、草原约 786 万亩，回收和清理各类垃圾、固体废物 4584 万余吨，追偿修复生态、治理环境费用 93.5 亿元；督促查处、回收假冒伪劣食品约 182 万千克，查处、回收假药和走私药品约 6 万千克；督促保护、收回国家所有财产和权益的价值约 159.5 亿元，追缴国有土地出让金约 337.2 亿元，收回被非法占用国有土地 5.8 万亩。从这些统计数据可以看出，检察机关办理公益诉讼案件的量正在逐年稳步增长，办案范围不断拓展，通过加强对公益损害问题的监督，助力政府部门依法行政，共同维护人民的根本利益，其在推进国家治理现代化中的职能作用也有目共睹、成效显著。

虽然，公益诉讼检察全面铺开后在短短六年内蓬勃发展，工作开展得有声有色，不但成为我国检察机关的"四大检察"之一，其办案规模稳步增长、办案质效大幅提升、办案领域稳妥拓展、办案理念更加科学、办案能力逐步提高、制度定位更加明晰、法律制度逐渐丰富、理论研究不断深化，而且社会认同度持续增强，知名度直线飙升，但是公益诉讼检察在取得这些可圈可点诸多成绩的同时，在实践中也遇到了理念问题、案源问题、管辖问题、案件范围问题、调查取证问题、鉴定问题、规范意识问题、舆情问题、重数量轻质量问题、办案领域不平衡问题、办案人员能力不足问题以及滥用公益诉讼权问题等，尤其是立法供给不足问题、立法规定粗疏零散问题、效力偏低和内容不全面问题等，如主体规定欠缺、管辖权模糊、案件范围界限不清、与行政机关的衔接问题、调查核实权缺乏刚性以及二审出庭问题等。这些大大小小的问题，都亟需深入而系统的理论研究来指导并提供立法依据和支撑，这也是本书期待实现的价值所在。

为此，本书主要采用比较研究方法和实证研究方法，以大量的国内外案例为基础，通过比较域外主要国家相关制度的理论与实践，如美国、英国、澳大利亚、德国、法国和欧盟国家等，以及最高人民检察院直接办理的万峰湖案、

———————————

① 本书中的统计数据均来自最高人民检察院案件管理办公室公开发布的数据。
这一办案数字，截至 2022 年 10 月党的二十大召开时，上升到 71 万多件。2022 年共立案 19.5 万件，同比上升 15%；2023 年 1—6 月共立案 10 万多件，同比上升 0.5%，立案数上升态势趋缓。

南四湖案所积累的办案经验和工作机制方面的开拓性探索，为完善我国具有独特优势的检察公益诉讼制度和相关工作机制提出不少独到的见解和立法建议。

全书共分五章，分别为检察公益诉讼制度概述、检察机关提起公益诉讼的理论探索、检察公益诉讼的实践探索、检察公益诉讼各领域的办案思路探析和检察公益诉讼制度的发展前景。作者以检察公益诉讼的过去、现在和未来为视角，全面阐述了我国检察公益诉讼制度的产生背景、发展历程、现实成效和发展前景，既充分发挥作者精通外语从事外事工作多年易于收集到一手外文资料的优势，又融合多年办理公益诉讼案件的丰富经验和深厚的理论研究功底，竭尽全力撰写这本《检察公益诉讼制度研究》，希望能给理论研究者带来眼睛一亮的域外公益诉讼图景，也为实践工作者提供开阔的办案思路、理论指导。

检察公益诉讼制度，从试点探索开始发展至今才短短八年时间，从一项法律制度的确立，到实践检验并不断完善的历程来看，当前检察工作中遇到的问题，无论是老问题还是新问题，都只是发展中的问题，而理论研究就是为解决这些问题服务的。我国将拥有专门法律监督职能的检察机关作为提起公益诉讼的主体，从而达到以公权力制约和监督行政权，督促行政机关依法履职、实现司法公正的目的，这一设计，无论是在理念上还是在实践运行效果上，都具有独树一帜的亮点，与世界上其它国家的公益诉讼制度相比，具有独特的制度优势。2022 年 10 月 16 日，振奋人心的党的二十大在京开幕。二十大报告提出了一系列重要理论，还明确提出："加强检察机关法律监督工作。完善公益诉讼制度。"为全面贯彻落实党中央的这一重要部署，2023 年 9 月 21 日，中国法学会、全国人大监察司法委、最高人民法院、最高人民检察院在京联合主办了"检察公益诉讼立法专题研讨会"，应勇检察长在讲话中说：检察公益诉讼制度是习近平法治思想在公益保护领域的生动实践和原创性成果。因此，如何充分发挥公益诉讼检察在我国国家治理体系和治理能力现代化中的职能作用，为世界贡献检察公益诉讼"中国方案"，必将是未来理论研究的价值所在。

目 录

第一章　检察公益诉讼制度概述

当今中国正面临"百年未有之大变局"，正走在实现国家治理体系与治理能力现代化的征途上，既恰逢盛世，又处于社会转型期，在大数据智能化浪潮的冲击下，社会各方面正发生着结构性变化，由此带来了前所未有的矛盾冲突与社会隐患。我国在逐步走向市场经济和市场社会过程中，相伴而生的社会失范问题，如腐败以及公共利益受侵害突出等问题，对我国法治环境的形成和法治资源的进一步优化提出了新的极大挑战。虽然总体上看，我国政局稳定，经济发展飞速，社会进步稳定，各种关系基本协调，社会基本和谐，但随着社会转型过程的加速，"因贫富差距、城乡差距、社会保障、劳动就业等民生问题引发的社会矛盾不断出现；因企业改制、土地征收、房屋拆迁、环境保护等原因导致的利益纠纷时有发生，构建社会主义和谐社会面临着严峻的挑战"[①]。为有效解决这些矛盾，将新时代面临的诸多挑战转化成千载难逢的发展机遇，党中央在依法治国的战略谋划上，除了采取综合性措施外，还从最根本、最有效的制度层面入手，完善基本制度，堵塞制度漏洞，而构建检察公益诉讼制度就是其中一项重要的制度完善。在实现依法治国征途中，厉行法治，加强对行政权的有效监督与制约，促进依法行政无疑是亟待解决的一大难点，也是关键所在。

从现实角度看，我国在经济高速发展的同时，在生态环境和资源保护、国有资产保护、国有土地使用权出让、食品药品等领域，行政机关乱作为或不作为而致使国家利益和社会公共利益受到侵害的事件屡屡发生。但长期以来，我国保护国家利益和社会公共利益的法律制度还很不完备，相当数量的行政不作为、乱作为行为难以得到及时有效的制止和纠正，当事人通过诉讼渠道解决行政纠纷的途径亦不通畅，现有制度应有的功能远未充分发挥，一些行政相对人寻求上访、闹访甚至采取群体性冲突的方式来表达诉求的现象时有发生。因此，如何建立一套有别于现有制度的公益诉讼制度，从而加强对国家利益和社

---

① 孙谦：《设置行政公诉的价值目标与制度构想》，载《中国社会科学》2011 年第 1 期，第 151 页。

会公共利益的保护，促进社会资源不平等分配的调整，同时强化对行政违法行为的监督，就成为数十年来学术界和实务界共同关注的热点问题之一。毫无疑问，随着我国社会经济结构和法治环境的变化，与时俱进地弥补相应的制度缺失，充分发挥制度自身对权力的制约与监督功能，由专门负有法律监督职责的检察机关提起公益诉讼，不仅是当务之急，而且对推进国家治理体系和治理能力现代化都具有长远意义。

第一节　我国检察公益诉讼制度的产生背景与发展历程

梳理历史，人们会发现任何一项重大制度的诞生与发展，都与时代的脉搏息息相关。任何制度的选择，都要从一国的政治经济制度、社会文化背景、诉讼传统模式、民族个性特征等国情出发，综合考虑整个司法体制的配套制度、公众的承受能力、现实的运作条件以及世界各国司法改革的发展趋势等诸多因素。而我国检察公益诉讼孕育成长的背景与轨迹，因我国政体和国情的特殊性，是与人民利益紧密相连的。环顾全国大山河川，在各类污染事件中，根据我国现行法律规定，竟然没人能够代表国家和百姓的公共利益对污染行为予以追责。由于现实的需要，我国学术界从 20 世纪 90 年代开始，就以极大的热情对公益诉讼及其相关问题作了比较全面而深入的研究，这些研究成果为建立我国公益诉讼制度提供了理论上的支撑。

一、我国检察公益诉讼制度的产生背景

在阐述我国检察公益诉讼制度的产生背景之前，首先要辨析一下与公益诉讼有关的一些概念。公益诉讼的概念是讨论公益诉讼问题的基础，概念混淆或模糊不清，讨论的问题就会驴头不对马嘴。因此，本书先梳理学术界和实践中常出现的有关"公益诉讼"的各种观点，厘清概念，然后在本书所采用的概念下，阐述相关问题。

（一）公益诉讼的概念与特征

公益诉讼是与私益诉讼相对而言的。学者们通常认为，早在罗马法时期，就有了公益诉讼和私益诉讼之分。但多年来，也有学者认为公益诉讼这一概念具有不确定性。

1. 公益诉讼的概念界定

公益诉讼的概念，因"公共利益"一词的不确定性，学者们在使用时产生了不同的理解，归纳起来，主要有三种观点：一是公共利益＋诉讼，也就是将含有公益诉讼内容的诉讼都称之为公益诉讼。如有学者认为：公益诉讼就是任何组织或个人，根据法律授权，就侵犯国家利益、社会利益的违法行为提起诉讼，由法院依法审理的司法活动。[①] 依此定义，有些学者就把德国行政法上的公益代表人制度、日本行政法上的民众诉讼等都作为公益诉讼，同时认为公益诉讼最早起源于罗马法时期。[②] 二是诉讼法上的公益诉讼。这种观点认为公益诉讼是指根据法律明确规定享有原告资格的公民或组织对侵犯公共利益的行为提起诉讼，而原告自身与案件之间并不存在任何利益关系。这是客观诉讼中的一种新型诉讼，其目的是维护客观的法律秩序或抽象的公共利益。三是民权运动意义上的公益诉讼。这类诉讼起源于美国，在 20 世纪 50—60 年代，美国经历了剧烈的社会变革，社会制度各方面都面临挑战，出现了各种尝试的改革方案，众多的公益法律机构应运而生，以路易斯·布兰迪斯（Lousie Brandies，后担任美国最高法院大法官）为代表的律师们，为了环境、消费者、女性、有色人种、未成年人及类似的诸多利益而展开活动。并随着美国 20 世纪中期民权运动的兴起而在六七十年代得以兴盛，随后为英国、印度等国家所仿效，其做法是公益律师通过代理社会弱势群体，运用法律手段以公益诉讼为途径，实现对社会弱势群体权益的保护，并以此促进法律政策的改进和社会观念的变革。[③]

当然，这三种观点之间并没有什么截然的界限，不少时候也是互相混用的，具有公共利益、保护弱势群体和社会变革意义的诉讼，都是公益诉讼，其核心就是对公共利益的维护。那何为"公共利益"呢？德国法学家耶林认为："公共利益在由个人接近权利实现的情形下，就不再仅仅是法律主张其自身的权威、威严这样一种单纯的概念上的利益，而同时也是一种谁都能感受得到，谁都能理解得到的非常现实、极为实际的利益……即一种能够保证和维持个人所关注的交易性生活的安定秩序的利益。"[④]

---

① 颜运秋：《公益诉讼理念研究》，中国检察出版社 2002 年版，第 52 页。

② 参见张雪樵：《检察公益诉讼比较研究》，载周洪波、刘辉主编：《公益诉讼检察实务培训讲义》，法律出版社 2019 年版，第 2 页。

③ 参见林莉红：《公益诉讼的含义和范围》，"公益诉讼与公益法的实践、制度和价值笔谈"，载《法学研究》2006 年第 6 期，第 148—149 页。

④ ［意］莫诺·卡佩莱蒂编：《福利国家与接近正义》，刘俊祥等译，法律出版社 2000 年版，第 67 页。

因此，本书所采用的公益诉讼概念，与诉讼法上的公益诉讼含义比较相近，是指根据法律明确授权的公民、社会组织或检察机关，针对侵犯国家利益、社会利益的违法行为提起诉讼，提请法院进行审理并作出裁判的活动。根据诉讼对象不同，公益诉讼又分为民事公益诉讼和行政公益诉讼两大部分。民事公益诉讼是指针对公民、社会组织侵犯国家利益、社会利益的违法行为，依照民事诉讼程序向法院提起的诉讼；而行政公益诉讼指的是针对行政机关侵害公民、法人和其它社会组织的合法权益，损害国家利益和社会公共利益的违法行为，依照行政诉讼程序向法院提起的诉讼；而检察公益诉讼，指的就是由检察机关或检察官提起的公益诉讼。在讨论域外公益诉讼问题时，基本上也以这些概念为基础。

另外，本书各章节在阐述相关内容时，还采用了"检察公益诉讼""公益诉讼检察"这两种说法。这两个概念，其含义基本相同，目前在检察机关内部普遍使用，在没有特别需要区分的场合，不少时候是可以互换的，在本书中也是混用的。若要严格细加区分，那只是强调的重点有所不同。"检察公益诉讼"就是"检察机关提起公益诉讼"的简称。早在2018年3月1日公布的《最高人民法院、最高人民检察院关于检察公益诉讼案件适用法律若干问题的解释》中，就使用了"检察公益诉讼"的概念。这一说法是在国家制度层面的一种表述，其实施的相关主体，除了检察机关，还有人民法院、行政机关等。而"公益诉讼检察"主要在检察机关内部的文件材料中使用，是在检察职能层面的一种表述，指的是一项检察工作、检察业务或检察职能，其实施的主体通常为检察机关。因而，本书的书名就叫《检察公益诉讼制度研究》，其目的就是从理论和实践两个层面将中国特色的检察公益诉讼制度予以系统深入地研究，期待为公益诉讼检察的未来发展提供解决现实问题的对策与立法建议。而"公益诉讼检察制度"也是本书中常用的表述，主要指整体检察制度中的一个分支，其侧重点是关于检察职能的制度安排，强调的是公益诉讼检察工作上升到制度层面的一种表达。

2. 公益诉讼的特征

根据本书所采用的公益诉讼的定义，公益诉讼的特征概括起来有以下方面：

一是诉讼的目的是维护公共利益。无论是他益形式的公益诉讼，还是自益形式的公益诉讼，抑或是法律援助形式的公益诉讼，其共同点都是为了维护公共利益。他益形式的公益诉讼可以说是典型的公益诉讼，也是本书检察公益诉讼要研究的重点。自益形式的公益诉讼，虽然原告与案件本身具有利害关系，也是违法行为的受害者，但其起诉的主要目的是维护公共利益而不是私益的救济。如乔占祥诉铁道部 2001 年春运价格上浮案、葛瑞诉郑州铁路分局如厕收费案等。法律援助形式的公益诉讼，其原告是为了自身的利益参加诉讼，与案件本身具有利害关系，但因其问题的特殊性或普遍性，由支持关心公益的律师或大学教授来免费担任诉讼代理人。如四川大学周伟教授代理的身高歧视案、乙肝歧视案。

二是诉讼主体具有广泛性。公益诉讼的主体都是由法律明确规定的，即使与案件本身没有利害关系的公民、社会组织或其它机关，只要法律规定其享有原告主体资格，就可以代表国家利益和社会公共利益提起诉讼，因此其起诉主体并不局限于权益受到直接侵害的特定权利主体。

三是诉讼的功能具有明显的预防性。公益诉讼不仅可以针对已经造成损害的违法行为提起，还可以对将来可能造成损害的违法行为提起，即起诉不以发生实质性损害为要件，只要根据相关情况能够合理地判断违法行为具有发生损害的可能性就可以起诉，因而公益诉讼具有预防损害发生的功能。

四是裁判结果影响力大。这一特点与公益诉讼的目的是保护国家利益和社会利益紧密相关，因对象的广泛性而决定了公益诉讼案件的裁判结果会影响到众多人的权益，有的甚至会影响到国家政策的调整，或涉及整个行业的经营行为，或推动法律的修改，或社会观念的变革等。因此，与私益诉讼的裁判结果只涉及诉讼当事人相比，公益诉讼的社会影响力要更深远，社会效果也更好，如行政公益诉讼就是以较少的司法投入来保护更大范围的社会利益，法院判决的效力会遍及所有享有原告资格的人。而环境公益诉讼中得到修复的山林、河流，受益的人群就会更多更广。

（二）相关理论研究概述

我国社会经济在快速发展转型过程中，出现的环境污染问题、食品药品安全问题、国有资产流失问题等，所折射出的社会失范问题比较严重，尤其是行政机关不作为、乱作为问题，更需要一种合适的力量予以制衡，建立公益诉讼制度遂成为十多年来学术界研究的热点之一。笔者以"公益诉讼制度研究"为主题，不设时间限制在中国知网上检索发表在学术期刊上的论文①，结果为1709 篇，其中涉及公益诉讼制度 847 篇、公益诉讼 969 篇、环境公益诉讼 457篇、环境公益诉讼制度 437 篇、行政公益诉讼 367 篇、民事公益诉讼制度 237篇、民事公益诉讼 217 篇，涉及检察机关的 300 篇、检察公益诉讼的 37 篇、制度构建的 97 篇。在这些文章中，发表在 CSSCI 上的就有 283 篇（北大核心

---

① 笔者在中国知网上检索的时间是 2023 年 9 月 18 日。

为309篇）。尽管这些统计数字可能会有交叉重复或遗漏，但从中也可见公益诉讼问题在我国学术界受关注的程度和研究之热，同时也表明这一问题在现实中的重要性。

从发表的论文主题来看，大体可以分为三类：一是笼统地研究公益诉讼问题；二是行政公益诉讼问题；三是民事公益诉讼问题。学者们在研究这些主题时，多涉及提起公益诉讼的主体资格问题、适用范围、程序问题以及制度构建问题等。早期的研究分为两个方面：一是对域外公益诉讼制度的介绍。在这些域外经验的介绍中，相比较而言，行政公益诉讼的研究较为系统深入，而民事公益诉讼的研究大多比较零碎浮于表面。从国家来看，介绍最多的是属英美法系国家的美国，英国、澳大利亚的比较少见，如美国的"私人总检察长"理论、告发人诉讼制度和公民诉讼制度等。① 这些理论和制度，说是起源于英国，但很少有论文对英国的相关情况及起源问题作深入研究；在介绍大陆法系国家时，研究得比较深入的是德国的团体诉讼制度，而法国、意大利的则比较少见。本书在研究域外相关内容时，会尽可能地予以弥补。二是对国内建立公益诉讼制度的研究，早期的研究大多涉及检察机关提起公益诉讼的主体资格问题、案件范围问题和程序问题等，特别是有关检察机关是否应该成为公益诉讼适格主体方面的争议，以及由检察机关提起公益诉讼究竟具有哪些优势与缺点等。但随着公益诉讼检察实践不断推进，渐渐地，研究的问题也开始越来越细致深入，如行政公益诉讼类型化问题、刑事附带民事公益诉讼问题、环境公益诉讼所涉的主体问题、鉴定问题、诉讼费问题、公益诉讼案件等外探索问题以及大数据在环境公益诉讼中的应用问题等。下面分行政公益诉讼和民事公益诉讼来细加阐述。

1. 行政公益诉讼研究概况

面对我国经济转型时期，环境污染问题、食品药品卫生安全问题、垄断行业乱收费问题、国有资产非法转让严重流失问题等，对公共安全、国家利益和社会利益所造成的严重损害，因此学者们对行政公益诉讼研究投入了极大热情，"行政公益诉讼"逐渐成为法学界的一个热门话题。不少学者对建立行政公益诉讼的必要性、可行性和紧迫性进行了大量研究，并建议尽早将行政公益

---

① 有关域外公益诉讼的相关理论与实践问题，在本书的第二章将会有详细的阐述，这里只是简要概述。

诉讼纳入《行政诉讼法》，同时提出了多种具体修订方案。[①]

　　行政公益诉讼是世界各国现代行政法发展的一个共同趋势，尽管各国法律规定的具体原告资格有所不同、受案范围也有大有小。有学者认为建立行政公益诉讼，体现了现代法制的发展方向，既符合法治经济便宜原则，也有利于弥补国家行政管理的漏洞，同时也是现代行政以维护公益这一公共性特征决定的。当然，行政公益诉讼还有助于监督行政机关依法行政、提高依法行政的水平，而且也有助于保护相对人的合法权益。[②] 从本质上来说，公共利益也是每个人的利益，两者有时是互相交织的。也有一些学者对行政公益诉讼的具体构建进行了深入研究，涉及的主要问题有：一是提起行政公益诉讼的主体问题，即原告资格问题，这是构建行政公益诉讼制度面临的最大问题，也是学者们争议最为激烈的问题；二是行政公益诉讼的受案范围问题，这是行政公益诉讼特有的问题，也是构建行政公益诉讼制度的基础和核心问题之一。有关这些问题的争论及相关观点，本书的第二章会有详细阐述。

　　2. 民事公益诉讼研究概述

　　数十年来，随着我国经济飞速发展，环境污染、生态破坏等问题日益加剧，食品药品领域侵害消费者合法权益事件时有发生，人们将公益救济的目光转向司法手段，民事公益诉讼遂成为诉讼法学研究的热点问题之一。学者们普遍认为，2012 年我国《民事诉讼法》的修改正式确立了民事公益诉讼制度。此前，学者们在研究民事公益诉讼问题时，重点探索了建立民事公益诉讼的必要性和可行性、立法模式选择、案件范围界定、适格主体以及程序建构等诸多问题，认为在我国有必要建立民事公益诉讼的理由主要有：

　　一是具有弥补制度漏洞的作用。我国传统的民事诉讼规定只有直接利害关系人才可以提起民事诉讼，而现实中有不少侵害公共利益的行为，在没有直接利害关系人或者直接利害关系人在权衡利弊后不愿意提起诉讼的情况下，就无法得到有效制止或纠正，这也是世界上不少国家建立民事公益诉讼制度，允许没有直接利害关系的公民个人、社会组织或国家专门机关针对损害公益的违法行为提起公益诉讼的原因所在。在我国建立民事公益诉讼制度，可以有效弥补

---

　　① 　具有代表性的相关研究、观点及具体建议，可参见王太高：《论行政公益诉讼》，载《法学研究》2002 年第 5 期；章志远：《行政公益诉讼热的冷思考》，载《法学评论》2007 年第 1 期；江必新：《论公益诉讼的价值及其建构》，载《人民法院报》2009 年 10 月 29 日；孙谦：《设置行政公诉的价值目标与制度构想》，载《中国社会科学》2011 年第 1 期；胡卫列：《论行政公益诉讼制度的建构》，载《行政法学研究》2012 年第 2 期。

　　② 　参见王太高：《论行政公益诉讼》，载《法学研究》2002 年第 5 期，第 43—45 页。

国家作为社会公益代表在维护公益过程中存在的弊端和漏洞。

二是具有事前预防功能。从域外国家的立法和司法实践来看，公益诉讼可以针对有合理理由预测将会产生侵害的违法行为提起诉讼，而传统的民事诉讼是事后补偿、救济，相比之下，公益诉讼就具有针对未发生的危害采取事前预防措施的作用，这种事前预防功能显然比事后救济方式更加有效。就检察民事公益诉讼而言，除了具有对受损害后果进行补救等直接功能外，还具有对违法侵害公益行为的预防、制裁、惩罚等具有公法性质的潜功能。

三是可以有效发挥监督作用。在民事公益诉讼中，若赋予每个公民以民事公益诉讼起诉权，并采取相应的激励机制，可以有效发挥群众的监督力量，尤其是在环境公益诉讼领域。而检察民事公益诉讼，因检察机关本身就是国家专门的法律监督机关，由其提起民事公益诉讼，从本质上看，仍然是其法律监督职能的延伸。

此外，学者们通过对域外公益诉讼立法和实践的特点进行比较研究，如美国的集团诉讼、欧洲国家的团体诉讼、英国的告发人诉讼制度等，认为这些国家的法律规定的原告资格范围比较广泛，公益诉讼可诉范围呈拓展趋势，检察机关作为社会公益的代表提起公益诉讼也是一种普遍形式，同时还赋予直接利害关系人以原告资格，等等。这些研究无疑拓展了我国民事公益诉讼的立法视野。在讨论我国应如何建立民事公益诉讼制度时，争议最为激烈的问题也是起诉主体即原告资格问题，多数学者认为：应赋予非直接利害关系人以原告资格，同时构建多诉讼主体格局，即社会组织和检察机关也应享有主体资格。具体在立法中应该如何规定，也有学者对立法模式问题作了研究，认为可以在《民事诉讼法》中集中规定适用公益诉讼的若干特殊规则，同时在相关法律中增加相关的公益诉讼内容即可，没必要进行专门的公益诉讼立法。这些研究，有部分观点被立法机关所采纳，2012 年我国《民事诉讼法》修改时，增加了第 55 条，对公益诉讼问题作出规定："对污染环境、侵害众多消费者合法权益等损害社会公共利益的行为，法律规定的机关和有关组织可以向人民法院提起诉讼。"当然，这一概括性的规定虽然为民事公益诉讼提供了法律依据，但又留下新的问题让学者们去研究。如法律规定的机关是否包括检察机关？民事公益诉讼的范围究竟应包括哪些领域？"民事公益诉讼制度自 2012 年立法以来就伴随着争议，其性质、目的、功能定位至今没有清晰的共识。检察民事公益诉讼因被认为涉及公权力介入民事纠纷更备受质疑或诟病。与行政公益诉讼不同，检察民事公益诉讼更深层地涉及行政权与司法权的关系以及二者的功能冲突、协调。"①

这些研究，无论是域外的还是国内的，也不论其研究是深是浅，对我国建立检察公益诉讼制度都具有或多或少的借鉴价值。例如，通过对域外国家行政公益诉讼的理论和实践的研究可以发现，20 世纪以来，国外的行政诉讼法已发生了很大变化，尤其是原告资格方面的变化非常迅速。在这些变化中，又透视出一些规律性的内容，如原告主体资格的逐渐扩大，如今不少国家的法律规定公民、法人或其它社会组织出于维护公益的需要，可依法享有提起行政诉讼的权利，这是现代行政法发展的最重要趋势之一。与此同时，为防止滥诉，又在法律上对原告资格和起诉条件等作出明确规定。这一研究开阔了国人的视野，了解到世界上其它国家的普遍做法和现代行政法的一些共同发展趋势。而学者们对国内相关理论与实践的探索研究，尤其是对建立检察公益诉讼必要性、可行性的研究、质疑以及具体如何构建制度方面的诸多建议，也让决策者、立法者和法律执行者能及时地了解到现实社会的需要，借鉴域外相关情况的合理因素，就可以明白在我国建立行政公益诉讼是否可行以及该如何建立，如原告资格该如何规定、受案范围该多宽、具体程序应如何设计，等等。

（三）基层检察机关的实践探索

我国学者在 20 世纪 90 年代初就开始关注探索公益诉讼问题，在理论研究如火如荼的同时，一些地方检察机关、民间公益组织、律师甚至个人也在司法实践中进行提起公益诉讼的探索。在全国范围内，公益诉讼案件不时出现，有些还得到媒体和社会各界的广泛关注，成为具有重大影响力的典型案例。如一些涉及公共利益保护的行政案件，促使法院在通过受理和审理这些案件时，司法审查方式发生了巨大变化，逐步形成了一套不同于传统诉讼的"准公益诉讼"模式。② 另外，"两会"代表、委员也关注并热议公益诉讼，提出各种各样的提案、议案和立法建议。③ 在各方的共同促进影响下，2012 年《民事诉讼法》修改时，在第 55 条规定了公益诉讼方面的内容，这是我国公益诉讼真正步入立法视野和法制体系的标志性事件。

---

① 刘本荣：《检察民事公益诉讼的"潜功能"》，载《检察日报》2021 年 1 月 14 日。

② 参见江必新：《论公益诉讼的价值及其建构》，载《人民法院报》2009 年 10 月 29 日。

③ 如在 2007 年"两会"上，农工民主党中央就提出建立检察机关提起行政公益诉讼制度。参见台建林：《农工党中央：由检察机关挑起行政公益诉讼重担》，载《法制日报》2007 年 3 月 14 日。

自此，学者们多认为我国民事公益诉讼制度正式确立，但这一规定仍然只是笼统地表述为"提起公诉"，并未特别点明是"公益诉讼"，而且也没有涉及检察机关这一主体问题。为此，不少学者质疑检察机关是否属于"法律规定的机关"。有意思的是，2014年10月，党的十八届四中全会刚刚通过的《中共中央关于全面推进依法治国若干重大问题的决定》（以下简称十八届四中全会《决定》）十分明确地提出了"探索建立检察机关提起公益诉讼制度"，即"检察机关在履行职责中发现行政机关违法行使职权或者不行使职权的行为，应该督促其纠正"，习近平总书记在十八届四中全会《决定》的说明中，更进行了全面阐述。可是，在2014年11月1日公布的《行政诉讼法》修正案中并无行政公益诉讼的踪影。即便如此，在司法实践中，相关的公益诉讼案例已时不时出现。这些案例虽然零星点点，而且多数情况下，因当时没有相应的法律依据，法院也不受理，但足可以说明已具有现实需要。这些案件，从原告主体来看，可以分为三类：

一是由公民提起。如2000年的沈某诉浙江省桐乡市国税局行政不作为案、2002年的陈法庆诉杭州市余杭区环保局行政不作为案以及2013年的毛某等人诉慈利县规划局未履行职责案。①

二是由社会组织提起。如2009年7月28日，清镇市人民法院正式受理的中华环保联合会起诉贵州省清镇市国土资源管理局环保行政管理一案。该案经过半个小时庭审，原告方撤诉，法院宣布结案——被告清镇市国土资源局在开庭前已作出决定，收回此案争议土地的国有土地使用权。这是我国首例由民间环保社团组织作为公益诉讼人状告地方政府部门的环境公益行政诉讼。② 当时经媒体报道，引起广泛关注。

三是由检察机关提起。2014年10月20日，贵州省金沙县环保局因"怠于处罚逾期不缴纳排污费的企业"被金沙县人民检察院告上了法庭。这起首例由检察机关提起、以行政机关为被告的公益诉讼案受到了社会各界的关注。而检察机关应如何有效地提起行政公益诉讼更成了当前研究的热点话题。多年来，法院通过受理和审理由一些地方检察机关、民间公益组织、律师甚至个人

---

① 参见黄学贤：《行政公益诉讼回顾与展望——基于"一决定三解释"及试点期间相关案例和〈行政诉讼法〉修正案的分析》，载《苏州大学学报（哲学社会科学版）》2018年第2期，第42页。

② 参见郇建荣：《社团环境公益行政诉讼第一案立案》，载《法制日报》2009年7月29日；刘长：《首例环保公益行政诉讼破冰背后》，载《民主与法制时报》2009年8月10日。

提起的涉及公共利益保护的案件，"司法审查方式发生了巨大变化，已经逐步形成了一套不同于传统诉讼的'准公益诉讼'模式"①。由于我国正处在社会转型过程中，社会生活的各个方面也发生着结构性的急剧变化，由此带来的各种社会矛盾层出不穷，如土地征收、房屋拆迁等原因导致的利益纠纷时有发生，国有资产流失、生态环境受损、环境污染严重等现象比比皆是，这些矛盾与问题给构建社会主义和谐社会带来了重重障碍与严峻挑战！这些现实问题与挑战，加上学术界多年来对行政公益诉讼相关理论问题的研究已积累了相当深厚的理论基础，实践需要与理论研究的叠加让建立行政公益诉讼制度日趋成熟。"我国历来有'大政府，小社会'的传统，这在一定程度上对经济、社会结构的深入调整，对政治体制改革和法治建设都带来了一定的负面影响。赋予社会团体、组织对相关的行政公益案件提起公益诉讼资格，不仅有利于更好地保护相关的公共利益，而且有助于凸显其在社会生活中的主体地位，对于促进市民社会的形成，保障社会的稳定、健康发展与和谐社会的建设，都将起到积极的推动作用。"②

（四）相关立法的修改

2014年4月公布的《环境保护法》和2015年1月实施的《最高人民法院关于审理环境民事公益诉讼案件适用法律若干问题的解释》对环境类公益诉讼进行了细化规定，对诉讼主体、案件管辖、审理程序、责任方式等问题均予以明确，由此，环境类公益诉讼制度已基本成型。同时，2012年《民事诉讼法》规定的另一类民事公益诉讼即侵害众多消费者合法权益类的公益诉讼，也由2013年修改的《消费者权益保护法》第47条进一步明确。2015年2月实施的《最高人民法院关于适用〈中华人民共和国民事诉讼法〉的解释》，则用第十三章整章篇幅对公益诉讼相关问题进行了规定。因此，在我国建立公益诉讼制度是大势所趋，既具有必要性，又具有正当性和可行性。

二、我国检察公益诉讼制度的发展历程

在我国，由检察机关提起公益诉讼是一项具有鲜明中国特色的检察制度和诉讼制度，可以说承载着重要的政治责任和公益使命。数年来热火朝天的理论研究和实践中不同主体的零星探索为建立检察公益诉讼制度作了必不可少的铺

---

① 江必新：《论公益诉讼的价值及其建构》，载《人民法院报》2009年10月29日。
② 胡卫列：《论行政公益诉讼制度的建构》，载《行政法学研究》2012年第2期，第39页。

垫。十八届四中全会《决定》明确提出"探索建立检察机关提起公益诉讼制度"。在十八届四中全会《决定》说明中，习近平总书记深刻阐明了设立检察公益诉讼制度的初衷和目的。9个月后，全国人大常委会授权最高人民检察院在13个省区市开展为期两年的检察机关提起公益诉讼试点工作。2017年6月27日，全国人大常委会审议通过修改《民事诉讼法》《行政诉讼法》的决定，检察机关提起公益诉讼明确写入这两部法律。2017年7月1日，检察公益诉讼制度正式建立，在全国检察机关全面推开。这就是检察公益诉讼制度短暂的成长历史，从萌芽到设计再到试点探索，最终修法发展壮大，其发展历程可以分为以下三个阶段。

（一）检察公益诉讼的萌芽与起源

公益诉讼是社会发展到一定时期的产物，在西方国家，早在罗马法时期就出现了。我国理论界在20世纪90年代初就有学者开始关注研究公益诉讼问题；在中国知网上可查到的最早研究检察机关提起公益诉讼问题的论文发表于2000年。[①] 可见，公益诉讼问题与一国的经济发展和诉讼的类型化进展是密切相关的。

但在国家正式文件中出现公益诉讼制度这一说法是在2005年12月3日，国务院颁布的《国务院关于落实科学发展观加强环境保护的决定》。该决定明确提出要"研究建立环境民事和行政公诉制度""推动环境公益诉讼"。虽然在司法实践中，公益诉讼制度一直处在探索发展之中，但始终面临缺乏法律依据的尴尬局面。最早由法律明确规定的公益诉讼，学者们通常认为是2012年《民事诉讼法》第55条的规定，即"对污染环境、侵害众多消费者合法权益等损害社会公共利益的行为，法律规定的机关和有关组织可以向人民法院提起诉讼"。这一规定让民事公益诉讼有了基本依据，但该条中所说的"法律规定的机关"是否包括检察机关，却是一个颇具争议的问题。各地基层检察院在公益诉讼方面的实践探索虽然不多，但对建立这一制度还是具有促进作用的。

以中央文件形式将公益诉讼检察作为一项新制度来建立，其源头应该说是在2014年10月党的十八届四中全会上。会议通过的十八届四中全会《决定》明确提出"探索建立检察机关提起公益诉讼制度"。习近平总书记在十八届四

---

① 如张榕：《集团诉讼初探》，载《政治与法律》1990年第1期，第15—18页；金信年：《检察机关提起民事诉讼问题探讨》，载《法学》1990年第3期，第33—34页；戴中祥：《论检察机关提起行政诉讼》，载《荆州师范学院学报》2000年第1期，第102—105页；等等。这些论文都讨论了公益诉讼问题，但并没有直接用公益诉讼这一说法。

中全会《决定》的说明中更指出："作出这项规定，目的就是要使检察机关对在执法办案中发现的行政机关及其工作人员的违法行为及时提出建议并督促其纠正。"这一说明阐释了建立检察公益诉讼制度的初衷与定位，就是赋予检察机关提起公益诉讼这一职权，以弥补行政违法侵害公共利益在司法监管上的治理漏洞，以便有效发挥司法在监督行政、维护公益方面的治理效能，其实质是推进国家治理体系和治理能力的现代化。具体而言，其价值目标为：一是促进司法职权的优化配置。在公共利益保护方面，因原告资格门槛的设定，司法介入的途径受限，这一保护面临很多缺位。二是进一步完善行政诉讼制度。我国行政诉讼制度的基本设计理念是当事人通过行使诉权维护自身合法权益，如《行政诉讼法》第 2 条第 1 款规定，公民、法人或者其他组织认为行政机关和行政机关工作人员的行政行为侵犯其合法权益，有权向人民法院提起诉讼，但该款规定没有包括对公共利益的维护，也没有规定国家机关行使公权力来保护公共利益，除刑事公诉外。三是推进法治政府建设。由负有法律监督职责的检察机关通过提出检察建议和提起诉讼，监督行政机关依法行政，有效保护公共利益，这无疑也是检察机关充分发挥监督职能的价值追求所在。

（二）检察公益诉讼的成长轨迹

十八届四中全会《决定》提出"探索建立检察机关提起公益诉讼制度"开始。为落实这一开创性决策，中央深改组（委）三次会议确定了检察公益诉讼制度的基本框架和发展路径。

一是中央深改组第十二次会议的奠基作用。2015 年 5 月 5 日，中央深改组召开第十二次会议，审议通过了《检察机关提起公益诉讼改革试点方案》（本章简称《试点方案》），将十八届四中全会提出的制度构想落地为制度设计，明确了检察公益诉讼制度的目的是"充分发挥检察机关法律监督职能作用，促进依法行政、严格执法，维护宪法法律权威，维护社会公平正义，维护国家和社会公共利益"，这既界定了检察机关在公益诉讼中的职能定位，也明晰了检察机关公益诉讼职能与法律监督职能的关系，即公益诉讼职能不是法律监督职能之外的新职能，而是由法律监督职能作用派生而来的，其实质仍然是法律监督。这一职能定位，无论是对学术研究还是司法实践而言，都是至关重要的。

2015 年 7 月，最高人民检察院发布了《试点方案》，公益诉讼进入试点探索阶段。《试点方案》明确了公益诉讼的范围和重点领域，要牢牢抓住公益这个核心，在生态环境和资源保护、国有资产保护、国有土地使用权出让、食品药品安全四个领域进行试点，并明确检察机关通过公益诉讼要维护的公共利益，既包括国家利益，也包括社会公共利益，但未将十八届四中全会《决定》

里包含的"侵害危险"纳入试点期间公益保护的范围。另外，还将公益诉讼明确为民事公益诉讼和行政公益诉讼两种类型。《试点方案》也规定了推进检察公益诉讼制度的模式和步骤，即通过试点先行，总结实践经验，再立法正式确立这项制度，最后在全国全面推进检察公益诉讼。因此，就确立检察公益诉讼制度而言，这次会议具有里程碑的意义。

二是中央深改组第三十五次会议的指路作用。2017年5月23日，中央深改组召开第三十五次会议，审议通过了《关于检察机关提起公益诉讼试点情况和下一步工作建议的报告》。这次会议充分肯定了北京等13个省区市开展为期两年的试点成效："办理了一大批公益诉讼案件，积累了丰富的案件样本，制度设计得到充分检验"，同时认为"正式建立检察机关提起公益诉讼制度的时机已经成熟。要在总结试点工作的基础上，为检察机关提起公益诉讼提供法律保障"。这为推进制度发展的下一步工作明确了方向。随后，2015年12月，最高人民检察院颁布了《人民检察院提起公益诉讼试点工作实施办法》（本章简称《实施办法》），延续了《试点方案》的核心内容，在程序上设立了与众不同的诉前程序，让检察建议有了发挥作用的空间。

三是中央深改委第三次会议的保障作用。2018年7月6日，习近平总书记主持召开中央全面深化改革委员会第三次会议，批准设立最高人民检察院公益诉讼检察厅。会议强调，"设立最高人民检察院公益诉讼检察厅，要以强化法律监督、提高办案效果、推进专业化建设为导向，构建配置科学、运行高效的公益诉讼检察机构，为更好履行检察公益诉讼职责提供组织保障"。这无疑为检察机关的机构设置确立了目标导向，同时也为建立检察公益诉讼制度提供了组织保障。"一个国家机关的内设机构，由中央深改委批准设立，是极为罕见的。这个极不寻常的举动，充分体现了党中央对检察公益诉讼制度的高度重视。"[①]

（三）相关法律文件的规定与修改

1. 全国人大常委会四次专项审议

开展公益诉讼检察工作，一开始，不少学者质疑其法律依据问题。为此，全国人大常委会先后四次召开专题会议，审议检察公益诉讼问题，以期为检察公益诉讼提供法律依据，并保障检察公益诉讼这项改革措施与制度构建始终行走在法治轨道上。一是授权开展试点工作。2015年7月1日，全国人大常委

---

① 胡卫列：《国家治理视野下的公益诉讼检察制度》，载《国家检察官学院学报》2020年第2期，第7—8页。

会作出决定，授权最高人民检察院在北京等 13 个省区市检察机关开展为期两年的公益诉讼试点。二是审议试点中期报告。2016 年 11 月，全国人大常委会审议了最高人民检察院关于检察机关提起公益诉讼试点情况的中期报告，同时强调要构建"具有中国特色、符合检察机关职能特点的公益诉讼制度"。三是修订法律。2017 年 6 月，全国人大常委会修订了《民事诉讼法》《行政诉讼法》，为检察公益诉讼的全面实施提供了基本法律依据。四是听取专项报告。2019 年 10 月，全国人大常委会听取了最高人民检察院关于公益诉讼的专项报告，并作了专题询问，既肯定了公益诉讼检察工作的成效，又对支持解决相关问题提出要求。

2. 五部相关法律的修改

为建立检察公益诉讼制度解决立法上的依据问题，我国除了在 2017 年修改了《民事诉讼法》《行政诉讼法》这两部基本法律外，还修改了一些相关法律的规定，如 2018 年 4 月颁布的《英雄烈士保护法》，明确了检察机关在英雄烈士没有近亲属或近亲属不提起诉讼的情况下，可以就侵犯英雄烈士的姓名、肖像、名誉、荣誉，损害社会公共利益的行为提起民事公益诉讼，拓展了公益诉讼办案范围。2018 年 10 月修订的《人民检察院组织法》和 2019 年 4 月修订的《检察官法》，也明确规定了公益诉讼检察职权。

3. 中央层面规范性文件的规定

自从十八届四中全会《决定》提出"探索建立检察机关提起公益诉讼制度"后，党中央和国务院也高度重视检察公益诉讼问题，并发布了诸多重要文件对该制度作出相关规定。据不完全统计，截至 2022 年上半年，以中共中央、国务院名义发布的有：2015 年 4 月《中共中央、国务院关于加快推进生态文明建设的意见》、2015 年 12 月《法治政府建设实施纲要（2015—2020年）》、2016 年 12 月《中共中央、国务院关于推进安全生产领域改革发展的意见》、2018 年 6 月《中共中央、国务院关于全面加强生态环境保护坚决打好污染防治攻坚战的意见》。以国务院名义发布的有：2016 年 5 月《土壤污染防治行动计划》、2017 年 9 月《国务院关于完善进出口商品质量安全风险预警和快速反应监管体系切实保护消费者权益的意见》、2021 年 6 月《国务院关于长江流域生态环境保护工作情况的报告》等。以中共中央办公厅、国务院办公厅名义发布的有：2017 年 12 月《生态环境损害赔偿制度改革方案》、2016 年 8 月《国家生态文明试验区（福建）实施方案》、2017 年 9 月《国家生态文明试验区（江西）实施方案》《国家生态文明试验区（贵州）实施方案》、2020 年 2 月《国务院办公厅关于生态环境保护综合行政执法有关事项的通知》等。可以说这一系列中央层面的规范性文件关于检察公益诉讼的规定，凸显了其在完善中国特色社会主义制度，推进国家治理体系和治理能力现代化中的重要性和职能定位。我国之所以要建立检察公益诉讼制度，其目的就是要通过引入司法手段，以更好地促进治理能力的提升与治理能力的现代化。可以说，建立检察公益诉讼的制度的初衷，就是以法治思维和法治方式推动国家治理体系和治理能力现代化。

公益诉讼检察是由党中央决策、部署和推进的重大改革举措，是以法治思维和法治方式推进国家治理体系和治理能力现代化的一项重要制度安排。从两年试点工作结束到全面推开，随着最高人民检察院专门成立公益诉讼检察厅，公益诉讼检察与刑事检察、民事检察、行政检察一起成为检察机关的"四大检察"之一。随着《英雄烈士保护法》《安全生产法》《个人信息保护法》《军人地位和权益保障法》《未成年人保护法》《反垄断法》等越来越多法律授权，检察公益诉讼检察一路"快马加鞭"、高速发展——自 2017 年 7 月全面推开至 2021 年底，办案规模逐年稳步提升，全国检察机关办理公益诉讼案件从 2018 年的 11 万余件增加到 2021 年的 16.9 万件。"公益诉讼检察是以法治思维和法治方式推进国家治理体系和治理能力现代化的重要制度设计，彰显了其高度契合国家治理要求的独特优势。检察机关开展公益诉讼的实践探索，是中国共产党领导和中国特色社会主义制度的优势转化为国家治理和社会治理效能的一个真实写照。公益诉讼检察作为一项新的制度，依然行进在积极、稳妥探索发展的道路上，也将随着国家治理体系和治理能力现代化的进程进一步发展完善。"①

第二节　检察公益诉讼试点工作概述

我国经济的飞速发展和社会转型所带来的种种矛盾与问题，导致我国公益受侵害现象严重。自从十八届四中全会《决定》明确提出"检察机关在履行职责中发现行政机关违法行使职权或者不行使职权的行为，应该督促其纠正。探索建立检察机关提起公益诉讼制度"这一决策后，检察机关该如何探索建立公益诉讼制度，就引起了社会各界的广泛关注。为落实党中央的这一决策，2015 年 7 月 1 日，全国人大常委会通过《全国人民代表大会常务委员会关于授权最高人民检察院在部分地区开展公益诉讼试点工作的决定》（本章简称

---

① 胡卫列：《国家治理视野下的公益诉讼检察制度》，载《国家检察官学院学报》2020 年第 2 期，第 3 页。

《授权决定》），授权最高人民检察院在北京等13个省、自治区、直辖市就生态环境和资源保护、国有资产保护、国有土地使用权出让、食品药品安全等领域开展提起公益诉讼试点。按照中央决策和全国人大常委会授权要求，最高人民检察院从推进国家治理体系和治理能力现代化、完善和发展中国特色社会主义检察制度、维护国家利益和社会公共利益的高度，把试点工作作为一项重要政治任务予以科学谋划、扎实推进。2015年7月，最高人民检察院发布《试点方案》，并于12月发布《实施办法》，对检察机关提起行政公益诉讼和民事公益诉讼的范围、职责、管辖、程序、方式等问题作出较为细致而明确的规定，为各试点检察机关提起公益诉讼提供了依据，同时也为构建检察机关公益诉讼制度提供了基本框架和模型。各试点单位同时开展民事公益诉讼和行政公益诉讼探索工作。

一、基本情况

最高人民检察院按照中央决策和全国人大常委会授权要求，于2015年7月开始试点工作，其目的是大胆探索、积累经验。当然，这一经验无论是成功的，还是失败的，都是对《试点方案》的现实性、可操作性和合理性的一种检验，从中可以总结经验、摸索规律，以便进一步补充修订《实施办法》。

（一）试点所采取的相关措施

对检察机关来说，提起公益诉讼是一项全新的工作，各试点单位基本上没多少经验可以借鉴。为做好各地检察机关的试点工作，最高检和各试点检察机关都高度重视，主要措施有：

一是做好顶层设计，认真谋划部署。最高人民检察院党组和司法体制改革领导小组先后召开12次会议研究部署，充分发挥指导把关作用，科学顶层设计，督促落实：（1）制定试点工作规范性文件。除了《试点方案》《实施办法》外，还制定了《关于深入开展公益诉讼试点工作有关问题的意见》，确保试点在法律框架和授权范围内开展工作。（2）明确阶段性重点任务。围绕公益诉讼相关问题，根据司法改革的规律、试点地区的差异和诉前程序的作用，最高人民检察院提出要求分"三步走"——2016年上半年，各试点地区一个不少实现起诉案件零的突破；2016年底，所有试点市级检察院均有案件起诉到法院；2017年上半年，所有试点基层检察院消灭起诉案件空白。

二是争取各方支持，审慎推进落实。各试点检察机关争取各方支持，以高度审慎的态度大力推进公益诉讼试点工作，主要表现在：（1）加强与法院的协调配合、行政机关的理解与支持。最高人民检察院与最高人民法院保持密切联系，就公益诉讼案件受理等问题达成共识。湖北、安徽、江苏、内蒙古、吉林等省（区）检察院、高级法院就诉讼程序、法律适用等问题形成会议纪要或联合出台相关规范性问题。在争取行政机关的理解和支持方面，各试点地区检察机关始终坚持监督与支持并重，与有关行政机关建立常态化沟通平台，通报有关情况、督促解决问题、完善规章制度。（2）限定试点案件范围。民事公益诉讼严格以 2012 年《民事诉讼法》规定的公益诉讼范围为限，行政公益诉讼的范围为生态环境和资源保护、食品药品安全、国有资产保护、国有土地使用权出让四大领域。（3）规定了公益诉讼的案件线索应在检察机关履行职责中发现。（4）为保障试点工作顺利开展，尤其是试点地区基层检察院工作的顺利拓展，检察机关自上而下采取工作推进会以及督导巡视等多种方式不遗余力地予以推动，在检察系统内部，强调不同部门之间的线索移送，形成合力。（5）规定试点层报制度。《实施办法》规定，地方各级人民检察院拟决定向人民法院提起公益诉讼的，应当层报最高人民检察院审查批准，由最高人民检察院对起诉条件进行把关并整体推进工作。

三是发布指导性案例，规范试点办案。发布指导性案例是最高人民检察院指导全国检察机关准确适用法律和规范司法办案行为的重要方式，尤其是针对公益诉讼这一新的职能，其指导效果就更加突出。在各地试点工作开展一年半左右，为进一步推进各级检察院加大公益诉讼案件办理力度，并引起社会各界对检察机关开展公益诉讼工作的关注和支持，2017 年 1 月，最高人民检察院围绕公益诉讼发布了 5 个指导性案例，通过新闻发布会，扩大检察机关提起公益诉讼的影响力。[1]

四是加强研究总结，营造良好氛围。一方面，加强理论研究，为试点提供理论支撑。2016 年 5 月，最高人民检察院与最高人民法院、中国宪法学研究会、中国行政法学研究会、中国民事诉讼法学研究会联合举办研讨会，就检察机关提起公益诉讼的理论基础、地位作用、职权配置和运行规律等问题进行深入研讨论证。2016 年 10 月，最高人民检察院专门召开研讨会，针对实践中的突出问题，邀请有关部门和一些知名专家学者献计献策。另外，还开展各种国际交流活动，研究借鉴其它国家的有益做法，如"中欧检察机关参与环境公益诉讼法律与实践研讨会""中俄检察业务研讨会"等。各地检察机关和学术

---

[1] 这 5 个指导性案例为：江苏省常州市检察院诉许建惠、许玉仙民事公益诉讼案，吉林省白山市检察院诉白山市江源区卫生和计划生育局及江源区中医院行政附带民事公益诉讼案，湖北省十堰市郧阳区检察院诉郧阳区林业局行政公益诉讼案，福建省清流县检察院诉清流县环保局行政公益诉讼案，贵州省锦屏县检察院诉锦屏县环保局行政公益诉讼案。

界也举办了不少以公益诉讼为主题的研讨会，如2015年4月，清华大学法学院举办的"中美行政公益诉讼研讨会"。另一方面，及时总结经验，为试点提供范例指导。

（二）重要节点统计数据①

数据一（试点半年）：截至2015年12月底，试点地区检察机关在履行职责中共发现公益诉讼案件线索501件。其中，行政公益诉讼案件线索383件，民事公益诉讼案件线索118件。其中，通过检察建议等方式办理公益诉讼诉前程序案件245件，包括民事公益诉讼33件、行政公益诉讼212件。经过行政诉前程序的212件案件中，相关行政机关纠正违法或履职的有118件，未到1个月就回复的64件，逾期未纠正违法或履行职责的30件。经过民事公益诉讼诉前程序的33件案件中，相关社会组织提起公益诉讼的6件，回复不起诉的9件，辖区内无符合条件社会组织的18件；以案件范围划分，环境资源领域313件，国有土地使用权出让领域118件，国有资产保护领域59件，食品药品安全领域11件。②

数据二（试点一年）：截至2016年6月，13个试点地区均有检察机关提起公益诉讼，第一步目标按期实现。试点地区检察机关在履行职责中共发现公益诉讼案件线索1942件；办理诉前程序案件1106件；向法院提起公益诉讼30件，其中，民事公益诉讼11件，行政公益诉讼18件，行政附带民事公益诉讼1件。③

数据三（试点一年半）：截至2016年12月底，各试点地区检察机关共办理公益诉讼案件4378件，其中通过诉前程序处理的有3883件，包括行政公益诉讼3763件，占比约97%，民事公益诉讼120件，占比约3%。通过诉前程序，75.4%的行政机关主动纠正了行政违法行为。检察机关提起公益诉讼495件，其中行政公益诉讼437件，占比约88%；依法督促或者支持法律规定的机关或者组织向人民法院提起民事公益诉讼的22件。

数据四（试点两年）：在试点工作开展的第二个年头，各项指标都有了长足进展，两年的试点工作取得了丰硕成果。据最高人民检察院统计数据显示，

① 本节所引用的数据，除特别注明外，均来自最高人民检察院官方网站。
② 参见彭波：《试点半年，最高检首晒成绩单——公益诉讼　好做法，拟立法》，载《人民日报》2016年1月7日。
③ 《检察机关公益诉讼试点全面"破冰"　13个试点地区均提起公益诉讼》，载最高人民检察院官网2016年7月18日，https://www.spp.gov.cn/xwfbh/wsfbt/201607/t20160718_ 152659. shtml#1。

截至 2017 年 6 月，"各试点地区检察机关共办理公益诉讼案件 9053 件，其中诉前程序案件 7903 件、提起诉讼案件 1150 件。诉前程序案件中，行政机关主动纠正违法或履行职责 5162 件，占 77.14%；相关社会组织提起诉讼 35 件，检察机关支持起诉 28 件。起诉案件中，人民法院判决结案 437 件，全部支持了检察机关的诉讼请求。按案件类别分，办理生态环境和资源保护领域公益诉讼案件 6527 件，国有资产保护领域案件 1583 件，国有土地使用权出让领域案件 860 件，食品药品安全领域案件 83 件，案件覆盖所有授权领域；督促恢复被污染、破坏的耕地、林地、湿地、草原 12.9 万公顷；督促治理恢复被污染水源面积 180 余平方千米，督促 1700 余家违法企业进行整改；通过公益诉讼挽回直接经济损失 89 亿余元"。"试点地区检察机关办理的公益诉讼案件中，绝大多数都涉及相关行政管理部门，其中与国土、环保、林业、水利水务、人民防空、住房和城乡建设、农业以及财政部门有关的案件就占全部案件量的 74%。"[①]

诉前程序情况：在以诉前程序方式结案的 7903 件案件中，行政公益诉讼 7676 件，占 97.13%；民事公益诉讼 227 件，占 2.87%。从案件领域看，生态环境和资源保护领域 5744 件，占 72.68%；国有资产保护领域 1353 件，占 17.12%；国有土地使用权出让领域 745 件，占 9.43%；食品药品安全领域 61 件，占 0.77%。[②]（见图 1）

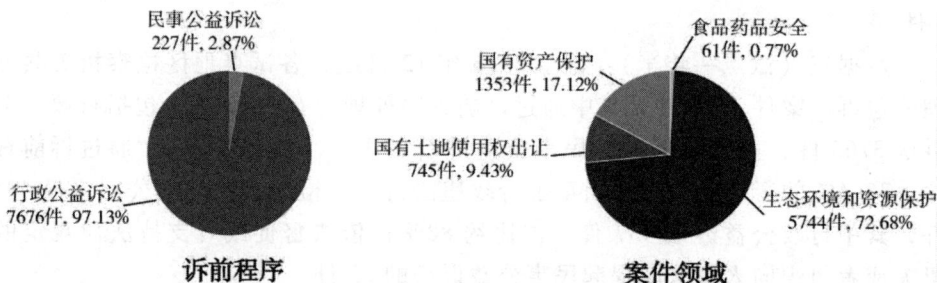

民事公益诉讼
227件, 2.87%

行政公益诉讼
7676件, 97.13%

诉前程序

食品药品安全
61件, 0.77%

国有资产保护
1353件, 17.12%

国有土地使用权出让
745件, 9.43%

生态环境和资源保护
5744件, 72.68%

案件领域

图 1

起诉案件量情况：在各试点检察院向人民法院提起公益诉讼的 1150 件案件中，从诉讼类型看，行政公益诉讼 1029 件，占 89.48%；民事公益诉讼 94

---

① 彭波：《公益诉讼　促进依法行政》，载《人民日报》2017 年 8 月 27 日。

② 参见《检察机关公益诉讼试点工作情况通报》，最高人民检察院办公厅高检办字 (2017) 178 号，2017 年 7 月 13 日。图 1、图 2 引用自王俊、胡彬华、曲莎莎：《检察机关提起公益诉讼的实证研究与立法完善》，载《第十九届全国检察理论研究年会暨中国法学会检察学研究会年会论文集》2018 年 4 月济南，第 417 页。

件，占8.17%；行政公益附带民事公益诉讼2件，占0.18%；刑事附带民事公益诉讼25件，占2.17%。法院审结458件，其中除15件因有关当事人积极整改或履行义务而撤诉、6件调解以外，判决的437件均支持了检察机关的诉讼请求。从案件类型分布看，生态环境和资源保护领域783件，占68.09%；国有资产保护领域230件，占20.00%；国有土地使用权出让领域115件，占10.00%；食品药品安全领域22件，占1.91%。[①]（见图2）

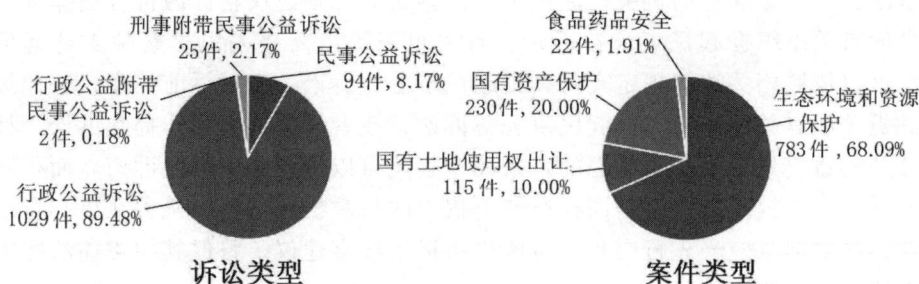

诉讼类型

刑事附带民事公益诉讼
25件，2.17%

民事公益诉讼
94件，8.17%

行政公益附带
民事公益诉讼
2件，0.18%

行政公益诉讼
1029件，89.48%

案件类型

食品药品安全
22件，1.91%

国有资产保护
230件，20.00%

国有土地使用权出让
115件，10.00%

生态环境和资源
保护
783件，68.09%

图2

二、试点情况分析

从上述公布的统计数据以及当年相关的调研报告中，可以了解到，在检察机关提起公益诉讼的两年试点实践中，总体情况相当不错，这一改革基本实现了顶层设计的目标。检察机关提起公益诉讼试点工作，充分发挥了检察机关法律监督职能的作用，弥补了保护国家利益和社会公共利益的法律制度漏洞，促进公益保护体系更加完善。"通过公益诉讼试点，行政机关、审判机关、检察机关有机联系在一起，通过监督、协调、配合，形成了保护公益的强大合力。"[②] 鉴于试点工作的丰硕成果，2017年6月27日，全国人大常委会通过修改《民事诉讼法》《行政诉讼法》的决定，正式建立检察机关提起公益诉讼制度，该项工作遂在全国全面推开。

（一）试点工作特点

由检察机关提起公益诉讼，尤其是行政公益诉讼，一方面可以增强行政机关依法行政的主动性和积极性，有效督促行政机关依法行政、严格执法；另一

---

① 《检察机关公益诉讼试点工作情况通报》，最高人民检察院办公厅高检发办字〔2017〕178号，2017年7月13日。

② 彭波：《公益诉讼　促进依法行政》，载《人民日报》2017年8月27日。

方面，可以弥补行政公益诉讼的主体缺位，增强公益保护的制度刚性。毋庸置疑，在保护国家和社会公共利益方面，检察机关正发挥着越来越重要的作用。从试点情况来看，检察机关提起公益诉讼具有以下几个方面的特点：

1. 诉前程序适用良好

诉前程序是检察机关提起公益诉讼的必经程序。根据《实施办法》第 13 条的规定，人民检察院在提起民事公益诉讼之前，应当履行以下诉前程序：一是依法督促法律规定的机关提起民事公益诉讼。二是建议辖区内符合法律规定条件的有关组织提起民事公益诉讼。有关组织提出需要人民检察院支持起诉的，可以依照相关法律规定支持其提起民事公益诉讼。经过诉前程序，法律规定的机关和有关组织没有提起民事公益诉讼，或者没有适格主体提起诉讼，社会公共利益仍处于受侵害状态的，人民检察院可以提起民事公益诉讼。而行政公益诉讼，因提起的对象是同样行使公权力的行政机关，检察机关在提起行政公益诉讼之前，应当先行向相关行政机关提出检察建议，督促其纠正违法行为或者依法履行职责。

之所以要规定这样的诉前程序，其目的是提高检察监督的效力，发挥行政机关履行职责的积极性和能动性，有效节约司法资源。因公益诉讼的对象不同，诉前程序的作用也有所不同。就行政公益诉讼而言，主要是通过检察建议督促行政履职，发挥行政机关履职的能动性，实现纠正行政违法行为是最终目的；就民事公益诉讼而言，则侧重于节约司法资源。从试点情况来看，设置诉前程序很有必要，而且各试点单位也严格遵守，适用良好。如 2017 年初，最高人民检察院民事行政检察厅负责人在新闻发布会上介绍："检察机关通过诉前程序，充分调动了其他适格主体保护公益的积极性，发挥了行政机关纠正行政违法行为的主动性，有效保护了国家利益和社会公共利益。如吉林省检察机关通过诉前程序督促行政机关恢复林地 4 万公顷，恢复湿地 3.9 万公顷，关停整改污染、违法企业 19 家，为国家挽回经济损失近 2 亿元；内蒙古检察机关督促行政机关恢复草原植被 3 万余亩；贵州省检察机关督促行政机关恢复耕地、林地 5.8 万余亩，为国家挽回经济损失 7.5 亿余元。"[①]

同时也应注意到，两者的诉前程序效果是存在差异的。如截至 2016 年 12 月，检察机关办理民事公益诉讼诉前程序案件是 120 件，依法督促或者支持法律规定的机关或组织向人民法院提起诉讼 22 件，一定程度上起到了督促符合条件的社会组织依法提起民事公益诉讼的目的。而检察机关办理行政公益诉讼诉前程序案件共 3763 件，督促行政机关主动纠正行政违法行为或者依法履职

① 高鑫：《最高检围绕公益诉讼发布 5 个指导性案例》，载正义网 2017 年 1 月 4 日。

2838 件。通过诉前程序，75.4% 的行政机关主动纠正了行政违法行为，可以说诉前督促程序效果显著，既及时解决了问题，又有效节约了司法资源。

2. 案件范围逐渐扩大

随着各试点单位工作的不断推进和经验的渐渐积累，各地提起公益诉讼案件的数量呈加速发展趋势，到 2016 年底更是表现出爆发式增长态势。在试点近半年后的 2015 年底，山东、江苏检察机关分别提起全国首例行政、民事公益诉讼；到 2016 年 6 月，检察机关提起民事公益诉讼案件 11 件，行政公益诉讼案件 18 件，行政附带民事公益诉讼 1 件；到 2016 年 12 月，检察机关提起民事公益诉讼案件 57 件，行政公益诉讼案件 437 件，行政附带民事公益诉讼 1 件。

另外，案件类型也从一开始集中在生态环境和资源保护领域，逐步扩展至国有资产保护、国有土地使用权出让、食品药品安全等领域。其中比较典型的是公开发布信息较多的江苏省徐州市鸿顺造纸有限公司案和江苏省常州市许建惠、许玉仙案。前者为 2016 年底前唯一的二审生效案例，后者已被最高人民检察院定为指导性案例。因涉及被告侵害行为与环境损害后果之间的因果关系证明问题，两案都聘请了专家辅助人。这两个案件均具有一定的典型性和影响力。[1]

3. 行政公益诉讼案件明显偏多

从每一阶段公布的统计数据可以明显看出，检察机关提起行政公益诉讼的案件要占到总案件数的 80% 以上，而且这些行政公益诉讼案件，大多通过诉前程序有效结案。分析其原因，主要有：一是建立检察机关公益诉讼的初衷就是对行政机关的不作为、乱作为行为以公权力来监督，因而检察机关在部署此次试点工作时，明确将行政公益诉讼作为工作重点，对行政公益诉讼推动的力度更大。最高人民检察院之所以要这么做，主要是立足于检察机关作为专门法律监督机关的宪法定位，强调法律监督主要是对公权力的监督，行政公益诉讼及其诉前程序更加契合法律监督机关的职能定位。二是《授权决定》《试点方案》都作了关于诉前程序的规定，也就是说，检察机关提起任何一起公益诉讼案件，都必须经过诉前程序。三是在诉前程序中，相关的行政机关在接到检察机关关于纠正违法行政行为或者依法履行职责检察建议后，如果能积极作为，主动自我纠错，就达到了行政公益诉讼的目的，检察机关就可以终结行政公益诉讼程序，诉前程序起到了有效的监督作用。

---

① 有关这两个案件的具体情况，可参见刘辉、姜昕：《检察机关提起民事公益诉讼试点情况实证研究》，载《国家检察官学院学报》2017 年第 2 期，第 66—69 页。

（二）试点工作存在的问题

在我国，由检察机关提起公益诉讼，可以说是一项横空出世的改革，虽然全国人大的《授权决定》解决了于法无据问题，但理论上仍有不少问题需要进一步研究，学者们的质疑声也不绝于耳。另外，随着试点工作的推进，新的问题又不断出现，如案源问题、高昂的鉴定费问题、诉讼中检察官的称谓问题、执行中的种种问题等，都有待理论上予以深入研究以跟上实践探索的步伐。如民事公益诉讼，虽有 2012 年的《民事诉讼法》中的相关规定，但仍面临诸多法理诘难和现实难题。因传统民事纠纷是私人之间的权利侵犯行为，属于私权自治范畴，一般不允许国家公权力介入。就我国国情而言，由检察机关提起民事公益诉讼本身就存在一些理论上的悖论，如与法律监督性质相悖、与民事诉讼原理相悖、与依法行使检察权原则相悖等。[①] 而行政公益诉讼，虽然从理论上说，由检察机关提起行政公益诉讼，可以拓展在行政诉讼框架下加强对行政机关违法行为进行司法监督的空间，弥补对公共利益进行司法救济的空白，但作为一项前所未有的制度探索，不少试点检察机关面临案源困境，要开展以行政机关为被告的行政公益诉讼，可谓"举步维艰"！理论指导实践，虽然这可能只是学者们的一家之言，但没有充足理论基础的实践必然会受到各种各样的影响。因此，检察机关提起公益诉讼从无到有，虽然弥补了实践中一些公共利益受损案件提起诉讼的主体缺位，促进了行政机关依法正确履行职责，调动了其它适格主体提起公益诉讼的积极性，但检察机关在探索开展公益诉讼试点实践中，也曾遇到了各种各样的困难与挑战，其中有些困境与现实难题对一些基层检察院来说是需要时日来解决的。

1. 案件线索来源问题

案件线索是开展公益诉讼的源头，针对公益诉讼这一项全新的职能，各试点单位是否建立了线索摸排创新工作机制，直接决定了试点院案件数量和质量的高低优劣。仅凭偶然发现或强制命令通常会导致工作发展的后继乏力，这一点在此后的公益诉讼工作开展中也持续产生实质性影响，不少基层检察院都为案源欠缺而发愁。

2. 各试点单位案件数量不均衡

一些试点地区案件线索数量较少，如到 2016 年底时，有的省办理的公益诉讼案件还不足 20 件；有的省案件线索较多，比如广东、江苏，均超过百件，

---

① 详细理由可参见江国华、张彬：《检察机关提起民事公益诉讼的现实困境与完善路径》，载《河南财经政法大学学报》2017 年第 4 期，第 86—88 页。

这两个试点省的民事公益诉讼案件线索数量约占全部试点地区案件线索总数的一半。① 导致这种不平衡的因素有很多，如观念问题、经济发展水平高低问题，推进试点工作力度强弱问题以及民事行政检察工作的基础问题等。

3. 案件类型单一化

就民事公益诉讼案件线索而言，环境领域的案件明显多于食品药品安全领域的案件，环境领域案件线索数在试点过程中一直占八成左右，如到 2015 年 12 月底，检察机关办理的环境资源领域案件有 313 件，而食品药品安全领域才 11 件。主要原因为：环保领域公益保护的基础较好，公益性组织也相对成熟；而有关消费者权益保护的法律规定过于原则化，缺乏可操作性，且该项权益保护起步较晚，自 2012 年《民事诉讼法》实施以来，此类案件数量本就较少，检察机关难以找到可资借鉴的经验；另外，损失数额确定难、因果关系判断也较为复杂等因素减少了此类案件的案源。直到 2016 年 12 月 5 日，湖北省十堰市人民检察院才提起全国首例食品安全领域民事公益诉讼。② 行政公益诉讼案件，无论是从案件线索、诉前程序，还是起诉案件等方面来看，也多集中在生态环境和资源保护领域，其占比达七成左右。主要原因为：一是为了回应当时环境和自然资源领域公益受损的严峻形势；二是最高人民检察院在试点期间提出工作重点是对生态环境和资源保护领域的案件提起行政公益诉讼。

4. 检察机关的地位问题

在公益诉讼中，检察机关是等同于一般原告，还是相当于刑事公诉案件中的公诉人？这涉及检察机关在一审和二审的称谓、法院是否发送传票、能否驳回起诉、二审是上诉还是抗诉、出席二审法庭的检察机关层级等诸多细节问题，在试点中仍存在不同认识，各地在操作上也不一致，导致一些地方二审案件迟迟不能开庭。

5. 相关检察官的业务素质亟待提升

检察机关提起公益诉讼，对从事这一工作的绝大多数检察官来说都是一大挑战，自身原有的知识积累和办案经验一时之间难以满足办理公益诉讼案件的需要，尤其是在涉及一些专业性问题时，如水污染问题、食品有毒问题、众多

---

① 广东是全国率先实现起诉案件领域全覆盖的省。截至 2016 年底，广东检察机关在履行职责中发现公益诉讼案件线索 933 条，发出诉前检察建议 334 件，提起公益诉讼 51 件，起诉案件覆盖了环境资源保护、消费者食品药品安全、国有资产保护、国有土地使用权出让等全部试点领域。参见刘辉、姜昕：《检察机关提起民事公益诉讼试点情况实证研究》，载《国家检察官学院学报》2017 年第 2 期，第 62 页。

② 参见刘辉、姜昕：《检察机关提起民事公益诉讼试点情况实证研究》，载《国家检察官学院学报》2017 年第 2 期，第 62 页。

的行政法规问题等，都要求检察官们以全新的姿态来迎接这一严峻挑战。另外，在内设机构改革后，有些基层检察院办理公益诉讼案件的人手不足，工作压力又大，种种不适应所带来的制度实施中的问题，都只能以提升检察官的业务素质和办案能力来解决。公益诉讼人才短缺，除了需要长期的有计划性的人才招录外，最为便捷、高效的方式就是集中短期培训，让相关的检察官们及时更新其法律知识和相关技能，尤其是在互联网大数据时代，知识更新加速，网络犯罪日益猖獗，检察官想要出色地迎接公益诉讼办案中遇到的种种问题的挑战，必须不断努力学习新知识、新法规、新技术，从而快速提升其业务素质和执业能力。

三、试点工作的主要成效和价值

检察机关提起公益诉讼的试点工作，是先有制度构想而后设计的一项实践探索，在一定程度上决定着未来的制度建设，试点经验为构建检察机关提起公益诉讼制度奠定了基础。两年来的试点工作，全覆盖、多样化的试点探索使顶层设计得到全方位检验，表明由检察机关提起公益诉讼，在保护国家利益和社会公共利益方面发挥了积极作用，探索出了司法保护公益的中国道路，完善了保护国家利益和社会公共利益的法律制度体系，同时也强化了检察机关的法律监督职能。

（一）试点工作的主要成效

保护"公益"是检察机关提起公益诉讼的最终目标。两年的试点工作，初步实现了预期效果，基本验证了《实施办法》中关于线索来源、线索移送、立案程序、调查核实、举证责任、诉前程序等规定的可行性。

1. 有效保护了国家利益和社会公共利益

在保护生态环境方面，试点地区检察机关办理了一大批案件，丰富了生态司法保护的途径和内容。如内蒙古检察机关在"保护北疆生态屏障专项监督活动"中，督促行政机关恢复草原植被 2014.59 公顷，补种各类被毁林木 1374 株，一些长期非法开垦草原、非法采矿、采砂等行为得到了有效遏制。在保障和改善民生方面，试点地区检察机关从生活垃圾处理、饮用水安全、食品药品卫生等关系人民群众切身利益方面入手，从源头上推动解决了一批舆论高度关注、人民群众反映强烈、对生产生活影响严重的"老大难"问题。在各方的共同努力下，截至 2017 年 6 月，试点地区检察机关通过公益诉讼挽回直接经济损失 89 亿余元，其中，收回国有土地出让金 76 亿余元，收回人防易地建设费 2.4 亿余元，督促违法企业或个人赔偿损失 3 亿余元。

2. 促进公益保护体系不断完善

检察机关提起公益诉讼试点，为监督和纠正行政违法行为提供了一条可行的途径，弥补了行政公益诉讼的主体缺位，督促行政机关依法行政、严格执法。截至 2017 年 6 月，试点地区检察机关办理的行政公益诉讼案件涉及不少行政管理部门，比较集中的有国土部门 1851 件，环保部门 1596 件，林业部门 1422 件，水利水务部 588 件，人民防空部门 339 件，住房和城乡建设部门 266 件，农业部门 229 件，财政部门 190 件，涉及这八个部门的案件占全部案件量的 74%。由此可见，行政公益诉讼试点工作，验证了检察机关提起行政公益诉讼的监督作用，增强了行政机关依法行政的主动性和积极性，有效督促行政机关依法行政、严格执法，也强化了公益保护的刚性。另外，在民事公益诉讼案件办理过程中，试点检察机关积极与相关社会组织沟通，引导或支持符合条件的社会组织及时以原告身份提起公益诉讼，有效调动了适格主体参与公益保护的积极性。

3. 初步形成检察机关提起公益诉讼的规范体系

试点工作充分验证了建立检察机关提起公益诉讼制度的可行性、合理性，初步形成了检察机关提起公益诉讼的规范体系。两年的试点工作除了充分检验顶层设计的科学性外，同时也验证了检察机关提起公益诉讼的程序合理性问题，各试点检察机关针对案件的不同特点，运用支持起诉、督促起诉、诉前建议、提起诉讼、行政附带民事公益诉讼等多种手段，案件覆盖所有授权领域。各类案件在试点地区分布广泛，87 个分市州检察院、759 个基层检察院均办理了诉前程序案件，96% 的基层检察院办理了诉讼案件，实现了案件程序全覆盖，且涵盖了判决、调解、撤诉等多种结案方式。如民事公益诉讼，既有经过诉前程序后其它法定合格主体提起诉讼的，也有继续由检察机关提起诉讼的；既有判决结案，也有调解结案的；既有一审结案，也有上诉后二审结案的。同时也可看出，虽然我国 2012 年《民事诉讼法》第 55 条原则性地规定民事公益诉讼可以由法律规定的机关和有关组织向人民法院提起，但现实中，鉴于我国的社会团体和组织缺乏提起公益诉讼方面的经验，法律授权主体提起民事公益诉讼的情况并不多见。试点案例在一定程度上验证了检察机关提起民事公益诉讼，相对于其它主体，在调查取证、整合各方资源以及抑制滥诉方面确实更具优势。

另外，就行政公益诉讼而言，也出现一些情况和特点，与之前的理论研究和实践预期并不完全一致。其中，较为突出的就是行政公益诉讼诉前程序。"一方面，无论是数量还是实际效果，行政公益诉讼诉前程序在行政公益诉讼乃至整个公益诉讼中都具有举足轻重的地位；另一方面，由于诉前程序通常被认为是与行政公益诉讼相配套的具体程序，具有一定的附属性，其重要性并不为大家所认识，其理论价值也未受到足够的重视。"① 因此，在评价试点工作情况时，就不应只看起诉了多少案件，而应综合诉前程序和诉讼程序的整体情况来分析评判。根据试点工作推进的实际情况和遇到的突出问题，最高人民检察院制定下发了《关于深入开展公益诉讼试点工作有关问题的意见》，各试点地区"两院"也在试点工作中以个案为载体，积极探索，就诉讼程序、法律适用等问题形成会议纪要或联合出台文件。这些文件都在不同程度上健全完善了检察公益诉讼制度。

4. 获得各方面肯定和认可

党中央、国务院《法治政府建设实施纲要（2015—2020 年）》明确要求，行政机关应当配合检察机关对在履行职责中发现的行政违法行为进行监督；国务院《土壤污染防治行动计划》及江西、贵州、福建贯彻落实《中共中央办公厅、国务院办公厅关于设立统一规范的国家生态文明试验区的意见》实施方案，均明确要求积极推动检察机关提起公益诉讼。人民群众和社会各界对检察机关提起公益诉讼的做法和成效给予高度赞扬。②

（二）试点工作的主要价值

各试点检察机关探索提起公益诉讼的两年试点工作，除了取得上述令人欣喜的主要成效外，还具有以下几个方面的价值：

1. 促进相关理论研究检察机关提起公益诉讼

实质上是在构建一项公益诉讼制度，就制度本身而言，具体制度实践的推动作用要远大于纸上谈兵的理论研究，而且任何理论总不能事先涵盖实践中会遇到的所有问题。理论指导实践，但理论也会在实践的持续推动下，为解决实践中不断出现的问题而进一步深化和发展。检察机关提起公益诉讼的试点，正是这样一项先于制度构建而进行的实践探索，对推动理论研究意义重大。如根据实践需要，对试点工作的情况的全面梳理、案件适用范围的思考、诉前程序功能的评估与完善，以及对公益诉讼调查权问题、鉴定费的支付问题、执行阶段赔偿金的支付管理问题等的深入研究，无疑都有助于完善《实施方案》和相关的制度构建。

---

① 胡卫列、迟晓燕：《从试点情况看行政公益诉讼诉前程序》，载《国家检察官学院学报》2017 年第 2 期，第 31 页。

② 有关两年试点工作所取得主要成效的详细情况，可参见最高人民检察院新闻发布会：《检察机关提起公益诉讼试点公益情况》，2017 年 6 月 30 日。

2. 为全面开展公益诉讼工作提供经验

经过两年的试点工作，检察机关提起公益诉讼逐渐成为履行法律监督职能的新型工作方式和开展法律监督工作的全新领域，各地检察机关通过开展提起公益诉讼试点，集中办理了一批生态环境和资源保护领域的公益诉讼案件，有效遏制了破坏生态环境的侵权行为。这自然为此后这项工作的全面推开提供了可复制的经验，如诉前程序中检察建议的运用、案源该如何拓展以及与行政机关、人民法院的沟通协作等，公益诉讼作为我国检察机关的一项常规职权，向法院提起诉讼不是最终目的，解决问题才是其实质意义所在。最高人民检察院在深入总结试点经验的基础上，积极与最高人民法院沟通协调，共同制定办理公益诉讼案件的司法解释，建立调查核实等配套保障机制，努力构建一套符合中国国情的公益诉讼程序。

3. 为立法提供可靠的依据和基础

两年试点工作的目的是对构建检察公益诉讼制度这一改革方案的的检验，为未来的立法积累相关经验。试点中反映出来的诸多问题，也只是局部的，而且在试点过程中因各种人为因素的渗透，可能并不意味着以后检察机关提起公益诉讼常态化后一定会出现，这些经验不能解决公益诉讼立法的所有问题，也难以解决公益保护的所有问题。但正反两方面的经验都为完善相关立法提供了可靠的依据和基础。2017 年 5 月 23 日，中央深改组召开第三十五次会议并审议通过了《关于检察机关提起公益诉讼试点情况和下一步工作建议的报告》。会议充分肯定了试点的成效，认为北京等 13 个省区市办理了一大批案件，积累了丰富的案件样本，充分检验了制度设计，同时还认为正式建立检察机关提起公益诉讼制度的时机已经成熟。

最高人民检察院在客观看待试点工作所取得的成绩和存在的种种问题的基础上，全面做好总结和评估工作，明确要求各级检察机关：一要科学谋划全面开展检察机关提起公益诉讼工作，坚持以办案为中心，深入摸排案件线索；二要办好诉前程序案件，充分发挥检察建议的功能；三要加大提起诉讼力度，突出办理人民群众反映强烈的案件，切实发挥公益保护职能作用。另外，最高人民检察院于 2017 年 6 月举行了新闻发布会，公布了试点工作所取得的各方面成就，其中最大的成就是 2017 年 6 月，十二届全国人大常委会第二十八次会议高票表决通过了关于修改《民事诉讼法》《行政诉讼法》的决定，检察机关提起公益诉讼制度被明确写入这两部法律。这标志着我国以立法形式正式确立了检察机关提起公益诉讼的制度。自此往后，检察机关将成为公益诉讼"主心骨"，这势必改变过去公益诉讼主体缺位、专业性不足和案例过少、缺乏刚性约束的局面，促使公益诉讼迈入"挺起腰杆"、全面出击的新发展阶段。这也是党的十八大以来全面依法治国的一大成就。试点工作结束，相关立法修改，构建检察公益诉讼制度是我国检察机关的必然选择。"从两年来的试点情况看，检察机关提起公益诉讼充分实现了顶层设计的目标，有效促进了依法行政和法治政府建设。"①

此后，检察公益诉讼制度，在国家层面的高度重视和各级检察机关的共同努力下，逐步完善并迅速发展成检察机关的"四大检察"之一，对公益的监督和诉讼也成为检察机关的"十大业务"之一，并且在国家治理体系和治理能力现代化中发挥着越来越重要的作用。

第三节 我国检察公益诉讼的现实成效

在中国，由检察机关提起公益诉讼的历史不长，从 2015 年的试点工作起算，至今也不到十年的时间，尽管在试点前也有一些基层检察院曾作过一点零星的实践探索。但检察公益诉讼制度在这么短的时间内蓬勃发展，工作开展得有声有色，不但已成为我国检察机关的"四大检察"之一，也为社会大众所熟知，这自然与检察机关提起公益诉讼是为了保护国家利益和社会利益这一使命不可分割，同时也与检察公益诉讼这些年所取得的显著成效密切相关。这些成效表现为实践、制度和理论都取得可喜进展，如办案规模稳步增长、办案质效大幅提升、办案领域稳妥拓展、办案理念更加科学、办案能力逐步提高、制度定位更加明晰、法律制度逐渐丰富、理论研究不断深化以及社会认同持续增强等。② 本节主要以最高人民检察院近年的工作报告为基础，结合相关新闻媒体报道和研究成果来阐述检察公益诉讼的现实成效。

一、办案方面的成效

2017 年 6 月，两年的试点工作结束后，随着相关立法的修订，由检察机关提起公益诉讼遂成为我国各级检察机关的重要业务之一，公益诉讼作为一项新制度，需要探索和完善的问题很多，为适应这一现实需要，2018 年底最高人民检察院在内设机构改革中，将原来的民事行政检察厅分设为民事检察厅、

---

① 最高人民检察院"全面实施检察机关提起公益诉讼制度"新闻发布会，2017 年 6 月 30 日。

② 这些成效表现是 2022 年 6 月 24 日最高人民检察院第八检察厅厅长在公益诉讼视频讲座中所作的概括。

行政检察厅和公益诉讼检察厅。内设独立机构的成立，无疑为办理公益诉讼案件提供了组织上的保障，也为该项业务的专业化发展创造了各种有利条件。

（一）快速增长的办案数量

2018 年最高人民检察院的工作报告，对过去五年的工作进行了全面总结，在守护青山绿水方面，全国检察机关共办理生态环境领域公益诉讼 1.3 万件，督促 5972 家企业整改，督促恢复被污染、破坏的耕地、林地、湿地、草原总面积 14.3 万公顷，索赔治理环境、修复生态等费用 4.7 亿元。在保障"舌尖上安全"方面，2014 年 11 月牵头制定办理危害药品安全刑事案件的司法解释，2015 年 12 月与食品药品监管总局、公安部等共同制定食品药品行政执法与刑事司法衔接工作办法，从严惩治危害食品药品安全犯罪，从严惩治"黑作坊""黑工厂""黑市场"，紧盯问题奶粉、地沟油、病死猪肉、非法疫苗等人民群众反映强烈的突出问题，连续 4 年开展专项立案监督，挂牌督办庞红卫等人非法经营疫苗系列案等 986 起重大案件；办理食品药品领域公益诉讼 731 件；起诉制售假药劣药、有毒有害和不符合安全标准的食品等犯罪 6.3 万人，是前五年的 5.7 倍。从这些统计数据可以看出，检察机关提起公益诉讼是与各方面的专项行动互相配套合作的，不少办案线索是检察机关在履行职责中发现的，提起公益诉讼也是检察机关法律监督的一部分。①

2018 年，各地检察机关落实以人民为中心，勇闯中国特色公益诉讼检察之路，开局效果良好。全年共立案办理民事公益诉讼 4393 件、行政公益诉讼 108767 件。其中，涉及生态环境和资源保护 59312 件、食品药品安全 41118 件、国有财产保护 10025 件、国有土地使用权出让 2648 件、英烈权益保护 57 件。通过办案，督促治理被污染损毁的耕地、湿地、林地、草原 211 万亩，督促清理固体废物、生活垃圾 2000 万吨；督促查处、回收假冒伪劣食品 40 万公斤，假药和走私药品 9606 公斤；督促追收国有财产 257 亿元；追偿修复生态、治理环境费用 30 亿元，违法者必须为恢复受损公益"买单"。②

2019 年，全国检察机关共办理公益诉讼案件 126912 件，其中，民事公益诉讼 7125 件、行政公益诉讼 119787 件，同比分别上升 62.2% 和 10.1%；办理生态环境领域公益诉讼案件 69236 件，同比上升 16.7%。与 2018 年相比，因 2019 年最高人民检察院开展了公益诉讼"回头看"专项活动，对 2018 年办理的 10 万余件诉前检察建议落实情况"回头看"，发现逾期未回

---

① 最高人民检察院工作报告（2018 年 3 月 9 日）。本节所引用的办案统计数据，除标明出处外，均来自每年的最高人民检察院工作报告。

② 最高人民检察院工作报告（2019 年 3 月 12 日）。

复、实际未整改、整改不彻底的 8751 件，跟进督促履职，同时规范了类案群发检察建议问题，故 2019 年的统计数据可以说更加实在、更具说服力。典型案例有山西浑源 32 家采矿企业私挖滥采，最高人民检察院挂牌督办，省委和省政府重视、支持，三级检察院联动，以公益诉讼推动生态治理 4 万余亩。江西、广西等地检察机关对侵害方志敏、雷锋等英烈权益行为提起民事公益诉讼 48 件；山西、陕西等地检察机关协同军事检察机关，对改进英烈纪念设施管理提出检察建议 1047 件。食药安全底线不容触碰，办理食药领域公益诉讼 35778 件；探索危害食品安全民事公益诉讼惩罚性赔偿，惩罚就要痛到不敢再犯。

2020 年是非常特殊的一年。年初，因新冠疫情，最高人民检察院带领各级检察机关主动服务疫情防控大局，在依法战疫中守初心、担使命，2020 年 2 月至 4 月，共批准逮捕涉疫刑事犯罪 3751 人、起诉 2521 人，办理涉口罩等防疫物资监管、医疗废弃物处置、野生动物保护等领域公益诉讼案件 2829 件。这一年，全国检察机关共办理各类案件 301 万件，同比下降 19.4%。其中，受理的审查逮捕、审查起诉、申诉案件同比分别下降 30.6%、12.4% 和 46.1%；而主动履职的公益诉讼、诉讼监督案件同比分别上升 19.2% 和 9.6%。2020 年，立案办理公益诉讼案件 151260 件，其中，民事公益诉讼 1.4 万件，行政公益诉讼 13.7 万件，同比分别上升 1 倍和 14.4%。发出诉前检察建议 11.8 万件，同比上升 14.1%；行政机关回复整改率 99.4%，更多问题诉前即获解决。将提起诉讼做成生动法治课堂。检察建议不能落实的，则提起诉讼，将案件办成法治样本，促进依法行政，警示、教育社会面。起诉 8010 件，同比上升 67.6%；法院审结 5976 件，支持起诉意见 5935 件。在保卫蓝天碧水净土方面，助力污染防治攻坚，起诉破坏生态环境资源犯罪 5.1 万人，办理相关公益诉讼案件 8.4 万件，同比分别上升 0.9% 和 21%。在守护"舌尖上""脚底下"安全方面，与国家市场监督管理总局等联合开展"四个最严"专项行动，会同国务院食品安全办等 10 部门完善线索移送、案件通报等协作机制，起诉制售有毒有害食品、假药劣药等犯罪 8268 人，办理食品药品安全领域公益诉讼案件 2.7 万件。联手最高人民法院、公安部出台指导意见，对盗窃、破坏公共场所窨井盖行为，以破坏交通设施等危害公共安全犯罪追诉。办理涉窨井盖刑事犯罪 106 件、公益诉讼 424 件。[①]

2021 年是党和国家历史上具有里程碑意义的一年。在中国共产党成立一百周年、党绝对领导下的人民检察制度创立九十周年之际，党中央制发《中

---

① 最高人民检察院工作报告（2021 年 3 月 8 日）。

共中央关于加强新时代检察机关法律监督工作的意见》，赋予检察机关更重政治责任。这一年，全国检察机关在党史学习教育和政法队伍教育整顿中经受革命性锻造，更加自觉融入国家治理，依法能动履职，刑事、民事、行政、公益诉讼等各项检察工作取得新进展。在公益诉讼办案方面的主要业绩为：各地检察机关共立案办理公益诉讼 16.9 万件，其中民事公益诉讼 2 万件、行政公益诉讼 14.9 万件，比 2018 年分别上升 50%、3.6 倍和 37.3%。推进常态化依法战疫，办理该领域公益诉讼 1.4 万件；注重源头防范，办理个人信息保护领域公益诉讼 2000 余件。上海、重庆等地检察机关对利用手机软件违法收集使用个人信息开展专项监督，推动网信、通信管理等部门综合治理；促进源头治理，办理生态环境和资源保护领域公益诉讼 8.8 万件，同比上升 4.7%；督促修复被损毁耕地、林地、草原 43 万亩，督促修复被污染土壤 47.8 万亩，追索环境损害赔偿金 5.9 亿元，同比分别上升 92.7%、4.6 倍和 55.9%。最高人民检察院、省级检察院落实全国人大常委会要求，直接办理跨地域、影响性案件 110 件。以诉前实现维护公益目的为最佳司法状态，梯次以磋商、诉前检察建议促进源头治理，绝大多数案件在诉前解决了公益损害问题。对检察建议不能落实的，提起诉讼 1.1 万件，99.8% 获裁判支持，成为法治样本。发布典型案例，指导办理文物和文化遗产保护领域公益诉讼 5554 件。①

在守护人民群众美好生活方面，与最高人民法院联合发布司法解释，对制售注水肉以及伪劣保健品坑老等犯罪从严追诉、从重处罚。起诉制售有毒有害食品、假药劣药等犯罪 1.1 万人，同比上升 29.8%。办理食药安全领域公益诉讼 3 万件，同比上升 10%；督促查处假冒伪劣食品 48 万千克、假药劣药 1448 千克，同比分别上升 26.9% 和 2.2 倍。河北、山西、安徽、宁夏等地检察机关追诉制售假药犯罪，附带民事公益诉讼，追索销售金额三倍至十倍惩罚性赔偿金，让肆意损害公益者付出应有更高代价。办理国防和军事领域公益诉讼 325 件，是 2020 年的 2.2 倍。办理英烈权益保护领域民事公益诉讼 46 件。某网络博主恶意诋毁志愿军英烈、某旅游博主恣意侮辱卫国戍边烈士，海南、新疆检察机关分别以涉嫌侵害英雄烈士名誉、荣誉罪提起公诉，附带民事公益诉讼，以法治维护英烈权益、捍卫英烈荣光。

2022 年，全国检察机关共受理公益诉讼案件线索 21.2 万件，同比上升 12.9%。立案 19.5 万件，同比上升 15%。其中民事立案 2.8 万件，占立案总数的 15%；行政立案 16.6 万件，占 85%。从案件类型来看，生态环境和资源保护领域立案 9.4 万件，占立案总数的 48.6%；食品药品安全领域立案 2 万

①　最高人民检察院工作报告（2022 年 3 月 8 日）。

余件，占 10.4%；国有财产保护领域立案 9900 余件，同比上升 57.8%，占立案总数的 5%；国有土地使用权出让领域立案 2100 件，占 1.1%；新领域共立案 6.7 万件，占 34.8%。

2023 年 1—6 月，全国检察机关共受理公益诉讼案件线索 11 万余件，同比下降 2.4%，这是首次出现同比下降。共立案 10 万余件，同比上升 0.5%。其中民事立案 12440 件，占立案总数的 11.4%；行政立案 96447 件，占 88.6%。从案件类型来看，生态环境和资源保护领域立案 52704 件，同比基本持平，占立案总数的 48.4%；食品药品安全领域立案 14399 件，同比下降 9.4%，占 13.2%；国有财产保护领域立案 4630 余件，同比下降 13.5%，占立案总数的 4.3%；国有土地使用权出让领域立案 704 件，同比下降 29.5%，占 0.6%。

上述六年的统计数据表明，检察机关公益诉讼案件的办案量逐年稳步增长。六年来，共办理公益诉讼案件 86 万多件，平均每年办理 14 万多件；办案领域越来越广，在原有 4 个法定办案领域之外，进一步增加英烈权益保护、未成年人保护、军人荣誉名誉权益保障、安全生产、个人信息保护、反垄断、反电信网络诈骗、农产品质量安全 8 个新领域，办理的新领域案件占比已经达到 20.7%；[1] 同时充分发挥检察机关的能动履职作用，聚焦关键领域发挥公益诉讼监督效能，其办案效果也越来越凸显。党的二十大报告强调"完善公益诉讼制度"。这既是对此前检察机关公益诉讼工作的充分肯定，同时也提出了新要求。检察机关要认罪落实这一要求，积极探索新领域，更好地履行公益诉讼检察职能，助力国家治理体系和治理能力现代化。

（二）显著的办案效果

检察机关提起公益诉讼，其显著的办案效果自然与办案数量是紧密相关的，而办案数量的逐年增长是显而易见的：2018 年 113160 件，2019 年 126912 件，2020 年 151260 件，2021 年 169790 件。（见图 3[2]）

---

① 参见 2022 年 10 月 19 日最高人民检察院党组副书记、分管日常工作的副检察长童建明在党的二十大新闻中心举办的第三场记者招待会上的介绍。

② 图 3 中的数据来自最高人民检察院工作报告（2022 年 3 月 8 日）。

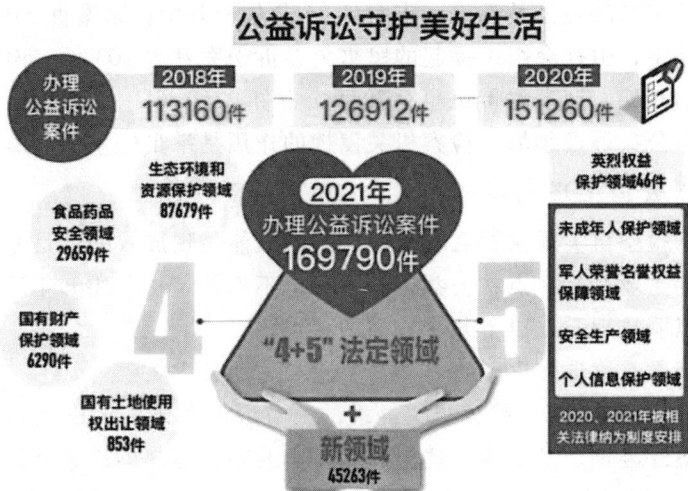

图3

当然这种效果，除了办案数量外，最为直接的体现是得到保护的被污染土壤，被修复、清理的林地、耕地、湿地，索赔的环境损害赔偿金以及督促收回欠缴的国有土地使用权出让金等方面的数据和收益。如2021年督促修复被损毁耕地、林地、草原43万亩，督促修复被污染土壤47.8万亩，追索环境损害赔偿金5.9亿元，同比分别上升92.7%、4.6倍和55.9%。

根据最高人民检察院案管办的统计数据，2022年各级检察机关公益诉讼的办案效果为：一是保护被污染土壤2200余亩，清理污染和非法占用的河道1.2万公里，清理被污染水域面积约6.8万亩，向污染企业和个人索赔环境损害赔偿金7500余万元，督促关停和整治违法排放废气等各类企业1000余家；二是挽回、督促修复、清理林地、耕地、湿地、草地41.3万余亩，清理被污染水域面积6.8万余亩，挽回被非法开采的矿产资源总案值2600余万元；三是督促查处销售假冒伪劣食品741.1吨，督促收回流通中的假冒伪劣食品196.4吨，督促查处销售假药和走私药品539种，督促收回流通中的假药和走私药品200种；四是督促收回欠缴的城镇国有土地使用权出让金33.2亿元，督促收回被非法占用的城镇国有土地10167.9亩。

从这些统计数据可以看出，检察机关提起公益诉讼在保护国家利益和社会公共利益的方面是十分显著的，而这也恰好是发挥了运用公权力来保护公共利益的优势所在，尤其是环境生态公益诉讼方面，因所涉问题相当复杂，我国的社会组织、公益团体在现实中提起公益诉讼存在诸多困难，而身为国家法律监督机关的检察机关则正好可以弥补在公益诉讼主体方面的不足。如2020年，全国法院共审结环境公益诉讼一审案件 3557 件，其中民事案件 3199 件，在这些民事案件中，由社会组织提起的民事公益诉讼案件为 103 件，而检察机关提起的则为 386 件，刑事附带民事公益诉讼案件 2710 件，由此可见，在生态环境这一重点公益诉讼领域，检察机关发挥的作用是举足轻重的。

（三）数据呈现的特点

我国的检察机关虽然拥有众多职能，但最能显现成效的就是办案。办案是检察机关的主业，这一点在公益诉讼方面也不例外。从上述五年的办案统计数据中，可以明显地看出以下几个方面的特点：

1. 办案数量稳步上升

2018 年至 2022 年，检察机关办理的公益诉讼案件，无论是办案总量，还是不同的案件类别、发出检察建议、回复整改率、提起诉讼案件数等，均处于上升状态，有的同比上升高达 67.6%。如 2019 年，办理民事公益诉讼 7125 件、行政公益诉讼 119787 件，同比分别上升 62.2% 和 10.1%；办理生态环境领域公益诉讼案件 69236 件，同比上升 16.7%。2019 年发出诉前检察建议 103076 件，同比上升 1.8%，回复整改率 87.5%，同比上升 15.8 个百分点，绝大多数问题在诉前得以解决，以最小司法投入获得最佳社会效果。①

2. 多举措并举

公益诉讼作为检察机关进行法律监督的一种手段，经常与其它手段配合使用，如专项行动等，同时还与其它部门联合开展工作，以提升监督质效，尤其是在生态环境公益诉讼中，往往涉及多个部门，甚至多个省份。如 2020 年开展的万峰湖治理工作。万峰湖地处黔桂滇接合部，因无序养殖、水质恶化，2016 年、2017 年连续两次被中央环保督察点名。但治防分属管辖，效果不尽如人意。最高人民检察院直接立案办理，三地党委和政府大力支持，协同治理、联手防控，再现一湖碧水。再如，会同中国残联推广杭州经验，开展无障碍环境建设公益诉讼，"有爱无碍"让残障人士放心出门。针对"无码老人"出行、消费困难，开展信息无障碍公益诉讼，促请职能部门消除"数字鸿沟"。与全国妇联完善保护妇女儿童权益协作机制。还有 2021 年时的南四湖治理。南四湖水域泽及鲁苏豫皖四省，因上下游、左右岸治理标准不一，多重污染交织，严重影响群众生产生活。最高人民检察院直接立案，调用四省检察官办案，助力地方政府携手治理，统一污水排放标准及保护区煤矿退出方案，清

---

① 最高人民检察院工作报告（2020 年 5 月 25 日）。

理固废垃圾，拆除违章建筑，取缔违法养殖，历时 10 个月初现青山绿水。①

3. 新领域成为新的增长点

公益诉讼检察与刑事检察、民事检察、行政检察相比，就像一个才出世几年的小孩，各种能力都必须学习提升。在案件范围方面，试点时严格限定在人大授权的那几类案件中，但全面推开后，随着检察公益诉讼效果的不断显现，群众满意度的不断增加，不仅法定的领域在逐渐扩大，从四类案件增加到"4＋5"，而且检察机关从服务大局、参与社会综合治理、发挥检察职能角度出发，案件的等外探索也在不断拓展，这些领域都是人民群众反映强烈、社会治理和国家治理中公益损害多发、与人民群众生活密切相关的领域。如 2020 年，全国检察机关对群众反映强烈的新领域公益损害问题立案 2.7 万件，是 2019 年的 3.4 倍。如"发布铁路安全生产领域公益诉讼典型案例，推动沿线环境安全治理。河北、山西、内蒙古、陕西、甘肃检察机关开展长城保护专项监督，新疆检察机关开展文物古迹专项保护行动。上海、安徽检察机关推动居民小区电动车'飞线充电'专项治理，维护城市公共安全。贵州检察机关针对网络餐饮平台强制'二选一'，督促主管部门治理不正当竞争行为；青海检察机关与消费者协会协作，探索拓展消费领域民事公益诉讼，保护消费者合法权益"②。为营造清朗网络空间，注重源头防范，2021 年办理个人信息保护领域公益诉讼 2000 余件；2023 年 1 月至 6 月，在全国检察机关共受理公益诉讼案件线索 11 万余件中，新增 9 个法定领域立案 2.3 万余件，占公益诉讼立案总数的 21.5%。

二、制发检察建议的路径成效

检察机关提起公益诉讼，其特点之一是有一道诉前程序。设置这一程序的目的，就民事公益诉讼而言，是为了遵循司法的谦抑性原则，只有在没有适格主体或适格主体决定不起诉时，检察机关才提起诉讼。检察机关在决定起诉前，其法定方式是送达督促起诉意见书或检察建议书，内容分别是依法督促或者支持法律规定的机关或有关组织提起民事公益诉讼。对行政公益诉讼来说，检察机关在诉前程序中，其法定方式是提出检察建议，内容是依法督促行政机关纠正违法行政行为、履行法定职责，体现了对行政自主权的尊重，同时也表明在行政公益诉讼制度建构上，是以行政权为主导来设计制约机制，将检察权

---

① 最高人民检察院工作报告（2022 年 3 月 8 日）。
② 最高人民检察院工作报告（2021 年 3 月 8 日）。

的监督和纠错置于行政机关自我纠正之后，检察建议是为了提醒行政机关及时纠正违法行为、依法履职。只有在行政机关收到检察建议后置之不理的情况下，才会继续提起诉讼。因此，检察机关向人民法院提起行政诉讼是补充性的。从试点情况和这几年的检察实践来看，诉前程序对行政公益诉讼来说至关重要，甚至成为结案的主要方式。

（一）检察建议的数据成效

自从全国检察机关开展公益诉讼工作以来，在指导思想上，就把诉前实现维护公益目的作为最佳状态。在检察办案中，检察机关诉前发出公告或检察建议，促使有关主体提起诉讼、行政机关依法履职，这不仅可以及时保护公益，而且能以最少司法投入获得最佳社会效果。2018 年，全国检察机关共立案办理公益诉讼案件 113160 件，以诉前程序结案的案件就有 102975 件，其中，公告督促有关社会组织提起民事公益诉讼 1721 件。如长沙市柏家洲地处湘江饮用水源一级保护区，污水直排。检察机关发出检察建议后，有关部门全力落实，迅即搬迁岛民、拆除违建、清理餐饮船舶，携手打了一场"碧水保卫战"。①

2019 年，全国检察机关共办理公益诉讼案件 126912 件，发出诉前检察建议 103076 件，同比上升 1.8%；回复整改率 87.5%，同比上升 15.8 个百分点，绝大多数问题在诉前得以解决。对发出公告和检察建议后公益受损未能解决的，提起公益诉讼 4778 件，同比上升 48%。法院已审结 3238 件，支持起诉意见 3225 件。

2020 年，受新冠疫情的影响，虽然全国各级检察机关办理的刑事案件量有所下降，但公益诉讼案件仍呈增长趋势，全年共立案办理公益诉讼案件 151260 件，发出诉前检察建议 11.8 万件，同比上升 14.1%；行政机关回复整改率 99.4%，更多问题诉前即获解决。

2021 年，为让公益诉讼更加实在有效地保护公益，全国检察机关共立案办理公益诉讼 16.9 万件，以诉前实现维护公益目的为最佳司法状态，梯次以磋商、诉前检察建议促进源头治理，绝大多数案件在诉前解决了公益损害问题。对检察建议不能落实的，提起诉讼 1.1 万件，99.8% 获裁判支持，成为法治样本。另外，会同退役军人事务部开展专项监督，发出检察建议 4995 件，推动修缮烈士纪念设施 9400 处。办理英烈权益保护领域民事公益诉讼 46 件。

2022 年，全国检察机关共启动公益诉讼案件诉前程序 15.1 万件，同比上

---

① 最高人民检察院工作报告（2019 年 3 月 12 日）。

升 5.4%。其中，民事公益诉讼 2.5 万余件，行政公益诉讼 12.6 万件。行政机关纠正或履行职责 13.1 万件，诉前整改率 99.8%，同比增加 0.3 个百分点。

（二）数据成效分析

从上述统计数据中可以看出，全国检察机关在开展公益诉讼工作中，采用诉前程序结案是一个重要方式，其特点归纳如下：

一是采用诉前程序结案的比例很高。这一点在试点工作时就已显现出来，随后全面推开后的情况也基本相同。这一现象，一方面表明当初在检察机关提起公益诉讼的程序设计上添加诉前程序这一做法非常科学，另一方面说明以公权力来制约行政机关的不作为、乱作为行为是一个有效的手段。如 2018 年，全国各级检察机关向行政机关发出检察建议 101254 件，97.2% 得到采纳，更多问题在诉前得以解决；2022 年的统计数据显示在以诉前程序结案的 15.1 万件案件中，行政公益诉讼占 12.6 万件，行政机关纠正或履行职责 13.1 万件，诉前整改率高达 99.8%。

二是行政公益诉讼案件占比高。从统计数据来看，无论是立案总量，还是诉前程序处理的案件量，行政公益诉讼均占了绝大部分，多年来一直高达 80% 以上，这一点也与设立检察机关提起公益诉讼，主要是督促行政机关依法行政、依法履行职责这一初衷是相符的。另外，也与检察机关通过提起公益诉讼参与国家治理这一根本目的相契合。

三是起诉成为刚性程序。虽然诉前程序是检察机关提起公益诉讼的必经程序，但如果诉前程序没有实现办案目的，如行政机关对检察建议置之不理，检察机关还有起诉这一刚性程序作为后盾来督促其履行职责。如 2018 年，共提起公益诉讼 3228 件，法院已判决 1526 件，支持起诉意见 1525 件。重庆市荣昌区濑溪河沿岸禁养区内 286 家养殖户违规经营，直排畜禽粪便污水。检察机关向 16 个镇街发出检察建议，对其中怠于履行环境监管职责的古昌镇政府提起公益诉讼，获得庭审支持，禁养区内河流污染得到全面治理。将提起诉讼做成生动法治课。诉前检察建议不能有效落实，就以诉讼、庭审接力推动问题解决，警示一片、教育社会面。①

就行政公益诉讼而言，检察机关提起公益诉讼的目的是保护公共利益，促进行政机关纠正违法行为、依法履职，这一做法是以宪法赋予的法律监督者地位为基础，提起行政公益诉讼可以说是检察机关法律监督职能的延伸。在这种新型诉讼模式中，必须经过的诉前程序，就是"检察机关在提起行政公益诉

---

① 最高人民检察院工作报告（2019 年 3 月 12 日）。

讼前向行政机关提出检察建议，形成以公共利益是否得到维护为根本衡量标准的'软性'灵巧的诉前程序与'刚性'后盾的诉讼程序两个单元，体现为既相互独立，又互为支撑、相互衔接的'检察建议、行政公益诉讼'二元互助监督模式"[①]。可以说诉前程序中的检察建议是一种以诉讼为后盾的前后匹配的"强化版"的检察监督模式。在检察实践中，无论是两年的试点工作，还是数年来的各地行政公益诉讼检察，诉前检察建议程序已成为案件终结的常态化方式，是我国检察权中的一项功能性权力，是实施法律监督不可或缺的一种手段，其必要性已无可争议，同时也成为中国特色检察公益诉讼在制度设计上的一大亮点。

三、检察公益诉讼在促进国家综合治理中的成效体现

在我国，由检察机关提起公益诉讼是一项具有鲜明中国特色的检察制度和诉讼制度，它承载着重要的政治责任和公益使命。从制度设计初衷的着重点在行政公益诉讼，以检察机关的法律监督职能这一公权力来督促纠正大量的行政违法行为这一视角来看，检察机关就肩负着通过办理公益诉讼案件助推国家治理体系和治理能力现代化的职责。检察公益诉讼制度的治理效能主要体现在两个方面：一是监督依法行政。在行政公益诉讼中，检察机关通过协商沟通、检察建议、提起诉讼等方式，督促行政机关依法行政、自我纠错。二是保护公共利益。检察机关除了通过行政公益诉讼监督行政机关依法履职保护公共利益外，还在民事公益诉讼中通过督促、引导、支持符合条件的法定机关和社会组织及时提起诉讼等形式来保护公益，最终形成社会组织、行政机关、检察机关与审判机关共同协作，合力保护公共利益的格局。数年来，检察机关在各种检察新理念的指导下，每年办理的案件数量速增、案件范围不断拓展、挽回的各种损失巨大、群众满意度不断提升。检察公益诉讼在推进国家治理体系和治理能力现代化进程中的做法和成效，主要表现在以下几个方面：

（一）树立新理念，赢得各方支持

理念是行动的指南，人们常说：理念一新天地宽。新时代，在各项司法体制改革叠加、检察机关职权运行进行重塑性调整的大背景下，为实现为人民司法，数年来，最高人民检察院提出了一系列检察理念，其中与检察公益诉讼关系最为密切的就是"双赢多赢共赢"这一检察理念。

---

① 张晓飞、潘怀平：《行政公益诉讼检察建议：价值意蕴、存在问题和优化路径》，载《理论探索》2018 年第 6 期，第 124 页。

1. 检察理念的价值

检察理念作为指导检察权运行的理论基础和价值导向，并非绝对、单一的，而是相对、多元的，也并非静态而是动态的。不同于法律原则，司法检察理念直接指导办案实践，带有一定的历史局限性和政策导向性，更关注一定时期内司法实践的所需和所求。新时代，检察理念必须随着时代的发展适时更新，因此，以新时代司法检察理念引领办案，必须在更新、转变司法检察理念的基础上，将其落实到办案中，使之适应社会发展，适应新时代人民群众对公平正义的更高要求，同时，也必须把检察官客观公正义务理念落实在办案中，这既是时代的要求，也是检察机关作为我国法律监督机关的宪法定位所决定的。司法实践中，理念与实践的互动性是直接而敏锐的，须将司法实践中的所需和所求进行归纳梳理，并上升到理念层面，反过来又用以指导具体的司法实践。因此，检察理念所追求的实践效果是紧迫而现实的。

检察办案理念是司法办案中有关检察权配置及其运行的目标、原则和制度的理念体系。各种检察理念相辅相成，统筹于确保检察权运行以实现会公平正义的总体目标之下，以有效实施法律监督、维护司法权威为指引，倡导理性、平和、文明、规范的检察权运行模式，既有理想建构的成分，又不失为现实的改革目标。①

2. "双赢多赢共赢"检察理念的践行

作为检察机关提起公益诉讼主业的行政公益诉讼涉及政府履职，本质是助力政府依法行政，检察机关与政府部门虽分工不同，但服务人民、追求法治的目标一致，公益诉讼并非"零和博弈"。各级检察机关在办理行政公益诉讼案件时，以"双赢多赢共赢"理念为指导，坚持把诉前实现维护公益目的作为最佳司法状态，争取各方面大力支持，共同维护人民根本利益。如2018年，黑龙江省人大常委会就检察公益诉讼问题作出专门决定，该省检察机关专项调查387家小煤矿关闭整治公益保护问题，发现违法违规和犯罪问题线索132件，对公益受损案件，以检察建议形式督促主管机关依法履职，取得良好成效。针对公益诉讼案件确定管辖难、调查取证难、司法鉴定难等问题，最高人民检察院会同最高人民法院出台司法解释，与生态环境部等9部委会签协作意

---

① 有关检察理念的相关内容，可参见季美君、赖敏娓、徐旭：《论办案与监督一体的检察理念——以刑事案件办理为切入点》，载《人民检察》2020年第20期，第13—18页；季美君、徐旭：《刑事检察精准监督理念及实现路径》，载《人民检察》2022年第3期，第23—28页。虽然这两篇论文以刑事检察为视角，但检察理念对检察工作的指导作用是全方位的。

见。河北、上海、广西、陕西等地检察机关与有关部门建立协作联动机制。①
为形成整改合力，福建、山东等地推行地圆桌会议和公开送达机制，此经验在
全国得到推广。2020 年，最高人民检察院和省级检察院直接办理了一批跨区
域和影响性案件，以践行"双赢多赢共赢"理念。建立磋商机制，拟提出检
察建议的先促请行政机关主动履职。针对一些污染企业违规享受相关税收优惠
政策，与国家税务总局共同核实、督促整改，推动环保处罚信息共享，税收优
惠政策进一步完善。如 2021 年，检察机关携手中国残联切实加强残疾人司法
保护，全面推开无障碍环境建设公益诉讼，立案办理 3272 件，是 2020 年的
6.2 倍。

（二）稳妥拓展办案范围，持续扩大影响力

我国检察机关是公权力机关，其职责履行必须以法律明确规定为前提。就
公益诉讼而言，检察机关能提起的案件范围也是由相关法律明文规定的，不但
试点期间如此，在全国也是这样。但因这是一项新制度，各方面的规定都在不
断完善中，案件范围在法律上的规定也留有余地，通常以"等"字来表述，
这就为检察机关办理案件的"等"外探索留下了空间。数年来，各级检察机
关依据相关法律规定，在日常工作中，开始积极、稳妥地拓展办案范围。如
2019 年，对法律明确赋权领域之外人民群众反映强烈的公益损害问题，探索
立案 7950 件。北京海淀、湖北荆门等地检察机关针对校园周边商户向孩子售
烟问题发出检察建议，督促职能部门履职；国家卫健委等 8 部委主动深化青少
年控烟部署。公益诉讼检察工作得到各级人大重视支持。全国人大常委会听取
审议专项报告并进行专题询问，435 位全国人大代表提出意见建议；15 个省级
人大常委会听取专项报告，11 个省级人大常委会作出专项决定，给予有力监
督支持。2020 年，对群众反映强烈的新领域公益损害问题立案 2.7 万件，是
2019 年的 3.4 倍。2021 年，各地检察机关关注未成年人健康成长问题。如未
成年人文身易感染、难复原，就业受限、家长无奈，江苏、浙江等地检察机关
以公益诉讼专项监督推动禁止为心智尚未成熟的未成年人文身。办理国防和军
事领域公益诉讼 325 件，是 2020 年的 2.2 倍。

由此可见，在检察实践中，各级检察机关在办好法律明确赋权领域公益诉
讼案件的同时，以积极、稳妥的态度，办理安全生产、公共卫生、生物安全、
妇女儿童及残疾人权益保护、扶贫等领域公益损害案件，同时还拓展办理网络
治理、金融证券、知识产权、文物和文化遗产保护等新领域案件，也开始探索

---

① 最高人民检察院工作报告（2019 年 3 月 12 日）。

推进涉军公益诉讼，部署军用机场净空专项监督，坚决惩治涉军犯罪，助力强军兴军。

数年来，随着检察机关办理案件范围的不断拓展，其影响力也在持续增加，相关立法明确规定检察机关提起公益诉讼的条款也越来越多，如《英雄烈士保护法》《未成年人保护法》《军人地位和权益保障法》《安全生产法》《个人信息保护法》等，在制定修改时，均写入公益诉讼检察条款，公益司法保护中国方案备受瞩目。

（三）积极融入国家治理，以检察公益诉讼助推长治久安

在全面依法治国的大背景下，检察公益诉讼在国家治理方面发挥着独特价值。数年来，检察公益诉讼从无到有、办案数量从少到多、影响力从弱到强，其发展历程令人欣喜。"随着全面依法治国进程不断向纵深推进，政府及其职能部门越来越深刻理解以法治思维和法治方式促进国家治理的重要性，对法律监督态度更加开放并积极寻求法治赋能，这使得公益诉讼治理效能得以在更广阔空间、更多领域、更深层次充分发挥。"① 公益诉讼检察办案范围的持续拓展，从探索建立之初的四大法定领域，到法定领域的"4＋5"，再到目前无障碍设置建设、网络侵害等大量新领域的探索，都是围绕着我国人民群众反映强烈的、社会治理和国家治理中的公益损害多发领域开展，加上其办案机制的不断创新，检察公益诉讼在国家治理体系中所能发挥的作用也越来越大。在办案中，检察机关充分发挥法律监督职能，以服务经济社会发展大局，同时积极融入国家治理体系，促进国家治理能力现代化。主要表现在：

1. 主动融入党和国家工作大局，服务经济社会高质量发展

检察公益诉讼，始终坚持服务大局，服务人民，主动服务保障党和国家中心工作和重大战略，积极助力经济高质量发展和国家治理现代化。如 2021 年，为助力常态化防疫新冠疫情，最高人民检察院指导各地认真落实涉疫案件审批报备制度；为保障长江、黄河流域生态保护和经济高质量发展，最高人民检察院指导各地深入落实《长江保护法》《"十四五"长江经济带发展规划实施方案》，制定发布《最高人民检察院关于充分发挥检察职能服务保障黄河流域生态保护和高质量发展的意见》。另外，最高人民检察院还开展长江生态保护专项行动，指导长江流域检察机关以长江水资源、森林资源、岸线资源以及生物多样性保护为重点，集中开展资源保护和污染整治专项活动。紧盯长江经济带生态环境警示片以及中央环保督察反映问题，督促指导相关检察机关综合运用

———————————
① 最高人民检察院工作报告（2022 年 3 月 8 日）。

检察职能，提升生态环境治理质效，服务当地经济快速发展；为服务乡村振兴战略，最高人民检察院发布公益诉讼服务乡村振兴助力脱贫攻坚典型案例15件，指导各地巩固脱贫攻坚成果、耕地资源保护、农业面源污染治理、农村人居环境整治等，部署开展涉农公益诉讼专项活动。如陕西省院印发《关于开展服务和保障实施乡村振兴战略检察公益诉讼工作的通知》。①

2. 开展专项行动，提升保护公益质效

从职能上来看，检察机关提起公益诉讼只是检察机关所履行的众多职能之一，这一职能要充分发挥作用，在内部，必须与其它部门密切合作；在外部，也需要与其它相关部门沟通协调。每年部署工作时，最高人民检察院和各地检察机关都会根据工作需要，针对经济发展和社会综合治理中存在的突出问题开展各类专项活动，以提升办案质效。

在服务大局和助推国家综合治理方面，每年除了最高人民检察院部署开展的各类专项活动外，各地检察机关也会根据本地存在的突出问题，因地制宜开展各种专项行动。如福建、江西、贵州检察机关持续开展专项监督，服务国家生态文明试验区建设；吉林、甘肃、青海、陕西检察机关分别部署长白山、祁连山、三江源、秦岭生态环境保护专项工作；辽宁、吉林、黑龙江检察机关携手开展黑土地保护专项监督，综合运用刑事诉讼、公益诉讼等检察职能，依法惩治破坏、占用耕地等违法行为；2021年，重庆检察机关深化开展"保护长江母亲河"专项行动，制定加强长江生态环境保护"17条意见"，在全市44个检察院设立长江生态检察官办公室，入选首届重庆市政法领域改革十佳范例；为服务乡村振兴战略，江西、湖北、湖南、广东、云南、西藏等地检察机关持续开展服务保障乡村振兴专项行动，仅湖南一省检察机关即办案3646件，复垦耕地6940余亩，修复林地9520余亩，清除垃圾1万余吨。再如2022年，广东汕头市检察机关开展涉侨文物和文化遗产保护公益诉讼专项监督行动，用法治力量守护游子逐梦寻根的"乡愁印记"，采取为涉侨文物划上"保护线"，为涉侨文物补办"身份证"以及为涉侨文物筑起"安全墙"等有效措施，不断完善"检+侨"模式，维系好华侨与故乡的精神纽带。②

2022年是全国检察机关的质量建设年，就公益诉讼检察工作而言，它需要迈入常态化、规范化、高质量发展新阶段。我们在看到其成绩斐然可喜一面的同时，也要清醒地看到存在的诸多问题，如老问题中的法律规范不足、机构

---

① 具体内容可参见最高人民检察院第八检察厅《2021年公益诉讼检察工作总结》。

② 参见《守护游子逐梦寻根的"乡愁印记"——广东汕头：开展涉侨文物和文化遗产保护公益诉讼专项监督行动》，载《检察日报》2022年6月20日。

人员及其能力不足、调查取证以及鉴定问题和重数量轻质效问题等，还有已经出现的新问题新风险，如不适当的办案引发的舆情暴露出来的多方面问题和风险、社会对公益诉讼权力滥用的质疑和警惕以及办案人员的理念、规范意识堪忧等问题。[①] 只有及时妥善地解决这些老问题和新问题，填补空缺的法律规范、明确职能边界、完善相关制度，检察公益诉讼这一新制度才能持续稳步健康地走向未来。

综上所述，作为国家专门的法律监督机关，检察机关在履行职能中积极参与社会治理创新，推进国家治理能力现代化是其应尽的职责。各级检察机关在办理公益诉讼案件时，通过检察建议这一诉前程序，针对其在履职过程中发现的违法犯罪隐患、管理监督漏洞、风险预警和防控问题，以及就相关部门作出的行政处罚、政务处分、行业惩戒等问题提出整改治理建议，以促进完善社会治理体系，这无疑是检察办案的更高追求，也是新时代检察工作的重要目标之一。可以说，在全面推开的六年时间里，公益诉讼检察已呈现出蓬勃的制度生命力和旺盛的发展活力，目前已成为司法参与和促进国家治理的重大创新成果，为世界提供了公益司法保护的中国智慧和中国方案。

第四节　公益诉讼"中国方案"的特点

在人类进入 21 世纪的第二个十年，各种新技术日新月异，大数据互联网时代，人工智能、区块链、基因检测等层出不穷的新技术，以人们从未想到的速度、广度和深度融入日常生活与工作中，整个人类面临着百年未有之大变局。中国在向世界展示多年经济发展飞速、社会长期稳定这两大奇迹外，又在运用检察权保护国家利益和社会公益方面独辟捷径，贡献出一套富有中国特色的公益诉讼"中国方案"。

一、检察机关承担公益诉讼职能的中国特色

在阐述我国公益诉讼检察特点之前，首先要搞清楚，为什么在中国由检察机关提起公益诉讼成为可能，而且具有独特的优势？这就要从中国特色社会主义检察制度说起。

[①] 这些问题是 2022 年 6 月 24 日最高人民检察院第八检察厅厅长在公益诉讼视频讲座中所作的概括。

（一）我国检察制度的特色

世界各国的检察制度可谓异彩纷呈，由于不同历史阶段和不同社会结构下的检察制度形成的社会环境、传统基础和文化背景不同，其发展过程和形成模式就各具特色。我国当前的检察制度，是随着中华人民共和国的诞生而建立起来的。它是在新民主主义革命根据地的检察制度的基础上，学习借鉴了苏联的检察制度，结合中国国情创制的。由于其起源的复杂性和发展的曲折性，综合学术界众多研究成果和丰富的检察实践，其特色主要表现在：

1. 独立的宪政地位

本质上，我国是中国共产党领导下的社会主义国家，中国共产党的领导是中国特色社会主义最本质的特征。我国的根本政治制度是人民代表大会制度，国家权力由人民代表大会统一行使。在人民代表大会制度下，设立的国家行政机关、审判机关、监察机关和检察机关分别行使相应的权力，这些权力都由人民代表大会产生并受其监督。就政治性质而言，我国检察机关是中国共产党领导的人民民主专政国家机器的重要组成部分。检察权来源于人民，服务于人民。广泛的人民性是我国检察机关最根本的政治属性。人民检察院是人民代表大会制度下与政府、法院平行的国家机关，具有独立的宪法地位。

在这样的国家权力结构中，我国检察机关在宪法体系中享有与国家行政机关、审判机关平行的独立法律地位。因此，在宪法地位上，我国检察机关被确定为国家法律监督机关和司法机关。可以说，我国检察机关的设置模式和宪政地位是由我国的国情、国家制度和政治制度决定的。我国的国家制度决定了我们必须坚持中国共产党的领导，不实行两党制或多党制轮流执政；我国的政治体制决定了人民代表大会是国家权力机关，它不实行"三权分立""两院制"。

2. 国家的法律监督机关

任何权力都应该受到监督，没有监督的权力必然会导致腐败和专制，这是一条千古不变的真理。西方国家进入现代资本主义时期后，通过"多党制""分权制"基本实现了对国家权力的监督和制约。而"我们共产党领导的社会主义国家，不搞多党轮流执政，不搞'三权分立'和'两院制'，如何实现对权力的监督和制约呢？其中有一条制度意义上的设计，即设立专门的法律监督机关——检察机关，以维护国家法律统一正确实施，保障权力在法律的规制内运行，这是设置具有独立宪法地位的检察机关的根本理由"[①]。这一做法源于

[①] 孙谦：《关于中国特色社会主义检察制度的几个问题》，载《人民检察》2016年第12—13期，第18页。

列宁的法律监督思想和苏联的实践。当然，除了这种制度设计之外，我国还有民主集中制、多党合作、人民通过人民代表大会行使国家权力、监督国家机关依法行政、公正司法等原则。然而，我国检察机关的法律监督，传统上称之为检察监督，其初衷是维护国家法律的统一和正确实施，对行政权力和司法权力起到一定的监督和制约作用。因此，法律监督是我国检察机关的本质特征。这也是设立检察机关提起公益诉讼以监督行政机关依法履职的基础所在。

3. 依法独立行使检察权

"要确保审判机关、检察机关依法独立行使审判权、检察权。这是我们党和国家的一贯主张，党的十八大继续强调了这一点。"① 我国《宪法》第136条明确规定："人民检察院依照法律规定独立行使检察权，不受行政机关、社会团体和个人的干涉。"可以说，检察权依法独立行使是实现司法公正的必要条件。相比较而言，我国的检察权是相当广泛的，既有公诉权、审查批准逮捕权，又有14个罪名的职务犯罪侦查权、法律监督权等，目前又有提起公益诉讼权，其独立行使就具有十分重要的意义。

检察权之所以要依法独立行使，有两个方面的原因：直接原因是我国的检察机关是国家的法律监督机关，法律监督需要独立性，否则就会受被监督单位或其它因素所干扰而丧失监督的有效性与公正性；间接原因是司法审判权的独立有赖于检察权的独立性，检察权与审判权之间存在着紧密联系。② 若没有检察权独立行使对案件作出客观公正的判断与决定，以此为依据的审判权的公正行使也将无从谈起。正如日本前检事总长伊藤荣树先生所说的："检察权的行使，如果受立法权或检察权以外的行政权的不当干涉所左右，那么，司法权的独立就将完全成为有名无实。"③ 因此，"检察权独立行使的基本意义，在于保障司法公正，因为它创造了正确运用和实施法律的必要条件。独立行使检察权，意味着检察官排除非法干预，以事实为根据，以法律为准绳，只服从法律，从而切实地贯彻法制原则"④。这也是充分行使检察权的前提条件。可以

---

① 《全面推进科学立法、严格执法、公正司法、全民守法》是2013年2月13日习近平同志主持中共十八届中央政治局第四次集体学习时的讲话，载习近平：《论坚持全面依法治国》，中央文献出版社2020年版，第23页。

② 参见龙宗智：《论依法独立行使检察权》，载《中国刑事法杂志》2002年第1期，第3—4页。

③ ［日］伊藤荣树：《日本检察厅法逐条解释》，徐益初、林春译，中国检察出版社1990年版，第57页。

④ 龙宗智：《论依法独立行使检察权》，载《中国刑事法杂志》2002年第1期，第4页。

说，"依法独立行使检察权是一个历久弥新的话题。采取什么制度与机制确保检察机关依法独立行使职权，无疑是贯穿于我国检察工作、检察改革始终的重大课题"①。而检察权能够依法独立行使，也是其能承担提起行政公益诉讼、对行政权的行使予以有效监督的前提。

4. 检察官要秉持客观公正的立场

司法不能受权力的干扰，这是确保司法独立实现司法公正的关键要素。综观世间发生的形形色色的冤假错案、司法腐败，可以说，都与权力的滥用脱不开干系。但权力本身具有天然的膨胀性与侵略性，依靠个人自身的自制力和道德修养是无法阻挡、靠不住的。要把权力关进制度的笼子，这就要靠制度来保障，而不能指望法官、检察官们成为圣人。因此，在制度设计上，我们"既要有关'老虎'的大笼子，又要有捕'苍蝇'"的小网罩，才能有效避免法规盲区和制度漏洞，以加强对权力的制约和监督，这是实现司法公正的制度保障。与此同时，作为检察官，在行使手中权力时，还要秉持客观公正的立场。之所以要特别强调这一点，是因为检察官作为国家与公共利益的代表，在办理公益诉讼案件时，这一身份更加凸显，且具有"准司法官"的角色，必须以案件事实为依据，以法律为准绳来办理案件，做到不被金钱所诱惑，不被人情所左右，不为关系所困扰。

客观公正义务是检察官必须遵守的一条重要行为准则，最早以法律守护人的观点在 1877 年通过的《德国刑事诉讼法典》中得到确认，此后被世界不同法系的国家和地区所借鉴，并为国际准则所确认。其基本内涵为：坚持客观立场，忠实于事实真相，实现司法公正。其中坚持客观立场是基石，忠实于事实真相是核心，实现司法公正是目的和落脚点。② 因此，作为新时代的我国检察官，在日常办理案件过程中，必须承担起客观公正的义务，依法公正地处理各类矛盾纠纷，努力让人民群众在每一个司法案件中感受到公平正义，为逐步提升检察公信力添砖加瓦。

（二）检察公益诉讼的职能特色

检察公益诉讼的职能特色无疑与我国检察制度特色紧密相连，可以说是制度特色在检察公益诉讼职能中的具体体现，主要表现在：

---

① 王晋：《以修改人民检察院组织法为契机 完善检察权依法独立行使的保障制度》，载《人民检察》2016 年第 12—13 期，第 75 页。

② 参见朱孝清：《检察官客观公正义务及其在中国的发展完善》，载《中国法学》2009 年第 2 期，第 162 页。此文还详细深入探讨了检察官客观公正义务的产生、发展过程、基本内容、内涵及被各国普遍接受的缘由和在我国的发展完善等问题。

1. 监督性

我国的检察公益诉讼，从本质上说，就是我国检察机关监督职能的延伸。正是基于这一定位，检察公益诉讼在程序设计上才有一道诉前程序，即在向法院提起公益诉讼前，行政公益诉讼要先向被诉的行政机关发出检察建议，而民事公益诉讼则要先走公告程序，在没有合适的起诉主体或适合主体决定不起诉时，检察机关才可提起。这种监督性，从检察机关办理的公益诉讼案件多以诉前检察建议方式结案得以具体体现，尤其是在行政公益诉讼案件中。如 2018年，全国检察机关共立案办理公益诉讼案件 113160 件，以诉前程序结案的案件就有 102975 件，占比 90% 以上；2019 年，全国检察机关共办理公益诉讼案件 126912 件，发出诉前检察建议 103076 件，同比上升 1.8%；2020 年，全年共立案办理公益诉讼案件 151260 件，发出诉前检察建议 11.8 万件，同比上升14.1%，行政机关回复整改率 99.4%，更多问题诉前即获解决。从 2017 年 7月至 2022 年 6 月底，全国各级检察机关共立案 67 万余件公益诉讼案件，共制发了公益诉讼诉前检察建议 52 万余件，行政机关诉前阶段回复整改率从 2018年的 97.2% 持续上升至 2021 年的 99.5%。从这些统计数据中，可以明显地看出检察机关提起公益诉讼的职能作用是充分发挥其监督功能，以公权力来制约监督行政权依法行政、公正履职，并以诉前检察建议的方式督促相关部门依法履职，而不是要真正地以起诉方式结案，让起诉这一程序成为最后一道坚强后盾。① 由此，我国检察公益诉讼实践体现了法律监督职能运行的程序性、兜底性和有限性等多重特点。

2. 人民性

我国检察公益诉讼设立的目的就是为了维护人民利益，这是检察公益诉讼的追求目标。"我国社会主义国家的政体性质与国家利益、社会利益、人民利益根本上是一致的。我们把国家利益引入公益保护，从而对人民利益实现更充分、更广泛的保护。公共利益，说到底就是人民的利益；公益诉讼，归根结底是为了保护广大人民的利益。为了人民，是公益诉讼的根本目的和价值追求。"② 另外，在办理案件过程中，人民群众的大力支持和积极参与是制度发展的基本途径和强劲动力。这种人民性表现在：一是基层检察院公益诉讼的案源有不少是人民群众通过举报投诉提供的。二是检察公益诉讼的法定领域多涉及人民群众的切身利益，无论是试点工作时就作为重点的生态环境资源和自然

---

① 有关诉前检察建议的成效，在本章第三节中有详细阐述，这里不再重复。

② 胡卫列：《国家治理视野下的公益诉讼检察制度》，载《国家检察官学院学报》2020 年第 2 期，第 16 页。

资源保护、食品药品安全等领域，还是这两年"等"外案件拓展中的古文物保护①、网络侵害等领域，都与人民群众的生活和利益息息相关。三是公众的广泛参与。在我国，人民群众是公益诉讼的参与者、推动者和监督者，在案件线索、案件办理、问题整改等各个环节，他们都积极参与，发挥着相应的作用，而更为充分的公众参与，也是推动我国检察公益诉讼健康发展的必由之路。检察机关在办理公益诉讼案件时，也多从人民群众反映强烈、公益损害多发的领域着手。为了人民，代表人民，依靠人民，以实现更好的制度效果，这是我国检察公益诉讼所具有的人民性特点的根本体现。四是增加了人民群众的获得感。检察机关通过履行公益诉讼职能，积极回应了新时代人民群众的新期待，不断满足人民群众在民主、法治、公平、正义、安全、环境等方面的新要求，同时也维护了社会主义核心价值观，如检察机关办理的侮辱凉山救火烈士等一系列英烈权益保护领域公益诉讼案件等。

3. 综合性

所谓综合性，指的是各级检察机关在办理公益诉讼案件时，根据案件需要，将行政公益诉讼与民事公益诉讼紧密配合。

（1）互相配合的具体做法

从基层检察院的实践来看，检察民事公益诉讼主要通过以下几个方面的工作，与行政公益诉讼紧密配合，促进依法行政、严格执法：一是对未被行政执法或刑事司法追究的侵害公益违法行为人，增列共同侵权被告，让其承担法律责任；二是通过查明新的公益侵害事实，使"遗漏"的违法行为受到法律追究；三是通过及时制止行政执法实践中客观存在的"久罚不改""久令不停"等公益侵害行为，"补强"行政执法。② 司法实践中，之所以需要充分发挥民事公益诉讼的"补位"功能，主要是因为检察机关在办理行政公益诉讼案件时，其针对的对象是行政机关，受客观条件的限制，在司法实践中，有时会遇到通过行政公益诉讼这一路径并不利于及时有效充分维护公益的情境，为实现保护公益的目的，有些基层检察院就会通过提起民事公益诉讼予以补救，以及时纠正或惩罚相关的侵害公益的违法行为，从而将两种公益诉讼的职能协调发挥。

（2）具体案例

检察机关提起民事公益诉讼后，可以依据法院判决对相关违法事实的认

---

① 参见《老阁楼的铃声走进居民的新生活——山东平度：检察建议助推文物保护与城市建设融合发展》，载《检察日报》2022年6月27日。

② 参见刘本荣：《检察民事公益诉讼的"潜功能"》，载《检察日报》2021年1月14日。

定，再以检察建议等方式对行政机关进行监督，办案效果更好，彰显了基层检察官们的办案智慧。如在某公司非法海洋倾废民事公益诉讼案中，群众通过12345热线11次举报有运泥船向海里倾倒垃圾，但热线平台上的回复均查无此事。检察机关通过无人机拍摄到倾废证据后，向海洋执法机关发出诉前检察建议，海洋执法机关因此对某公司和负责人陈某各处罚款10万元。检察机关调查发现，根据工程开挖总量、回填和外运量、车次、车装载量以及工程付款数等证据，可以综合认定船舶向海里倾废的数量超出了行政处罚认定数量的4倍左右。考虑到这一调查结论海洋执法机关不一定会认可以及行政公益诉讼的范围问题，检察机关就提起民事公益诉讼，经法院审理，判决某公司等赔偿生态环境损害费860多万元。[1]

（3）惩罚性赔偿

惩罚性赔偿是公益诉讼领域的一大重要处罚措施，在我国相关立法中都有相应规定，如《消费者权益保护法》第55条、《食品安全法》第148条第2款以及《民法典》第1232条都规定了惩罚性赔偿请求权。2019年5月，《中共中央、国务院关于深化改革加强食品安全工作的意见》也明确提出要"探索建立食品安全民事公益诉讼惩罚性赔偿制度"，对侵害食品安全违法行为予以最严厉的处罚。数年来，我国检察机关对惩罚性赔偿作了一些积极探索，如2017年至2019年，全国检察机关共提起食品安全领域公益诉讼惩罚性赔偿案件816件，其中，民事公益诉讼案件122件，刑事附带民事公益诉讼案件694件。一审生效裁判共计661件，一审法院裁判支持率为97.4%。目前，惩罚性赔偿在行政执法领域还没有相关立法规定，只能通过民事诉讼适用。规定惩罚性赔偿的这一做法，使检察民事公益诉讼所具有的预防、惩戒公益侵害行为的独特价值和公法功能更加彰显。

经过几年来的检察实践探索，检察公益诉讼正在走向一种体系化监督模式或称"组合拳"监督模式，检察机关以"在办案中监督，在监督中办案"理念为指导，对在办案中发现的行政执法层面问题，通过报告、检察建议等方式反馈、反映，实质上起到了监督、促进行政执法的效果。检察民事公益诉讼不是孤立运用这一职能，而是通过"组合拳"延伸监督，在一定程度上起到了促进依法行政、推进国家治理的作用。

4. 共赢性

这里所说的共赢性，是从国家治理视角来看的。我国的检察公益诉讼是在"在办案中监督，在监督中办案""双赢多赢共赢"等检察理念指导下开展工

---

[1]　参见刘本荣：《检察民事公益诉讼的"潜功能"》，载《检察日报》2021年1月14日。

作的。"新时代，人民群众在民主、法治、公平、正义、安全、环境等方面有更丰富内涵和更高水平的新需求。面对国家监察体制改革和司法体制改革的推动与促进，面对全面依法治国的更高要求，面对新时代人民群众的殷切期待，检察监督办案怎样把习近平法治思想落到实处，让人民群众切实感受到公平正义就在身边？"① 这是全体检察人员必须面对和解决的"时代之问"。在各项司法改革叠加、检察机关职权运行作重塑性调整的大背景下，以实现司法为民、司法公正这一宗旨，要回答好这一问题，检察机关就应从转变检察理念着手。

如前所述，在一系列检察理念中，对公益诉检察工作发展至关重要的是"双赢多赢共赢"办案理念。在社会主义现代化视域下，法律监督新理念的价值基础是法律共同体更真实的社会正义追求，要以"政治高度、全局视野、科学方法"总要求来引领检察工作高质量发展。② 在中国特色社会主义司法制度中，检察院作为专门的法律监督机关，不仅仅是司法制度层面的，更重要的是国家制度层面的，但这一法律监督，不论是监督者还是被监督者，都是为了公正执法，其最终目的就是让人民群众在每一个司法案件中感受到公平正义，因为此这种监督不是你输我赢的监督，"监督和被监督只是法律上、工作中分工不同、职能不同，但目标是共同的，赢则共赢、败则同损"③。数年来的公益诉讼检察实践也充分证明了践行这一理念是切实可行的。检察机关提起公益诉讼，尤其是行政公益诉讼，是以法律监督职能来监督行政机关依法履职，最终目标是促进国家治理能力现代化，这是检察机关、行政机关和其它办理公益诉讼案件所涉单位的共赢事业。公益诉讼检察办理某一具体案件，以个案促类案是为了纠正一片，以类案促诉源治理是抓前端、治未病，从头至尾都是为提升国家治理能力、实现国家治理体系现代化贡献检察力量。

二、独特的诉前程序设置

公益诉讼保护，虽然在域外早在罗马法时期就出现，此后随着各国社会经济的发展和立法的完善，无论是英美法系国家还是大陆法系国家都逐渐建立了公益诉讼制度，如英美法系国家的"私人检察总长"理论，大陆法系国家中德国的公益代表人制度、法国的越权之诉和日本的民众诉讼等，深入研究国外

① 邱春艳：《让人民群众切实感受到公平正义就在身边——检察机关以"讲政治顾大局谋发展重自强"践行习近平法治思想纪实》，载《检察日报》2022 年 3 月 11 日。
② 参见曹晓静、赵美娜：《红色基因传承与检察理念创新》，载《检察日报》2021 年 8 月 2 日。
③ 张军：《强化新时代法律监督 维护宪法法律权威》，载《学习时报》2019 年 1 月 2 日。

主要国家在这一制度上是如何设计的，尤其是主体资格方面的规定以及近几年来发展变化的共同轨迹，可以为当前我国建立公益诉讼制度提供了一些有益的借鉴。但我国在建立检察公益诉讼制度时，根据我国国情和宪政制度，除了在主体资格方面由检察机关提起公益诉讼外，还在程序设计上独树一帜添加了诉前程序，即检察机关在向法院提起行政公益诉讼时，先向被监督的行政机关发送检察建议，督促其依法履职、纠正违法行为，这一做法可以说是公益诉讼"中国方案"的一大亮点。

我国检察机关提起民事公益诉讼，在程序上也设置了公告这一诉前程序，主要目的是先督促社会组织提起公益诉讼，在有资格的社会组织决定放弃提起公益诉讼后，检察机关才可以提起民事公益诉讼。这一设置的目的是保障其它适格主体提起民事公益诉讼的权利，充分调动社会组织参与保护公益的积极性，也是检察机关作为司法机关保持谦抑性的体现。经过两年试点工作经验的积累，2018 年，最高人民法院、最高人民检察院经过充分的磋商与总结，联合发布了《最高人民法院、最高人民检察院关于检察公益诉讼案件适用法律若干问题的解释》，在总结试点经验的基础上，构建了一套比较合理、科学的检察公益诉讼程序，进一步完善了检察民事公益诉讼诉前程序，即公告程序。也就是说，在民事公益诉讼中，法律规定的其它适格主体具有优先权，这在很大程度上为其它适格主体提起民事公益诉讼提供了程序上和法律上的保障，也充分体现了国家公权力对私权利的尊重，是私法自治的重要表现。同时也"体现了检察权介入民事公益诉讼的补充性、检察机关与其他组织在公益保护上的协同性，也是基于现有社会组织数量与力量情况而做出的现实选择"①。

无疑，这一诉前程序具有独特的功能价值。这一点，从当前各地检察机关办理的公益诉讼案件，每年以诉前程序结案的占比均在 90% 以上得到佐证，只是诉前程序在行政公益诉讼中的作用比民事公益诉讼的更加显著。但实实在在的结案数据和真真切切的办案效果充分说明了公益诉讼检察中设置诉前程序的合理性。目前，诉前程序是检察公益诉讼结案的主要形式，也是最具中国特色的，也符合中国传统的非讼文化，可以说是最直接最充分体现我国公益诉讼制度价值的程序设计。

三、个案监督与类案监督共同推进的监督模式

如前所述，中国的公益诉讼检察具有监督性这一特色。这种特色在实践

---

① 陆军、杨学飞：《检察机关民事公益诉讼诉前程序实践检视》，载《国家检察官学院学报》2017 年第 6 期。

中，具体表现为个案监督与类案监督共同推进的监督模式。也就是说，检察机关在办理公益诉讼案件时，会以个案为切入点，同时针对相同或相似的案件发出类案监督检察建议，促进同类问题一起解决。2022 年 3 月 7 日，最高人民检察院发布的第三十五批指导性案例中的第 141 号案例，就是个案监督与类案监督相结合共同推进深化监督效果的典型案例。具体案情为：北京某公司运营的短视频 App 在收集、存储、使用儿童个人信息过程中，未遵循正当、必要、知情同意、目的明确、安全保障、依法利用原则，违反了相关法律规定，且据该公司提供的数据显示，2020 年平台实名注册用户数量中，14 岁以下的约 7.8 万，14 岁至 18 岁的约 62 万，18 岁以下未实名注册未成年人用户数量以头像、简介、背景等基础维度模型测算约为 1000 余万。该 App 的行为导致众多未成年人个人信息权益被侵犯，相关信息面临被泄露、违法使用的风险，给未成年人的人身和财产安全造成威胁，严重损害了社会公共利益。因此，杭州市余杭区人民检察院在公告期满，无其它适格主体提起民事公益诉讼后，于 2020 年 12 月 2 日，向杭州互联网法院就该公司侵犯儿童个人信息权益行为提起民事公益诉讼，请求判令：北京某公司立即停止利用 App 实施侵犯未成年人个人信息权益的行为，赔礼道歉、消除影响、赔偿损失。杭州互联网法院于 2021 年 3 月 11 日出具调解书结案。

鉴于此案同时反映出行政主管机关对北京某公司监管不到位，其行政公益诉讼案件线索经浙江省检察机关请示，2020 年 10 月，最高人民检察院将该线索移交给北京市人民检察院办理。北京市人民检察院立案后经调查，向北京市互联网信息办公室提出相关检察建议。根据检察建议，北京市网信办制定了《关于开展未成年人信息安全保护专项整治的工作方案》，对属地重点直播和短视频平台进行逐一梳理，压实网站主体责任，并将此次专项整治工作与未成年人网络环境治理等专项工作有效衔接，形成保障未成年人用网安全管理合力。

2021 年 4 月 16 日，最高人民检察院向国家互联网信息办公室通报该案有关情况，提出开展专项治理，推动行业源头治理，建立健全风险防范长效机制、强化对网络空间侵犯未成年人权益行为的监管整治等相关检察建议。2021 年 12 月 31 日，国家网信办、工信部、公安部、市场监管总局联合发布《互联网信息服务算法推荐管理规定》，对应用算法推荐技术提供互联网信息服务的治理和相关监督管理工作作了进一步规范。这一案件的办理，起到了"办理一案，治理一片"的社会效果，同时也向全国各级检察机关和全社会昭示："不特定人群的个人信息权益具有公益属性。对未成年人个人信息权益应予以特殊、优先保护。针对网络侵犯未成年人个人信息权益的情形，检察机关可以综合开展民事公益诉讼和行政公益诉讼，并注重加强两种诉讼类型的衔接和协同。通过对网络运营者提起民事公益诉讼，使其承担违法行为的民事责任，实现对公共利益的有效救济。通过行政公益诉讼督促行政主管部门依法充分履行监管职责，实现最大限度保护未成年人合法权益的目的。"①

由此可见，检察公益诉讼在实践中，随着办案经验的不断积累，运用公益诉讼这一职能拓展法律监督效能的手段也越来越丰富，并通过个案延伸至类案再深挖背后的问题源头，实现治本的社会效果。这就是公益诉讼检察在诉源治理中的制度功能，也是公益诉讼"中国方案"的独特之处。

四、发挥检察公益诉讼在诉源治理中的制度功能

检察公益诉讼在国家治理体系中的地位和作用，是由党中央在部署构建这一制度之初就确定的，而且实践证明也确实能够胜任。在党的十九届四中全会通过的《中共中央关于坚持和完善中国特色社会主义制度　推进国家治理体系和治理能力现化化若干重大问题的决定》（以下简称十九届四中全会《决定》）中，从其逻辑严密的框架结构中摆放公益诉讼问题的位置可以看出，检察公益诉讼首先是国家治理体系的重要组成部分，同时又是对法律实施加强监督的具体举措，是国家治理体系的重要保障，这是对检察公益诉讼在国家治理体系中重要地位和制度价值的权威确认。

检察公益诉讼在诉源治理中的制度功能是检察公益诉讼制度治理效能的一个重要方面，就是"法治建设既要抓末端、治已病，更要抓前端、治未病"，即检察机关在办理公益诉讼案件中，从个案监督延伸至类案办理，再追根溯源，彻底解决相关问题，事实上，类案办理和诉源治理是办案效果的延伸。诉源治理是司法办案融入国家治理的关键，是检察机关依法能动履职最突出的体现，针对涉及人民群众急难愁盼问题，百姓的切身利益问题，社治理的赌点难点问题，执法司法的"病灶""顽疾"问题等，办案中发现履职缺位或存在漏洞，就要秉持法的精神，作为"兜底"机关管起来，以检察履职、监督办案的"我管"，促各方履职、齐心协力"都管"，让人民群众真正感受到公平正义就在身边，这是新时代检察机关深入践行"以人民为中心"的职责使命，也是检察机关履行法律监督职责的内在要求。② 具体而言，各地检察机关在日

---

① 2022 年 3 月 7 日，最高人民检察院发布第三十五批指导性案例。有关此案的基本案情、检察机关履职过程的详细信息，可参见最高人民检察院官网，https://www.spp.gov.cn/spp/xwfbh/wsfbh/202203/t20220307_ 547722. shtml。

② 参见《以"我管"促"都管"》，载《检察日报》2022 年 4 月 12 日。

常办案中，应努力做到：

主动履职。真正落实以"我管"促"都管"，检察机关要通过依法能动履职，实现双赢多赢共赢。不超越法定权限，不推卸自身责任，在法律、政策范围内善治善为，及时提醒、合理建议、有效推动相关职能机关尽主责、补缺位。就公益诉讼而言，检察机关要主动去发现案件线索，主动与相关职能部门沟通协调，同时通过精准监督，促进具体问题的靶向施策，实现"三大办案效果"的有机统一。

有选择性地办案。检察机关作为我国司法机关之一，其司法资源是有限的。在办理公益诉讼案件时，也应该将有限的司法资源运用到破坏性大、影响性大、疑难复杂的案件中，真正体现公益诉讼的价值，而案件事实简单、损害后果较小的案件，则尽量以"诉源治理"、协调磋商等方式予以解决。

协同性办案。保护公共利益是全社会的事，在传统上，行政机关是要承担最为直接的主要责任，而新构建的检察公益诉讼在保护公益上是处于第二顺位的，但两者的目标是一致的。因此，检察机关在办理公益诉讼案件时，要充分发挥各部门的履职主动性，让多部门多职能协同配合形成合力，尤其是行政机关的主动纠错职能，与行政机关形成既依法督促又协同履职的新型监督关系，督促违法行为得到纠正、公益损害得到恢复和巩固，同时加强与法院、监察委员会等机关的协调协作，构建一套公益损害风险防控合作机制，通过个案剖析、类案预警、风险教育、机制建设，以检察监督撬动、激活其它公益保护制度机制，共同加强和规范公益损害风险防控工作，共同推进公益受损问题的及时发现和实质解决，前移治理关口，最终实现双赢多赢共赢的局面。

综上所述，检察公益诉讼试点工作两年，全面推开至今已六年。从2014年10月党的十八届四中全会对探索建立检察公益诉讼制度作出部署，到2019年10月党的十九届四中全会明确提出拓展公益诉讼案件范围的要求，再到2021年6月《中共中央关于加强新时代检察机关法律监督工作的意见》特别强调要积极稳妥拓展公益诉讼案件范围；从2015年7月全国人大常委会授权检察机关开展试点，到2017年6月《行政诉讼法》、2021年12月《民事诉讼法》等法律的相继修改，中国检察公益诉讼制度从顶层设计到实践落地，从局部试点到全面推开，一路蓬勃发展。近年来，公益诉讼检察理念不断更新、工作机制不断完善，案件领域不断拓展，办案数量逐年上升，办案质效不断提升，规范化逐步加强，在公益保护体系中发挥的作用越来越大，推动社会治理法治化的制度优势愈发显现，公益司法保护的"中国方案"日趋成熟。

第二章 检察机关提起公益诉讼的理论探索

在我国，由检察机关提起公益诉讼①，从目前的检察实践来看，开展得红红火火，成效显著。2014年10月23日，中国共产党第十八届中央委员会第四次全体会议通过的十八届四中全会《决定》明确提出："检察机关在履行职责中发现行政机关违法行使职权或者不行使职权的行为，应该督促其纠正。探索建立检察机关提起公益诉讼制度。"随后，最高人民检察院民事行政检察厅综合考虑行政区域分布上的典型性和代表性，结合适宜提起行政公益诉讼的案件数量，确定北京、吉林、上海、贵州、陕西等13个省、自治区、直辖市作为第一批试点地区，并于2015年3月开始试点工作，试点期限为两年。这些试点"办理了一大批公益诉讼案件，积累了丰富的案件样本，制度设计得到充分检验"②，试点工作充分证明这一制度是可行的。在此基础上提出的立法修改建议，已为2017年修改的《民事诉讼法》《行政诉讼法》所吸收。但是，在这些试点单位开始尝试提起公益诉讼前后，在学术界还是引起了不小的震动和热烈的争论。本章主要梳理相关的学术争论、域外的相关理论与探索以及理论研究问题。

第一节 关于我国检察机关提起公益诉讼的学术争论

由于我国行政机关不作为、乱作为而侵害公共利益的事件频发，确立公益诉讼制度具有现实必要性，但由检察机关来提起行政公益诉讼，在当时的法律规定下，还是遭遇了不少质疑，其中讨论得最为激烈的是检察机关是否具有原

---

① 在我国，公益诉讼分为行政公益诉讼和民事公益诉讼两大类，但由检察机关提起的公益诉讼是以行政公益诉讼为主的。本书的讨论，在行文中，两类公益诉讼时分时合，若无特别指明，就同时包括这两类诉讼。

② 2017年5月23日，中央深改组召开第三十五次会议审议通过的《关于检察机关提起公益诉讼试点情况和下一步工作建议的报告》对试点工作作出的肯定性评价。

告资格问题。虽然十八届四中全会《决定》中所提及的"公益诉讼制度"包括民事公益诉讼和行政公益诉讼，但其重点显然是在行政公益诉讼，因为在推进国家治理体系和治理能力现代化进程中，行政机关违法履职和不作为、乱作为是其中的短板弱项，"从切实维护公共利益，实现国家治理体系和治理能力的现代化，加快法治政府建设，推动法治国家的实现等方面看，建立和完善行政公益诉讼制度更具有现实必要性和紧迫性"①。但由检察机关提起的公益诉讼分行政公益诉讼和民事公益诉讼两大部分，因涉及的主体差别较大，具体程序有所不同，下面就分别综述相关的争论和观点。

一、检察机关提起行政公益诉讼的学术争论及观点

我国学术界关于行政公益诉讼问题的探讨由来已久。早在 21 世纪初，就有学者开始讨论这一主题，此后相关的论文不断涌现，并在十八届四中全会《决定》出台前后达到高峰。笔者以"行政公益诉讼问题研究"为主题词，在中国知网上检索，从 2001 年到 2014 年，发表在各类期刊上的文章就多达 476 篇，仅 2014 年就有 25 篇，2010 年至 2014 年的硕博论文 232 篇，可见这一主题研究之热。可以说，这种热度一直持续到现在。笔者以"检察机关提起行政公益诉讼"为主题，不设时间段检索，搜查结果有 254 条之多，其中从 2001 年至 2021 年，发表在 CSSCI 核心期刊上的论文就有 18 篇。② 这些统计数字可以让人明显地感受到该问题的重要性。不过，仔细研读分辨这些论文，就会发现在 2014 年前，多数作者讨论的都是比较宏大而宽泛的问题，如行政公益诉讼的制度构建，原告资格制度或主体问题、提起行政公益诉讼的必要性与可行性问题以及检察机关提起行政公益诉讼的理论依据与现实依据等。2015年，检察机关开展全国试点工作后，其讨论的主题就变得比较具体且实践性比较强，如行政公益诉讼中的和解适用问题、举证责任问题、检察机关的调查权问题、职能定位问题以及起诉期限问题等。

在我国，建立行政公益诉讼制度，首先要确立的就是原告问题。由于行政权本身就是公权力，且天生具有权威性和扩权性，由检察机关提起行政公益诉讼，其出发点是用公权力来制约监督公权力，这是该制度设立的实践需要。但

---

① 参见黄学贤：《行政公益诉讼回顾与展望——基于"一决定三解释"及试点期间相关案例和〈行政诉讼法〉修正案的分析》，载《苏州大学学报（哲学社会科学版）》2018 年第 2 期，第 42 页。

② 在中国知网上的检索时间为 2022 年 4 月 8 日，尽管检索结果不一定百分之百准确，但从这些统计数字中，可以明显地感受到该问题研究之火热。

在理论上能否自洽，在实践中又如何具体有效开展，不同的学者则持有不同的观点，这里重点梳理几个曾争论得异常激烈的问题。①

（一）检察机关原告资格的适格性问题②

尽管十八届四中全会《决定》明确提出由检察机关来探索建立公益诉讼制度，并且在十八届四中全会《决定》的说明中也阐述了建立公益诉讼制度的原因和目的，但2014年修正的《行政诉讼法》中，并没有规定行政公益诉讼问题。由于缺乏法律上的明确规定，因此，不少学者认为，在我国由检察机关提起行政公益诉讼于法无据，检察机关不具备原告资格。另一修正的观点为："行政机关是公共利益的首要维护者。当公共利益遭受侵害时，应仰赖行政机关履行职责，同时辅以对违法或怠于履行职责的行政机关提起行政公益诉讼的制度设计。检察机关提起民事公益诉讼意味着其冲到负监管职责之行政机关的前方，将面临缺乏权利保护必要性、放任行政机关不作为等负面评价。"③换句话说，检察机关提起行政公益诉讼的制度空间，是在现行法无明文规定行政机关行使职权的领域，因其是国家的法律监督机关，在维护国家利益和社会

---

① 相关问题的探讨，基本内容来自季美君：《检察机关提起行政公益诉讼的路径》，载《中国法律评论》2015年第3期，第214—221页。这些问题在当时是争论的热点，虽然过去好几年，但不少问题仍值得进一步探讨。

② 有关检察机关作为公益诉讼原告适格性问题的探讨，可参见孙谦：《设置行政公诉的价值目标与制度构想》，载《中国社会科学》2011年第1期；张平龙：《论检察机关提起公益行政诉讼》，载《检察日报》2014年6月17日；邓思清：《我国公益诉讼的起诉主体研究》，载《西南政法大学学报》2008年第2期；王蓉、陈世寅：《关于检察机关不应作为环境民事公益诉讼原告的法理分析》，载《法学杂志》2010年第6期；杨广权：《民事公益诉讼原告适格问题研究》，载《法治论坛》2010年第1期；白洁、赵景顺：《检察机关提起公益诉讼的再思考——兼评新〈民事诉讼法〉第55条》，载《云南大学学报（法学版）》2013年第1期；杨秀清：《我国检察机关提起公益诉讼的正当性质疑》，载《南京师大学报（社会科学版）》2006年第6期；等等。正反两方面的观点针锋相对，但随着2012年修正的《民事诉讼法》首次将公益诉讼制度写入法律，在第55条中增加了针对环境污染和损害众多消费者合法权益等损害公益行为的规定，赋予法定机关和组织向人民法院提起诉讼的权利后，渐渐地，赞成检察机关成为公益诉讼原告的观点就占了上风。十八届四中全会《决定》明确提出："检察机关在履行职责中发现行政机关违法行使职权或者不行使职权的行为，应该督促其纠正。探索建立检察机关提起公益诉讼制度。"至此，可以说此争论似乎已尘埃落定，当然仍有学者会坚持自己的观点。

③ 林莉红：《论检察机关提起民事公益诉讼的制度空间》，载《行政法学研究》2018年第6期，第55页。

公共利益时应秉承"不告不理"的谦抑品性，扮演最后一道防线的"兜底作用"。① 这一观点虽然没有否定检察机关作为行政公益诉讼原告的资格，但其可以发挥监督作用的空间则非常有限，与党中央设立检察公益诉讼的初衷和制度定位主要是针对行政机关问题严重的乱作为、不作为现象并不契合。

但赞成者则认为，从客观上看，在我国，由检察机关提起行政公益诉讼具有诸多优势②：如将检察机关作为行政公益诉讼的主体与检察机关是国家的法律监督机关的宪法地位是相适应的。检察机关与行政机关、审判机关相互独立，相对于自然人和社会团体来说，更具实力和条件可与处于强势地位的行政机关相抗衡，亦有专门的人员、技术和资金作保障，更享有自然人和社会团体所不具备的调查权，各地检察机关内的民事行政检察部门还积累了丰富的行政公诉经验。③ 从司法实践来看，"改革试点前的行政公益诉讼案件，在原告方面既有公民个人和社会组织，也有检察机关。在涉案范围上涵盖了文体领域、国税领域、规划领域、环保领域等不同领域。原告类型的多元化反映了社会对公共利益的关注，涉案领域的广泛反映了我国目前公共利益维护机制的不健全"④。试点之前的行政公益诉讼由于缺乏明确的法律规定，多以法院裁定驳回起诉而结案。

另外，赞成者认为，国外也有不少实践经验可供借鉴。无论是大陆法系国家还是英美法系国家，出于保护社会公共利益的需要，在行政公益诉讼问题上都采取了相对比较宽松的做法。如英国，一般由总检察长以自己的名义在公众利益受到侵害时向法院提起诉讼，即总检察长在别人要求禁止令或宣告令或者同时请求这两种救济时，为阻止某种违法而提起诉讼；而法国1804 年《民法典》规定，检察官可以为了社会公益提起或参与诉讼。有关检察机关提起公益诉讼的规定，后来纷纷为众多大陆法系国家如德国、日本

① 参见林莉红：《论检察机关提起民事公益诉讼的制度空间》，载《行政法学研究》2018 年第 6 期，第 62 页。

② 由检察机关提起行政公益诉讼的合理性问题以及此问题是否属于法律监督的职权范畴等问题，在学术界和实务界仍存在诸多争议，这些问题在理论上仍值得进一步深入探讨。

③ 如早在 1997 年，河南省南阳市方城县检察院就办理了一起国有资产流失案，首开公益诉讼之先河。参见张平龙：《论检察机关提起公益行政诉讼》，载《检察日报》2014年 6 月 17 日。

④ 黄学贤：《行政公益诉讼回顾与展望——基于"一决定三解释"及试点期间相关案例和〈行政诉讼法〉修正案的分析》，载《苏州大学学报（哲学社会科学版）》2018 年第 2 期，第 42 页。

等所仿效，而且日本检察机关在民事诉讼中作为公益代表人参加与公益密切相关的民事诉讼案件，在内容上比德国、法国检察机关的职权范围要更加广泛、具体和详细。

（二）诉讼案件的来源与范围问题

检察机关要提起行政公益诉讼，首先要考虑的问题是如何发现此类案件？目前，行政公益诉讼案件的来源主要有两条途径：一是在行使职权过程中自行发现的行政机关侵害了国家和社会公共利益的违法行为或不作为；二是以群众举报为线索发现的相关行为。但并不是所有来自这两条途径的案件都应该提起行政诉讼，这就涉及行政公益诉讼的案件范围问题。在规定案件范围时，既要维护检察机关的诉权以实现保护国家和社会公共利益的目的，又要合理设计以防止检察机关对行政权的过度干预。虽然有学者认为："假设像古罗马共和时代一样，任何人都可作原告，今天，中国的行政诉讼仍然不会门庭若市，诉讼是要成本的，没事找事或以诉讼为乐的情况，极难出现。"[①] 这种观点有一定道理，"民告官"的事儿在普通百姓眼中是能免则免，更何况是涉及面广、涉案人数众多的公益诉讼案件。但是，一项新制度在设立之初，在现实可能的范围内，必须尽可能地规定完善，在制度上同时设置相应的配套措施以防滥诉情形的发生，[②] 亦可让该制度在运行之初尽可能地减少阻碍。受案范围是行政诉讼中特有的问题，对于行政公益诉讼来说，规定合理的案件范围就显得至关重要，其价值也更加突出。

事实上，这一问题，学者们已讨论了十多年，来自实践部门的观点为：检察机关的民事行政公诉不同于公民、法人的起诉，应当将其限制在一定范围之内，否则难免影响公民自主行使权利，破坏行政权的有效行使。[③] 另外，从设立行政公益诉讼的目的是"使检察机关对在执法办案中发现的行政机关及其工作人员的违法行为及时提出建议并督促其纠正"出发，加上当前我国的司法资源有限而行政公益诉讼制度尚在探索阶段，检察机关提起行政公益诉讼的范围就不宜太宽。

由于行政公益诉讼针对的违法行为，其侵犯的客体是国家利益和社会公共利益。因而，有必要进一步明确何谓国家利益和社会公共利益？国家利益，通常是指涉及国家所有权的利益，在司法实践中比较好界定；而社会公共利益，

---

① 刘善春：《行政诉讼原理及名案解析》，中国法制出版社2001年版，第483页。

② 具体应规定哪些措施以防止滥诉情形的发生，可参见黄学贤：《行政公益诉讼若干热点问题探讨》，载《法学》2005年第10期，第49—50页。

③ 参见王景琦：《论民事行政公诉的范围》，载《法制日报》2001年2月11日。

因公共利益概念本身的模糊性以及对模糊性原因解释的仁智互见而更是雾里看花、捉摸不定，但"到底什么是公共利益，没有哪个国家的法有明确的规定，这是由公共利益'利益内容'的不确定和'受益对象'的不确定所决定"的。① 台湾学者陈锐雄也说："何谓公共利益，因非常抽象，可能言人人殊。"② 但"公共利益不等于简单的大家的利益，也区别于多数人共享的、共有的或共同承担的共同利益，公共利益也不同于公众利益，因为公众利益既有纯私人性质的，也有公共性质的。公共利益是一个不确定的法律概念，以价值选择为基础，呈现历史性特征。公共利益必须具有公共性质，体现社会发展的整体性要求和强国富民的目标"③。

因此，鉴于"公共利益"一词的重要性、复杂性，从数年来的检察实践来看，本书认为某一具体行政行为是否严重侵害了社会公共利益可交由检察机关和法院自由裁量，他们以宪法的公益理念和实在的法律为基础来审查行政行为的公共利益目的和行为的妥当性，让公共利益成为公共行政要实现的目标，同时也是行为行政的合法依据。概括而言，社会公共利益指的是涉及社会大众的利益，具体是指涉及不特定多数人的生命、重大财产及健康安全等切身利益方面的权益，具有公共性、普遍性和不确定性等特点，但值得检察机关提起诉讼的，应该是那些性质严重的违法行为。在案件范围这一问题上，不少人已提出了自己的想法，如有人认为其范围应局限于国有资产保护类案件、国有土地使用权转让案件、生态环境和资源保护类案件以及严重扰乱社会经济秩序类案件；也有人认为，目前的范围应"主要限定在国有资产流失案件、危害市场经济秩序案件、危害自然环境和滥用自然资源的案件、违反城市规划法的案件、公害案件、行政性垄断案件、破坏文物案件、公共工程的发包和重大项目的资金使用案件、违法发放抚恤金和其他社会福利案件等"④。还有人分析了学者研究受案范围的两种进路，在此基础上认为行政公益诉讼的受案范围应采取罗列式，将之归纳总结为 8 类：（1）国有资产流失案件；（2）环境污染案件；（3）自然资源滥用案件；（4）违法利用土地案件；（5）行政垄断案件；（6）违法侵害公民社会福利案件；（7）侵害社会弱势群体案件；（8）违

① 黄学贤：《公共利益界定的基本要素及应用》，载《法学》2004 年第 10 期，第 11 页。

② 陈锐雄：《民法总则新论》，三民书局 1982 年版，第 913 页。

③ 胡鸿高：《论公共利益的法律界定——从要素解释的路径》，载《中国法学》2008 年第 4 期，第 59—60 页。

④ 参见李兴东：《谈检察机关提起行政公益诉讼的几点设想》，载《检察日报》2014 年 12 月 10 日。

法规划案件。① 事实上，学者在研究行政公益诉讼受案范围时意见纷呈，也从侧面反映了建立行政公益诉讼制度的难度。

综观已有的研究成果及种种理由，本书认为在确定行政公益诉讼的案件范围时不应追求大而全，甚至是设立一网打尽的概括性条款，而应限定在现实中行政机关的作为或不作为所侵犯的国家和社会公共利益中最为普遍而性质又最为严重的领域之内，而且老百姓对这些行为的反映又是最为强烈的，同时又是现有权利救济体系难以作为的，如近些年发生的三聚氰胺事件、渤海湾漏油事件、毒胶囊事件等，以此来衡量，其范围就基本上与2012年《民事诉讼法》第55条的规定相一致，即成为行政公益诉讼的案件应具备三大条件：一是案件中受侵害的是国家或社会的公共利益；二是危害达到了相当严重的程度；三是行政机关作为或不作为的具体行政行为。② 事实上，这类行为很难以罗列的形式加以穷尽来界定。十八届四中全会《决定》的说明中已明确指出"在现实生活中，对一些行政机关违法行使职权或者不作为造成对国家和社会公共利益侵害或者有侵害危险的案件，如国有资产保护、国有土地使用权转让、生态环境和资源保护等，由于与公民、法人和其他社会组织没有直接利害关系，使其没有也无法提起公益诉讼，导致违法行政行为缺乏有效司法监督，不利于促进依法行政、严格执法，加强对公共利益的保护。由检察机关提起公益诉讼，有利于优化司法职权配置、完善行政诉讼制度，也有利于推进法治政府建设"。因此，综合各方面因素及条件，本书认为：当前，检察机关在探索提起行政公益诉讼时，其案件范围应当仅限于对损害国家利益和社会公共利益的违法行政行为，具体可以国有资产保护、国有土地使用权转让、生态环境和自然资源保护等领域为重点，这也是当前群众反映最强烈、社会呼声最高、出现问题最为普遍的领域。

值得注意的是，随着检察机关提起行政公益诉讼的影响力越来越大，人民群众的关注度越来越高，公益诉讼的范围也处在不断拓展之中，如党的十九届四中全会就明确提出拓展公益诉讼案件范围的要求，2021年6月15日颁布的《中共中央关于加强新时代检察机关法律监督工作的意见》也特别强调要积极

---

① 参见刘亮：《行政公益诉讼受案范围的确定》，载《成都行政学院学报》2014年第6期，第45页。

② 因我国《行政法诉讼法》规定，可诉行政行为必须是具体行政行为，不包括抽象行政行为。在行政公益诉讼中，也应排除抽象行政行为。对于抽象行政行为，法律已规定由人大及其常委会以及上级行政机关来监督，检察机关不应过度干预行政机关的工作而降低其工作效率。

稳妥拓展公益诉讼案件范围。

当然，并不是发生在这些领域内且达到严重危害程序的所有行政行为必须马上以诉讼方式来解决，因诉讼是定分止争的最后一道防线，是其它权利救济途径用尽后的最后一条途径，尤其是行政公益诉讼采用的是公权力的救济方法，其起诉对象是行政机关。因此，这类诉讼在处理程序上应与普通的行政诉讼有所不同，那就是检察机关在起诉之前，还应设置一道诉前程序，即先向该行政机关提出纠正的检察建议，当然这不是必经程序，但可以作为选择程序来适用。

（三）诉前督促程序问题

在行政公益诉讼中，检察机关在性质和地位上仍是国家的法律监督机关，它是出于履行检察职能的目的而对危害国家和社会公共利益的行政行为进行监督。而行政机关的职责是执行国家权力机关所制定的法律和决议，通过一系列的管理活动来实现国家的意志，因而其一切行为必须以法律规定为依据，违法行为无疑属于检察机关的法律监督范畴。现实情况是，"行政违法行为构成刑事犯罪的毕竟是少数，更多的是乱作为、不作为。如果对这类违法行为置之不理、任其发展，一方面不可能根本扭转一些地方和部门的行政乱象，另一方面可能使一些苗头性问题演变为刑事犯罪"[1]。

因此，有必要建立行政公益诉讼制度以更好地发挥检察机关的监督职能。在司法实践中，检察机关履行法律监督职责的主要方式之一是向被监督单位提出检察建议以督促其纠正违法行为。所谓检察建议，是指"人民检察院在办案过程中，对有关单位在管理上存在的问题和漏洞，为建章立制，加强管理，以及认为应当追究有关当事人的党纪、政纪责任，向有关单位提出建议或向人民法院提出再审民事行政裁判建议等适用的文书"[2]。根据最高人民检察院2001年出台的《人民检察院民事行政抗诉案件办案规则》第47条和第48条

---

① 参见《关于〈中共中央关于全面推进依法治国若干重大问题的决定〉的说明》。

② 赖斯诺：《检察建议在司法实践中的应用与规范》，载《中国检察官》2008年第5期。

的规定，① 检察建议的适用范围极广，不但适用于民事检察、行政检察，也适用于刑事、申诉工作，更适用于预防检察工作，但需要对其加以规范，如做好登记、编号、制作、审批、签发、送达、备案等工作。因此，为充分发挥检察建议的应有功效，在行政公益诉讼中，检察机关受案后，经审查认为某一行政行为确实违法且损害了国家或社会公共利益的，在提起行政公益诉讼前，应优先考虑制作检察建议发送该行政机关以督促其在合理期限内纠正这一违法行为，并采取相应措施尽可能挽回损失或阻止损失的进一步扩大。如果该行政机关依照检察建议及时纠正了这一行为，因已达目的，检察机关自然就无需再向法院提起行政公益诉讼。若该行政机关认为其行为合法或逾期拒不纠正，对检察建议置之不理，检察机关遂可决定向法院提起行政公益诉讼。②

　　检察机关在提起行政公益诉讼前，之所以要先提出检察建议，主要是因为检察机关与行政机关都是国家机关，其起诉的目的是纠正违法的行政行为，要是通过非诉讼方式就能达到目的，就没有必要浪费国家有限的司法资源，同时还可以提高监督实效，使涉案群众可以尽早恢复正常的生产生活。毋庸置疑，通过检察建议的方式，既可以将部分案件排除在诉讼程序之外，也可以充分发挥检察建议的监督功能。

---

① 《人民检察院民事行政抗诉案件办案规则》第 47 条规定，有下列情形之一的，人民检察院可以提出检察建议：（1）原判决、裁定符合抗诉条件，人民检察院与人民法院协商一致，人民法院同意再审的；（2）原裁定确有错误，但依法不能启动再审程序予以救济的；（3）人民法院对抗诉案件再审的庭审活动违反法律规定的；（4）应当向人民法院提出检察建议的其它情形，如非法调解、中止、终结执行等。第 48 条规定，有下列情形之一的，人民检察院可以向有关单位提出检察建议：（1）有关国家机关或者企业事业单位存在制度隐患的；（2）有关国家机关工作人员、企业事业单位工作人员严重违背职责，应当追究其纪律责任的；（3）应当向有关单位提出检察建议的其它情形。2018 年底，最高人民检察院实行机构改革，分设民事检察厅、行政检察厅和公益诉讼检察厅。2019 年 2 月，最高人民检察院专门制定了《人民检察院检察建议工作规定》，分总则、适用范围、调查办理和督促落实、监督管理和附则五部分，对检察建议作了详细规定，并将检察建议分为五类，即再审检察建议、纠正违法检察建议、公益诉讼检察建议、社会治理检察建议和其他检察建议，检察建议的适用范围更广。2021 年，最高人民检察院又制定颁布了《人民检察院民事诉讼监督规则》《人民检察院行政诉讼监督规则》《人民检察院公益诉讼办案规则》，检察建议的适用更加规范。

② 两年的试点工作和全面铺开后的公益诉讼检察实践充分证明诉前检察建议的重要作用，如从 2017 年 7 月至 2022 年 6 月底，检察机关共立案公益诉讼案件 67 万余件，其中民事公益诉讼案件 5.8 万件，行政公益诉讼案件 61.4 万件，共制发公益诉讼诉前检察建议 52 万余件。

出于同样理由，检察机关在行政公益诉讼中应享有撤诉权。在检察机关提起行政公益诉讼后，相应的行政机关在法院作出判决前，已主动纠正了违法行为，并积极采取有效措施弥补因此而造成的损害，检察机关经严格审查确认该违法行为已得到纠正的，可以向法院提出撤诉，如金沙县环保局一案。但检察机关在公益诉讼中代表的是国家利益或社会公共利益，其撤诉行为必须慎重考虑，一般情况下不应轻易提出撤诉，以保障决定的慎重与诉讼的严肃性。

从这些年的检察公益诉讼实践来看，在诉前督促程序中提出检察建议是一个非常有效的做法，可以起到"办理一案，纠正一片"的社会效果。如 2022 年 3 月 7 日，最高人民检察院举行"积极履行公益诉讼检察职责　依法保护未成年人合法权益"新闻发布会，发布的第三十五批指导性案例中的第 141 号指导性案例就具有典型性。该案的简要情况为：杭州市余杭区人民检察院对北京某公司侵犯儿童个人信息权益问题先提起民事公益诉讼，理由是：该公司运营的短视频 App 在收集、存储、使用儿童个人信息过程中，未遵循正当、必要、知情同意、目的明确、安全保障、依法利用原则，违反了相关法律规定，且据该公司提供的数据显示，2020 年平台实名注册用户数量中，14 岁以下的约 7.8 万，14 岁至 18 岁的约 62 万，18 岁以下未实名注册未成年人用户数量以头像、简介、背景等基础维度模型测算约为 1000 余万。该 App 的行为导致众多未成年人个人信息权益被侵犯，使相关信息面临被泄露、违法使用的风险，给未成年人的人身和财产安全造成威胁，严重损害了社会公共利益。因此，杭州市余杭区人民检察院在公告期满，无其它适格主体提起民事公益诉讼后，于 2020 年 12 月 2 日，向杭州互联网法院提起民事公益诉讼，请求判令：北京某公司立即停止利用 App 实施侵犯未成年人个人信息权益的行为，赔礼道歉、消除影响、赔偿损失。杭州互联网法院于 2021 年 3 月 11 日出具调解书结案。①

此案办理后，在最高人民检察院的支持下，相关检察机关制发检察建议、开展专项治理，将个案办理拓展为类案监督，实现了"办理一案，治理一片"的社会效果，诉前督促程序起到了至关重要的作用。

（四）诉讼中举证责任问题

在行政诉讼中，我国《行政诉讼法》规定在举证责任上实行"举证责任倒置"，即被告对其作出的具体行政行为负举证责任，应提供作出该具体行政

---

① 2022 年 3 月 7 日最高人民检察院发布第三十五批指导性案例。有关此案的基本案情、检察机关履职过程的详细信息，可参见最高人民检察院官网，https：//www.spp.gov.cn/spp/xwfbh/wsfbh/202203/t20220307_ 547722.shtml。

行为的证据和所依据的规范性文件，行政机关如果举证不能，就承担败诉后果。但有关检察机关作为原告在行政公益诉讼中的举证责任问题，目前学术界说法不一，概括起来，主要有四种观点：一是认为行政公益诉讼仍属于行政诉讼范围，不应该突破行政诉讼的举证模式，也就是说，虽然检察机关在调查取证方面比一般原告拥有更多的技术手段和丰富的经验，但也不能因此而免除被告的举证责任，被告行政机关仍要负证明自己行为合法性的举证责任；二是认为检察机关在收集证据方面，拥有先进的侦查技术与丰富的经验，在人力、财力和技术上基本可以和行政机关抗衡，不存在谁占有优势的问题，已突破了普通行政诉讼中原告处于弱势的情境，因此在举证责任的分担上也应采取平均主义而没有必要再实行举证责任倒置，即遵循民事举证规则"谁主张，谁举证"；三是认为在行政公益诉讼中，原告是为了维护公共利益而提起行政诉讼的，即便是检察机关作为行政公益诉讼的原告，也不能因检察机关在调查取证方面拥有比一般原告更多的手段与经验而减轻甚至免除被告的举证责任，反而因检察机关具有更强的抗辩能力而应加重被告的举证责任，从而更好地证明其行政行为是否合法，以达到更好地维护公共利益之目的；① 四是认为应合理分配原被告的举证责任，若举证责任都由检察机关承担，就会加重其负担而打消其提起诉讼的积极性，故可以将举证责任在原告和被告之间进行合理分配，由检察机关承担提出初步证据（被告的行为损害公共利益或即将损害公共利益的事实）的举证责任，被告仍应承担证明自己具体行政行为合法性的举证责任，这是因为无论由哪一方收集证据消耗的都是国家资源。"为保障行政公益诉讼的顺利推进，将行政诉讼法规定与公益行政诉讼举证责任相统一，是现实的也是适宜的。"②

综合考虑上述各种观点及其理由，本书认为第四种观点更加切合检察机关的实际情况，但理由有所不同。行政公益诉讼虽然有很多特殊性，但在举证责任方面却没必要也没理由特殊化，仍应坚持普通行政诉讼的举证规则，实行"举证责任倒置"，即行政机关应对其行政行为的合法性承担举证责任。在行政诉讼中，举证规则之所以与我国《民事诉讼法》第 67 条第 1 款规定的"当事人对自己提出的主张，有责任提供证据"这一原则不同，主要原因为：一是这一特殊规定体现了"最有利于客观事实再现"的原则，因其诉讼标的是具体行政行为的合法性。被告行政机关在根据法律规定作出该行政行为之前，

---

① 黄学贤：《行政公益诉讼若干热点问题探讨》，载《法学》2005 年第 10 期，第 50 页。

② 张平龙：《论检察机关提起公益行政诉讼》，载《检察日报》2014 年 6 月 17 日。

必须对事实情况进行调查，充分收集证据，然后根据事实和相关的法律规定再作出裁决，即"先取证、后决定"是行政机关的工作方式。因此，相比之下，被告行政机关对其作出的具体行政行为的根据是最为了解的，而且作为一个部门的举证能力也更强，而行政相对人在行政法律关系中处于弱势地位，规定由被告行政机关负责提供证据证明其行为的合法性也更有利于客观事实的再现。二是由行政机关承担举证责任，既符合现代法治政府的理念，也有利于控制行政权力过度膨胀，更有利于检察机关对行政机关的行为进行有效监督。三是行政公益诉讼在本质上仍属于行政诉讼，检察机关只是作为国家利益和社会利益的代表来行使程序意义上的诉权，故在原则上，仍应按照《行政诉讼法》的规定由被告行政机关来承担证明其行政行为合法性的责任。但是，检察机关又与处于弱势地位的行政相对人不同，它在法律地位与举证能力方面可以与行政机关相当。因此，为了实现建立行政公益诉讼制度的初衷，检察机关可以就行政机关滥用职权的事实、行政行为的违法性及其公益损害后果承担举证责任，但这不是应尽的法律义务。

（五）诉讼费用及后果承担问题

行政公益诉讼的一个显著特点是不管由谁提起诉讼，其目的都是保护公共利益。因此，本书认为有关行政公益诉讼的费用应参照检察机关提起刑事公诉的有关规定，无须交纳诉讼费。既然是行政诉讼，法院的判决结果自然是支持或不支持检察机关的诉讼请求。若检察机关胜诉，被告行政机关就该纠正其行政行为并赔偿该行为所造成的损失，受益的当然是国家或相关的群众。但若是败诉，那法院就会维持行政机关作出的原有决定，检察机关也无需承担任何不利的后果，这一点与民事公益诉讼有所不同。

二、检察机关提起民事公益诉讼的学术争论及观点

民事公益诉讼多年来一直是研究的热点问题。以"民事公益诉讼研究"为主题词，在中国知网上不设时间段进行检索，仅学术期刊就有1356篇，学位论文有703篇。其实，涉及公益诉讼问题，在十八届四中全会《决定》中已笼统地提到：探索建立检察机关提起公益诉讼制度。因此，不少学者在研究这一问题时，也将行政公益诉讼和民事公益诉讼合在一起研究，但更多的学者还是加以区分，专门研究行政公益诉讼或民事公益诉讼中的相关问题。事实上，由于行政诉讼与民事诉讼在主体上的不同，延伸至公益诉讼问题时，两者在某些方面还是存在较大区别的，只是两者时有交叉，尤其是办理具体案件时，常常既可提前起民事公益诉讼，又涉及行政公益诉讼问题，如上述提到过

的最高人民检察院第三十五批指导性案例中检例第 141 号案例,检察机关就在提起民事公益诉讼后,继而提起行政公益诉讼。有关检察机关提起民事公益诉讼的学术争论,虽然在主体适格性方面,其论述的理由与行政公益诉讼基本相同,但还有不少相关问题的讨论却另有侧重。下面就争论比较激烈的数个问题予以简要梳理。

(一)原告资格问题

建立民事公益诉讼制度,首先遇到的重要问题是民事公益诉讼的原告资格问题,这也是传统民事诉讼制度面临的最大挑战,可以说一直是学术界研究的热门话题,直到 2012 年我国《民事诉讼法》修改后在第 55 条作出明确规定,即"对污染环境、侵害众多消费者合法权益等损害社会公共利益的行为,法律规定的机关和有关组织可以向人民法院提起诉讼",使民事公益诉讼有了基本的法律规定,这一争论才有所停歇。① 原告资格是指当事人享有的,在自己的利益受到侵害或发生纠纷时可以诉诸法院,请求法院予以裁判的一项诉讼权利。通常来说,这一诉讼权利是由法律明确规定的。当然,就民事公益诉讼而言,法律规定是一方面,在现实中,公民个人、社会团体虽然享有原告资格,但事实上却很少会去行使原告资格这一权利,因公益诉讼是一场耗时、耗力,也特别费钱的诉讼。为适应时代发展的需要,在涉及公共利益的民事侵权案件中,为有效保护势单力薄的受害者公民的合法权益,赋予检察机关民事公益诉讼的原告资格,可以说是推进国家治理能力现代化的一大重要举措。

但是,民事公益诉讼从本质上说还是民事诉讼,而民事诉讼的最大特点是当事人双方地位平等,检察机关作为公权力的代表,涉足民事诉讼领域,似乎违反了民事诉讼的本质特征。因此,有学者认为,由检察机关提起民事公益诉讼,在法理上存在诸多悖论:一是与法律监督性质相悖。因我国检察权是一种法律监督权,其监督的对象原则上只能对公而不能对私。民事违法是指民事主体违反《民法典》《劳动法》等民事法律法规的行为,可以通过举报、投诉、仲裁、和解、民事诉讼等方式予以解决;而行政违法是指公民、法人违反行政管理法律规范的行为和行政机关工作人员执行职务时违反行政管理法律规范或违反纪律的行为。针对公民、法人的行政违法行为,行政机关可给予行政处罚,相关利害关系人也可直接提起诉讼等;而行政机关工作人员的行政违法,

① 当然,有关检察机关公益诉讼制度原告资格的学术争论,到 2017 年同步修订《民事诉讼法》《行政诉讼法》,明确规定检察机关可以提起民事公益诉讼和行政公益诉讼后,就落下了帷幕。但此前的诸多学术争论也为立法提供了有价值的参考和借鉴,这也正是学术研究的价值所在。

可以通过复议、上访、诉讼以及内部追责、人大监督等方式来解决。我国检察机关的职能是"治吏",而非"治民"。就像我国古代的御史大夫,其重要职能就是"肃正纪纲,纠弹百官",斗转星移,即便发展到现代,这"治吏"的传统仍没有改变,检察机关作为国家专门的法律监督机关,其监督的对象是国家机关及其工作人员,而非普通民众。这正是检察机关不同于行政机关的一个重要方面。基于我国的人民主权和人大制度,为更好治理国家,保障人民的合法权益,人大选举产生检察机关作为国家专门的法律监督机关,监督公权力的行使,而人大本身也是监督机关,监督行政机关和检察机关。"如若由检察机关提起民事公益诉讼,则不仅破坏了宪法所进行的权力分工,而且实质上是代替行政机关行使行政管理职能,存在越权之嫌。"① 二是与民事诉讼原理相悖。从本质上说,民事公益诉讼仍属于民事诉讼范畴,自然要符合民事诉讼相关理论。具体而言:(1)有违原告资格原则。因《环境保护法》《消费者权益保护法》《海洋环境保护法》等规定的机关和有关组织中,都没有明确"检察机关"的原告地位。(2)有违当事人地位的平等性。民事诉讼有别于行政诉讼、刑事诉讼的一个重要特征就是诉讼双方当事人地位是平等的。但在检察机关提起民事公益诉讼的案件中,检察机关与被诉当事人的地位是明显不平等的。(3)有违民事诉讼受案范围的规定。根据我国《民事诉讼法》第3条的规定:"人民法院受理公民之间、法人之间、其他组织之间以及他们相互之间因财产关系和人身关系提起的民事诉讼,适用本法的规定。"而检察机关提起的民事公益诉讼,明显与此规定不符。三是与依法行使检察权原则相悖。权力必须依法行使,这是法治的核心和精髓。检察权作为公权力,必须有法律的明文规定才能行使,但我国立法,至少就目前立法现状而言,并未明确规定检察机关的公益诉讼权,因此应当禁止作为,至少不能主动作为。②

　　另有学者撰文指出,我国检察机关作为法律监督者,提起公益诉讼因不符合公益诉讼的本质要求而不具有理论上的正当性。③ 其具体理由为:从宪政视角看,西方国家的检察机关是政府的代表,是公共利益的维护者,这必然决定了检察机关提起公益诉讼具有其内在的合理性,而我国的检察机关并不隶属于

---

　　① 参见江国华、张彬:《检察机关提起民事公益诉讼的现实困境与完善路径》,载《河南财经政法大学学报》2017年第4期,第86页。

　　② 这是在2017年我国《民事诉讼法》修改前的观点,参见江国华、张彬:《检察机关提起民事公益诉讼的现实困境与完善路径》,载《河南财经政法大学学报》2017年第4期,第86—88页。

　　③ 参见杨秀清:《我国检察机关提起公益诉讼的正当性质疑》,载《南京师大学报(社会科学版)》2006年第6期,第38—41页。

行政机关，相反还是它的监督机关，两者之间是独立而又制衡的关系，难以相互代表；从法律移植视角来理性分析，因公益诉讼的关键点是只有代表社会公益的机构才能提起公益诉讼，而我国检察机关与西方国家检察机关在性质、宪政地位及其职能方面都存在本质区别，不能仅仅因名称都是检察机关，就机械地将西方国家检察机关提起公益诉讼的立法例移植到我国。其结论为："社会公共利益理应由政府机构来维护，公益诉讼的原告只能由有权代表社会公共利益的政府行政机关来担任。因此，作为法律监督者的我国检察机关提起民事公益诉讼实有名不正、言不顺之感。"① 这一观点是颇具代表性的，其理由简而言之，就是检察机关是法律监督机关，不像西方国家那样属于代表公共利益的行政机关，因此不能简单化地移植西方国家由检察机关提起公益诉讼的做法。另有观点认为，检察民事公益诉讼的制度空间，应被限制在现行法尚未明文规定相应行政机关行使职权的领域，且该领域应随立法之调整而变动。也就是说，检察机关提起民事公益诉讼，就意味着其冲到了维护公共利益的第一线，而这与检察机关作为法律监督机关、在维护国家利益和社会公共利益问题上应扮演最后一道防线之定位不符。②

那么，在中国特色司法制度下，我国检察机关究竟是不是公共利益的代表？在提起民事公益诉讼时，是否应秉持"不告不理"的谦抑品性，起到最后一道防线的作用？有关这些问题的回答，赞成者认为，在我国，赋予检察机关提起民事公益诉讼原告资格是符合时代发展要求的，其理由为：一是我国检察机关是国家的法律监督机关，是国家利益和社会公共利益的代表者、维护者和实现者；二是检察机关提起民事公益诉讼，享有证据调查权；三是检察机关提起民事公益诉讼，享有诉讼主体上的各种特殊优势，如不需要缴纳诉讼费用，不必承担实体法上的败诉后果等；四是检察机关拥有大批专门的诉讼法律人才。③ 与此同时，检察机关可以作为民事公益诉讼原告的主导力量，与社会组织和公民个人一起构成多元的原告资格格局。可以说，这些理由在赞成者所阐述的众多理由中也是颇具代表性的。本书也认为在具体国情下，我国检察机关确实与作为行政机关之一的西方国家的检察机关在地位、性质等方面都具有

① 杨秀清：《我国检察机关提起公益诉讼的正当性质疑》，载《南京师大学报（社会科学版）》2006 年第 6 期，第 39 页。

② 参见林莉红：《检察机关提起民事公益诉讼之制度空间再探——兼与行政公益诉讼范围比较》，载《行政法学研究》2022 年第 2 期，第 77 页。

③ 参见倪晓一：《论民事公益诉讼原告资格的研究》，载《学理论》2012 年第 19 期，第 130 页。

本质性的不同，但也正因为这些不同，我国检察机关作为国家专门的法律监督者，恰恰可以作为公共利益的代表之一，在没有合适的公民、社会组织提起民事公益诉讼时，代表国家提起民事公益诉讼。而检察机关作为民事公益诉讼的原告，其所具有的诸多优势，如上所述，也是显而易见的。可以说，这也是党中央从我国现实需要出发，先通过文件形式，让检察机关探索建立公益诉讼制度的初衷所在，即"由检察机关提起公益诉讼，有利于优化司法职权配置、完善行政诉讼制度，也有利于推进法治政府建设"①。

尽管学者们在检察机关能否成为民事公益诉讼原告问题上争论已久，②且仁者见仁，智者见智，但在检察实践中，一些基层检察院早就开始在不同领域探索民事公益诉讼问题。如1997年，河南省南阳市方城县检察院办理的一起国有资产流失案，1997年12月3日，法院作出判决，认为"原告依法实施法律监督，为维护国有资产不受侵犯的起诉行为是正确的"，并确认"两被告的买卖契约无效"。此后，检察院作为公益诉讼代表，在环境污染、国有资产流失等领域提起了一些诉讼，法院受理判胜诉的也不少。但在立法对民事公益诉讼的原告资格作出明确规定前，也有一些法院认为检察机关不具有原告资格而驳回起诉。这一问题直到2012年修改的《民事诉讼法》第55条规定：对污染环境、侵害众多消费者合法权益等损害社会公共利益的行为，法律规定的机关和有关组织可以向人民法院提起诉讼。自此，民事公益诉讼活动才陆续开展起来，检察机关可以作为法律规定的机关之一，名正言顺地享有民事公益诉讼的原告资格。随后，经过数年的试点实践以及顺应时代发展的需要，2017年再次修改《民事诉讼法》时，在延续第55条原规定的基础上，增加了第2款，即人民检察院在履行职责中发现破坏生态环境和资源保护、食品药品安全领域侵害众多消费者合法权益等损害社会公共利益的行为，在没有前款规定的机关和组织或者前款规定的机关和组织不提起诉讼的情况下，可以向人民法院提起诉讼。前款规定的机关或者组织提起诉讼的，人民检察院可以支持起诉。这一规定，无疑为检察机关提起民事公益诉讼提供了明确的法律依据，同时也规定了可以提起民事公益诉讼的案件范围。

---

① 参见《关于〈中共中央关于全面推进依法治国若干重大问题的决定〉的说明》。

② 有关民事公益诉讼原告资格的讨论，可参见孙立智：《民事公益诉讼原告资格研究》，载《湖南警察学院学报》2012年第3期，第123—127页；张雨晨：《中国民事公益诉讼原告资格问题浅析》，载《湖北经济学院学报（人文社会科学版）》2018年第1期，第55—59页；江国华、张彬：《检察机关提起民事公益诉讼的现实困境与完善路径》，载《河南财经政法大学学报》2017年第4期，第85—93页；等等。但事实上，民事公益诉讼的原告资格关键是看法律是如何规定的，当然法律的规定要有合理的理论依据和现实基础。

此后，有关民事公益诉讼原告资格的讨论主要涉及公民个人的资格问题。有些学者认为应该赋予公民个人提起民事公益诉讼的原告资格。但本书认为，从我国现状来看，提起民事公益诉讼是一件耗时耗力耗钱的诉讼，相对来说，公民个人处于弱势地位，若认为自己的合法权益受到了侵犯，完全可以提起一般的民事诉讼来解决；而公益诉讼主要是针对损害社会公共利益的行为，由法律规定的机关和有关组织提起相对比较合适，同时也可避免公民个人受私利心的驱使，在衡量个人私益与公共利益时缺乏理智判断，滥用起诉权，这也是将民事公益诉讼的原告主体确定为社会团体和检察机关的主要原因所在。当然，随着社会的发展，让作为社会最小分子和最直接参与者的公民个人享有民事公益诉讼原告资格，也可调动公民关心社会公共利益、参与社会管理的积极性，这无疑有助于推进我国全面建设法治社会的广度和深度。但立法从本质上来说，就是在各种利益冲突之间寻找一种平衡，是当事人权利和义务之间的一种调和，自然也是一种利弊取舍的结果。因此，当前我国《民事诉讼法》没有规定公民个人享有民事公益诉讼原告资格，也是一种利弊权衡后所作出的明智选择。

（二）诉讼案件范围问题

建立检察公益诉讼制度的目的是充分发挥检察机关法律监督职能，促进依法行政、严格执法，维护宪法法律权威，维护社会公平正义，维护国家和社会公共利益。因此，作为两类公益诉讼之一的民事公益诉讼，检察机关也要牢牢抓住"公益"这个核心来开展工作。多年来民事公益诉讼的案件范围也是学者们热烈争议的话题之一。有了起诉资格后，该起诉哪些案件，自然是紧接着必须要考虑的问题。学者们讨论案件范围问题时，会根据自己的观察和观点各抒己见，如有学者认为：应当将反垄断案件、损害公共设施的案件也纳入民事公益诉讼范围。[1]

行使公权力的检察机关，只能根据相关法律的规定才可以行使特定的职权。2015 年 7 月 1 日，第十二届全国人大常委会第十五次会议通过《全国人民代表大会常务委员会关于授权最高人民检察院在部分地区开展公益诉讼试点工作的决定》；随后最高人民检察院就发布了《检察机关提起公益诉讼改革试点方案》，又发布了《人民检察院提起公益诉讼试点工作实施办法》，这些文件对检察机关提起公益诉讼的范围、职责、管辖、程序、方式等问题作出了较

---

[1]　杨金顺：《检察机关提起民事公益诉讼若干问题探析》，载《宁夏社会科学》2015年第 5 期，第 57 页。

为明确的规定，为人民检察院提起公益诉讼试点提供了依据。根据这些规定，检察机关在试点时，民事公益诉讼的范围主要集中在生态环境和资源保护以及食品药品安全两个重点领域。相比之下，检察机关提起行政公益诉讼的案件范围要更广一些，多了国有资产保护、国有土地使用权出让两个领域。由此可知，检察机关提起公益诉讼的重点是"两益案件"，即损害国家利益和社会公共利益的案件。在试点获得相应经验的基础上，2017年修改的《民事诉讼法》第55条明确规定检察机关可以提起民事公益诉讼的领域是生态环境和资源保护、食品药品安全领域。在这些领域内，发现有损害社会公共利益行为的，可以行使检察职权提起诉讼。

经过数年的检察实践，检察机关提起公益诉讼的案件，无论是数量还是质量都有了大幅提升，社会关注度也越来越高，同时也呈现出一些新特点，取得了很多新成果。因此，在十九届四中全会《决定》对公益诉讼工作提出了明确要求，即"拓展公益诉讼案件范围""完善生态环境公益诉讼制度"，展现了党中央对公益诉讼制度的肯定和支持的鲜明态度。2018年4月颁布的《英雄烈士保护法》，明确规定检察机关可以就侵犯英雄烈士姓名、肖像、名誉、荣誉，损害社会公共利益的行为，在英烈没有近亲属或近亲属不提起诉讼的情况下，提起民事公益诉讼，拓展了民事公益诉讼的办案范围。随后，各地基层检察院积极稳妥地探索拓展公益诉讼的案件范围，如个人信息保护、未成年人保护等领域已成为当前公益诉讼检察工作的热点，这些领域既有涉及民事公益诉讼的，也有涉及行政公益诉讼的，在不少案件中，两者时常会有重叠，即在个案办理中，有可能需要同时提起民事公益诉讼和行政公益诉讼。如最高人民检察院第三十五批指导性案例中的第141号案例，先是由浙江省杭州市余杭区人民检察院对北京某公司侵犯儿童个人信息权提起民事公益诉讼，随后因此案同时反映出相关行政主管机关对北京某公司监管不到位问题，由北京市人民检察院对该案提起行政公益诉讼，以督促相关部门保护儿童个人信息权益。

在公益诉讼范围拓展方面，目前值得继续深入研究的问题还有：案件范围的拓展是否仅仅理解为拓展案件领域，抑或包括对公益范围、案件类型的拓展？是否需要向预防性公益诉讼延伸，从实然损害到风险预防？

本书认为所谓的案件范围，主要指案件所涉及的领域，因公益范围随着时代的发展变迁会逐渐变化，原本属于私人领域范围的事项，有朝一日也有可能会变成公共利益。而且，随着公益诉讼制度的完善，也应将视角从实然损害转向风险预防，向预防性公益诉讼延伸，这当然是未来的问题，因为社会治理的现代化，需要强调的是预防价值，而不是等违法行为非常严重时才去治理，而应当在违法行为"萌芽时"就适时提起公益诉讼，从而最大限度地避免危害后果的发生。

数年来，虽然公益诉讼检察工作蓬勃发展、态势良好，"办案数量持续上升，办案领域不断拓展，办案质效和规范化逐步加强，在公益保护体系中发挥着越来越大的作用，推动社会治理法治化的制度优势愈发显现"，但"与新时代党中央对全面依法治国的新要求，与人民群众对民主、法治、公平、正义、安全、环境等方面的更高要求相比，公益诉讼检察还有很大差距"，因此，在开展公益诉讼案件范围"等"外探索时，最高人民检察院的指导原则是：一要积极，二要稳妥。这既可以从工作态度来理解，也可从工作要求来理解，同时也包含着深化公益诉讼制度和理论建设的要求。所谓"积极"，就是要立足更高站位，要有对人民高度负责、勇于担当作为的积极态度，把握大局大势，以更大的担当发挥检察职能在维护国家利益和社会公共利益方面的作用，完善中国特色检察公益诉讼制度理论进一步创新和发展；而"稳妥"，是指要以审慎的态度办理案件，在探索拓展新领域时，要把握好分寸尺度，要慎重选择，重点围绕群众反映强烈的领域开展工作，要重办案质效，不能贪多求快，重数量轻质量，重宣传轻效果，在拓展案件范围时要力戒平均用力。①

（三）公告程序问题

公告程序是指检察机关在提起民事公益诉讼前，应当通过诉前程序即诉前公告，督促享有民事公益诉讼原告资格的法定机关或有关组织提起诉讼。因2017 年修改的《民事诉讼法》规定，提起民事公益诉讼的主体，除了检察机关，还有法律规定的机关和有关组织，通常为社会团体，而且在排序上，它们是排在第一顺位的。检察机关只有在有关机关或组织对损害社会公共利益的行为未提起诉讼时，才能作为公共利益的代表向法院起诉。可以说，我国现行法律规定民事公益诉讼的原告包括法律规定的机关和有关组织以及特定情形下的检察院。因此，检察机关经调查收集到足够的证据，要提起民事公益诉讼前，需要发布诉前公告。这一公告程序可以起到两方面的作用：一是检察机关获得诉权。公告的对象包括法律规定的机关和社会组织，公告期满后，若没有适格主体愿意担任此案的原告，检察院就可以获得相应诉权。二是让被起诉方（通常为公司）知道检察机关的起诉意图，在这一阶段可以表达自己愿意积极整改并希望调解结案的意愿。若没有其它机关或组织愿意担任原告，检察机关就可以依据相关法律法规，推动涉案公司完善管理措施，提出具体要求，如公

---

① 有关"积极""稳妥"的多角度解释与相关含义，可参见胡卫列：《国家治理视野下的公益诉讼检察制度》，载《国家检察官学院学报》2020 年第 2 期，第 18 页。

开赔礼道歉、赔偿损失等。

从理论上看，设置这一公告程序是为了尊重其它民事公益诉讼原告的主体资格，避免检察机关冲在最前面而越俎代庖，因在人们的观念中，司法机关是保障公共利益的最后一道防线。但由于当前我国社会团体相对比较弱势，各方面的管理功能也不够健全，事实上，是不能像国外的社会团体那样有足够的力量和强烈的意愿来行使保护社会公共利益职责的。因此，通常情况下，检察机关发布公告后，基本上没有相应的社会团体来担任原告。退一步说，相关的社会团体若本身就具备保护社会公共利益的能力以及充当维护公民合法权益的保护者角色，如消费者协会，对所发生的侵害事件，如众多消费者的权益受到侵害，该团体应该是最先知道的，它早就可以提起民事公益诉讼，而不必等到检察机关发布公告时才站出来。据最高人民法院相关部门统计，2021年，全国法院审结一审环境公益诉讼案件4943件。其中，检察机关提起的民事公益诉讼案件4275件、行政公益诉讼案件510件；社会组织提起的民事公益诉讼案件15件，仅占0.35%；法律规定的机关（负有海洋环境保护监督管理职责的部门）提起的民事公益诉讼案件7件，占0.16%。由此可见，我国的社会组织和法律规定的机关在提起民事公益诉讼中的作用是相当微弱的。因此，从检察实践来看，这一公告程序就有点多此一举之嫌。这一程序设置上的不恰当性在刑事附带民事公益诉讼案件中尤显突出。

刑事附带民事公益诉讼是基于公益诉讼主体制度而诞生的一种新型衍生诉讼，可以说是刑事附带民事诉讼制度向保护社会公共利益这一价值追求的延伸。《最高人民法院、最高人民检察院关于检察公益诉讼案件适用法律若干问题的解释》第20条明确规定人民检察院可以提起刑事附带民事公益诉讼。这一规定为公益诉讼检察实践提供了切实可行的法律依据。

在检察机关提起刑事附带民事公益诉讼案件中，检察机关在刑事案件起诉时，就已掌握了全案的证据，出于保护社会公共利益的需要，在该案中还要提起民事公益诉讼，但根据相关法律规定，要先发布公告，看看有没有法律规定的其它机关或组织来提起民事公益诉讼。这一做法有两大弊端：一是浪费诉讼时间，本可以早些时日结案的案件，却因公告程序而耽误，其结果在很多时候还是由检察机关来继续提起民事公益诉讼。二是证据移交烦琐，若公告后，真有社会团体愿意担任原告，根据相关法律规定，检察机关须把此前提起刑事诉讼时收集的所有证据都移交给该社会团体，并支持社会团体的起诉工作。若是一个简单的案件，证据移交可能不太费事。但到了大数据智能化时代，尤其是涉及侵犯众多公民利益的公益诉讼案件，其证据往往会十分繁杂，也有可能会涉及海量的电子证据，那这一移交就不是一方送出另一方接受那么简单。除了移交证据本身的复杂性外，对电子证据的解读也是一大难题，通常的社会团体很难拥有自身的专业技术人员，这种解读就会无从下手，若聘请拥有专门知识的专家证人，其聘请的费用、昂贵的鉴定费用，又该由谁来支付？

那么，检察刑事附带民事公益诉讼是否应适用诉前公告程序？持肯定态度的学者认为：一是从法理角度看，这类案件虽然名义上是"刑事附带民事公益诉讼"，但其实质仍是"民事公益诉讼"，因此必须遵循《民事诉讼法》的相关规定，同时在程序设定和适用条件等方面，应当符合民事公益诉讼的基本原理和特征；二是公告程序可以发挥督促其它适格主体积极行使公益诉权的作用，因此，检察机关在刑事附带民事公益诉讼案件中，也应依法履行法定的诉前公告程序，与其它同类诉讼在程序性事项方面保持一致；三是履行诉前公告程序有助于保护适格主体的原告诉权。根据 2017 年修订的《民事诉讼法》第 55 条规定，检察机关提起民事公益诉讼不具备顺位优先性，其行使公益诉讼起诉权的前提条件是在法律规定的机关或组织都放弃了自己的起诉权。为保护它们的民事公益诉讼起诉权，尤其是保证其诉权的优先顺位，检察机关应遵守法律规定履行诉前公告程序，以确保其它有关诉权已依法行使，避免发生诉权顺位混乱。这是我国公益诉讼制度设计的特色所在，其目的是保持司法手段的谦抑性，同时也是出于社会公共利益的保护应得到全社会共同支持的需要。

但是，持否定态度的学者认为：一是法律没有明文规定。《最高人民法院、最高人民检察院关于检察公益诉讼案件适用法律若干问题的解释》第 13 条，仅规定检察民事公益诉讼的诉前公告程序，并没有对检察机关提起刑事附带民事公益诉讼是否应适用诉前公告程序作出具体规定，故检察机关直接提起民事公益诉讼，并不存在违法违规一说。检察机关提起刑事附带民事公益诉讼的程序启动是在刑事公诉的框架之下进行的，诉前程序类程序性事项理应遵照《刑事诉讼法》及相关司法解释的规定，是不需要进行诉前公告的。二是检察刑事附带民事公益诉讼与单纯的检察民事公益诉讼存在诸多区别，不应完全照搬后者的诉讼模式。两者的法律地位和立法目的有所不同，且在司法实践中的管辖层级也不同。刑事附带民事公益诉讼在起诉时并不需要先走公告程序，只是针对公诉中发现的侵害公共利益的行为所造成的损害后果提起民事公益诉讼，其重点是在刑事诉讼模式下，如何有效地保护社会公共利益。因此，在提起民事公益诉讼时，还要兼顾考虑保护被告人的合法权益，而且因其刑事案件的管辖问题，有可能就由基层法院一并审理。而单纯的民事公益诉讼，根据《最高人民法院、最高人民检察院关于检察公益诉讼案件适用法律若干问题的解释》第 5 条第 1 款和第 20 条的规定，一审检察民事公益诉讼必须由市级检察院提起，由中级人民法院审理。三是诉前公告程序会影响刑事公诉的效率和被告人的权利。刑事案件通常的审查起诉时间为一个月，公告时间也要一个月，等到公告期限结束再提起刑事附带民事公益诉讼，自然拖延了时间，也损害了被告人的利益。四是诉前公告程序可能会影响刑事案件相关工作的办理。公告后，若真有相关的组织提出要担任民事公益诉讼的原告，那相关证据该移交哪些、不移交哪些？若需要补充侦查，检察机关要不要通知有关组织？而且在一个案件中，证明犯罪事实的证据与证明社会公共利益遭受损害的证据很有可能是相同的，该如何有效区分把握移交？诸如此类的问题在实践中并不容易把握。

综上所述，虽然从理论上看，认为检察刑事附带民事公益诉讼也应适用诉前公告程序的观点颇有道理，但结合检察实践中的种种具体问题，不必进行诉前公告程序的观点更具说服力和灵活性。学术界也有人主张，鉴于检察机关所具有的法律监督能力和资源优势，在民事公益诉讼的起诉顺位上，在这类特殊案件中，不应拘泥于执行法律规定表面上的一致性，而应结合现实中的客观情况，从实现立法目的和初衷的角度去考虑问题，在检察刑事附带民事公益诉讼中，以刑事诉讼为主附带民事公益诉讼，在刑事诉讼程序中一并审理判决，这既节省司法资源、提高诉讼效率，也更有利于保护被告人的利益和社会公共利益。如 2018 年安徽省芜湖经济技术开发区人民检察院诉泰州某新固体废物处置有限公司、李某某等 19 名被告污染环境刑事附带民事公益诉讼案，就是一起跨省转移、处置医疗固体废弃物、污染物的典型案件，涉案违法行为社会危害大，引起社会较大关注。该案的成功办理起到了警示社会大众，促进生态环境治理工作，形成"办理一案、带动一片、影响一面"的示范效应。[①] 但是，2019 年 11 月 25 日，"两高"联合发布的《最高人民法院、最高人民检察院关于人民检察院提起刑事附带民事公益诉讼应否履行诉前公告程序问题的批复》指出：人民检察院提起刑事附带民事公益诉讼，应履行诉前公告程序。对于未履行诉前公告程序的，人民法院应当进行释明，告知人民检察院公告后再行提起诉讼。因人民检察院履行诉前公告程序，可能影响相关刑事案件审理期限的，人民检察院可以另行提起民事公益诉讼。此批复自 2019 年 12 月 6 日起施行，这么规定的理由如持肯定态度的学者所阐述的，同时也可以达到统一全国公益诉讼检察实践的目的。至此，虽然理论上的争论以及检察实践中遇到的种种难题依然存在，但人民检察院提起刑事附带民事公益诉讼应履行诉前公告程序是必须的。当然，随着公益诉讼制度的发展与完善，未来是否会改变这一做

---

① 参见刘艺主编：《检察公益诉讼十大优秀案例述评》，中国检察出版社 2021 年版，第 162—169 页。

法，也未可知。

此外，在新时代，面对人民群众对民主、法治、公平、正义、安全、环境等方面的更高要求，在检察实践中，刑事附带民事公益诉讼的案件范围也并不完全局限于法律规定的生态环境和资源保护、食品药品安全等领域，扩张之势已成现实。所以，也有学者建议对这一特殊领域的案件范围进行合理化限制，以期检察刑事附带民事公益诉讼的长远发展。①

第二节　域外公益诉讼的理论与实践

在西方国家，公益诉讼制度起源很早。有学者认为，早在罗马法时期就出现了，因保护公益的机构不健全，当时是授权市民代表社会集体来起诉的。但这一制度并没有延续下来。大陆法系国家的公益诉讼理论是以近代法国法学家莱昂·狄骥创立的主观诉讼与客观诉讼的概念为基础，经德国、日本学者借鉴而逐渐发展起来的。"二战"以后，特别是 20 世纪 60、70 年代后，西欧和美国在自然资源和生态环境保护等领域出现了公益诉讼发展的高潮。客观诉讼与主观诉讼是相对而言的，两者划分的标准是诉讼目标和诉讼构造。"主观诉讼以救济权利为目标，诉讼构造侧重于主观权利和损害争议的审查和裁判；而客观诉讼则以秩序公益为导向，诉讼构造以行政机关行政行为的合法性审查和裁判为宗旨。"② 从宏观上看，主观诉讼解决私人权益问题，客观诉讼解决公益诉讼问题，以维护社会公共利益或社会法律秩序为目的。两者之间的主要区别为：一是主体资格不同。主观诉讼是以私益救济为目的，因而其起诉的主体必须与诉讼标的有利害关系，而客观诉讼是为了维护公共利益，原告与诉讼标的之间不需要存有利害关系，但其资格必须依据法律上的明确规定。二是判决效力不同。主观诉讼只能约束当事人，无对世效力，即不会影响当事人以外的人。而客观诉讼除了约束当事人外，还具有对世效力，即其判决效力不限于诉讼当事人，还影响到与公共利益相关的任何人。

---

① 参见余怡然：《扩张与限制：检察刑事附带民事公益诉讼的案件范围》，载《周口师范学院学报》2019 年第 4 期，第 93 页。

② 薛刚凌：《行政公益诉讼类型化发展研究——以主观诉讼和客观诉讼划分为视角》，载《国家检察官学院学报》2021 年第 2 期，第 85 页。

一、域外公益诉讼的概念与分类

公益诉讼，是与私益诉讼相对而言的，是社会发展到一定阶段的产物，是一种新型的诉讼类型。

有关公益诉讼的概念，因"公益"一词的模糊性而仁智互见。如有学者认为：并非所有具有公共利益的案件都是公益诉讼。一般而言，在确定公益诉讼案件时，可以参考以下几个因素：一是诉讼结果中存在公共利益；二是在结果中，原告没有个人的、所有权方面的或金钱上的利益，如果存在这样的利益，从经济上看，就不能证明该诉讼是正当的；[①] 三是这一诉讼所引发的问题超出了当事人的切身利益。[②] 这一观点可以说是抓住了公益诉讼的本质，即案件中必须涉及公共利益，但又与起诉者不具有直接的利益关系。虽然有关公益诉讼的概念一直颇有争议，但为维护公共利益的公益诉讼在域外早就产生了。

当然，有关公益诉讼的概念，不同国家、不同学者的认识观点并非完全一致，学术界虽有效果说与目的说之分，也有狭义说与广义说之争，可以说是一个含义模糊的法律概念，但其实质基本相同，通常是指特定的国家机关和相关的团体及个人，根据法律授权，对侵犯国家利益、社会公共利益或不特定的他人利益的行为，直接向法院起诉，请求法院依法追究相对人法律责任的一种诉讼活动。简言之，公益诉讼是指为保护社会公共利益的诉讼，除法律有特别规定外，凡市民均可提起；而私益诉讼是指为保护个体权益的诉讼，仅特定人才可提起。[③]

公益诉讼，从大的方面来看，因被诉对象的不同，通常可分为行政公益诉讼和民事公益诉讼（或称经济公益诉讼）。前者是指针对国家公共权力机关滥用权力的不作为、乱作为提起的诉讼，在诉讼过程中适用行政诉讼法的相关规定；后者主要指在生态环境和资源保护、食品药品安全等受侵害的情形下，因当事人缺乏相应性和对应性时，由非法律上的利害关系人提起的诉讼，在诉讼过程中适用民事诉讼法的相关规定。

---

① See Oshlack v Richmond River Council [1998] HCA 11, p. 53 and p. 70 (McHugh J, High Court of Australia).

② See inter alia Australian Law Reform Commission Report, Costs Shifting — Who Pays For Litigation (1995) ALRC 75; Australian Law Reform Commission Report. Managing Justice：A Review of the Federal Civil Justice System (2000) ALRC 89, [198]; Ontario Law Reform Commission, Report on the Law of Standing, 1989.

③ 周枏：《罗马法原论》（下册），商务印书馆1996年版，第886页。

行政公益诉讼与民事公益诉讼的区别，主要表现在：一是调整的法律不同，两者所适用的法律依据不同，行政公益诉讼适用《行政诉讼法》，而民事公益诉讼，因其本质上还是民事诉讼，适用的是《民事诉讼法》，其最为根本的特点是诉讼双方主体地位平等，只是公益诉讼案件与原告并无直接利害关系；二是被告不同，在行政公益诉讼中，行政机关的身份为被告，而民事公益诉讼则以民事主体（或私人）为被告；三是阻力不同，因被告主体不同，在保护公共利益的道路上，民事公益诉讼比行政公益诉讼更加平坦直接，而行政公益诉讼要比民事公益诉讼遇到的诉讼阻力大很多。"由于公共权力部门本身就承担着维护公共利益的职能，因而因其作为或不作为，发生侵害公共利益的可能性最大，而且其他社会组织或个人危害社会公共利益的行为，在一定意义上也可以说是因为公共权力部门疏于管理或管理不力造成的。"① 因此，相比较而言，行政公益诉讼才是需要特别关注的研究重点，而且与域外主要国家的这种横向比较只为拓宽完善我国公益诉讼制度的视野，同时也可以合理借鉴一些有价值的实践经验。下面的阐述介绍分行政公益诉讼和民事公益诉讼两大部分。

二、域外行政公益诉讼的理论与实践

行政公益诉讼是现代行政法发展的共同趋势，具有平衡社会利益冲突、弥补市场机制缺陷、增加公民社会福利、彰显社会公平等价值，为世界各国所普遍接受，如英美法系国家的"私人检察总长"理论，大陆法系国家中德国的公益代表人制度、法国的越权之诉和日本的民众诉讼等，系统深入研究域外主要国家的行政公益诉讼制度是如何设计的，其运作模式是什么，尤其是主体资格方面的规定和近年来的共同发展趋势，无疑可以为完善我国行政公益诉讼制度提供一些借鉴。

行政公益诉讼，一般是指行政主体的作为或者不作为侵害了国家利益、社会公共利益或者他人利益，法律允许直接利害关系人或无直接利害关系人为维护公共利益或者他人利益而向法院提起行政诉讼的制度。由于行政公益诉讼所蕴含的社会价值，符合法治经济便宜原则，有利于弥补国家行政管理的漏洞和监督行政机关依法行政，故国外主要国家都建立了行政公益诉讼制度，并通过立法或判例法明确规定了行政公益诉讼的主体资格。

---

① 王太高：《论行政公益诉讼》，载《法学研究》2002 年第 5 期，第 42 页。

（一）私人检察总长的原告资格（立法上的规定）

以判例法为主要法律渊源的英美法系国家，其行政公益诉讼的规定除了通过判例法逐渐形成外，还在立法上作了明确规定，其中最为著名的是"私人检察总长"理论。[①] 这一理论肇始于英国而成熟于美国，后为澳大利亚所借鉴。

所谓"私人检察总长"理论，是指"为防止公务员从事违反法律所赋予的权限（之范围）的行为，联邦议会可根据宪法将此类起诉权授予检察总长等公务员……联邦议会还可以指名检察总长或其他公务员为此类诉讼的提起人……根据宪法，以立法形式赋予非公务员的个人或非公务员的组织以诉讼提起权，即赋予为防止公务员从事违反法律所赋予的权限（之范围）的行为而起诉的权利……当现实中发生争讼的时候……联邦议会可以赋予某人开始该争讼之诉讼程序的权限，不论其是否为公务员。即便这种诉讼程序的目的仅在维护公共利益，这种手段在宪法上是允许的。接受这一授权的人，就是私人检察总长"[②]。此观点最早见于1905年，当时的表述是"反对违法的行政行为的私人，拥有作为公共利益之代表的诉之利益"[③]。该理论最大的价值在于赋予私人基于维护公共利益的需要而提起诉讼的权利。

在英美法系国家，有资格提起行政公益诉讼的人首先是检察总长。如美国法第28卷第518条明确规定："联邦总检察长可参与争议他认为美国的利益要求他参与以及他认为符合美国利益的任何民事或行政案件。""无论什么时候，被指控的行为影响到整个国家利益，涉及到宪法要求关心的国家事务，或涉及到国家有确保全体公民平等权利的义务等，联邦总检察长有权提起民事、行政甚至刑事诉讼。"[④]

英国总检察长可以主动请求对行政行为进行司法审查，还可以在私人没有起诉资格时帮助私人申请司法审查，此时的检察总长为原告，私人为告发人。英国诉讼制度中有一种混合程序，即"用公法名义保护私权之诉"，检察总长代表国家总是有公益诉讼的起诉资格。具体做法为："检察总长在别人要求禁

---

① 有关"私人检察总长"理论问题，可参见季美君：《聊聊"私人检察总长"》，载《检察日报》2020年8月6日。

② 参见季美君：《聊聊"私人检察总长"》，载《检察日报》2020年8月6日。

③ 有关"私人检察总长"理论的详细内容，可参见王名扬：《美国行政法》，中国法制出版社1995年版，第620页；［日］田中英夫、竹内昭夫：《私人在法实现中的作用》，李薇译，载梁慧星主编：《民商法论丛》（第10卷），法律出版社1998年版，第467页。

④ 金明焕主编：《比较检察制度概论》，中国检察出版社1991年版，第278页。

止令或宣告令或同时请求这两种救济时，为阻止某种违法而提起诉讼。通过出借他的名字，检察总长使得禁止令和宣告令这种基本上是捍卫私人权利的救济转而成了保护公共利益的公法救济。为了公共利益而采取行动是检察总长的专利，他的作用是实质性的、合宪法的，他可以自由地从总体上广泛地考虑公共利益。因而他可以自由地考虑各种情形，包括政治的及其它的。"① 正如曾任英国民事上诉法院院长丹宁勋爵所说的："如果有充分的证据证明政府机关或权力机关滥用法律，致使数千臣民受到侵害，那么最终这些受害人中的任何人都有权诉诸法院要求执行法律。"② 显而易见，该程序的基础是国家利益，是为了普遍的公共利益而维护法律。在英国的司法实践中，总检察长有权参与以下两类行政公益诉讼案件：一是因政府机构的越权行为导致公民和社会公共利益受到损害的行政案件；二是因受到相关法令或宣誓保护的公共权利和利益被侵犯的行政案件。当然，总检察长也可以授权公民以其名义提起行政公益诉讼，但此种情形必须由公民自己告发并经有关部门核实。③

在澳大利亚，1977 年澳联邦《行政决定（司法审查）法》第 17 条规定：总检察长根据本法，可以代表联邦在法院参与诉讼活动；在总检察长根据本条规定参与诉讼活动时，他被认为是该诉讼活动的当事人。据此，总检察长在公益或公权利受到行政行为的侵害时，可以成为行政公益诉讼的原告。在公共利益被侵犯比较严重的领域，如环境、规划和消费者保护等领域，其立法放宽了对行政公益诉讼原告资格的要求。④ 如 1999 年澳联邦《环境保护和生物多样化保护法》第 487 条规定：环境活动家和环境团体通常有资格根据该法规定申请审查行政决定的命令。个人或公司成为原告的条件是，当事人在诉讼所涉事项上有特殊的利益，即比其它社会成员享有更大的利益。

澳大利亚判例法也确立了总检察长作为行政公益诉讼的原告资格。澳大利亚法院认为，在"公权利"（公益）受到侵害的情况下，总检察长是合适的原告，他可以以自己的名义或者以授权某个人的形式起诉。总检察长在"代表公众控诉"时，有资格提出调卷令、禁令、宣告令、人身保护令，也可以申请训令，同时还有资格提出指令（injunction），只是被限制在公法事务上，也

---

① 王太高：《论行政公益诉讼》，载《法学研究》2002 年第 5 期，第 47 页。

② See Lord Denning in the Mcwhirtercase, supra note 34, （1973）1 All 11E. R. at699.

③ 参见陶承群：《试论检察机关提起行政公益诉讼制度》，中南大学 2014 年硕士学位论文。

④ See Truth About Motorways Pty Ltd v. Macquarie Infrastructure Investment Management Ltd，（2000）200 CLR 591 at 640 - 642.

就是在有某种公共危害或侵犯某种公共法定权利的情况下。

总之，随着政府权力的不断膨胀和行政侵权事件发生概率的提高，英美澳等国都在立法上赋予总检察长提起行政公益诉讼的原告资格。尽管在司法实践中，总检察长提起的行政公益诉讼案件极为少见，但拥有这一权力，在一定意义上就会对行政权产生威慑作用。而这些国家的法院则通过一个个判例，确立了从"私人检察总长"理论衍生而来的赋予公民个人基于维护公共利益的需要而提起诉讼的权利，从而使公民个人渐渐成为行政公益诉讼的另一重要主体。

（二）公民个人或社会团体的原告资格（判例法确立）

在英美法系国家，除了总检察长可以作为行政公益诉讼的原告外，在司法实践中，公民个人和社会团体也享有行政公益诉讼的原告资格。

在美国，真正意义上的行政公益诉讼的确立是在 20 世纪 40 年代，而且主要是通过判例法来确立的，其中最具代表性的判例为 1940 年的桑德斯兄弟广播站诉联邦委员会一案①和 1943 年的纽约州工业联合会（法人）诉伊克斯一案。桑德斯一案判决后，美国的行政诉讼原告资格标准开始在成文法和判例法中逐步发展，并渐渐形成了利益学说和损害学说，可以合称为"利害关系学说"。

事实上，桑德斯一案在美国具有里程碑的意义，此判例大大拓宽了行政诉讼原告资格的范围，即当事人即使与被诉行政行为无直接利害关系，但只要其利益受到"事实上的不利影响或损害"，他便享有行政诉讼的原告资格。1943年，第二上诉法院在纽约州工业联合会（法人）诉伊克斯案件中，针对被告主张的原告没有起诉资格一说，发挥了私人检察总长理论，赋予私人基于维护公共利益的需要提起诉讼的权利。② 随着美国法院对行政公益诉讼原告资格的限制越来越小，为适应判例法的这一趋势，立法也作了相应调整。如 1946 年美国联邦《行政程序法》第 702 条规定：因行政机关致使其法定权利受到侵害的人，或受到有关法律规定内的机关行为不利影响或损害的人，均有权诉诸司法审查。

根据美国最高法院的司法解释，原告提起行政公益诉讼需符合三个条件：一是产生了事实上的损害；二是有因果关系，即损害可以"在合理程度上"

---

① See FCC V. Sanders Brothers Radio Station, 309 U. S. 470 (1940).

② See Associated Industries of New York State, Lnc. v. Ickes, 134 F. 2 d694 (2d Cir. 1943).

被认为由被告的具体行为引起的；三是法院作出的判决具有可救济性。① 在绝大多数案件中，法官在判断原告是否有诉讼资格时，主要考虑事实上的损害要件，法官通常认为实际损害是原告切身体会到的、感受到的切实的、具体的伤害，这种伤害必须是实在的、迫近的、马上要产生的，而不是"猜想的"。这种损害在现实中包括身体上的损害、财物金钱上的损害、审美上的损害及信息上的损害等。② 可救济性是指联邦法院通过认定案情事实作出判决，原告所寻求的来自联邦法院的救济必须能够"治疗"损害，即能实际解决损害问题。

目前有起诉资格的原告主要有两类：一是受到损害的个人；二是其成员受到损害的组织，可以代表其成员提起诉讼。允许组织代表其成员提起诉讼的主要理由：一是诉讼成本很高，组织可以更好地承担成本；二是组织里可能有该领域的专家，可以给法院提供重要信息；三是组织代表可以提升司法经济效益，一个反映众多问题的大案胜过无数个小案子。

英国公民个人享有类似行政公益诉讼原告资格的前提条件是申请人必须在所申请的问题上享有充分利益。所谓"充分利益"，法院在布莱克本案中作了很好的说明。国会议员布莱克本先生到英国上诉法院反映苏和区的许多商店都在出售色情读物，但警察局在处理这一问题时有拖延，出于对自己五个孩子的关心，他就去法院起诉警察局，要求警察局立即采取行动。对此，警察局长以布莱克本没有充分的利益为由反对起诉。但法官丹宁勋爵却说："如果公共权力机构犯了误用权力罪，谁可以来法院起诉？布莱克本先生是伦敦公民，他的妻子是纳税人，他的儿子可能因看色情读物而受到不良影响，如果他没有充分的利益，那伦敦的任何其他公民也就没有这种利益。每个有责任感的公民都有权利确保法律得到实施，这本身就是他为确保法律得到实施而要求法院颁发调卷令、训令的充分利益。"③ 可见，英国法院会接待一位到法院要求法律得到正确实施的普通公民，尽管他只是成千上万受到不利影响的人之一。

澳大利亚联邦和各州立法对类似行政公益诉讼的原告资格有明确规定，此外还在司法判例中对总检察长、利益团体和个人三类原告资格进行确立，且进一步提出了具体的类型化判断标准。

法院认为，在"公权利"（公益）受到侵害的情况下，总检察长是合适的

① See Lujan v. Defenders of Wildlife, 504 U. S. 555（1992）.

② 参见："理想的行政诉讼法"研讨会之十二：《公益诉讼原告与非政府组织被告》，美国哥伦比亚地区法院法官 John D. Bates 的专题发言，清华大学法学院，2015 年 4 月 23 日。

③ ［英］丹宁勋爵：《法律的训诫》，杨百揆等译，法律出版社 1999 年版，第 130 页。

原告，他可以以自己的名义或者以授权某个人的形式起诉。总检察长有资格提出调卷令、禁令、宣告令、人身保护令，也可以申请训令，① 同时还有资格提出指令（injunction），只是被限制在公法事务上，也就是在有某种公共危害或侵犯某种公共法定权利的情况下。② 由此可见，在澳大利亚，总检察长是可以代表公益提起诉讼的。

20 世纪 70 年代，澳大利亚的行政法不断发展，法院逐渐形成自己的判例来确认个人享有行政公益诉讼的资格。澳大利亚自然环境保护基金会诉联邦一案表明个人参与公益诉讼必须要符合"特殊利益"标准，即个人在公益中享有更大的利益。③ 该案确立了个人提起行政公益诉讼的判断标准，对澳大利亚后来的判决影响深远。

而公益团体作为行政公益诉讼的原告，其前提条件是该团体与公益事项存在密切关系。从司法实践看，法院主要强调公益团体与公益事项之间相关的密切程度，但在评估团体起诉资格时，法院会考虑很多相关因素，如团体的代表性质④、与政府之间的关系⑤、团体成员的利益⑥以及问题的重要性⑦等。

综上所述，在行政公益诉讼原告类型与资格方面，英美法系国家规定的主要有检察总长、社会组织或利益团体和公民个人三类，它们在不同的行政公益诉讼案件中根据法律的相关规定而成为原告。对于这些原告资格，英国、美国、澳大利亚三国既有立法明确规定，又有相应的司法判例予以确立。⑧

（三）检察官的原告资格

众所周知，大陆法系国家的检察官享有较大的职权，在法国，甚至被称为"站着的法官"。因此，在行政公益诉讼中，这些国家除了规定公民个人享有

---

① See R v. Mullaly；Ex parte Attorney General，［1984］VR 745.

② See Ashby v. Ebdon，［1984］3 All ER 869.

③ See Australian Conservation Foundation v. Commonwealth，（1980）146 CLR 493.

④ See Australian Conservation Foundation v. Minister for Resources，（1989）76 LGRA 200，205 – 206.

⑤ See Right to Life Association v. Department of Human Services，（1994）52 FCR209.

⑥ See North Coast Environment Council Inc v Minister of Resources（No. 2），（1994）55 FCR 492，512 – 513；"Ex parte Helena Valley／Boya Association（inc）；State Planning Commission and Beggs"，（1989）2 WAR 422，437.

⑦ See Australian Conservation Foundation v. Minister for Resources（1989）76 LGRA 200，206.

⑧ 本部分的相关内容，可参见季美君：《公民和社会团体的原告资格》，载《检察日报》2020 年 8 月 13 日。

原告资格外，检察官也是原告主体之一。

德国由联邦行政检察官或其它公益代表人对行政机关侵犯公共利益的违法行政行为提起诉讼。2020 年 6 月，德国对 1960 年《联邦行政法院法》进行了修订，其第 35 条至第 37 条明确规定设立行政诉讼公益代表人制度，公益代表人可以代表国家和社会，分别参加联邦行政法院、州高等行政法院和地方行政法院的公益诉讼。该法第 35 条第 1 款规定：联邦政府任命驻扎在联邦行政法院的联邦利益代表人（VBI）并将该机构设在联邦内政部。联邦利益代表人可以参与联邦行政法院的任何程序，但军事审判程序除外。联邦利益代表人听从联邦政府的指示。该法第 36 条第 1 款进一步规定：在高等行政法院和地方行政法院，也可根据州政府的行政规章设立公益代表人，在一般事务中或者特定事务中代表该州。为提高行政诉讼的"可操作性""效率"，2002 年 1 月 1 日，德国才设立 VBI 机构，其前身是"位于联邦行政法院的高级联邦检察官（Oberbundesanwalt，德语简称 OBA）"。也就是说，在 2002 年 1 月 1 日之前，是由联邦检察官到联邦行政法院参加诉讼，以代表联邦政府的利益。可见，德国联邦检察官曾作为公益代表人，在行政诉讼中代表并维护社会公益，是社会公益的客观代表者。可以说，设置公益代表人制度并由其参加行政诉讼，是德国行政公益诉讼的一大特点。[①]

德国还有一种特殊的公益诉讼形式——宪法诉讼，有学者称之为民众诉讼（popularkrk loge）。它是指公民因宪法赋予的基本权益或其它权益受到某项法律的侵犯，而向宪法法院提起诉讼，要求宣告该法律违宪且无效的一种诉讼制度。任何公民只要认为某项法律侵犯了宪法保障的权利，无论侵权案件是否发生，也不论是否涉及本人的利益，都能提起这种诉讼。但该诉讼的客体极为有限，仅限于宪法赋予公民的权利受到侵害。[②]

法国是现代行政诉讼制度的发源地，其行政诉讼有越权之诉与完全管辖权之诉两种。越权之诉相当于其它国家的行政公益诉讼，指当事人的利益由于行政机关的决定而受到侵害，请求行政法院审查该项决定的合法性并予以撤销的

---

① 本部分资料由德国马普外国与国际刑法研究所研究人员、中国部主管周遵友博士提供，在此深表感谢！德国的法院系统分宪法法院、普通法院和专门法院三类，行政法院属于一种重要的专门法院。德国《联邦行政法院法》第 37 条还规定了担任公益代表人的资格，即"（一）派驻联邦行政法院的联邦利益代表人及其高级领导人员应当具备担任法官的资格或者符合《德国法官法》第 110 条第 1 句规定的条件。（二）高等行政法院和行政法院的代表人应当具备《德国法官法》规定的法官资格；第 174 条不受影响"。

② 参见王太高：《国外行政公益诉讼制度述论》，载《山西省政法管理干部学院学报》2002 年第 3 期，第 37 页。

救济手段。越权之诉着眼于公共利益，主要目的是纠正违法的行政行为，保障良好的行政秩序，是一种对事不对人的客观诉讼，判决发生对事的效果，不以申诉人为限，且可以免去律师代理，事先不需要交纳诉讼费用。法国最高法院认为，即使法律中有规定不能申诉的条款，也不能剥夺当事人提起越权之诉的权利。只有法律明确规定不许提起越权之诉时，当事人的申诉权才受到限制。

意大利在民事诉讼和行政诉讼中建立了团体诉讼制度。开始时，此类诉讼仅限于不正当竞争领域，后来扩大至劳动法、环境法范围，其目的是保障那些超个人利益，或者能够达到范围很广的利益。1986 年 7 月 8 日发布的第 349 号法令规定：如果行政行为的许可、拒绝或者不作为违反了对自然的保护以及对自然景观的维护，那么某些被认可的团体，尽管其权利并没有受到侵害，也有权对这一行政行为提起诉讼。可见在意大利，享有行政公益诉讼原告资格的主要是社会团体。

日本在法律制度方面，通常被认为是借鉴大陆法系最为成功的亚洲国家。根据日本《行政案件诉讼法》的规定，其行政诉讼案件分为四类：抗告诉讼、当事人诉讼、民众诉讼和机关诉讼。前两类是以保护国民的个人利益为目的的主观诉讼，后两类是以维护客观的法秩序为目的的客观诉讼。该法第 5 条规定：所谓民众诉讼是指"请求纠正国家或者公共团体机关不符合法规的行为诉讼，并且是以作为选举人的资格或者其它与自己在法律上无利益关系的资格提起的诉讼"。[①] 可见，日本的民众诉讼是日本公益诉讼的一种形态。有一判例颇具代表性：日本秋田县教育官员举办了六次座谈会，会议费用支出巨大。该县的居民就到法院状告该县教育长，认为这么巨大的开支造成了政府资金大量流失。1990 年 6 月 25 日，日本秋田地方法院对此作出判决，要求被告将多开支的钱归还给县政府。[②] 在民事诉讼中，日本检察机关作为公益代表人参加与公益密切相关的民事诉讼案件，在内容上比德国、法国的检察机关的职权范围要更加广泛、具体和详细。[③] 可见，在日本，享有行政公益诉讼原告资格的主要是公民个人。但在民事诉讼中，充当原告的还有检察机关。

总之，在大陆法系主要国家，行政公益诉讼主体并没有完全一致的规定，有规定检察官享有原告资格的，如德国；有规定公民个人可以提起行政公益诉讼的，如日本；有将社会团体规定为主要起诉人的，如意大利；有规定公民个

---

① 杨建顺：《日本行政法通论》，中国法制出版社 1998 年版，第 719 页。

② 参见梁慧星等：《关于公益诉讼》，载吴汉东主编：《私法研究》（创刊号），中国政法大学出版社 2002 年版，第 362 页。

③ 有关域外民事公益诉讼问题，本章随后将详细阐述。

人、社会团体或检察机关可以同时作为行政公益诉讼原告的，只是侧重点有所不同而已。①

三、域外民事公益诉讼的理论与实践

环顾全球，域外民事公益诉讼不但起诉主体丰富，而且涉及领域广泛，案例众多。为使读者对相关制度有清晰的了解，本节就以域外主要国家为例，分国别来阐述，但有些制度是互相借鉴的，如英国的告发人制度，因此在分国别阐述时又有些交叉，并不是泾渭分明的。总的来说，域外主要国家有关民事公益诉讼的法律规定与实践，通常会涉及消费者权益保护、妇女权益保护、环境与资源保护等领域，但发展得最完善且判例最多的还是环境与资源保护领域，这里也主要以环境公益诉讼为例，来阐述民事公益诉讼的相关理论和实践问题，主要涉及环境公益诉讼中的原告、起诉资格、损害赔偿等核心问题。

（一）美国

虽然美国在立法上并没有明确规定"公益诉讼"的概念，但学者们普遍认为美国民事公益诉讼的诞生是以 1890 年《谢尔曼反托拉斯法案》（本章简称《谢尔曼法》）为标志的。但事实上，1863 年颁布的《反欺骗政府法》就规定了个人可以提起"公私共分罚款之诉"（qui tam action），对与联邦政府有和约关系的企业欺骗联邦政府资金的行为提起民事诉讼，可以说这是美国以立法形式最早规定公民享有提起民事公益诉讼的资格，这一做法源自英国的告发人诉讼②。当然，《谢尔曼法》是美国历史上第一个授权联邦政府控制、干预经济的法案，主要禁止企业间横向联合进行限制竞争行为以及垄断、企业兼并行为。该法在程序上规定了此类案件的司法管辖问题，同时规定：检察官依司法部长的指示，可以提起民事诉讼，以防止和限制托拉斯行为；因违反反托拉斯法禁止的行为而遭受损害的经营者和消费者享有诉讼权和获得受损害金额三倍的赔偿权；当美国的国家利益受到损害时，美国可以起诉并获得赔偿。这就是美国民事公益诉讼的起源，由此也可知美国的民事公益诉讼主体既有受到损害的个人、国家，也有代表公益的检察官。

1914 年美国又制定了《克莱顿法》以补充《谢尔曼法》。《克莱顿法》主要禁止价格歧视行为、滥用经济优势行为以及股份保有、董事兼任等破坏竞争

---

① 有关检察官担任行政公益诉讼主体问题，可参见季美君：《检察官可否成为原告》，载《检察日报》2020 年 8 月 27 日。

② 有关告发人制度，在英国部分有更详细的阐述。

秩序的行为。《克莱顿法》第 4 条 C 规定：州司法长官作为政府监护人代表其州内自然人的利益，可以本州的名义，向对被告享有司法管辖权的美国区法院提起民事诉讼，以确保自然人因他人违反《谢尔曼法》所获得的金钱救济；该法第 15 条进一步规定：对违反《谢尔曼法》造成的威胁性损失或损害，任何人、商号、公司、联合会都可向有管辖权的法院起诉当事人并获得禁止性救济。该条第 3 款还规定：依据本条提起的任何诉讼，若原告占有实质上的优势，法院将奖励原告诉讼费，包括合理的律师费。这些规定明确了两个问题：一是扩大了民事公益诉讼的原告资格范围，即原告不再限于因托拉斯行为而遭受损害的经营者、消费者或者州司法长官，可以是任何人或任何组织；二是被诉的托拉斯行为，既可以是已造成的损害，也可以是有发生损害的可能性。由此可见，《克莱顿法》的补充规定，具有三个方面的鲜明特点：一是因托拉斯行为受到损害的国家利益，可以由检察官代表国家提起民事公益诉讼，以获得实际损失的赔偿；二是为防止和限制托拉斯行为，州司法长官可以代表公众，对不正当竞争行为提起民事公益诉讼，以确保受害人获得金钱救济；三是任何人或任何组织都有权向法院起诉违反反托拉斯法而造成威胁性损失或损害的行为，以防止损失的发生或扩大，并可获得禁止性救济和奖励。[①]

事实上，虽然美国的民事公益诉讼起源于反托拉斯行为，但随着该制度的不断发展和完善，越来越多的学术研究关注的是环境公益诉讼问题，美国自 20 世纪 60 年代以来颁布了不少环境保护方面的法律，如 1963 年的《清洁空气法》、1969 年的《国家环境政策法》、1972 年的《海洋倾废法》《噪音控制法》、1973 年的《濒危物种法》、1976 年的《资源保护与恢复法》以及 1977 年的《有毒物质控制法》等，这些法律大多规定了"公民诉讼"（citizen suit）条款，授权个人对污染企业和负责环境保护的行政机构的环境违法和行政不作为等提起诉讼，同时也赋予检察机关享有提起环境公益诉讼的权力。

可以说，上述"私人检察总长"理论是美国环境公益诉讼的一个重要理论来源。其实质就是确立了从"私人检察总长"理论衍生而来的赋予公民个人基于维护公共利益的目的而提起诉讼的权利，即公民个人出于维护社会公益的需要，可以享有提起民事公益诉讼的原告主体资格。为顺应时代发展的需要，美国通过一个个司法判例不断催生着新的公益诉讼主体，并通过立法予以确立，如美国 1946 年颁布的《行政程序法》扩大了公民的起诉资格，许多涉

---

① 参见阮大强：《论在我国建立经济公益诉讼制度的根据》，载《天津师范大学学报（社会科学版）》2001 年第 4 期，第 12 页。

及公共利益的制定法也对公民诉讼作了规定，司法实践中，个人在消费者保护、环境保护、雇佣歧视、民权、政府提供保险救济，以及被监禁人、精神病人、残疾人的宪法权利等领域提起的诉讼越来越多，渐渐地，政府、社会组织、公民和检察官都享有维护政府利益和公共利益的诉权，形成了一个多主体的诉讼格局，尤其是非政府组织在保护人权和环境方面的价值已得到广泛认可。① 但是，值得注意的一个现象是，自从美国司法部宣布打算修改司法审查程序以及对第三方干预提出修改建议后，尽管最终《2015 年刑事司法与法院法》并没有在这些领域作出修改，但美国民间社会组织（civil society organisations）参与公益诉讼的难度却越来越大。限制民间社会组织介入司法审查程序的企图应该从民间社会组织和国家之间的关系变化来审视，同时也应该从不同视角来考察民间社会组织的功能。但总的感觉是，有关公益诉讼的法律气候正变得越来越冷。②

美国公益诉讼制度的一个突出特点就是广泛赋予个人以公益执法权。强调个人在法律实施执行中的作用，就像陪审团制度一样，吸收民众参与司法过程是植根于美国宪政民主制度的一种传统做法。美国自建国以来，一直坚持的一个基本原则就是吸收民众参与政治决策。"在公益诉讼领域，授权并鼓励个人提起公益诉讼，既是对'法律民主主义'观念的实践也与公益诉讼的本质不谋而合。公益诉讼实际上就是一个有利害关系和受影响的个人、组织以及政府机构之间相互协商，共同参与社会、政治、经济问题决策的过程。强调并保障个人在公益诉讼中的执法权，不仅仅是为了救济受害者，更在于体现法实现过程中的民主精神。"③

（二）英国

在英国民事公益诉讼中，最为有名的是告发人诉讼制度。所谓告发人诉讼，是指告发人为了自身利益和公共利益，根据相关法律规定，对侵害公共利益的行为以政府的名义提起民事诉讼。胜诉后一部分罚金归告发人，其余部分

---

① See secretariat of the Convention on Biological Diversity, Message of Dr A Dioghlaf, the newExecutive Secretary of the Convention on Biological Diversity, to the environmental NGOs ofour planet < http: //www. cbd. int/doc/speech/2006/sp – 2006 – 02 – 21 – ngo – en. pdf > accessed 27June 2008.

② See Harriet Samuels, "Public Interest Litigation and the Civil Society Factor", LegalStudies. The Journal of the Society of Legal Scholars. 38, no. 4 （December 2018）, at page515.

③ 蔡巍：《美国个人提起公益诉讼的程序和制度保障》，载《当代法学》2007 年第 4 期，第 132 页。

归政府。① 早在 1388 年，英国的《水污染防治法》（Water Pollution Act 1388）就对告发人诉讼②作了规定，其英文名为"qui tam action"，"Qui tam"是拉丁语"qui tam pro domino rege quam pro si ipso in hac parte sequitur"的缩写，其原意为"他为国王的利益也为自己的利益而起诉"。起源于英国的这一制度被美国移植后，在 1863 年的《防止欺诈法》（False Claims Act，FCA）对告发人诉讼作了专门规定。③ 目前，这一制度具有以下几个方面的特点：一是告发人诉讼所涉的利益为公共利益。二是告发人必须以政府的名义提起诉讼。三是告发人诉讼适用的是特殊程序，即告发人向法院提起诉讼的同时，要把所有的起诉材料和相关证据提交一份给政府，政府在 60 天内作出是否参加诉讼的决定。若政府决定参加诉讼，政府就成为主要原告；若决定不参加，则由原告继续诉讼。四是为鼓励公民参与管理社会事务、维护社会公共利益的积极性，胜诉后，告发人可以分到一部分赔偿金。若政府也参与诉讼，则原告可获得赔偿金的 15%—25%；若政府没有参与诉讼，原告可获得赔偿金的 25%—30%。五是惩罚性赔偿。目前，败诉的被告要向政府支付 3 倍的损失赔偿金，同时还要缴纳 2000 美元的民事罚金。这笔民事罚金，即便没有证据证明被告的欺诈行为对国家造成了事实上的损失，只要提起了告发人诉讼，就必须要缴纳。可以说，FCA 赋予了任何公民针对欺诈政府行为提起民事诉讼并获得奖励的权利。

告发人诉讼制度虽然起源于英国，但在美国得到了充分发展，其立法背景为：1861 年美国发生了南北战争，军火商在与政府的交易中采用欺诈手段牟取暴利，为了打击军火商在政府采购中的欺诈行为，1863 年《防止欺诈法》出台并首次规定了告发人诉讼制度。该制度的设计理念为：将每个人假定为理性的经济人，通过激励私人诉讼的方式实现以最小投入获取对奸商（profiteer）的最有效打击。1943 年，美国国会对 FCA 作了修正，以防止"寄生诉讼"（parasitic law - suits）的产生。所谓寄生诉讼，是指告发人仅依据刑事起诉书或者报纸等公开渠道获得的信息而对欺诈行为提起民事诉讼以获得高额奖金。这次修改，主要涉及三方面内容：一是只要政府在告发人提起诉讼时知道有关

---

① 参见曹明德、刘明明：《论美国告发人诉讼制度及其对我国环境治理的启示》，载《河北法学》2010 年第 11 期，第 68 页。

② 有关"qui tam action"的翻译在国内有好多种，如"罚金诉讼""公益代位诉讼""告发人诉讼"等，本书采用简洁明了又能展示其特色的"告发人诉讼"这一译法。

③ 有关该法规定的详细情况，可参见曹明德、刘明明：《论美国告发人诉讼制度及其对我国环境治理的启示》，载《河北法学》2010 年第 11 期，第 69 页。

欺诈的任何信息，告发人诉讼就要被驳回。①同时规定公民在提起诉讼时要向政府提交一份起诉材料，政府有权在 60 日内决定是否介入该案。二是大大缩减了告发人的奖金。如果政府接管了案件，告发人可以拿到不超过政府所获赔偿的 10% 的奖金。如果政府不参加诉讼，告发人可以拿到不超过 25% 的奖金，且法院对于告发人的奖金数额具有绝对的自由裁量权，法院可以裁定给其更低的或者不给任何奖金。三是提高了告发人诉讼的证明标准。多数法院对告发人诉讼的证明标准要求达到"清楚和令人信服"（clear and convincing）或者"排除合理怀疑"（beyond a reasonable doubt），而其它民事案件只须达到"优势证据"标准（preponderance of the evidence）就可以。这一修改的直接后果是告发人诉讼案件急剧减少甚至消失。

但是欺诈政府的行为依然猖獗，国家利益受损严重。为重新激励公民打击欺诈国家的行为，美国国会于 1986 年 10 月再次修改 FCA，其主要内容为：一是提高了政府介入案件之后告发人在诉讼中的地位。在政府介入案件后，告发人继续作为案件的当事人一方，并对政府和法院的决定享有异议权。二是将告发人诉讼的证明标准明确规定为"优势证据"标准。三是提高了告发人的奖金份额。若政府介入诉讼，告发人应获得 10%—25% 的赔偿金；若政府不介入诉讼，告发人应当获得不低于 25% 且不高于 30% 的赔偿金。四是提高了被告民事罚金和损害赔偿金的数额。被告要承担 5000—10000 美元的民事罚金，并且要支付 3 倍的损害赔偿金。五是规定了公共披露司法限制条款（the Public Disclosure Jurisdictional Bar），即告发人以众所周知的公开事实为依据提起诉讼的，法院应予以驳回，其目的是防止"寄生诉讼"，同时也修正了 1943 年规定的只要政府在告发人提起诉讼时已知道有关欺诈的任何信息，其诉讼就要被驳回的严苛做法。另外，还进一步规定了例外条款，即"原始信息例外"（original source exception），也就是说，如果众所周知的公开事实来自告发人，法院就不得驳回其诉讼。可以说，1986 年 FCA 的修订极大鼓舞了告发人诉讼。在随后的十年间，美国的告发人诉讼案件从 1987 年的 33 件（损害赔偿金达200000 美元）快速增长到 1997 年的 529 件（损害赔偿金达 6.41 亿美元）。从2011 年开始，案件达到了 600 多件，2013 年达到 753 件，此后有所下降但一直保持平稳状态，2018 年为 646 件，2019 年为 636 件，从 1988 年开始至 2019 年，共有 13272 件，在美国司法部的协调干预下，损害赔偿金共 418 亿美元。这些统计数字充分说明了法律规定的引导作用是十分强大的。

---

① Act of Dec. 23, 1943, ch. 377, 57 Stat. 608［codified as amended at 31 U. S. C. §232 (1976)］.

英国于 1996 年成立了统一的环境署。环境署虽由政府提供资金，但不是政府的日常行政部门，其执法是独立的，因而其环保执法不受政治影响。另外，环境署实行侦查起诉一体化的工作方式，从批准到检查，从监管到执法，都由环境署负责。环境署有专门的起诉人，只起诉环境方面的案件，他们精通环境法和刑法。在起诉时，也适用《皇家检察官准则》（The Code for Crown Prosecutors，该准则最近的一次修改是 2018 年 10 月 26 日），要符合两个条件：一是证据充足；二是符合公共利益。这是检察官决定是否应该起诉的两大标准。在起诉时，检察官也会因缺乏案件中相关的专业知识而受到挑战，这时检察官会聘请专家证人来提供帮助，如财务调查员、会计师等。

英国的环境执法一直在改善之中，主要是法律规定提高了罚金，如 2016 年规定情节严重的，法院可以判处 1000 万欧元以上罚金，比 2014 年高出 10—20倍。这一措施使企业对环境诉讼的态度发生了很大变化，企业的高管会亲自督办和道歉。如果企业自愿纠正违法现象，可以调整处罚。如果企业能守法而不守法、能整改而不整改，无论是取证还是起诉，环境署会更加主动和果断，让这些企业停产，永绝后患。英国建立了一套"执法承担"体系，如违法者作出改正承诺（修复场地、投资建设新治污设备、赔偿受害者等），检察官可以接受其承诺并撤诉。这套体系对结束庭审、加速修复过程以及采取预防性措施等都非常有效。①

另外，因环境污染受到伤害的个人，如健康受损、财产受损等，可以就其损害寻求民事赔偿。环境污染问题，可以由环境署提出要求造成污染的企业清理修复环境破坏场地，若提起刑事诉讼，则由法院作出判决要求该企业予以清理修复，并要求违法者对环境受害人支付赔偿。不管造成污染的是个人、私企还是国企，国家资助的机构如英国环境署，都可以提起刑事诉讼。由此可见，在众多的欧盟国家中，英国在环境保护方面的力度是非常大的，享有民事公益诉讼主体资格的既有个人也有社会组织，且采取侦查起诉一体化方式，并有一整套完善的制度来确保法律规定的落实执行。

（三）澳大利亚

澳大利亚是一个联邦制国家，全国由六个州、两个区组成，新南威尔士州是其中最大的一个州，占全澳人口的 1/3（全澳人口共 2000 多万）。根据《澳

---

① 这一部分的相关资料主要来自最高人民检察院法律政策研究室：《中欧检察机关参与环境公益诉讼法律与实践研讨会综述》，载《领导参阅件》第 30 期，2016 年 5 月 30 日。

大利亚联邦宪法》的规定，其国家权力划分为立法权、行政权和司法权三部分。立法权由联邦议会行使；行政权由联邦政府行使，即实施法律和执行政府事务；司法权传统上由法院行使，如进行刑事审判、解决纷争以及与此有关的合同纠纷和交通事故等。但立法权与行政权之间并没有截然的界限，虽然只有议会才能通过法律，但这些法律又常常授权联邦行政机关制定条例、规则以及有关特别法的实施细则。各州在法律规定的范围内行使属于自己的立法权、行政权和司法权。新南威尔士州设有环境署，环境检察官受雇于环境署，负责环境案件的起诉工作。环境检察官不用为案源发愁，环境署会向他们移送案件，虽然主要问题是案件太多，但优势是环境署熟悉环境问题，且技术水平比较高，而且有很多实验室等基础资源可以使用。环境检察官对案件会有所选择，最常见的案件为：水污染、空气污染、非法破坏植被、废弃物排放等。但这些检察官没有监督职能。

1980 年，澳大利亚新南威尔士州设立土地和环境法庭（the Land and Environment Court of NSW），其程序不断优化，优势之一是可以根据案件的具体特点，自己设计审判程序，审判公开。在原告主体资格方面，所有人，包括公民、民营企业、国有企业、非政府组织、各级政府机构（如环保署）以及当地议会等，都有权就环境问题起诉到法院。在诉讼费方面，若是民事案件，谁败诉谁支付，但法院也有自由裁量权，如果是公民和非政府组织败诉，法院可以不要求他们承担诉讼费，因为他们是为了公众利益起诉。

在澳大利亚新南威尔士州，环境署可以要求污染者修复场地，并向土地和环境法庭检举污染者的违法行为。遭受损失的个人也可以向法庭提起诉讼。只要存在破坏环境的违法行为，任何人都可以成为环境诉讼的当事人，无论是公民、非政府组织还是政府部门，前提是起诉的违法行为必须是相关法律中已有明文规定的。

在环境公益诉讼方面，比较有名的案例是 2020 年污水处理厂一案。悉尼港的一家污水处理厂（Sydney Water Corporation），是一家国营企业，规模很大，有授权批文，包括水、空气、废弃物、噪音等方面的处理，并需要承担各种义务和遵守各种要求，其中最为重要的要求就是保护环境。在此案中，因一只负鼠跑进变电站里导致停电，使污水没有经过处理就直接向海里排放了 45 个小时，造成了严重污染。环境署派调查员和专家去核定这一事件对环境的破坏程度有多大，看看污水处理厂应该怎么做才能避免这样的事故再次发生。检察官将此案起诉到法院后，法院判决对污水处理厂罚款 10 万澳元，环境署在调查中花费的 20 万澳元，包括律师费、专家费等，也由被告污水处理厂支付。① 这一判决起到了很重要的威慑作用。

另一案例为曼利咸水湖案。当地群众发现有成吨的死鱼死鸟。经调查发现湖水含有毒农药且毒性很大。调查员发现湖旁边有一个高尔夫球场在场地喷洒农药，因喷洒器破裂，造成农药泄漏至湖里。环境检察官将此案起诉到法院。法院对高尔夫球场判处罚款 25 万澳元，返还检察官诉讼费 20 万澳元，判令高尔夫球场给其会员写一封信告知此事，并判令球场园丁做 250 小时的社区服务。

从这两个案例可以看出，澳大利亚对环境保护是十分严格的，即便是因疏忽或意外导致环境污染，也要被处以高额罚款。也正因为其保护环境意识强烈，而且又有众多的起诉主体可以参与环境保护，可以说所有人都是环境保护义务的主体，澳大利亚才能环境优美。自 2011 年起，墨尔本连续七年被《经济学人》评选为"世界上最宜居的城市"，其中环保方面的不少经验无疑值得我们学习和借鉴。

（四）法国

法国早在 1804 年的《拿破仑法典》中就规定了检察机关在民事诉讼中的职权。这是人类历史上资产阶级国家的第一部民法典，具有划时代意义。随后在 1807 年的民事诉讼法典中又规定检察机关代表国家保护公共利益，明确赋予检察机关提起和参与民事诉讼的权力。1860 年的民事诉讼法典规定检察机关享有对民事领域的案件进行干预的权力，特别是在涉及国家安全或公共用地等领域的案件中，检察机关均有权进行干预。1976 年修订的法国民事诉讼法典更是赋予检察机关广泛的民事诉权，并对提起诉讼的方式和程序等作了详尽规定，其中第 422 条和第 423 条规定了检察机关作为主当事人提起民事诉讼的两种情形：一是出现法律规定的特别情形时，检察机关依职权提起诉讼；二是除法律有特别规定的情形外，在涉及公共秩序时，为维护公共秩序，检察机关要提起诉讼。检察机关参与民事诉讼的方式有两种：一是以当事人身份提起诉讼，其享有的权利义务等同于普通民事案件的当事人；二是以当事人的身份参加诉讼，其职责是为法官准确适用法律提供意见，并不是真正意义上的当事人。② 就环境公益诉讼而言，法国除了检察机关能够提起外，经政府认可具有诉权的社会团体也可以提起，但法国的社会团体诉讼只有当该团体中部分成员

---

① 参见 EPA V Sydney Water Corporation［2020］NSWLEC 153。
② 参见周洪波、刘辉主编：《公益诉讼检察实务培训讲义》，法律出版社 2019 年版，第 3 页。

的环境利益受到侵害时，才能启动。

（五）德国

在德国民事公益诉讼中，检察机关可以提起或参加民事诉讼，包括作为财政利益的代表享有启动类似民事公益诉讼的权利。虽然素以概念明确、条理清晰、逻辑严密著称的德国法，一直避免使用"公益诉讼"一词，但并不意味着德国没有以维护公共利益或客观法律秩序为目的而设计的特别诉讼制度。事实上，德国民事诉讼和行政诉讼中的利他团体诉讼（altruistische Verbandsklage）就是具有公益色彩的诉讼，可以说与我国社会组织提起的环境公益诉讼具有性质上的类似性。[①] 利他团体诉讼在行政诉讼法上特别强调其客观法上的"指责功能"（Beanstandsfunktion），因而又被称为客观诉讼。因此，不少学者认为德国是通过团体诉讼形式来开展环境公益诉讼的。

1. 民事诉讼中的团体诉讼

德国民事诉讼的传统理论，强调民事诉讼制度的目的在于保护主观权利（subjektives Recht）。作为一种保护私权的制度，民事诉讼理论长期强调个人主义。这一理论排除为他人权利及公共利益提起诉讼的可能。为弥补这一理论体系的不足，德国通过团体诉讼突破了主观权利的理论框架，补充性而非替代性地完善了以主观诉讼为主的诉讼体系。[②]

德国的团体诉讼是指赋予某些团体以诉讼主体资格和诉权，为维护团体组织内部成员的合法权益，代表其内部成员提起诉讼或应诉，独立享有和承担诉讼上的权利、义务以及独立处分权的专门性制度。裁判结果对组织内其它成员也具有同等约束力。团体诉讼在狭义上仅指"利他的团体诉讼"，也就是说，该团体提起诉讼的目的不是维护自己或他人的主观权利，而是为了维护公共利益，从而降低司法救济与执行的落差并增加民众参与的可能性。

德国诉讼法学者对团体诉讼有关当事人适格的法理基础持有不同观点，如起诉权说、固有权利说以及法定诉讼担当说等，后两种观点的支持者较多。不

---

① 参见高琪：《我国环境民事公益诉讼的原告适格限制——以德国利他团体诉讼制度为借鉴》，载《法学评论》2015 年第 3 期，第 144 页。德语因表达的严谨，用的是 altruistische Verbandsklage，即利他的团体诉讼，与之相对应的是"利己的团体诉讼"（egoistische Verbandsklage），是指团体依其章程所定目的，为维护其全体或部分成员的权利而以团体自己的名义为当事人（原告）提起诉讼，又称非真正的团体诉讼。我国学术界通常称之为团体诉讼，就公益诉讼而言，本身就是利他的诉讼，故本书也直接称之为团体诉讼。

② 参见高琪：《我国环境民事公益诉讼的原告适格限制——以德国利他团体诉讼制度为借鉴》，载《法学评论》2015 年第 3 期，第 144—145 页。

过，随着立法的不断完善和环境保护实践的需要，德国学术界及实务界以"双重性质说"为通说，即主张相关立法规定不仅创造了实体法上的请求权，也创造了诉讼法上的实施权，行使相关权利的团体必须符合程序法规定的一系列条件，也就是对原告适格的限制要件。这无疑反映了德国对超越主观权利体系的团体诉讼所持的谨慎态度。

德国的团体诉讼是通过立法建立起来的。团体诉讼在民事诉讼领域的发展，起始于德国 1896 年的《反不正当竞争法》，后几经立法修订逐渐成熟。这一特殊诉讼制度为 1976 年的《一般交易条款法》所采纳。伴随着欧盟法在消费者保护领域的发展，2001 年的《消费者权益法及其它法上的不作为之诉法》取代了《一般交易条款法》，并在第 1 条和第 2 条中对利他团体诉讼作出规定。此外，《反限制竞争法》《商标法》中也有类似规定。但总体而言，民事诉讼领域的团体诉讼在《反不正当竞争法》《消费者权益法及其它法上的不作为之诉法》中的规定具有典型性。德国立法选择依靠公益团体来追诉的做法，反映了其对私法自治的崇尚和对社会治理的信心。

德国的团体诉讼制度是将诉讼实施权赋予某一行业团体。与此同时，为防止滥诉，立法对团体诉讼的原告资格作了严格限定，如 2004 年修订的《反不正当竞争法》第 8 条规定：有权提起团体诉讼的主体包括促进工商业利益或独立的职业利益的团体、消费者团体和工商业协会及手工业者协会。具体而言，其限制条件为：一是社会团体必须是事先成立的合法组织；二是社会团体必须具有一定的规模；三是社会团体必须有固定的章程，且必须是以维护某种公共利益为目的而成立的。

2. 行政诉讼中的环境团体诉讼

值得注意的是，虽然德国民事诉讼领域的利他团体诉讼已有上百年的历史，但它并不适用于环境保护领域。传统德国法中构建于主观权利基础上的保护性规范理论（Schutznormtheorie）是其环境公益诉讼产生的主要障碍，该理论认为环境公益诉讼在性质上属于行政诉讼而非民事诉讼，保护环境主要是政府的职责，这一观点体现了德国对国家保护环境义务的重视以及对依法行政原则的尊崇，同时也深受国际条约和欧盟法的影响。

有关德国环境团体诉讼这一议题直到 20 世纪 70 年代才因环保运动而引起普遍关注与讨论。德国国内环境污染日趋严重，联合国人类环境会议在斯德哥尔摩的召开以及世界范围内环境保护运动的日益高涨，尤其是欧洲人权公约对公民环境权发展的促进，这些因素都迫使德国政府放松对环境团体诉讼的禁锢。鉴于利他团体诉讼的预防功能，支持者认为可以期待其弥补环境法领域中对个别权利保护不足以及执行不力问题。因此，从 20 世纪 80 年代早期开始，德国大部分州逐渐在各自的自然保护法中规定了团体诉讼条款，在自然保护领域赋予自然保护团体诉权，将团体诉讼拓展到行政诉讼领域。但由于德国宪法及行政法向来将行政机关视为保护公共利益的主体，学术界又围绕主观诉讼与客观诉讼之别争论不休，对"自封为公共利益守护者"的团体存有疑虑，担心团体诉讼的引入会打破司法与行政之间既有的权力平衡，造成法院不堪重负以及投资项目效率低下，德国联邦立法一直拒绝采纳这一做法，直至 2002 年才在《联邦自然保护法》中引入了利他团体诉讼条款，以遵守其签署的 1998 年《阿尔胡斯公约》（Aarhus Convention）① 的相关要求。

随后，德国又受《欧盟公众参与指令》（2003/35/EC）的影响，于 2006 年颁布了《环境司法救济法》。该法进一步发展了自然保护团体诉讼制度，也明确规定了环境团体诉讼制度。2009 年 7 月，根据《联邦水法》《联邦自然保护法》的修订情况，德国修订了《环境司法救济法》，确立了管辖范围，进一步拓展了团体诉讼的适用范围。《环境司法救济法》的制定和修订不仅极大推动了公众参与环境诉讼，而且也促进了环境团体诉讼的发展。在欧盟一体化过程中，德国因其在环境法上负有国际义务而不得不修改国内法，这对传统上素来讲究逻辑严谨、体系完备的德国法而言无疑是极具挑战性的。

环境公益诉讼的主体资格必须是法律明文规定的。环境团体成为适格原告的前提条件是获得政府的资格确认。2009 年 7 月，德国修订的《环境司法救济法》主要从四个方面规定了相应的限制条件：一是该团体的宗旨及目的主要促进环境保护；二是该团体的成立时间至少三年且积极从事环境公益活动；三是该团体已适当履行其职责，主要考虑先前行为的性质、程度、成员及财务状况；四是该团体允许支持其宗旨的任何人加入，并享有完全的投票权。

3. 德国环境团体诉讼的特点

在环境公益诉讼领域，德国的环境团体诉讼是颇具特色的一个制度，归纳起来，具有四个方面的特点：一是环境团体诉讼以私法团体为主，公法团体为

---

① 《阿尔胡斯公约》是 1998 年 6 月 25 日，联合国欧洲经济委员会（UNECE）在第四次部长级会议上通过的，全名为《在环境问题上获得信息公众参与决策和诉诸法律的公约》（简称《阿尔胡斯公约》；英文名为 Convention on Access to Information, Public Participation in Decision - making and Access to Justice in Environmental Matters，简称 Aarhus Convention）。公约宗旨：为解决环境污染与破坏问题，保护人类的环境健康权，有必要将民众获得环保相关情报、参与行政决定过程与司法等措施制度化。也就是说，为了实现地球可持续发展之理想，国际社会要求各国政府建立完善的环保制度，确保各国民众能获得环保相关讯息，并且有充分机会参与环境问题有关事业的决定过程。这是目前欧洲各签约国必须共同遵守并履行的公约，对保护生态环境起着非常重要的作用。

辅。司法实践中，出现了大量私法团体就环境污染根据环境法提起的公益诉讼。自 1996 年以来，由私法团体提起的团体诉讼迅速发展，成为环境公益诉讼的主要案源。二是环境团体诉讼以行政公益诉讼为主。三是环境团体获得政府确认的诉讼资格是必要的前置程序，且原告主要为较大的环境团体，如德国环境与自然保护联盟、德国自然保护联盟以及绿色联盟等。四是环境团体诉讼类型多样化、对象集中化。根据《环境司法救济法》和司法判例的扩张解释，环境团体诉讼主要针对行政机关的不当作为和不作为两种情况。由于德国行政法中的行政行为类型极其多样，因而行政诉讼类型也就多样化，如撤销之诉、义务之诉、确认之诉以及给付之诉等。同时随着环境团体诉讼类型的多样化，诉讼对象也呈现出集中化趋势，主要起诉的政府行政行为是行政计划批准和行政许可豁免等。五是环境团体诉讼范围扩大至生态损害赔偿。德国环境团体有权根据修订的《环境损害法》提出生态损害赔偿请求。[①]

（六）欧盟国家

在环境公益诉讼方面，值得一提的还有欧盟[②]，除了包括上述的德国、法国外，还有意大利、荷兰、比利时、卢森堡等国家。

从实体法来看，欧盟环境法有广义和狭义之分。广义的欧盟环境法是指适用于欧盟的各项环境政策和法律的总称，包括建立欧盟条约中的环境条款和有关环境问题的条例、指令、决议、建议、司法判例、计划和政策等。狭义的欧盟环境法是指具有法律约束力的欧盟环境法律规范，包括条约、条例、指令和决定。欧盟环境法律的主要形式是指令（Directive）。指令由欧盟立法机构颁布，具有法律约束力。指令颁布后，各成员国须将指令转化为国内法律。

在环境公益诉讼方面，欧盟国家主要通过欧盟指令来规定环保实体法责任，如环境责任指令、环境空气质量指令、工业排放指令等，这些指令对欧盟各成员国都具有效力。但实体指令对责任标准规定得非常详细，而有关体制系统的规定就比较宽泛，如比较笼统地规定要检查，但没有规定谁来检查，在执法方面也是如此。因此，各成员国在执法中，享有很大的自由裁量权，虽然欧盟法律规定，针对违法行为，各成员国必须予以"有效、合理且有劝诫性"

---

① 参见谢伟：《德国环境团体诉讼制度的发展及其启示》，载《法学评论》2013 年第 2 期，第 111—113 页。

② 1991 年 12 月，欧洲共同体马斯特里赫特首脑会议通过《欧洲联盟条约》（通称《马斯特里赫特条约》）。欧盟正式成立于 1993 年 11 月 1 日，以《马斯特里赫特条约》正式生效为标志。创始成员国有 6 个国家，分别为德国、法国、意大利、荷兰、比利时和卢森堡。现拥有 27 个会员国，正式官方语言有 24 种，欧盟总部设在比利时首都布鲁塞尔。

处罚，处罚方式包括民事处罚或刑事处罚。为加强各国的执法力度，2008 年欧盟通过一项立法，要求所有成员国对最严重的环境污染问题，以追究刑事责任来处理，但有些成员国的要求会更加严格。由于各成员国立法上的差异导致各国环境执法程序不太一样，追究污染者责任的方式也不一样，获得救济的途径也不相同，尤其是在证据收集方面。为加强各成员国之间的合作，2015 年欧盟委员会出资召集了英国①、荷兰、瑞典等国检察官，建立了欧盟检察官联盟。总体上看，欧盟法律中没有区分自然人、法人及国家机关在环境保护方面的义务，三者的实体责任是一样的。这里重点介绍一下欧盟环保协会。这里重点介绍一下欧盟环保协会。

欧盟环保协会是一个非政府组织，由环保法律人士组成，有自己的章程，自筹经费，并自行决定业务。现有 100 多名律师在伦敦等地工作，在我国也设有办事处。

欧盟环保协会的业务涉及两类公益诉讼：一是针对企业；二是针对政府机关。非政府组织既能起诉企业，也能起诉政府机关，如起诉美国环境局，甚至欧盟，请求信息公开。但政府之间、机关之间是不能互相起诉的，这一点与我国的做法不太一样，没有类似于我国行政公益诉讼的概念。针对企业的诉讼，与我国提起的民事公益诉讼相类似，而非政府组织起诉政府机关的诉讼，与我国检察机关起诉政府机关的诉讼有些类似。如欧盟环保协会起诉欧盟食品安全局，要求其披露相关信息一案。欧盟食品安全局设有专家组，专门负责讨论食品里面有什么样的化学物品是安全的，但这些专家都是化工企业的员工。公众要求公开这些人提出的意见，但欧盟食品安全局不同意披露这些信息。欧盟环保协会就起诉欧盟食品安全局，最终在欧盟法院胜诉，这是首次大型公民诉讼，并在欧盟法院胜诉的一个案件。此案与我国的行政公益诉讼有些类似。

由上可见，世界各国都非常重视生态环境问题，而且对生态环境的有效保护也是各国公益诉讼的重点领域。由于受生态环境灾难的威胁，1972 年《斯德哥尔摩宣言》②（the Stockholm Declaration）通过以来，人们的环境意识逐渐增强，这在当时是难以预见的。这一发展可以从最近几年国内法院、国际法庭和仲裁庭所审理的涉及环境问题的案件量的递增得以证明，特别是在 1992 年

---

① 2020 年 1 月 30 日，欧盟正式批准英国脱欧。这里讨论的是此前英国在保护环境方面作出的努力。

② See UN Conference on the Human Environment, 1972 Stockholm Declaration（1972）11 ILM 1416.

《里约宣言》①（the Rio Declaration）通过后。《里约宣言》是环境规范发展的又一个里程碑，其标志不仅仅是国际刑事法院、国际海洋法仲裁庭以及根据世界贸易组织争端解决谅解机制而受理的环境案件的数量巨大。② 值得注意的是，数十年来，人权法院与环境保护的关系也越来越密切。《斯德哥尔摩宣言》首先将人权与环境问题联系起来。但是，目前世界上三大人权公约（《欧洲人权公约》《美洲人权公约》《非洲人权宪章》）虽因环境恶化问题开放了部分管辖权，但就有效保护环境而言却是远远不够的。③ 因此，1998 年，联合国欧洲经济委员会又通过了《阿尔胡斯公约》，该公约是环境信息公开制度发展的里程碑，其理念是保护环境人人有责。但公民若想真正参与环境治理，其前提条件是必须有权及时获取相关信息。环境保护是一个全球性话题，许多环境规范也需要国际合作和执行才会有效。④ 因此，国际公约的相关理念与规定值得我国在完善环境公益诉讼制度时学习借鉴。

第三节　域外公益诉讼制度的发展趋势及借鉴

从上述的梳理中可以看出，域外国家的公益诉讼制度历史悠久，而且各国都是根据本国国情作出相关规定，并随着实践的需要和发展不断予以完善的。我国的公益诉讼制度起步较晚，尤其是规定检察机关作为公益诉讼主体的时间更短，从试点至今也才八年，而制度的建立与完善是需要时间上的酝酿累积和丰富的实践培育的。研究域外相关制度，进行横向比较的目的就是以世界范围为视野，全面了解该制度的发展趋势和规律，同时研究有哪些有价值的经验和做法可以为我国所借鉴。

---

① See 1992 Rio Declaration on Environment and Development，（1992）31 ILM 874.

② See Christian Schall，"Public Interest Litigation concerning Environmental Matters before-Human Rights Courts：A Promising Future Concept"，Journal of Environmental Law 20，no. 3（2008）：418.

③ See Athanassoglou v Switzerland（2001）31 EHRR 13：Balmer – Schafroth v Switzerland（1998）25 EHRR 598；Kyrtatos v Greece（2005）40 EHRR 16；Metropolitan Nature Reserve v Panama，Case 11. 533，Report no 88/03，IACtHR，OEA/SerL/V/11. 118 Doc 70 Rev 2 at 524（2003）.

④ See Cf K McCallion，"International Environmental Justice：Rights and Remedies"，（2003）26 Hastings International and Comparative Law Review 427，433.

一、域外行政公益诉讼制度的发展趋势及借鉴

当今世界各国混合型市场经济的发展催生了大量规制型法律①，但各国在制定规制型法律过程中，立法机构并没有对大量未经组织的分散利益主体如消费者或公民的权益给予适当考虑而让规制受益人的利益得到恰当的代表。公益诉讼在一定程度上可以作为规制型法律公共实施的补充机制，因为由规制受益人提起的公益诉讼能够破解对其"普遍利益"保护的司法困境。②

随着现代国家走向民主化、法治化，以及现代社会向多元化方向发展，国家权利逐渐为社会权利让出空间，公民权利意识不断觉醒，要求直接参与公共管理事务的热情也不断高涨。放宽行政公益诉讼的原告资格条件，保障公民对公共事务的民主参与，已成为现代行政法的一大发展趋势。从上述的阐述中可以发现，国外主要国家都建立了行政公益诉讼制度，而且这一制度仍处在不断发展变化之中。正如美国著名行政法学者伯纳德·施瓦茨所指出的："行政法方面的任何变化都没有原告资格方面的变化迅速。在最近几年中，原告资格的门槛大大降低了。"③概而言之，20世纪以来，各国行政诉讼理论与实践的变化主要表现出四个方面的共性：

一是行政公益诉讼原告资格多元化，如私人检察总长、社会团体和公民个人都可以成为原告。

二是对行政公益诉讼原告资格的要求越来越宽。在起诉时，并不要求必须是其自身利益已然受到损害，而只要存在这种损害的可能性即可，即具有"充分利益"而获得原告资格。

三是行政公益诉讼的原告资格必须是明文规定的。如日本《行政案件诉讼法》第42条规定：民众诉讼只有在"法律上有规定时，限于法律规定者，才能够提起。"

四是通过对现有法律条文的扩大解释来解决行政公益诉讼问题。如在美国，最高法院一方面通过私人检察总长理论实现行政公益诉讼引发的起诉资格

---

① 现代社会中的混合型市场经济体制，其核心特征在于国家基于公共利益的考虑对社会经济进行全面干预。由于"规制"包括消极的权利限制和积极的促进保护，体现了限制与促进、鼓励与惩罚相结合的精神，故在日本学者看来，"国家的干预"可以替换为"规制"一词。参见〔日〕金泽良雄：《经济法概论》，满达人译，甘肃人民出版社1985年版，第45页。

② 参见陈承堂：《公益诉讼起诉资格研究》，载《当代法学》2015年第2期，第77页。

③ 参见〔美〕伯纳德·施瓦茨：《行政法》，徐炳译，群众出版社1986年版，第243页。

问题与《联邦宪法》第 3 条规定的起诉资格衔接，另一方面又通过判决对有权提起行政诉讼的利害关系人、当事人概念作出越来越宽泛的解释。

综上所述，行政公益诉讼起诉资格是行政公益诉讼理论研究中最为难啃的一块"骨头"，同时也是我国学术界讨论最为激烈的领域。其中，最具代表性的争论就是检察机关能否享有行政公益诉讼的起诉资格。毋庸置疑，这也是建立行政公益诉讼制度首先要考虑的关键问题。为减少因行政违法导致公共利益受损，加强对行政机关的监督，在借鉴国外相关经验和试点经验的基础上，2017 年我国修改《行政诉讼法》时，规定了检察机关提起行政公益诉讼的主体资格，这是从我国的历史文化传统和客观需要出发，遵循现代行政法发展中行政公益诉讼原告主体多元化趋势的表现。随后，为推进检察机关提起行政公益诉讼活动，我国又颁布了一系列的法律及司法解释，以规范检察机关提起行政公益诉讼活动。有关我国检察机关成为行政公益诉讼原告的合理性及诸多优势等问题，学术界已有大量文章论述，笔者在此就不赘述。①

二、域外民事公益诉讼制度的发展趋势及借鉴

域外民事公益诉讼制度的发展趋势，主要是从上述介绍的几个国家来归纳的，这些国家具有代表性，能起到一斑见全豹的作用。虽然这种概括可能并不全面，但从纵向的历史来观察，也能看出一个总体发展方向。

---

① 有关检察机关作为公益诉讼原告适格性问题的探讨，可参见孙谦：《设置行政公诉的价值目标与制度构想》，载《中国社会科学》2011 年第 1 期；张平龙：《论检察机关提起公益行政诉讼》，载《检察日报》2014 年 6 月 17 日；张铭：《论我国公益诉讼的原告范围》，载《法制与社会》2008 年第 16 期；邓思清：《我国公益诉讼的起诉主体研究》，载《西南政法大学学报》2008 年第 2 期；白洁、赵景顺：《检察机关提起公益诉讼的再思考——兼评新〈民事诉讼法〉第 55 条》，载《云南大学学报（法学版）》2013 年第 1 期；杨秀清：《我国检察机关提起公益诉讼的正当性质疑》，载《南京师大学报（社会科学版）》2006 年第 6 期；章志远：《行政公益诉讼中的两大认识误区》，载《法学研究》2006 年第 6 期；陈承堂：《公益诉讼起诉资格研究》，载《当代法学》2015 年第 2 期；等等。正反两方面的观点针锋相对，但随着 2012 年修正的《民事诉讼法》首次将公益诉讼制度写入法律，在第 55 条中添加了针对环境污染和损害众多消费者合法权益等损害公益行为的规定，赋予法定机关和组织向人民法院提起诉讼的权利后，从目前研究现状来看，赞成检察机关可以成为公益诉讼原告的观点已渐渐占了上风。而十八届四中全会《决定》明确提出："检察机关在履行职责中发现行政机关违法行使职权或者不行使职权的行为，应该督促其纠正。探索建立检察机关提起公益诉讼制度。"至此，争论似乎已尘埃落定，但由检察机关提起行政公益诉讼的合理性问题以及检察机关提起行政公益诉讼是否属于法律监督的职权范畴等问题，在学术界和实务界仍存在诸多争议，这些问题在理论上还值得进一步深入探讨。

（一）原告资格的扩大化

就民事公益诉讼制度而言，其中最重要的问题之一无疑是原告资格问题。虽然各国规定的具体范围略有差异，但原告主体资格范围的不断扩大是一个共同发展趋势，多数国家都规定了公民、社会团体（非政府组织）和政府部门可以成为民事公益诉讼的主体，也有一些国家规定检察官是其主体之一的。但为了避免滥诉现象的出现，各国也采取了相应措施予以约束，如美国在告发人诉讼制度中，规定公民不能以众所周知的事实为依据来提起告发人诉讼。

在民事公益诉讼中，最具共性的是环境公益诉讼，这也是世界各国都越来越重视保护的领域。环境保护，无论在理念上还是在实践做法上，都逐渐成为每个公民应尽的义务，因此在环境公益诉讼方面，域外绝大多数国家都直接规定公民可以成为起诉主体，如澳大利亚新南威尔士州规定，只要存在破坏环境的违法行为，任何人都可以成为环境利益争议纠纷的当事人，无论是公民、非政府组织还是政府部门，当然，这一违法行为必须是相关法律已有明文规定的。

（二）处罚力度的加重化

随着生态环境对一国发展的重要性越来越显现，以及人类发展到一定历史阶段对生存环境的要求越来越高，人们也越来越追求绿色健康的居住空间，因而各国政府对破坏环境行为的惩治处罚力度也越来越大，主要表现在两个方面：一是对情节特别严重的污染行为，要求以刑事犯罪来处理，这是欧盟在 2008 年通过的一项立法，而欧盟国家在欧洲已成为绝对多数，目标共包括 27 个成员国。而英国的做法更加严厉，基本上对所有的环境违法行为都可以定罪，当然实践中会严格把握。二是大幅提高罚金。罚金的处罚在不少西方国家是具有普遍性的，针对环境污染行为，大幅提高罚金数额，也是重视环境保护的一大举措，这对以赚钱盈利为目标的企业来说，无疑具有极大的威慑力。如目前英国对情节严重的污染环境的行为，法院可以判处 1000 万欧元以上罚金，比此前高出 10—20 倍。这一规定让不少企业高管开始重视环境污染问题。

三、域外环境公益诉讼方面的借鉴

生态环境是社会经济发展的重要基础，而环境公益诉讼是保护生态环境的重要手段。环境公益诉讼的原告及其起诉资格是其理论和实践的核心问题。但环境公益诉讼，因环境本身的复杂性，包括大气、土壤、野生生物、海洋、森林、人文遗迹以及自然保护区等，在域外已发展成一个自成一体、引人注目的领域，既包括行政公益诉讼，也包括民事公益诉讼，综观域外各国相关制度设计，在各具特色的同时，其总体趋势是环境公益诉讼原告主体资格的限制条件逐步放宽、原告主体的范围逐渐扩大，让公民、社会组织和国家行政机关都能参与到环境公益诉讼中，这是时代发展和现实环境保护的需要。由此反观我国环境公益诉讼问题，其责任重大、前路漫漫。数十年来，随着我国经济的高速发展，各地的环境也遭到了严重破坏。随着"绿水青山就是金山银山"这一理念深入人心，严重的环境污染问题与公民日益高涨的环保意识形成了尖锐的矛盾，检察机关的环境公益诉讼渐渐成为热门话题，如 2021 年 4 月，最高人民检察院直接立案办理的南四湖环境公益诉讼案，引发了全国人民的热议，环境治理取得初步成效。2012 年我国《民事诉讼法》第 55 条的规定宣告我国正式建立了环境公益诉讼制度，随后《环境保护法》等法律的修订进一步补充和细化了我国环境公益诉讼制度。但是，从司法实践来看，我国环境治理的突出问题主要表现在环境执法和环境司法双重失灵，有法不依、违法不究等现象司空见惯。为尽快改变这一局面，必须从我国国情出发，结合我国现有的制度背景和社会背景，坚持效益原则，即选择最小投入获得最大收益的解决路径，消除地方保护主义对环境法律实施的不利影响，充分发挥公众参与的力量，通过司法促进环境法律的实施，实现环境治理能力现代化，就环境公益诉讼而言，可以借鉴的域外相关经验主要有：

（一）改变理念，强调环境治理的开放性

环境治理是全社会的一个系统工程，而公益诉讼是为保护国家利益和社会公共利益而设置的程序制度，本身就具有社会性和开放性。从客观上看，光依靠政府的力量抑或是哪家机关的力量，不少时候会力不从心的，比如黄河流域的治理。司法机关只能发挥最后一道防线的作用，而环境的改善、爱护却重在日常生产和生活中。因此，首先是要改变政府一肩独挑的旧理念，树立综合治理和开放性治理的新理念，增强政府决策的透明度和责任感，同时政府要起带头作用并动员全社会的力量来关注环境问题、治理环境、保护环境。

（二）提高公众参与度

英国、美国的告发人诉讼制度，其实质就是通过公众参与诉讼的方式来促进环境法律的有效执行，其对公众起诉欺骗政府的行为予以适当奖励，无疑可以激发公众参与的热情。虽然美国的告发人诉讼制度在建立之初是为了打击南北战争时军火商欺诈政府的行为，但几经修改完善后，其适用范围不断扩大，不再局限于对国库造成损害的欺诈行为，现已被用来打击欺诈政府的环境违法者。环境治理（environmental governance）是行政主体影响环境行为和结果的管理过程，是一个开放的公共管理与广泛的公众参与相结合的一种上下互动的管理过程，其主体除国家外，还应包括企业、社区、非政府组织等公私机构和个人。美国在环境治理过程中，建立告发人诉讼制度以充分调动公民个人的积极性，让告发人诉讼成为美国公民参与环境治理的重要手段，从行政许可的审批到公地自然资源的开发，可以说几乎方方面面的事项都成为告发人诉讼能够发挥作用的潜在领域，如污染物排放、自然资源开发、环境治理项目以及环境法律实施等。[①] 同时，该制度还与环境公民诉讼[②]（Citizen Suit）相补充，共同维护良好的自然环境，对损害环境的违法行为起到追责作用。美国的环境公民诉讼与德国的环境团体诉讼是域外维护环境公益比较成功的诉讼制度范例。

为解决环境污染与破坏问题，保护人类的环境健康权，有必要将民众获得环保相关信息、参与行政决定过程与司法等措施制度化。1998 年 6 月 25 日，联合国欧洲经济委员会（UNECE）在第四次部长级会议上通过了《阿尔胡斯公约》。该公约于 2001 年 10 月 31 日生效，此前，大多数的国内法和国际法系统，其特点是通常只允许受损害方（the aggrieved party）诉诸司法系统以获得救济。其它未受损害的人不能作为受害人或受损害方的代理人诉诸法院。因此，通常来说，若个人根本没有受到损害，即便那些行为违法，也没有人可以获得救济赔偿。[③] 但公民要真正参与环境治理，其前提条件就是要有权及时获取相关信息。因此，《阿尔胡斯公约》被认为是环境信息公开制度发展的里程碑。这些做法值得我国在完善环境公益诉讼制度时借鉴。

就环境保护而言，扩大环境保护中的公众参与对我国环境法律的有效实施同样具有重要价值。[④] 我国《环境保护法》第 5 条也明确规定：环境保护坚持保护优先、预防为主、综合治理、公众参与、损害担责的原则。因此，公众参

---

① 参见曹明德、刘明明：《论美国告发人诉讼制度及其对我国环境治理的启示》，载《河北法学》2010 年第 11 期，第 70—72 页。

② 美国的公民诉讼是指公民或团体以自己的名义，针对违反联邦环境法律法规的被告（包括公民和政府部门）提起的民事诉讼，适用于公民个人或团体遭受到事实上损害（injury - in - fact）的情况，其原告资格条件为原告必须有事实上的损害、损害与被告行为之间存在因果关系以及损害具有可救济性。公民诉讼与告发人诉讼在领域上具有互补作用，但告发人诉讼的原告资格条件要低一些，可以在环境公民诉讼不能适用的领域发挥作用。

③ See Case C – 321/95P Stichting Greenpeace Council v Commission［1998］ECR 1 – 01651.

④ Christine J. Lee："Pollute First, Control Later" No More：Combating Environmental Degradation In China Through an Approach Based in Public Interest Litigation and Public Participation, Pacific Rim Law and Policy Journal June, 2008, p. 809.

与是保护环境的重要方式之一。当前，在不少基层检察院为环境公益诉讼的案源发愁时，提高公众参与度，至少可以起到以下几个方面的作用：一是拓展案源。接受群众举报，甚至可以对有效举报线索进行适当奖励，无疑可以极大缓解环境公益诉讼的案源短缺问题。环境污染问题，如水污染、噪音污染，与当地老百姓的日常生活息息相关，只要畅通举报渠道，自然会有热心公益的群众踊跃举报，提供线索。二是可以发挥公众的监督作用。在环境治理中，另一突出现象是地方保护主义严重，甚至出现交界地带无人管理现象。环境公益诉讼相对而言具有一定的复杂性，提高公众的参与度，一方面可以提高公众的环境保护意识，另一方面可以在一定程度上督促地方政府采取相应措施来治理环境问题，消除地方保护主义。

（三）扩大环境公益诉讼的原告范围

在美国民事公益诉讼立法中，其原告资格也是不断扩大细化的，由原来与公共利益损害有直接利害关系的主体扩大到任何人、商号、公司、联合会。《克莱顿法》则进一步将检察官规定为起诉的主体，而公民是其重要的原告之一。在我国，目前《民事诉讼法》采取"直接利害关系"说，使得民事案件的原告资格受到严格限制，公共利益的关注主体都被排除在公益诉讼大门之外，有权提起环境公益诉讼的主体只能是社会团体和检察机关，这一规定虽具有一定的现实意义，因环境公益诉讼的举证责任十分繁重，通常情况下，公民很难承担原告的诸多职责。但也不能排除有些公民在专业知识和取证能力方面足以承担原告责任的可能。鉴于司法实践中民事公益诉讼发展的必要性，通过拓宽民事案件起诉主体资格的范围以适应公益诉讼的发展，从而更加有力地保护环境公益已成为时代潮流。

无论是英美法系国家还是大陆法系国家，在民事公益诉讼的主体资格规定上，采用的都是公益案件可以由非直接利害关系人提起，选择的是多元化主体模式，其中热心公益保护的公民个人都享有提起环境公益诉讼的资格。在美国的告发人诉讼制度中，公民先提起诉讼的，随后政府可以决定加入诉讼或者继续由公民单独进行诉讼。但在我国现有制度框架内，在法律上无利害关系的当事人不能成为民事公益诉讼的原告。从发展的眼光来看，我国在制度设计上有必要进一步扩大环境公益诉讼原告范围，让公民可以享有原告主体资格，这可以调动公民参与环境保护的积极性，同时可以与社会组织、检察机关共同构成一个三位一体的环境公益诉讼主体格局，发挥各自在保护环境方面的优势。环境治理强调的开放式的公共管理和广泛的公众参与，注重政策和法律的实施效果。多主体格局无疑可以扩大公众的参与度，增强环境治理的合力。

（四）加大环境污染的处罚力度

生态环境公益诉讼，一直是公益诉讼检察的重点领域，也是传统领域。在我国经济飞速发展的数十年中，生态环境破坏严重、环境污染现象普遍，而且成因复杂、治理艰难，为践行"绿水青山就是金山银山"这一理念，对环境污染问题提起公益诉讼是一项行之有效的措施，如最高人民检察院直接立案办理的万峰湖、南四湖案件，[①]就起到了重要的指导作用。在这一方面，我们还可以借鉴英国环境署的做法，提高环境处罚罚金，让产生污染的企业必须重视环境问题。同时对自愿纠正违法行为、主动提出修复措施并愿意认罪认罚、承诺实行或改进合规的企业，[②]人民检察院可以根据其合规有效性依法作出不批准逮捕、变更强制措施、不起诉的决定，或者提出从宽处罚的量刑建议，或向主管行政机关提出从宽处罚的检察建议，以充分发挥合规从宽司法政策对企业实行合规管理的引导和激励作用。

（五）发挥环境团体的积极作用

目前，我国环境公益诉讼正处于发展阶段，司法实践中环境公益诉讼的适格原告存在标准过高、范围过窄问题，而且公民个人和环保行政主管部门的起诉资格一直被排除在制度之外，无法满足司法实践发展的现实需要。2012年修订的《民事诉讼法》虽然规定了环境污染案件中"法律规定的机关和有关组织"的原告资格，但是该法并未明确规定哪些机关和组织享有环境公益诉权。相比域外发达国家的环境团体，我国的环境团体无论是在规模还是在专业能力方面都比较弱，据中国法院网的统计数据显示，《环境保护法》（2014年修订）自2015年施行至2019年12月，全国法院审理环境公益诉讼案件数量为5184件，社会组织作为原告的环境民事公益诉讼案件数量为330件，仅占比6.36%，而检察机关作为原告的环境公益诉讼案件为4854件，占比93.63%，可见在环境公益诉讼中，我国的社会组织发挥作用的空间还很大。根据我国2017年修正的《民事诉讼法》第55条规定，法律规定的机关和有关组织有权对污染环境、侵害众多消费者合法权益等损害社会公共利益的行为，向法院起诉。检察院有权在有关机关或组织对损害社会公共利益的行为未提起诉讼时，向法院起诉。因此，我国有权提起民事公益诉讼的原告包括法律

---

① 有关这两起案件的具体指导作用，在本书的第五章会有详细阐述。

② 有关涉案企业合规问题，可参见季美君：《论通用合规》，载《民主与法制》2022年第19期，第47—49页；季美君、董彬：《民营企业刑事合规的检察进路》，载《中国检察官》2022年第7期，第3—7页。

规定的机关和有关组织以及特定情形下的检察院。这一规定是否妥当，也需要实践的进一步检验。

另外，虽然我国《民事诉讼法》（2017 年修订）第 55 条、《环境保护法》（2014 年修订）第 58 条以及《最高人民法院关于审理环境民事公益诉讼案件适用法律若干问题的解释》的第 2 条至第 5 条都规定社会组织可以成为环境公益诉讼的原告，但在司法实践中，对社会组织提起环境公益诉讼的限定条件过于苛刻，导致真正符合规定条件的社会组织很少，目前只有中国生物多样性保护与绿色发展基金会、中华环保联合会等少数社会组织才符合条件。另外，符合条件的社会组织在实践中也很难介入环境公益诉讼，如"腾格里沙漠案"，虽然《环境保护法》已明确将社会组织规定为原告，但宁夏中卫市中级人民法院仍以中国生物多样性保护与绿色发展基金会主体不适格为由，不予受理。① 因此，从发展眼光来看，出于保护环境的迫切需要，培养环境团体维护公益的意识和能力是未来必须要重视的重要方面。在环境公益诉讼中，该团体不是因为团体自身利益受到损害而起诉，而是为了团体成员的利益或公共利益而起诉。此外，立法赋予环境团体保护公益的机会和职责，也可以促使环境团体不断加强自身建设，完善团体民主决策体制、公众参与机制等，从而逐渐获得政府和公众的认可。因此，在未来的立法中，应通过立法明确赋予环境团体以原告资格。

---

① 参见陈凤、吴迪：《我国环境公益诉讼中原告主体资格制度的完善》，载《湖北经济学院学报》2021 年第 1 期，第 121 页。

第三章　检察公益诉讼的实践探索

公益诉讼制度是顺应新时代人民群众对美好生活的向往，为有效维护国家利益和社会公共利益而作出的制度安排，其授权检察机关行使公益诉讼职能，是检察机关作为法律监督机关所肩负的时代使命。检察公益诉讼制度是推进国家治理体系和治理能力现代化建设中的重要制度设计，主要立足于督促行政机关依法规范履职，为推进法治政府建设提供司法保障。与此同时，检察公益诉讼极大地拓展和丰富了新时代检察法律监督的内涵，检察机关法律监督职能进行了重塑性变革，"四大检察"全面充分协调发展，为检察制度的发展注入了新时代的活力。

第一节　检察公益诉讼的展开方式

党的十八届四中全会提出"探索建立检察机关提起公益诉讼制度"，党的十九届四中全会明确强调"拓展公益诉讼案件范围"，为新时代检察公益诉讼的发展提出了更高要求。检察公益诉讼制度契合时代要求，以提升人民群众的获得感、幸福感和安全感为己任，依法有序地开展公益保护工作。

一、办案领域

近年来，随着多部单行法的授权，公益诉讼检察的办案领域不断拓展，从传统的 4 个法定领域（生态环境和资源保护、食品药品安全、国有财产保护、国有土地使用权出让）拓展到"4＋10"（英雄烈士保护、未成年人保护、安全生产、军人地位和权益保障、个人信息保护领、反垄断、农产品质量安全、反电信网络诈骗、妇女地位和权益保护及无障碍环境建设）等领域，以及新形态就业劳动者权益保护、网络空间治理等新领域，充分彰显出时代对公益诉讼保护的迫切需要和强烈呼唤。

2020 年，为贯彻落实党的十九届四中全会精神，最高人民检察院印发《关于积极稳妥拓展公益诉讼案件范围的指导意见》，将"等外"领域探索的原则从"稳妥、积极"调整为"积极、稳妥",更加突出积极能动履职,强调在办好法定领域案件的同时,对法定内和法定外新领域案件也要以强烈的责任感和使命感积极拓展办理。

(一) 法定内新领域案件的扎实有效推进

传统的四大领域即生态环境和资源保护领域、食品药品安全领域、国有财产保护领域和国有土地使用权出让领域是检察公益诉讼的重心所在,特别是生态环境和资源保护领域及食品药品安全领域,应当稳打稳扎,积极稳妥推进民事公益诉讼和行政公益诉讼案件的办理,不断提升办案质效。检察公益诉讼办案范围是具有较大的弹性空间,在原来的自然资源保护、公民生命健康安全、公共财产权益的基础上进行了深度拓展,个人信息保护、公共安全等领域陆续纳入办案范围。因此要注意新增法定新领域案件的稳步推进,包括安全生产、个人信息保护、反垄断、农产品质量安全、反电信网络诈骗、妇女权益保护等案件。

(二) 法定外新领域案件的积极稳妥拓展

法定外领域的积极稳妥拓展,对于"积极稳妥"的理解至关重要,它直接关系到公益诉讼等外拓展的广度和精度。积极的意思是肯定的、正面的、促进发展的、努力进取的,就是要勇于担当,主动作为。稳妥的意思是稳当可靠,要符合法律要求,注重质效。二者相辅相成、缺一不可,既不能一味追求稳妥而缩手缩脚,也不能过于积极而忽视稳妥。积极稳妥连在一起就是要在努力进取的同时保持理性平稳。我国《民事诉讼法》将公共利益限定为社会公共利益,《行政诉讼法》则将公共利益界定为国家利益和社会公共利益。《最高人民法院、最高人民检察院关于检察公益诉讼案件适用法律若干问题的解释》(本章简称《检察公益诉讼案件适用法律若干问题的解释》)采用的是《行政诉讼法》对公共利益的界定范围,这也是公益诉讼制度创设的公共利益界定范围。公共利益一般包含三个层次:一是国家利益,此乃公共利益的核心,如国有资产和国有土地使用权;二是不特定多数人的利益,此乃公共利益常态化的存在形式,如不特定的众多消费者、不正当竞争的受损者、公共安全生产的不特定或潜在的受害人等的利益;三是需要特殊保护的利益,此乃公共利益的特殊存在形式,是社会均衡、可持续发展必须加以特殊保护的利益,如老年人等的利益。[1] 公益诉讼保护的对象为公共利益,公共利益外延的不确定性必然使得公益诉讼的保护范围具有开放性。公益诉讼契合公益诉讼制度之目

---

① 参见韩波:《公益诉讼制度的力量组合》,载《当代法学》2013 年第 1 期,第 31 页。

的。只要公益诉讼的保护对象"公共利益"具有开放性而难以精确界定，公益诉讼保护范围的法定外必然是开放式的。[1]

具体到检察公益诉讼工作中，要求检察机关以高度的责任感来工作，在国家治理体系和治理能力现代化过程中发挥积极作用，增强做好公益诉讼检察工作的责任感和使命感，与此同时要遵循司法谦抑性规律，以公共利益为核心，不随意外延"公共利益"范围，不能将私益或部分群体的利益混同于社会公益。[2] 因此，检察公益诉讼的等外拓展一定要紧扣住公共利益这一关键词，不能盲目地为了拓展而拓展，更不能以拓展之名介入个人利益的维护。

探索公益诉讼新领域，检察机关既要有勇于担当作为的精神状态，又应当秉持理性谦抑的法治精神，立足职能定位，依法规范办案，提高办案质效，当好"公益代表人"。这里重点讲述行政公益诉讼新案件的拓展。检察行政公益诉讼制度是增强国家治理能力的重要装置，拓展其案件范围旨在更加有效地矫正行政违法行为，通过问题分析和逐案演进以祛除"行政乱作为""行政不作为"现象，解决地方实质性治理问题。因此，行政公益案件范围的拓展不仅在于监督行政的广度拓展，更在于监督行政的深度拓展。拓展行政公益诉讼的案件范围并非为了将某类具体利益纳入公共利益的范畴给予司法保护，而是为了解决实质性的地方治理问题。拓展行政公益诉讼的案件范围应当以修复法律秩序为目的，遵循行政过程性规制的逻辑，拓展介入行政活动的各类行为形式，运用行政法的基本原则、基本原理深入行政裁量。[3]

因此检察机关拓展公益诉讼案件办理领域的过程中，特别是行政公益诉讼领域，需要从行政权和法律监督权行使的张力上来均衡考虑和宏观把控。

（三）法定新领域案件和法定外领域案件的交叉和深度融合

两者关系的处理，说到底就是要正确处理好法定领域办案实践与法定外领域探索的关系。生态环境和资源保护、食品药品安全等与人民群众生活息息相关的重要领域仍然是公益诉讼检察的重点，是立身之本，要毫不松懈地持续加大办案力度。在扎实办理好"4＋1"领域案件的同时，积极围绕中央重大决策部署，密切配合全国人大常委会立法和监督工作计划，充分尊重和吸收代表

---

① 参见肖新喜：《论网络安全的公益诉讼保护》，载《上海政法学院学报（法治论丛）》2022 年第 3 期，第 82 页。

② 参见庄永廉等：《深化研究积极稳妥拓展公益诉讼"等外"领域》，载《人民检察》2020 年第 1 期，第 46 页。

③ 参见梁鸿飞：《拓展行政公益诉讼案件范围以解决实质性地方治理问题》，载《兰州大学学报（社会科学版）》2022 年第 4 期，第 104 页。

委员集中反映的民意民智，针对人民群众反映强烈的突出问题进行拓展探索。很多等外领域经过司法实践探索，最后以立法的形式纳入检察公益诉讼等内领域，公益诉讼检察的法定领域和法定外领域是一个相互交融的过程，其界限是随着社会的发展而不断移送，并非一成不变。比如安全生产领域，在 2021 年《安全生产法》修订之前是法定外探索，《安全生产法》修订之后是法定领域。从"4＋1"到"4＋9"再到"4＋N"领域的拓展也是从法定外向法定内演绎的过程。聚焦有一定法律依据的领域、一些规范性文件确定的领域、与中央改革精神契合的领域、实践中有成功先例的领域，从严把控立案条件，严格规范办案程序，确保办案质效，进一步拓展和丰富等内法定新领域范围。与此同时，按照最高人民检察院《关于积极稳妥拓展公益诉讼案件范围的指导意见》的具体要求，在网络治理、文物和文化遗产保护、特定群体权益保障、金融证券、知识产权、国防军事等关乎党和国家工作大局、人民群众普遍关注的领域，进一步深化探索，加大办案力度，总结实践经验。要坚守维护公共利益、促进国家治理的初心，公益诉讼检察的办案目标就是更好地满足人民群众对维护公益的更高要求，一定要严格掌握办案标准，防止把一般侵害公益行为或是具有其它适格主体、更好救济途径，可否立案尚有明显争议的案件纳入监督范围。要聚焦"平安中国""美丽中国""法治中国""健康中国"战略，针对新领域出现的普遍性问题，在办好个案的同时能动履职，解决个案背后隐藏的普遍性问题，以类案监督推进诉源治理。[①]

二、线索审查

公益诉讼案件线索的来源比较广泛，具体有以下六类：一是自然人、法人和非法人组织向人民检察院控告、举报的；二是人民检察院在办案中发现的；三是行政执法信息共享平台上发现的；四是国家机关、社会团体和人大代表、政协委员等转交的；五是新闻媒体、社会舆论等反映的；六是其它人民检察院在履行职责中发现的。12309 检察举报中心也依法接受控告、举报等材料。上述线索的发现应当进行统一的案件线索登记管理，由控申部门和案管部门进行分类归集后，转公益诉讼部门办理。

（一）公益诉讼线索的价值评估

公益诉讼案件线索的筛选、甄别本质上是公益诉讼调查活动与办案情报信息工作并行的综合评估工作。司法实践办案中，线索的价值评估主要是从违法事实存

---

① 参见《越是探索，越要稳妥》，载《检察日报》2022 年 9 月 19 日。

在的可能性、案件事实调查的可能性和监督价值体现的可能性三个维度进行。[①]

1. 违法事实存在的可能性

收到公益诉讼检察监督的线索后，首先应当根据线索来源渠道、线索反映内容、所涉行业的背景、线索关联的客观证据等方面来综合考量违法事实存在的可能性以及可能性大小。违法事实包括违法行为、损害后果等，如果根据案件线索无法对违法事实进行简单刻画，就意味着违法事实存在的可能性没有或较小，反之则存在着可能性或可能性较大。

2. 案件事实调查的可能性

在违法事实存在可能性的基础上，要考量的是案件事实调查的可能性。案件事实调查的可能性大小直接决定了案件办理的质量。在案件事实证据确实或者证据难以取证到位的情况下，案件事实调查可能性较小，贸然启动案件办理就会存在先天不足，导致后期案件办理难以进展下去，或者缺乏关键性证据而无法成案。特别是在损害结果稍瞬即逝的情况下，如果案件线索反映的违法事实可能性较大，但是损害结果囿于技术原因无法取证到位，且后天无法弥补，那么案件事实调查的可能性几乎为零。比如大气污染案件、噪音污染案件等，线索反映的案件事实存在可能性较大，但是时间间隔一拉开，违法行为没有再继续，这类案件的事实调查可能性就不复存在，这时候继续案件办理必然受阻，也是司法资源的一种浪费。

3. 监督价值体现的可能性

公益诉讼检察案件的办理，最终要体现政治效果、法律效果、社会效果的有机统一。若一个案件投入大量的精力去办理，耗费了司法资源，结果司法产出为无价值，那么这样的案件就没有办理的必要。在违法事实存在的可能性和案件事实调查的可能性都具备的情况下，案件办理的监督价值体现的可能性判断就是决定性因素，这个判断关系着检察机关有无必要启动案件以及以何种形式启动案件。监督价值在制发检察建议就可以体现的条件下，就没有必要提起行政公益诉讼。在初步判断监督价值存在的条件下就可以启动案件办理，在案件办理过程中可以根据监督价值的大小来调整办案方式。监督价值体现的可能性及其大小贯彻公益诉讼办案的全过程，决定着公益诉讼案件的基本走向。

（二）线索的分类运用

在对线索进行上述价值评估后，就要根据线索表现形态，对线索作进一步的细分，以便在后面的调查中能够精准确定方向，明确目标任务，厘清办案思

---

① 参见卢彦汝：《公益诉讼案件线索筛查与运用》，载《检察日报》2020 年 9 月 24 日。

路，成功突破案件。①

1. 表象型

此类线索是肉眼直观可见的公益受损情形，违法后果清晰可见，重点要放在违法行为的确认上。表象型公益诉讼线索并不意味着此类案件较易办理，"多因一果""一因多果"等情况的存在会让案件办理难度上升。因此，此类案件办理要从结果入手向前推进，"抽丝剥茧"来溯源，从而确定案涉行政机关的具体职责、案涉相关单位的责任承担及责任大小，从而找准问题症结，对症下药。

2. 合法型

此类线索在国有领域较为普遍，因历史遗留等问题，很多政策规定由于当时法律体系的不完善而存在空白地带或者灰色地带，然后延续至今。比如，国有财产的使用、国有土地使用权的行使、国有财产收益的分配等问题，有的以当时的法律政策来看是"合法"的，但是随着政策的变迁，国有土地使用权性质的变更、国有财产的继续占有使用、国有财产收益分配的随意性、国有土地闲置等问题就凸显出来了。形式上的合法掩盖不住实质上的不合法，时间越长暴露的问题就越多。此类案件往往伴随着上访、控告、特殊群体利益等问题，检察机关在办理此类案件的时候，除了深挖背后的"不合法"之外，还要做好应急预案等工作。

3. 怀疑型

此类线索没有直观的损害后果，也没有表面的"合法"，事实待查、问题待查、职能待查，公益诉讼检察办案的各类证据和待证事实处于"毛胚"状态，之后能否"装修"以及"装修"成效均取决于检察办案人员的能力和水平，需要发挥办案人员的主观能动性。怀疑型案件线索经过有能力的侦查人员的打磨，可能会有意想不到的收获。这类线索也是对检察办案人员能力的一种考验。

三、立案问题

检察机关办理公益诉讼案件，采取立案管辖和诉讼管辖分离原则。根据《人民检察院公益诉讼办案规则》（本章简称《办案规则》）规定，办理行政公益诉讼案件，由行政机关对应的同级检察机关立案管辖；办理民事公益诉讼案件，由违法行为发生地、损害结果地或者违法行为人住所地基层检察机

---

① 参见卢彦汝：《公益诉讼案件线索筛查与运用》，载《检察日报》2020 年 9 月 24 日。

关立案管辖；刑事附带民事公益诉讼案件，由办理刑事案件的检察机关立案管辖。设区的市级以上检察机关分别管辖本辖区内的重大、复杂案件。立案管辖与法院诉讼管辖级别、地域不对应，需要提起诉讼的，应当将案件移送有管辖权法院对应的同级检察机关。《办案规则》将公益诉讼的案件管辖划分为立案管辖和诉讼管辖，并采取不同的管辖指引，主要是考虑到两类管辖中检察机关的主要任务不同。检察机关立案办理公益诉讼案件，在移送法院起诉前的主要工作任务是调查核实国家利益和社会公共利益受损状况及行政机关的法定职责、违法行使职权或不作为情况，以及违法行为与公益受损的因果关系等。在这个阶段中，更多考虑的是如何适当地调配和投入办案资源，减少办案阻力和程序负累，确保办案效率、质量和效果；诉讼管辖关注的重点是诉讼阶段，这里就要考虑与审判机关的管辖规则相匹配的问题，制度的价值取向在于如何便于诉讼，要遵循诉讼规律，遵循审判管辖中的地域管辖和级别管辖制度，确保检察公益诉讼案件得到法院的判决支持，使受损的公益及时得到恢复及救济。[①]

（一）公益诉讼的立案管辖

公益诉讼的立案管辖更多关注公益诉讼案件调查的顺利推进，遵循检察机关作为法律监督机关的一般监督规律。

1. 行政公益诉讼案件的立案管辖

行政公益诉讼案件的立案管辖原则上要求"对应""同级"。[②] 行政公益诉讼中确定立案管辖的标准是行政机关和检察机关的职权配置的基本规则，即原则上由行政机关对应的同级的检察机关进行立案。因此在司法实践中，检察机关原则上不得越级监督和跨级监督。比如，基层检察机关监督地市级以上政府职能部门存在调查难度大、行政机关不易接受的问题，没有上级检察机关的授权、指定，基层检察机关监督上级行政机关，也难以取得行政机关的认同。因此作为法律监督机关，检察机关督促行政机关依法履行职责，遵循与被监督行政机关的级别对等原则更为适宜。与此同时，对于以人民政府作为监督对象的，《办案规则》规定由上一级人民检察院管辖更为适宜的，也可以由上一级人民检察院立案管辖，这里就体现了公益诉讼立案管辖原则的灵活性，因为立案管辖的主要任务是调查社会公共利益的受损状况以及行政机关的法定职责、

---

① 参见最高人民检察院第八检察厅编：《〈人民检察院公益诉讼办案规则〉理解与适用》，中国检察出版社 2022 年版，第 39—40 页。

② 参见胡卫列、解文轶：《〈人民检察院公益诉讼办案规则〉的理解与适用》，载《人民检察》2021 年第 18 期，第 23 页。

违法行使职权或不作为情况，或者违法行为人损害社会公共利益的行为以及损害后果等情况。为确保办案成效，有效地调配和投入办案资源，尽可能地减少办案阻力，在遵循检察监督普遍原则的基础上，检察机关又作了适当的调整，确保立案后行政公益诉讼案件调查取证等工作能够顺利推进。

2. 民事公益诉讼案件的立案管辖

根据《民事诉讼法》和相关司法解释的规定，民事公益诉讼案件的一审是由中级人民法院受理，而司法实践中民事公益诉讼的立案一般都是在基层院，这里就存在立案管辖权的下放问题。民事公益诉讼案件立案交由基层院完成，由属地检察机关完成调查核实、公告等程序，一方面，可以充分发动检察力量特别是基层检察机关的力量来全面保护公益；另一方面，基层检察机关更熟悉本院辖区情况，在线索发展和调查核实上更具及时性和便捷性。

3. 公益诉讼案件立案管辖评析

司法实践中，无论是民事公益诉讼还是行政公益诉讼，运用最充分的管辖方式是基层同级管辖，这也是《办案规则》中明确的案件管辖的最基本方式，与《行政诉讼法》《民事诉讼法》规定的诉讼管辖衔接也最为顺畅。异地管辖又称跨区域管辖，一般是由被监督行政机关所在地之外的检察机关进行立案调查，主要在于破除地方保护主义对办案造成的阻扰，便于案件调查取证的顺利进行。集中管辖主要针对的是同类公益诉讼案件，由上级检察机关对案件进行整合后交由特定的检察机关立案，主要是为了集中优势资源，实现专案专办，提升办案效率。提级管辖是将下级检察机关办理的案件提到上一级甚至更高级别的检察机关办理的管辖方式，此类管辖权主要适用于重大疑难复杂，需要上级院予以支持办理的案件。指定管辖是指上级检察机关将某一公益诉讼案件指定由原具有立案管辖权以外的检察机关进行立案办理。检察机关在立案管辖上采取了较为灵活的模式，突破了诉讼管辖的设置边框，充分发挥了检察一体化优势，通过多种立案管辖的选择适用，最大限度地提升公益诉讼的办案成效。

（二）公益诉讼的诉讼管辖

诉讼管辖着力点在于推进诉讼程序的顺利进行，遵循的是《民事诉讼法》《行政诉讼法》所蕴含的诉讼规律。立案管辖如果与审判机关的管辖级别、地域不对应的，还是要遵循诉讼管辖的基本原则，检察机关应当将案件移送至有管辖权法院同级的检察机关提起诉讼。在立案管辖和诉讼管辖不相吻合的情况下，就存在两者如何顺畅衔接的问题。对于两者不匹配的情况，是由立案检察机关直接起诉还是移送与受诉法院同级的检察机关起诉，《办案规则》采纳的是移送与受诉法院同级的检察机关起诉的模式。

1. 民事公益诉讼案件的管辖权

刑事附带民事公益诉讼案件的诉讼管辖权也是跟随着刑事案件的诉讼管辖权，主要考虑到刑事案件办理的法院更熟悉案情，也有利于节约司法成本，与此同时也可以保持案件处理的统一性。独立的民事公益诉讼级别管辖采用的是提级管辖，一般由中级人民法院管辖，主要考虑的是民事公益诉讼案件的自身特点，采用级别管辖无法与之复杂性和专业性相匹配。地域管辖上一般是由侵权行为地或者被告所在地人民法院管辖，如存在争议则由上级法院指定。《检察公益诉讼案件适用法律若干问题的解释》明确规定：市（分、州）人民检察院提起的第一审民事公益诉讼案件，由侵权行为地或者被告住所地中级人民法院管辖。

2. 行政公益诉讼案件的管辖权

《检察公益诉讼案件适用法律若干问题的解释》明确规定："基层人民检察院提起的第一审行政公益诉讼案件，由被诉行政机关所在地基层人民法院管辖。"《办案规则》进一步明确，当出现检察机关的立案管辖与审判机关的诉讼管辖级别、地域不对应的，具有管辖权的人民检察院可以立案，需要提起诉讼的，应当将案件移送有管辖权的审判机关对应的同级检察机关。这里既兼顾了检察机关作为法律监督机关的职能定位，又合理解决了与人民法院的诉讼管辖不对应问题，符合检法两家在诉讼中的平级对等原则。[1]

3. 特殊情况下管辖权的灵活运用

《办案规则》规定，特殊情形下可采取指定管辖、跨区划管辖、提级管辖等。指定管辖可以针对立案管辖进行指定，也可以针对诉讼管辖进行指定，主要有以下三种情形：一是上级检察机关可以根据办案需要，将下级检察机关管辖的公益诉讼案件指定本辖区内其它检察机关办理；二是上级检察机关可以根据跨区域协作工作机制规定，将案件指定本辖区内其它检察机关跨行政区划办理；三是上级检察机关认为确有必要的，可以将本院管辖的案件指定本辖区内下级检察机关办理。

（三）公益诉讼的立案

刑事立案有对事立案和对人立案两种情形，在公益诉讼领域也存在以事立案和以人立案两种。以事立案是指社会公共利益受到损害，相关行政机关存在不履行职责或违法履行职责的情况，但是涉及行政机关较多，职责无法在初步

---

① 参见最高人民检察院第八检察厅编：《〈人民检察院公益诉讼办案规则〉理解与适用》，中国检察出版社 2022 年版，第 43 页。

调查阶段予以明晰的，检察机关办理公益诉讼案件可以对事立案，在立案后运用调查核实手段对涉及的行政机关职能予以明晰，在此基础上再制发检察建议、提起诉讼等。民事公益诉讼案件的以事立案和以人立案比较好理解。行政公益诉讼案件中，对于国家利益和社会公共利益遭受侵害，负有监督管理职责的行政机关明确的，可以直接对行政机关立案，这就是所谓的以人立案。这里的"人"不仅指自然人，也指法人。这里的"以人立案"不同于刑事立案严格意义上的"人"，而是指监督对象，即民事公益诉讼中的违法行为人或行政公益诉讼中的被监督行政机关。为理解方便，故表述为"以人立案""以事立案"。根据《民法典》第 96 条的规定，机关法人是特别法人类型。根据《办案规则》第 67 条的规定，人民检察院经过对行政公益诉讼案件线索进行评估，认为同时存在以下情形的，应当立案：一是国家利益或者社会公共利益受到侵害；二是生态环境和资源保护、食品药品安全、国有财产保护、国有土地使用权出让、未成年人保护等领域对保护国家利益或者社会公共利益负有监督管理职责的行政机关可能违法行使职权或者不作为。这里规定的是行政公益诉讼案件的立案条件的一般情形，即通常所称的以人立案。根据《办案规则》第 68 条的规定，人民检察院对于符合本规则第 67 条规定的下列情形，应当立案：一是对于行政机关作出的行政决定，行政机关有强制执行权而怠于强制执行，或者没有强制执行权而怠于申请人民法院强制执行的；二是在人民法院强制执行过程中，行政机关违法处分执行标的的；三是根据地方裁执分离规定，人民法院将行政强制执行案件交由有强制执行权的行政机关执行，行政机关不依法履职的；四是其它行政强制执行中行政机关违法行使职权或者不作为的情形。这是行政公益诉讼制度对于行政强制执行案件立案的特殊规定。

在规定立案条件的同时，《办案规则》对立案案数在第 69 条也作了明确规定：对于同一侵害国家利益或者社会公共利益的损害后果，数个负有不同监督管理职责的行政机关均可能存在不依法履行职责情形的，人民检察院可以对数个行政机关分别立案。人民检察院在立案前发现同一行政机关对多个同一性质的违法行为可能存在不依法履行职责情形的，应当作为一个案件立案。在发出检察建议前发现其他同一性质的违法行为的，应当与已立案案件一并处理。在这里采取的是以"人"立案规则优先于以"事"立案规则适用；对于同一事项，涉及多个监督管理部门的，可以针对不同监督管理职责的行政机关分别立案。与此同时，对于多个同质事项涉及同一个监督管理部门的，应当作为一个案件处理，如果在初步调查阶段对事立案立了多起案件，在立案后发现属于同质事项的，也要作并案处理。

四、调查核实权的行使

公益诉讼的调查是指检察机关根据履行公益诉讼法律监督职责的需要，依照法律规定的条件和程序，向其它主体调取证据和核实事实。从立法设置的情况来看，调查权弱于侦查权，具体体现为调查措施的非强制性。《办案规则》并没有采取调查核实的表述，而是直接表述为调查。在第二章第四节专门规定了调查，对调查的要求、方案、内容、方式、程序等作了明确规定。调查的专节规定是在立案后、提起诉讼前，也就意味着公益诉讼的调查展开是在立案后，立案之前的调查规定用的是初步调查，与此对应的是立案调查，通常意义上所说的调查是立案后开展的调查。

《人民检察院民事诉讼监督规则》《人民检察院行政诉讼监督规则》中对检察机关调查核实案件事实统一采用的是调查核实的表述，《办案规则》采用的是调查一词，检察机关内部都存在不统一，但从三个规则规定的具体内容来看，其内涵和外延却高度一致，因此建议《办案规则》采用统一的调查核实这一表述，避免造成法律用语混乱。

（一）调查核实权的目标要求

检察机关充分享有并运用好调查核实权，是确保行政公益诉讼相关工作有序推进并具有实效的前提和保障，因此应当赋予检察机关有足够穿透力和覆盖面的调查核实权。[①] 调查核实权的实体价值和程序价值是并存的。就实体公正而言，检察机关的公益诉讼调查核实权旨在查清案件事实，维护司法公正，维护国家利益和社会公共利益。检察机关通过行使调查核实权，依法收集证据、查明案件事实，查清有关机关是否存在怠于履职或者违法履职，行为人有无过错，以及侵权行为、损害后果及两者间因果关系等，对案件实体办理有直接影响。检察公益诉讼调查核实权是否得到充分行使，检察机关调查核实权行使能力的强弱，直接关系到证据收集是否充分、案件事实是否清楚。因此，检察公益诉讼调查核实权的行使在一定意义上是实体公正的内在要求，对维护实体公正具有重要的价值。就程序正义而言，检察机关的调查核实作为诉前程序的关键环节，是提起公益诉讼的必要前提和保障。调查核实在公益诉讼中起着基础性作用，没有调查核实就难以依法充分收集证据，难以查明案件事实，公益诉讼就会失去基础支撑。从这个角度看，调查核实是公益诉讼必不可少的程序，

[①] 参见杨建顺：《应当赋予检察院有足够穿透力和覆盖面的调查取证权》，《如何保障检察公益诉讼调查核实权》专题讨论，载《检察日报》2020年8月25日。

关系到整个公益诉讼案件的成败和公益的有效保护。

（二）调查核实权的行使阶段

检察机关调查核实权的启动应当以立案为前提，立案前的初步调查只能是总括性地论证损害公益事实的存在，立案后检察公益诉讼的调查核实权可予以全面展开。检察公益诉讼调查核实权行使的目的在不同的诉讼阶段应有所区别：诉前程序阶段主要是对被监督行为进行违法程度的确认和公益受损程度的确认；诉讼阶段主要是公益受损的修复程度的确认。[①]

（三）调查核实权的方式方法

《办案规则》对调查核实的方式方法采用列举加兜底的方式予以规定，同时附加了禁止性的条款。共列举了7项调查核实的方式方法，包括：查阅、调取、复制有关执法、诉讼卷宗材料等；询问行政机关工作人员、违法行为人以及行政相对人、利害关系人、证人等；向有关单位和个人收集书证、物证、视听资料、电子数据等证据；咨询专业人员、相关部门或者行业协会等对专门问题的意见；委托鉴定、评估、审计、检验、检测、翻译；勘验物证、现场；其他必要的调查方式。禁止性的规定是"人民检察院开展调查和收集证据不得采取限制人身自由或者查封、扣押、冻结财产等强制性措施"。这里可以清晰地看到，调查核实权的权力配置在侦查权之下，公益诉讼检察的调查核实权是不具有直接强制性的约束方式，这也与调查核实权的属性相适应。与此同时，为增强检察建议的刚性问题，实践中检察机关一直在探寻与法律和本源相匹配的调查核实权行使的间接强制力。

（四）调查核实权的运行保障

检察公益诉讼传统法定领域的案件主要集中在生态环境和资源保护、食品药品安全领域，这些领域专业性和科技性比较强，需要运用无人机、大数据分析等科技手段才能保障调查核实权的有效运行。此类案件提起诉讼时大多需要专业的鉴定评估，需要统筹考量鉴定费用等支出。因此，应核实所需的办案经费纳入财政预算，为之提供充足的经费保障，也就是经费保障环节。为提升检察公益诉讼发现案件线索、及时研判和处置、协同作战的水平和能力，检察机关应当注重大数据和人工智能等技术，探索建立行政执法信息和检察公益诉讼的信息共享平台，和相关行政机关建立重大情况通报制度、联席会议制度，促进行政执法与检察公益诉讼有效衔接，有效拓展检察公益诉讼案件的调查核实

---

① 参见储源、徐本鑫：《检察公益诉讼调查核实权的检视与完善》，载《浙江理工大学学报（社会科学版）》2022年第5期，第37页。

链条，增加调查核实措施的延展性，也就是外部协作配合机制。①

五、诉前程序

（一）行政公益诉讼诉前程序

诉前程序一直都是检察行政公益诉讼的主要履职形式，也是检察公益诉讼案件的重要组成部分，在维护国家和社会公共利益方面发挥了重要作用。

1. 诉前程序的功能定位

我国公益诉讼的产生与发展，是司法权参与社会治理的创新。检察公益诉讼是检察机关参与社会治理的重要探索，其参与社会治理目的的实现有赖于法律权威的号召，促成多元主体参与的网络型社会治理效应。在这里检察机关不仅仅是能动型的履职，更是回应型的履职。

回应型检察公益诉讼在维护社会治理体系的过程中，其实现权能保护是一种调整式而非裁判式的治理模式。检察公益诉讼是以强大的国家组织体系作为后盾，主动履行维护社会公益的监督职责，让相对封闭的司法活动具有了积极开放的姿态。依据回应型逻辑思维构建的检察公益诉讼，从诉讼目的、诉讼模式和实现方式三个层面呈现出"三阶层"的类型构建路径：以塑造合法性的矫正逻辑形成权威型公益诉讼、实现结构耦合的开放逻辑形成共识型公益诉讼和促进多元治理的谦抑逻辑形成预防型公益诉讼等。回应型公益实现了以"公共利益"为枢纽的社会主体与公权力的良性互动，形成了规范意义的智识枢纽。② 以治理主体自我规制为理论构建的趋向，使得回应型检察公益诉讼实现了与本土法理的契合。因此，在数字法治变革的大潮中，让检察公益诉讼实现治理内涵和治理效能的丰富和完善，诉前磋商正是回应型检察公益诉讼的最佳实现路径。

作为检察机关参与行政公益诉讼的重要一环，诉前程序承载着行政纠错与检察监督的双重功能，亦是牵系检察权与行政权的柔性纽带。③ 考虑到司法权在处理社会公共利益方面的有限性，检察公益诉讼制度的探索以有效充分尊重行政权为前提，给行政机关积极履职的机会，与此同时有效避免诉累。2017

---

① 参见田凯：《完善检察公益诉讼调查核实权的三条现实路径》，《如何保障检察公益诉讼调查核实权》专题讨论，载《检察日报》2020 年 8 月 25 日。

② 参见邓炜辉、于福涛：《回应型治理：检察公益诉讼治理模式的祛魅与重构》，载《社会科学家》2021 年第 8 期，第 119—124 页。

③ 参见童瑞、霍敬裕：《检察机关诉前程序强制性适用的识别与审查》，载《合肥工业大学学报（社会科学版）》2021 年第 5 期，第 119 页。

年修订的《行政诉讼法》虽然未对检察建议等内容是否为诉前程序的仅有范围予以确定，但是明确了检察机关向行政机关提出检察建议是提起行政诉讼的前置性条件。因此法律在赋予检察机关向法院提起行政公益诉讼时，设置了提起行政公益诉讼的限制性条件，即检察机关在发现有损国家或社会公共利益时，应当先向行政机关发出检察建议督促行政机关进行整改，只有行政机关拒不整改或敷衍了事的情况下，才能依法向法院提起行政公益诉讼。① 诉前程序和起诉程序的设置是相互递进的关系，前者是后者的条件，没有前者的前置程序，无法进入后者程序。

2. 诉前磋商

（1）磋商提出的理论基础——协商型正义理论

"协商型正义"强调的是裁判者、利害关系人及公众通过对话和理性的协商，对法律事件的处理达成一致，进而被确认为法律规则，相较于传统意义上的实质正义、程序正义更具有合理性。② 之所为被称为协商型，其核心要素在于"对话""沟通"。在公益诉讼诉前程序中，通过诉前磋商机制，达成各方都认可的合理化的共识，无疑更契合公益保护的初衷。③ 磋商以一种柔性的方式创造各方平等对话的沟通平台，达成共识，让行政机关以更易接受的方式来实现自我纠错，实现检察公益诉讼制度的长远发展。

（2）磋商提出的司法定位——公益守护人

检察机关从产生至今扮演的角色逐步转变为公益守护人。检察权本质上是一种监督权，检察机关向法院提起公诉只是其进行监督的一种方式。④ 特定公共利益之所以得到保护，有赖于相关行政机关纠正其违法行为或履行职责。因此在实践中检察机关通过行政公益诉讼保护特定公益，其检察建议和诉讼请求与特定公益保护往往只是间接关系，需要借助外力来实现其目的。⑤ 公益诉讼检察的根本目的是维护社会公共利益，这与行政机关的履职并不存在根本性的

---

① 参见颜运秋：《中国特色生态环境公益诉讼理论和制度研究》，中国政法大学出版社 2019 年版，第 173 页。

② 参见孙洪坤等：《环境公益诉讼专门立法研究》，法律出版社 2018 年版，第 214—215 页。

③ 参见马超：《行政公益诉讼诉前磋商机制》，载《华南理工大学学报（社会科学版）》2021 年第 4 期，第 70 页。

④ 参见黄学贤、王太高：《行政公益诉讼研究》，中国政法大学出版社 2008 年版，第 225—226 页。

⑤ 参见潘剑锋、郑含博：《行政公益诉讼制度目的检视》，载《国家检察官学院学报》2020 年第 2 期，第 21—37 页。

冲突，诉前磋商机制的引入为检察机关和行政机关展开对话提供了契机，有利于更好更快地实现公共利益保护。与此同时，磋商制度在诉前程序中发挥了过滤作用，让绝大部分案件在诉前程序中得以解决，不仅节约司法成本，更能有效地维护公共利益。只有在检察监督不足以推动行政机关整改的情况下，才提起诉讼，以法院审判的方式来为行政机关履职施加司法强制力，最终达到守护公益的目的。

（3）磋商时间

在送达立案决定书之时或之后，检察机关可与行政机关就拟监督的事项，包括是否存在行使职权或者不作为、国家利益或者社会公共利益受到侵害的后果、整改方案等，与行政机关进行磋商。为确保办案的规范性和严肃性，磋商前，检察机关要进行充分的调查核实，查明案件事实，了解法律适用。检察机关发出磋商函后，行政机关应当及时回复。《办案规则》中未明确磋商的回复期，宜设置七日的回复期，行政机关就接不接受磋商及时给出明确答复。行政机关逾期未回复或回复拒绝磋商的，检察机关应当及时进入下一个办案环节，不能以磋商为由拖延办案期限。

（4）磋商方式

磋商可通过召开座谈会、发送事实确认书、召开圆桌会议等方式进行，并形成会议记录或会议纪要等书面材料。诉前磋商座谈会、圆桌会议等一般包括介绍基本案情、梳理焦点问题、磋商整改方案等流程。磋商的方式比较灵活，除检察机关和行政机关作为主体参与外，对于一些专业性的问题可以邀请专家学者等参加，就专业性的问题发表专家意见，也可以引入公开听证方式让专家就专业问题接受咨询和发表意见。

会议磋商是磋商最常见的方式，通过面对面形式，由检察机关与行政机关就公益受损的问题进行深度交流，以达成最大限度的共识，协同高效地解决公益损害的难题。在紧急情况下，公益损害迫在眉睫，检察机关和行政机关在现场查看时可就地开展磋商，通过现场临时采取措施来防止公益受损扩大。磋商一般以公开的方式进行，对于涉及敏感性问题等事项，可以采取不公开或者半公开的形式进行。

3. 诉前检察建议

检察机关一直把诉前实现公益目的作为最佳司法状态，通过诉前检察建议来督促行政机关履职，在诉前解决公益损害的问题。这也是目前检察机关履行公益诉讼职能的主要办案方式。在制发检察建议无法实现维护公益的目的时，通过提起诉讼的方式来确保检察建议的落实，以诉的形式来强化检察法律监督效果。

（1）检察建议的制发

检察建议是以检察机关的名义制发，要坚持质量先行，针对问题进行制发，做到有的放矢。检察建议最基本的要求是：违法事实明确，法律依据充足，建议切实可行。案件办理类的检察建议针对具体个案而制发，强调的是从微观处着眼，因此在制发检察建议时一定要把问题点透，针对问题给出切实可行的解决方案；社会治理类的检察建议针对类案问题而制发，强调的是从宏观处入手，因此在制发检察建议时一定要注重宏观和微观的有机结合，整改措施既有面上的系统谋划，也有点上的统筹布局。

（2）检察建议的提出

检察机关在充分调查核实后，向被监督的行政机关提出检察建议，要求行政机关在法律规定的期限内（一般是两个月）进行整改。检察建议的内容一般包括：被监督行政机关的名称、案件线索来源、调查核实的违法事实、行政机关的职责、检察建议提出的法律依据、建议整改的具体内容等。根据规定，检察建议应当在检察机关业务应用系统中进行制作和审批，以院名义实现统一编号、统一签发、全面留痕和全程监督。

（3）检察建议的备案

为保证检察建议的高质量制发，检察机关内部有严格的程序要求。在向行政机关制发检察建议前，应当报检察长决定。向行政机关制发检察建议后，应当在送达之日起五日内向上一级检察院备案，以便上级检察院进行备案审查。

（4）检察建议整改落实的跟进监督

检察建议制发后，检察机关应当就检察建议提出的整改意见跟进调查，确保检察建议的内容落地见效。行政机关在限定时间内整改落实的，对整改效果进行评估，认为整改到位的，终结案件。行政机关未在限定时间内整改落实的，不依法履行职责的，检察机关应当依法提起行政公益诉讼来督促行政机关整改落实。

（二）民事公益诉讼诉前程序

1. 诉前分流

（1）督促起诉

检察机关并不直接提起公益诉讼，而是敦促其它具有公益诉权的主体提起公益诉讼。对于公益诉讼，检察机关保留最终的启动权，但这并非意味着检察机关对于任何公益诉讼均要以原告的身份亲自提起诉讼；检察机关是否以原告身份提起公益诉讼，取决于多方面的考虑，督促起诉为检察机关直接提起公益诉讼积累了丰富的实践素材和经验。

（2）支持起诉

《民事诉讼法》规定"对污染环境、侵害众多消费者合法权益等损害社会公共利益的行为，法律规定的机关和有关组织可以向人民法院提起诉讼。人民检察院在履行职责中发现破坏生态环境和资源保护、食品药品安全领域侵害众多消费者合法权益等损害社会公共利益的行为，在没有前款规定的机关和组织或者前款规定的机关和组织不提起诉讼的情况下，可以向人民法院提起诉讼。前款规定的机关或者组织提起诉讼的，人民检察院可以支持起诉。"有关部门或者组织提起民事公益诉讼，检察机关可以作为支持起诉的单位，共同参与到民事公益诉讼中。

2. 公告

民事公益诉讼诉前程序的设置是为了解决诉权竞合的问题。在民事公益诉讼程序中，多个诉讼主体均可向法院主张权利，检察机关提起民事公益诉讼前，以公告的方式告知法律规定的机关和有关组织提起诉讼，公告期结束后法律规定的机关和有关组织不提起诉讼的，检察机关方可提起民事公益诉讼。检察机关已履行诉前公告程序的，人民法院立案后不再进行公告。这里涉及检察机关提起民事公益诉讼的"替补"功能定位。民事公益诉讼起诉的适格主体除了直接受到违法行为侵害的个人或组织外，还可以是非直接受到违法行为侵害的个人、相关社会团体组织和检察机关。也就是说，在民事公益诉讼中检察机关并不是提起诉讼的第一顺位选择，在检察机关之前应当优先选择适格主体提起的诉讼。

（1）公告时间

经过调查，检察机关认为公共利益受到损害，存在着相应的违法行为，就应当依法发布公告，公告期为三十日。

（2）公告内容

检察机关发布民事公益诉讼诉前公告，应当包含五项内容：一是社会公共利益受到损害的事实；二是告知适格主体可以向人民法院提起诉讼，符合启动生态环境损害赔偿程序条件的案件，告知赔偿权利人启动生态环境损害赔偿程序；三是公告期限；四是联系人、联系电话；五是公告单位、日期。

（3）公告的例外

检察机关办理侵害英雄烈士等的姓名、肖像、名誉、荣誉的民事公益诉讼案件，可以直接征询英雄烈士等的近亲属的意见。被侵害的英雄烈士等人数众多、难以确定近亲属，或者直接征询近亲属意见确有困难的，也可以通过公告的方式征询英雄烈士等的近亲属的意见。

（4）公告期间

公告发布后，检察机关的调查核实工作同步跟进，对赔偿权利人启动生态环境损害赔偿程序情况、适格主体起诉情况、英雄烈士等的近亲属提起民事诉讼情况，以及社会公共利益受到损害的情况进行调查，收集相关证据材料。

（5）公告结果

公告期满后生态环境损害赔偿权利人未启动生态环境损害赔偿程序，或者经过磋商未达成一致，赔偿权利人又不提起诉讼，没有适格主体；或者公告期满后适格主体不提起诉讼，英雄烈士没有近亲属或近亲属不提起诉讼，社会公共利益仍然处于受损害状态的，检察机关应当在公告期满后三个月内提起民事公益诉讼。

六、提起诉讼

（一）行政公益诉讼起诉

检察机关对国家利益或者社会公共利益受到侵害，与此同时，在生态环境和资源保护、食品药品安全、国有财产保护、国有土地使用权出让领域对保护国家利益或者社会公共利益负有监督管理职责的行政机关可能违法行使职权或者不作为，检察机关经过调查核实后，向行政机关发出检察建议。行政机关仍然没有依法履行职责，国家利益或者社会公共利益处于受侵害状态的，人民检察院应当依法向法院提起行政公益诉讼。

提起行政公益诉讼需要符合一定的条件。根据《办案规则》规定，行政公益诉讼提起需符合以下条件：一是领域范围的要求，即法定领域的案件可提起行政公益诉讼，非法定领域目前没有被涵盖在提起行政公益诉讼的范围之内；二是不特定多数人的利益（公共利益）受损，个人利益受损情形下，法律赋予个体诉讼权利来维护自身利益，个人诉讼后有行政检察监督和民事检察监督予以跟进，检察机关应当保持谦抑性，只有在社会公益受损情况下方可启动；三是行政机关违法行使职权或不行使职权，在检察建议制发后仍不依法履行职责；四是行政机关未依法履职与公益损害之间具有因果关系。

（二）民事公益诉讼起诉

检察机关提起民事公益诉讼应当遵循比例原则并受其约束。适当性原则、必要性原则和法益均衡原则共同构成比例原则。从民事公益诉讼的起诉主体角度来看，多个主体都可以起诉，符合适当性原则；在起诉的位次上，有关主体优先于检察机关起诉，符合必要性原则；在有关主体诉讼能力不足达不到公益保护效果时，检察机关支持起诉，符合均衡性原则。可见我国民事公益诉讼制度中起诉主体的制度设计是建立在比例原则基础上的。从民事公益诉讼司法实践的角度来看，比例原则也发挥着重要的作用：一是比例原则的填补空白功能，主要是采取刑民同一负责制，将和解贯穿诉讼全过程，考量诉讼成本；二是比例原则的自由裁量功能，包括责任方式的多元化与合理裁量民事赔偿数额；三是发挥比例原则的诉讼竞合处理功能，在民事公益诉讼与行政公益诉讼出现竞合时，优先选择行政公益诉讼，以检察权的行使促进依法行政，但在行政责任不足以覆盖公益损失时，应通过民事公益诉讼追究行为人的民事赔偿责任。[①]

（三）诉讼阶段

1. 庭前准备

根据案情需要，人民法院可以通知人民检察院派员参加证据交换、庭前合议。证据交换、庭前合议由出席法庭的检察人员参加。人民检察院认为有必要的，提起公益诉讼后可以建议法院适时召开庭前会议，组织证据交换，归纳争议焦点，规范庭审程序，并就双方出庭人员、合议庭组成、人民陪审员等问题达成共识，提高庭审效率。

出席法庭应当制作庭审预案。庭审预案的主要内容包括：民事公益诉讼起诉书；庭审模式及争议焦点；举证提纲；法庭调查环节发问提纲；辩论提纲；针对被告发问预案；公益诉讼起诉人最后陈述意见；相关法律规定。

举证提纲部分需要注意的事项：证据分组出示，应分为程序组证据和实体组证据。其中，程序组证据主要用于证明检察机关履行诉前程序的主要情况，包括公益诉讼起诉人主体情况、检察机关在履职中发现线索情况、检察机关建议有关机关起诉和在全国范围内发布公告等情况；实体组证据主要对应证据交换环节法庭归纳的争议焦点分组。行政公益诉讼案件中，行政机关对其作出的行政行为的合法性承担举证责任。检察机关要对以下事实提出证据加以证明：一是证明起诉符合法定条件；二是行政机关违法行使职权或者不作为，致使国家利益或者社会公共利益受到侵害的事实；三是检察机关已履行诉前程序，行政机关仍不依法履行职责或者纠正违法行为的事实。检察机关在质证时应重点关注：行政机关作出具体行政行为时，执法主体、认定事实、执法程序和执法依据等是否有证据证实；收到检察建议后，行政机关是否回复，是否履职或采取整改措施；提起诉讼后，行政机关是否履职或采取整改措施等。[②]

---

① 参见刘梦洁：《聚焦民事公益诉讼　推进民事程序法治现代化——民事诉讼法学研究会 2020 年会述要》，载《人民检察》2020 年第 22 期，第 59 页。

② 参见最高人民检察院民事行政检察厅于 2018 年 3 月 12 日发布的《检察机关行政公益诉讼案件办案指南（试行）》。

法庭调查环节发问提纲部分需要注意的事项：在法庭调查环节，公益诉讼起诉人向被告发问，可以巩固己方证据达到强化法庭认识的效果，同时也可以借助被告的回答了解调查环节中难以核实的部分事实。应当注意问题设计的内在逻辑性，同时与调查收集的证据相互支撑。问题应当简单、明了。

辩论提纲部分需要注意的事项：辩论提纲是检察机关充分阐述己方提出诉讼请求的法律依据的重要环节，应当结合证据着重分析各项诉讼请求所依据的法律条文，针对双方争议焦点，充分展开论述。对于法律没有明确规定的问题，可以参照最高人民检察院公布的指导性案例予以说明。

针对被告发问预案部分需要注意的事项：重点关注被告针对检察机关一方申请的专家辅助人或者鉴定程序发表质证与辩论意见；被告以受污染客体具有自净能力且已经恢复原状无需修复为由免除己方赔偿责任发表辩论意见；被告以已经缴纳行政处罚罚款或在刑事执行程序中已经缴纳罚金为由减免己方赔偿责任发表辩论意见等内容。

公益诉讼起诉人最后陈述意见部分需要注意的事项：应当简明扼要地概括案件的关键事实和法律适用，同时强调维护社会公共利益这一根本目的，力求实现一定的教育警示效果。应当结合庭审中新的变化，不拘泥于预案中准备的原稿，及时调整。

2. 出庭

根据《检察公益诉讼案件适用法律若干问题的解释》的规定，人民法院审理人民检察院提起的第一审公益诉讼案件，适用人民陪审员制度。人民法院开庭审理之前，会在开庭三日前送达出庭通知书。检察机关收到出庭通知书后，应当在三内日提交派员出庭通知书，派员出庭通知书应当写明出庭人员的姓名、法律职务以及出庭履行的具体职责。公益诉讼检察人员出席法庭履行的职责有：一是宣读公益诉讼起诉书；二是对人民检察院调查收集的证据予以出示和说明，对相关证据进行质证；三是参加法庭调查，进行辩论并发表意见；四是依法从事其它诉讼活动。

3. 调解

公益诉讼案件中检察机关坚持的是有限调解，只有在国家和社会公共利益得到全部维护的情况下，检察机关才能与被告达成调解协议，不允许检察机关在公共利益减损的事实及公共利益损失赔偿等方面与被告讨价还价，对公共利益进行缩减性的磋商。双方的调解协议应当向社会公告，其目的是监督调解协议对社会公共利益的合理合法处置，让社会公众知晓协议内容，防止公益受到损害。司法实践中，检察机关和被告达成调解后，法院会对协议的内容进行适当的初步审查，在不存在明显不当的情况下，会及时公告。公告结束后，法院会结合具体情况作出决定，如有异议的，法院进行甄别以确定协议是否合理合法；对不存在损害社会公益的协议，法院出具调解书予以确认。①

4. 撤回起诉

根据《办案规则》规定，在行政公益诉讼案件审理过程中，行政机关已经依法履行职责而全部实现诉讼请求的，人民检察院可以撤回起诉。民事公益诉讼案件可以依法在人民法院主持下进行调解。调解协议不得减免诉讼请求载明的民事责任，不得损害社会公共利益。诉讼请求全部实现的，人民检察院可以撤回起诉。《检察公益诉讼案件适用法律若干问题的解释》中也规定，民事公益诉讼案件审理过程中，人民检察院诉讼请求全部实现而撤回起诉的，人民法院应予准许。在行政公益诉讼案件审理过程中，被告纠正违法行为或者依法履行职责而使人民检察院的诉讼请求全部实现，人民检察院撤回起诉的，人民法院应当裁定准许；人民检察院变更诉讼请求，请求确认原行政行为违法的，人民法院应当判决确认违法。对于检察公益诉讼撤回起诉问题，要注意检察机关撤回起诉的前提条件是诉讼请求全部实现，达成调解协议不能作为撤回起诉的条件，说明检察机关对公共利益的维护是不存在部分处分权的，诉讼请求全部实现才能撤回起诉，否则检察机关无权要求撤回起诉。

5. 执行

在一般民事诉讼案件中，民事裁判、裁定发生法律效力后，如果当事人自愿履行，就无需法院强制执行。只有义务人拒不履行义务，权利人才会申请人民法院强制执行。但公益诉讼案件，根据《检察公益诉讼案件适用法律若干问题的解释》的规定，人民检察院提起公益诉讼案件判决、裁定发生法律效力，被告不履行的，人民法院应当移送执行。这意味着公益诉讼案件判决、裁定发生法律效力后，同刑事诉讼一样，人民法院直接交付执行机关执行。因为公益诉讼案件具有不同于一般民事、行政诉讼案件的特殊性，检察机关代表国家或公众的意志提出诉讼后，基于保护国家利益和社会公共利益的考虑，法院应对生效的裁判文书直接执行，而不应由检察机关来申请强制执行。司法实践中应贯彻由人民法院直接执行的原则。

行政公益诉讼诉前程序和提起诉讼的顺位递进的双阶模式确保了公益诉讼制度的良性发展。诉前程序中检察机关没有最终裁决权，行政机关有自愿选择权，如后者不愿自我纠错，可在检察机关提起诉讼后由法院居中裁决。相较于诉前程序的"前置"，提起诉讼的"后置"在最大限序上保证了行政公益诉讼

---

① 参见奚晓明主编：《最高人民法院关于环境民事公益诉讼司法解释理解与适用》，人民法院出版社 2015 年版，第 351—353 页。

整体的司法属性。诉讼程序具有相对独立性，但和提起诉讼的程序并不是割裂关系，诉前程序和提起诉讼程序的制度设计决定了两者之间的承继关系，形成了"没有前者就没有后者"的顺位递进关系。① 能够在诉前解决的案件，尽量在诉前予以解决，让公共利益及时得到修复。只有在诉前无法解决的案件，才能进入诉讼程序解决，让后者对前者形成最大的助力，为前者实现公益维护的目的提供强大的后盾。

第二节　民事公益诉讼的责任承担

民事公益诉讼"以公益的促进为建制的目的与诉讼的要件，诉讼实际的实施者虽或应主张其与系争事件有相当的利益关联，但诉讼的实际目的往往不是为了个案的救济，而是督促政府或受管制者积极采取某些促进公益的法定作为，判决的效力亦未必局限于诉讼的当事人"②。检察机关提起民事公益诉讼或者依法支持起诉，要求行为人承担相应的民事责任，诉请的责任承担不限于已经造成的损害，其可跨越预防性责任、恢复性责任和惩罚性责任三种责任类型，检察机关可根据损害的具体情况来提出诉请。有别于确认行政行为违法、要求行政机关履行职责的行政公益诉讼诉请，民事公益诉讼的诉请更为复杂，根据诉请内容不同，检察机关承担的举证责任也不尽相同，在此对公益诉讼的民事责任承担予以专门论述。

一、预防性责任承担

随着法律应对生态环境问题实践的不断前行，以及科学层面上对于生态环境问题认识的不断深入，法律所面对的生态环境问题的类型也愈发复杂多样，从传统的环境污染、资源破坏问题，逐步扩展到高风险源物质管控、生物多样性保护、气候变化应对等问题。

（一）预防性责任的来源

随着实践经验的不断丰富和科学技术的不断进步，对于传统环境污染、资源破坏问题中致害行为与损害结果之间的关系认识更加清晰，使得在法律应对

---

① 参见赵德金、张源：《行政公益诉讼诉前程序司法化改良》，载《社科纵横》2021年第5期，第141页。

② 叶俊荣：《环境政策与法律》，中国政法大学出版社2003年版，第224页。

的过程中，能够更多采取确定性的法律规制手段，沿袭危险防御的逻辑应对传统环境问题。① 但受制于认识的阶段性和有限性，在面对高风险源物质管控、生物多样性保护、气候变化应对等类型问题时，无法清晰地指明人类行为与相关不利后果之间的关联，亦无法准确地判断相关预防性措施消除或减轻潜在不利影响的有效性，② 故而在实践中形成了以程序性、非终局性等规制手段为核心的风险规制法律措施体系，沿袭着风险防御的逻辑回应在规制过程中存在不确定性的新型环境问题。

随着环境法理论、环境科学和生态学理论的不断发展，我们在生态环境风险规制实践中越发清晰地认识到，相较于复杂的自然生态风险而言，人类的理性认识实质上是有限的、相对的。③ 随着科学领域对于生态环境的认识从"生态平衡范式"转向"新生态学范式"，在应对环境问题的过程中应更多运用适应性管理的手段，基于不同情景调整环境保护的需要，④ 而环境法律自身需要随着科学的进步而不断调适。⑤ 前述适应性管理手段通常呈现出决策的多阶性、非终局性和商谈性的特征，⑥ 故而在将生态环境风险规制作为重要使命之一的现代环境立法中，也在风险决策领域设置了诸多阶段性、修正性和开放性的制度规范。在此背景下，作为补充执法之诉的预防性环境民事公益诉讼的功能，从传统框架下终局性责任的补充执法之诉，转变为风险规制框架下非终局性风险决策程序的补充启动之诉。⑦

---

① 参见金自宁：《风险行政法研究的前提问题》，载《华东政法大学学报》2014 年第 1 期，第 4 页。

② 参见［美］理查德·拉撒路斯、奥利弗·哈克主编：《美国环境法故事》，曹明德等译，中国人民大学出版社 2013 年版，第 102 页。

③ 参见柯坚：《环境法的生态实践理性原理》，中国社会科学出版社 2012 年版，第 65 页。

④ William H. Roders, JR, "Where Environmental Law and Biology Meet: Of Pandas' Thumbs, Statutory Sleepers and Effective Law", University of Colorado Law Review, Vol. 65 (1993), p. 74.

⑤ 参见郑少华、王慧：《环境法的定位及其法典化》，载《学术月刊》2020 年第 8 期，第 134 页。

⑥ 参见吴凯杰：《论环境行政决策的调适模式及其法律控制》，载《华中科技大学学报（社会科学版）》2021 年第 1 期，第 102—104 页。

⑦ 参见周骁然：《论预防性环境民事公益诉讼的制度化路径》，载《湖湘法学评论》2022 年第 2 期，第 38 页。

（二）预防性责任承担的具体方式

预防性责任的承担主要通过预防性行政公益诉讼和民事公益诉讼得以实现。检察民事公益诉讼承担的预防性责任与普通的民事公益承担的预防性责任基本一致。这里主要讲一下预防性行政公益诉讼。预防性行政公益诉讼具有以下特征：其一，在起诉时间上，是在公共利益遭受实际损害结果发生之前，"只有行政行为的实施将导致比较严重的、不可弥补的、具体的损害，才能适用预防性行政诉讼"①；其二，在适用范围上，通常适用于公共利益可能遭受不可逆损害之情形；其三，在诉讼目的上，是为了预防公共利益损害后果的发生。预防性行政公益诉讼的具体类型包括四类：一是停止作为之诉，即要求行政机关不做出或停止做出某类行政活动（包括行政行为、行政事实行为）的诉讼。二是撤销之诉，即要求行政机关撤销行政行为的诉讼。三是确认之诉，即要求法院确认行政机关的事实行为构成违法的诉讼。四是义务之诉，即要求行政机关履行法定义务的诉讼。② 从长远来看，预防性公益诉讼制度应当以制度架构的形式重塑公益诉讼制度，这也是将公益诉讼检察监督从结果型监督转向过程型监督的必然路径。正因为公益诉讼所保护的部分利益的特殊性，如环境生态资源保护，此类保护应以预防保护为主，而不是以损害发生后的事后保护为主，有些时候事后保护为时已晚。预防性公益诉讼的构建能够预防或提前制止危害的发生，防患于未然。③

（三）预防性公益诉讼的发展趋势

预防性公益诉讼案件所涉及的领域从传统的污染控制领域转向生态保护领域，诉讼目的也从传统环境质量的修复与改善，转向维护整体生态系统结构的稳定，使利益救济样态从传统的危险防御扩张至风险预防，进而呈现出显著的"风险预防"特质。危险防御与风险预防的核心差异在于，在特定场景下根据已有科学认知和实践经验，如果不采取应对措施，不利损害后果的发生是否具有高度的确定性。④ 如果具备高度确定性则属危险防御；反之，则属于风险预

---

① 禹竹蕊：《建立我国的预防性行政诉讼制度——以反政府信息公开诉讼为视角》，载《广西大学学报（哲学社会科学版）》2017年第3期，第110页。
② 参见高志宏：《行政公益诉讼制度优化的三个转向》，载《政法论丛》2022年第1期，第131页。
③ 参见王春业：《论检察机关提起"预防性"行政公益诉讼制度》，载《浙江社会科学》2018年第11期，第54页。
④ 参见于文轩、宋丽容：《论环境司法中预防原则的实现路径》，载《武汉大学学报（哲学社会科学版）》2022年第1期，第169页。

防。预防性责任问题承担契合风险预防原则的核心内涵："当初步的科学证据显示某项人类活动存在可能导致社会无法接受的环境损害之风险时，即使在缺乏充分确实科学证据的情况下，政府也应当采取适当的措施以避免或降低环境风险。"① 在司法实践中，出现过预防性责任承担的环境民事公益诉讼判例，如绿孔雀案等，但是在我国现有环境法律规范制度框架内，预防性公益诉讼尚未实现制度化。预防性行政公益诉讼作为重要的制度构造，关系着检察机关的法律监督与范围拓展、组织设立、诉前程序、配套规则等密切结合，因此需要对预防性公益诉讼适用的情形、提起的时机、裁判的形式等作出明确规定。② 本小节讨论预防性责任的承担主要是想从环境类公益诉讼的固有特性出发，为以后检察公益诉讼制度在预防性责任承担方面的设计提供指引。

二、恢复性责任承担

环境民事公益诉讼的恢复性责任是指行为人因实施污染环境、破坏生态、损害社会公共利益或具有损害社会公共利益重大风险的行为而承担的恢复原状责任。

（一）恢复性责任释义

恢复性责任的内容包含以下三个方面：一是损害发生后，行为人首先应当采取有效措施将公益修复到损害发生之前的状态和功能；二是出现部分或者全部无法完全修复的情形，可以准许采用替代性修复方式，灵活运用替代性修复方式如"补种复绿""增殖放流""护林护鸟""劳务代偿"等，以有效弥补生态损失，促进区域环境容量和承载能力的恢复和提升；三是行为人需要承担恢复原状责任的同时，可以确定行为人不履行修复义务时应承担的修复费用，防止因行为人的意愿及能力因素而使公益得不到有效修复，上述修复费用包括制定、实施修复方案的费用及相关的监测、监管等费用。③ 对于行为人不履行修复义务时应承担的修复费用，《最高人民法院关于审理环境民事公益诉讼案件适用法律若干问题的解释》第23条的规定，生态环境修复费用难以确定或者确定具体数额所需鉴定费用明显过高的，人民法院可以结合污染环境、破坏

---

① 王小钢：《环境法典风险预防原则条款研究》，载《湖南师范大学社会科学学报》2020年第6期，第36页。

② 参见王春业：《独立行政公益诉讼法律规范体系之构建》，载《中外法学》2022年第1期，第180页。

③ 具体规定参见《最高人民法院关于审理环境民事公益诉讼案件适用法律若干问题的解释》第20条。

生态的范围和程度、生态环境的稀缺性、生态环境恢复的难易程度、防治污染设备的运行成本、被告因侵害行为所获得的利益以及过错程度等因素，并可以参考负有环境资源保护监督管理职责的部门的意见、专家意见等，予以合理确定。

（二）增殖放流

"十三五"期间，全国水生生物增殖放流工作深入持续开展，放流规模和社会影响不断扩大，累计放流各类水生生物1900多亿尾，圆满完成国务院印发的《中国水生生物资源养护行动纲要》的中期目标，产生了良好的生态效益、经济效益和社会效益。为做好"十四五"水生生物增殖放流工作，科学养护和合理利用水生生物资源，加强水生生物多样性保护，提升水生生物资源养护管理水平，农业农村部出台了《农业农村部关于做好"十四五"水生生物增殖放流工作的指导意见》，目标定位是到2025年，增殖放流水生生物数量保持在1500亿尾左右，逐步构建"区域特色鲜明、目标定位清晰、布局科学合理、管理规范有序"的增殖放流苗种供应体系；确定一批社会放流平台，社会化放流活动得到规范引导；与增殖放流工作相匹配的技术支撑体系初步建立，增殖放流科技支撑能力不断增强；增殖放流成效进一步扩大，成为恢复渔业资源、保护珍贵濒危物种、改善生态环境、促进渔民增收的重要举措和关键抓手，提出从加强统筹规划，科学选定增殖放流水域和物种；加快体系建设，加强增殖放流支撑保障；规范监督管理，确保增殖放流工作成效；广泛宣传交流，扩大增殖放流社会影响等四个方面推进增殖放流工作。

根据农业农村部2020年发布的《非法捕捞案件涉案物品认（鉴）定和水生生物资源损害评估及修复办法（试行）》第16条第4款的规定，对于电鱼、毒鱼、炸鱼等严重非法捕捞行为，直接损害还应综合当地渔业资源状况，评估已致死但未被捕获的水生生物的价值，其价值可按照实际查获渔获物价值的三倍至五倍计算。与此同时，第17条规定，使用电、毒、炸等严重破坏资源环境的方式，或者禁用渔具从事非法捕捞的，应同时开展间接损害评估。采用上述方式的，间接损害按照不低于水生生物资源直接损害十倍计算。根据上述规定，按照电毒炸等方式捕鱼的，损害赔偿费用为渔获物价值的44倍计算。在计算赔偿金额时，还有一种方式是生态修复，最常见的就是增殖放流。增殖放流的资源补偿金额的确定问题，每个省参照的标准并不统一。根据《浙江省水生生物增殖放流"十三五"规划》中提到的海洋类增殖放流投入产出比为1：5，即开展人民币1元的增殖放流苗种，能够产生人民币5元的资源总量，该规定在"十二五"规划的基础上进行了修改，"十四五"规划对此并未涉及。司法实践中专家认定自行开展增殖放流的金额往往是直接损失加间接损失的非法捕捞资源损失总量除以 5 来作为资源增殖修复的补偿金额，按照 44 倍除以 5，大概是渔获物价值的 8.8 倍。检察机关在提出诉讼请求时一般是以法律的规定来确定赔偿金额，这里就涉及小额的当事人可能愿意支付赔偿金而不愿意增殖放流，大额的当事人可能愿意增殖放流而不愿意支付赔偿金。此类案件，特别是增殖放流的折抵等问题，宜由专家出庭接受询问和质证为常态，如此一来可增加判决的说服力，也有利于当事人接受判决结果。

司法实践中对于增殖放流的执行存在以下突出问题：一是增殖放流的款项如何到位，增殖放流的款项如何划拨到当地渔业部门的增殖放流账户；二是增殖放流的效果评估，执行评估的时间如何确定，采用阶段性评估还是总评估，邀请第三方评估机构或者专家进行评估，还是直接以增殖放流主管部门提供的证明文件为准；三是增殖放流款的分期支付；四是在当事人支付了部分增殖放流款项后，再无力支付剩余增殖放流款项，那么生态损害赔偿金如何确定；五是按照规定，增殖放流的金额应当在生态损害赔偿金里予以抵扣，该项抵扣以专家出具的意见为准还是直接以法院裁定为准；六是增殖放流如遇台风等自然灾害，没有达到预期效果，需要增加部分的数额认定以及后期处置；七是检察机关的诉讼请求是否需要事先考虑当事人的渔获物价值，是自行决定增殖放流诉讼请求还是直接以损害赔偿金额为诉讼请求，在法院调解或者判决阶段再考虑增殖放流等生态修复方式。

（三）碳汇

为建立健全绿色低碳循环发展经济体系，持续推动产业和能源结构调整，2021 年 7 月我国启动全国碳排放权交易市场。目前，我国已进入减污降碳协同增效的高质量发展阶段，碳达峰、碳中和成为破解资源环境约束突出问题、实现可持续发展的迫切需要。在"双碳"政策体系的加快构建下，我国能源、冶金、化工、建筑、交通、农业等行业领域都在开展专项行动。检察机关在公益诉讼的实践中也在积极探索以碳汇的方式作为恢复公益受损的替代方式。杭州市检察院在办理一起破坏国家级生态公益林民事公益诉讼案件中，首次将"碳汇"计量方式引入生态损害评估中，诉请被告人赔偿生态损失费用 3.5余万元用于购买碳汇，获得法院的支持。将生态损害赔偿款用于购买"森林碳汇"，既实现森林生态价值与森林产品价值的有效转化，又通过生态司法的实践助力"碳中和"实现。① 庆元县检察院推动当地五部门联合出台了《生态环境损害赔偿资金管理使用办法》，以原地修复与替代修复互补为原则，明确

---

① 参见《检察五年公益诉讼守护"美丽浙江"》，载浙江检察公众号 2022 年 6 月 10 日。

对经评估无法进行修复损害的案件，将生态环境损害赔偿金由庆元林场等专业部门负责用于碳汇造林，助力"固碳增碳"绿色发展，争创"碳中和"（零碳）示范区。

三、惩罚性责任承担

《民法典》在第 179 条民事责任承担方式中对惩罚性赔偿作了原则性规定，即"法律规定惩罚性赔偿的，依照其规定"。随后，在第七编侵权责任中对适用惩罚性赔偿的三种情形进行了规定：一是第 1185 条[①]规定的侵害知识产权的惩罚性赔偿；二是第 1207 条[②]规定的产品责任惩罚性赔偿；三是第1232 条[③]规定的环境污染、生态破坏侵权的惩罚性赔偿。《民法典》的规定充分说明惩罚性赔偿制度在社会生活中已被广泛接受。

（一）惩罚性赔偿金的功能定位

惩罚性赔偿制度源于英美法系，是对侵权人作出补偿性赔偿之外，法院判决超过实际损害数额的特殊赔偿，属于"同质补偿"之外的一种"报复性"的额外补偿。惩罚性赔偿具有补偿受害人遭受的损失、惩罚和遏制不法行为等诸多功能[④]，其性质介于民事损害赔偿与刑事罚金之间。惩罚性赔偿制度在各国的后续发展中存在些许差异，但都呈现出社会化的发展趋势。比如在美国，惩罚性赔偿制度经历了三个发展阶段：在第一阶段（19 世纪），惩罚性赔偿制度是为了填补侵权法未予救济的精神损害；在第二阶段（20 世纪），惩罚性赔偿开始独立于一般侵权之诉，其功能由救济个体性损害转为救济社会性损害；在第三阶段（21 世纪之后），以救济社会性损害的惩罚性赔偿，仍在质疑声中为美国许多州的立法所确立。[⑤] 发展到现在，惩罚性赔偿制度的功能已经发生

---

① 该条规定，故意侵害他人知识产权，情节严重的，被侵权人有权请求相应的惩罚性赔偿。

② 该条规定，明知产品存在缺陷仍然生产、销售，或者没有依据前条规定采取有效补救措施，造成他人死亡或者健康严重损害的，被侵权人有权请求相应的惩罚性赔偿。

③ 该条规定，侵权人违反法律规定故意污染环境、破坏生态造成严重后果的，被侵权人有权请求相应的惩罚性赔偿。

④ 参见王利明：《惩罚性赔偿研究》，载《中国社会科学》2000 年第 4 期，第112 页。

⑤ 参见马新彦、邓冰宁：《论惩罚性赔偿的损害填补功能——以美国侵权法惩罚性赔偿制度为启示的研究》，载《吉林大学社会科学学报》2012 年第 3 期，第 117、126、160 页。

了根本性的改变，从对受害人个人给予充分的救济，发展到对社会整体利益的维护，通过对致害人予以报应、惩罚，到恐吓、阻却潜在的致害行为人，最终避免社会公共利益的受损。①

（二）惩罚性赔偿金的法律规定

我国的惩罚性赔偿制度的适用领域包括产品责任、环境污染、生态破坏侵权、侵害知识产权等领域。公益诉讼领域的惩罚性赔偿制度主要适用于产品责任和环境侵权责任领域。产品责任惩罚性赔偿主要依据是《消费者权益保护法》《食品安全法》《药品管理法》的规定。其中，《消费者权益保护法》《食品安全法》这两部法律也是我国惩罚性赔偿制度发展的基本脉络。《消费者权益保护法》在 1993 年制定后，历经 2009 年第一次修正和 2013 年第二次修正。第一次修正在第二次修正的基础上对惩罚性赔偿制度进行了完善：主要是加大力度，在明确提高"惩罚"赔偿倍数之外，还确定了最低 500 元的定额赔偿标准；另外针对"死亡或者健康严重损害"的特殊情形，将惩罚性赔偿的计算依据确定为"所受损失"，避免了以"价款或服务费用"作为计算依据而出现的显失公平问题；与此同时，增加了"法律另有规定的，依照其规定"的援引性条款，提供了与其它法律冲突下的解决路径。《食品安全法》2009 年制定，2015 年修订，2018 年第一次修正，2021 年第二次修正。2015 年的修订也借鉴了《消费者权益保护法》的规定，明确将"所受损失"作为计算基础，弥补了以食品"价款"为计算基础带来的问题。与此同时，设定了惩罚性赔偿金的最低限额，即"增加赔偿的金额不足一千元的，为一千元"②。

（三）惩罚性赔偿金的司法适用问题及改良路径

1. 惩罚性赔偿金确定的考量因素及计算方式

目前惩罚性赔偿金的金额确定及执行问题一直是司法实践的难点问题。根据法律规定，通过网络渠道销售的食药品消费端的涉案金额往往超过千万元，惩罚性赔偿金计算出来会高达上亿元，这些判决的惩罚性赔偿金往往严重超过当事人的能力承担范围，判决后难以得到有效执行。因此法院偏向于在判决倍数的时候根据被告的承担能力等综合考量，导致司法实践中惩罚性赔偿金的倍数乱象丛生，甚至出现从犯判决的倍数超过主犯的倍数，犯罪金额越高倍数越

---

① 参见周骁然：《论环境民事公益诉讼中惩罚性赔偿制度的构建》，载《中南大学学报（社会科学版）》2018 年第 2 期，第 54 页。

② 江帆、朱战威：《惩罚性赔偿：规范演进、社会机理与未来趋势》，载《学术论坛》2019 年第 3 期，第 61—62 页。

少的怪现象。特别是非法捕捞领域，农业部规定的 44 倍更是让被告背负天价的赔偿金额。司法实践中计算惩罚性赔偿金是以"基数＋倍数"的方式来确定的，法律规定的固定倍数束缚了自由裁量权。建议可采用弹性倍数，如"一倍以上十倍以下""价款十倍或者损失三倍"等，给予一定的自由裁量空间，以便在司法实践中根据个案的具体情况进行弹性调节，以免出现"空头裁判"。司法实践中达成和解的一般都是金额较小的民事公益诉讼案件，如轻型案件诉前磋商调解。诉前磋商调解的适用前提往往是公益损害赔偿主张得到全部实现，这里的损害赔偿金额往往包括惩罚性赔偿金额。因此可考虑扩大诉前磋商调解的适用范围，如公益受损全部得以恢复或修复均可适用。

2. 惩罚性赔偿金与刑事罚金、行政处罚的执行顺位及折抵问题

关于惩罚性赔偿与行政罚款、刑事罚金是否构成重复惩罚、能否相互抵扣的问题，司法实践中的操作不一。在刘某某生产销售假冒伪劣食盐的民事公益诉讼案中，广东省广州市中级人民法院于 2018 年 3 月 15 日对被告进行一审宣判，认为被告刘某某以工业用盐冒充食用盐，以非碘盐冒充碘盐，构成犯罪并追究其刑事责任，同时，其犯罪行为危及广大消费者人身安全，具有民事侵权行为的性质。目前虽然没有消费者起诉刘某某，但依法不能免除其实施犯罪行为所应承担的民事侵权责任。消费民事公益诉讼可以保护众多不特定消费者的合法权益，避免消费侵权者的民事侵权责任落空。对被告刘某某的犯罪行为可同时追究民事责任、行政责任和刑事责任。因此，在追究刘某某刑事责任之后继续追究其民事侵权责任和行政责任，并不违反一事不再罚原则。刘某某销售食盐共 100 吨，每吨假冒食盐的价格为 1200 元，按 100 吨计算货值总价款为 12 万元，依法需承担总价款十倍的惩罚性赔偿金 120 万元。刘某某被判处的 8 万元罚金应在民事惩罚性赔偿金中抵扣，即刘某某应实际支付 112 万元民事惩罚性赔偿金。① 在张某某生产、销售含非法添加药物的减肥胶囊刑事附带民事公益诉讼案中，上海市虹口区人民法院认为张某某指使公司员工通过淘宝、微信等，以零售方式销售某品牌减肥套餐共计 380 余人次。其中，销售含有"西布曲明"的减肥胶囊的价款共计人民币 2 万余元，销售范围遍及 27 个省、自治区和直辖市。另张某某以批发方式向他人出售大量散装胶囊，部分减肥胶囊中检出"西布曲明"成分，销售价款共计人民币 3700 余元。2018 年 11 月 14 日，法院判决张某某犯生产、销售伪劣产品罪，判处有期徒刑并处罚金人民币 25 万元；同时判令其支付生产、销售的伪劣减肥保健品价款十倍的赔偿

---

① 具体案情参见广东省广州市中级人民法院（2017）粤 01 民初 383 号民事判决书。

金，共计人民币 24 万余元。① 该案中，法院判处张某某同时承担惩罚性赔偿金和刑事罚金，并未予以相互抵扣。

根据《行政处罚法》第 35 条第 2 款的规定，行政罚款和刑事罚金可以相互折抵。惩罚性赔偿，尽管有观点认为其具有私人执法的公法属性，但其作为《民法典》规定的民事责任承担方式之一，在缺乏上位法依据的情况下，不宜直接折抵行政罚款、刑事罚金。② 这一点在 2022 年 1 月 13 日最高人民法院发布的《最高人民法院关于审理生态环境侵权纠纷案件适用惩罚性赔偿的解释》第 10 条第 2 款中予以了明确，其规定"因同一污染环境、破坏生态行为已经被行政机关给予罚款或者被人民法院判处罚金，侵权人主张免除惩罚性赔偿责任的，人民法院不予支持，但在确定惩罚性赔偿金数额时可以综合考虑"，意味着惩罚性赔偿金与刑事罚金、行政处罚不能折抵，但法院在判决时可予以综合考量。

第三节　公益诉讼的其它问题研究

公益诉讼检察作为有别于传统诉讼的新型诉讼制度，其发展的过程是理论和实践相互作用的融合过程，制度的完善并不是一朝一夕能够完成的，不仅需要宏观的框架构建，更需要精雕细琢的细节打磨。公益诉讼检察涉及方方面面，要在理论研究的基础上进行较强目的性的尝试。本节选取公益诉讼检察中存在争议、迫切需要解决的问题进行探讨，希冀为实践的探索提供路径指引。

一、公益损害赔偿专项资金的管理

司法实践中，公益损害赔偿资金的账户管理依托于不同的账户进行管理，这些账户包括：一是政府专项基金（资金）账户，资金账户属于不同层级的政府专项资金账户，省级、地市级、县级都有，而且名称也各不相同；二是生态环境部门资金账户，该类资金进入省生态环境厅账户的原因主要是省政府提起了生态环境损害赔偿诉讼，同时有其它组织针对同一环境损害提起环境民事

---

① 具体案情参见上海市虹口区人民法院（2018）沪 0109 刑初 391 号刑事附带民事公益诉讼判决书。

② 参见刘竹梅、刘牧晗：《〈关于审理生态环境侵权纠纷案件适用惩罚性赔偿的解释〉的理解与适用》，载《人民司法》2022 年第 7 期，第 56 页。

公益诉讼，法院将两案件合并审理后省政府将生态环境厅作为指定部门接收被告的生态环境损害赔偿资金；三是财政局专项账户，在政府提起生态环境损害赔偿诉讼，社会公益组织同时提起环境民事公益诉讼，法院将案件合并审理后，政府作为共同原告，指定财政局接收生态环境损害赔偿金；四是上缴国库；五是上缴法院执行账户。这些环境损害赔偿金基本上都是按照财政预算资金的审批流程使用，不同的是申请单位和部门不同，审批和监督部门也不相同。有些是生态环境部门申请使用，财政部门审批，审计部门监督。有些是其它部门申请使用，生态环境部门审批，财政部门监督。

（一）公益损害赔偿专项资金账户的设立

设立国家统一的公益诉讼损害赔偿专项账户，辅之以相应的管理制度，在有效提高资金使用效能的同时也能更好地修复受损害的公共利益，从而更好地守护公共利益。司法实践中，公益损害赔偿专项资金账户的设立主要是基于以下因素考量：一是明确资金来源。专项基金的资金来源主要包括政府财政拨款、民事公益诉讼获得的赔偿金、企事业单位和个人自愿捐款等，其中民事公益诉讼获得的赔偿金一律归入专项基金。二是厘清使用范围。可以从专项基金中支出公共利益受损的补偿、修复等费用，比如生态环境遭受损害的修复费用、众多消费者合法权益遭受损失的赔偿费用，法律规定的机关和有关组织提起公益诉讼所需支出的专家咨询、检验、鉴定等必要费用。三是规范管理模式。成立公益诉讼损害赔偿专项基金管理委员会，法院、检察院、生态环境部门、自然资源部门、市场监管部门、律师协会、社会公益组织等作为成员单位，承担基金的管理使用职责。四是构建监督体系。根据生态环境、自然资源、市场监管等行政部门的不同职责构建符合其职能的监督体系，并建立资金使用的信息公开制度。此外，检察机关既是公共利益代表也是法律监督机关，应当发挥其监督职能，以充分发挥专项基金在保护和修复受损的公共利益的作用。

（二）公益损害赔偿专项资金的使用

2020 年 7 月 2 日，财政部、自然资源部、生态环境部、住房城乡建设部、水利部、农业农村部、国家林业和草原局、最高人民法院、最高人民检察院联合印发《生态环境损害赔偿资金管理办法（试行）》，纳入其管理的生态环境损害赔偿金主要是指生态环境损害事件发生后，在生态环境损害无法修复或者无法完全修复以及赔偿义务人不履行义务或者不完全履行义务的情况下，由造成损害的赔偿义务人主动缴纳或者按照磋商达成的赔偿协议、法院生效判决缴纳的资金。根据该办法的规定，生态环境损害赔偿权利人是行政区域内的省级人民政府、市地级人民政府。省域内跨市地的生态环境损害，由省级人民政府管辖；其它工作范围划分由省级人民政府根据本地区实际情况确定。跨省域的生态环境损害，由生态环境损害地的相关省级人民政府协商开展生态环境损害赔偿工作。赔偿权利人负责生态环境损害赔偿资金使用和管理。赔偿权利人指定的相关部门、机构负责执收生态环境损害赔偿协议确定的生态环境损害赔偿资金；人民法院负责执收由人民法院生效判决确定的生态环境损害赔偿资金。生态环境损害赔偿资金作为政府非税收入，实行国库集中收缴，全额上缴赔偿权利人指定部门、机构的本级国库，纳入一般公共预算管理。

2022年4月28日生态环境部联合最高人民法院、最高人民检察院等13个部门发布了《生态环境损害赔偿管理规定》，该规定扩大了生态环境损害赔偿范围，包括：生态环境受到损害至修复完成期间服务功能丧失导致的损失；生态环境功能永久性损害造成的损失；生态环境损害调查、鉴定评估等费用；清除污染、修复生态环境费用；防止损害的发生和扩大所支出的合理费用。该规定沿袭了《生态环境损害赔偿资金管理办法（试行）》的赔偿权利人的规定，规定国务院授权的省级、市地级政府（包括直辖市所辖的区县级政府，下同）作为本行政区域内生态环境损害赔偿权利人。生态环境损害赔偿资金使用，作为政府非税收入，实行国库集中收缴，全额上缴本级国库，纳入一般公共预算管理。赔偿权利人及其指定的部门或机构根据磋商协议或生效判决要求，结合本区域生态环境损害情况开展替代修复。在这里生态环境损害赔偿金作为政府非税收收入，纳入一般公共预算管理，没有突出赔偿金的特殊性质，且根据国家财政统一收支管理，无法实现专款专用。

（三）公益损害赔偿专项资金的完善

从资源整合的角度出发，公益损害赔偿资金具有专款专用的特性，在管理层面与国家财政实现合并管理之后，在使用方面应当通过统筹实现专款专用。

在资金使用主体方面，国家具有法定的环境保护义务，为公众提供更美好的生态环境是政府代表国家履行环境保护职责的应有之义。由赔偿权利人指定的部门、机构统筹安排和使用资金，能够最大化地实现资金利用效益。检察机关作为国家公共利益的代表，在保护公益方面具有天然的优势，因此政府可指定检察机关来统筹安排和使用资金，更好地发挥公益损害赔偿金的价值。

在资金使用方式上，应根据不同的费用特性分别考虑。一是损害修复费用和服务功能损失费用的区别使用。损害修复费用与服务功能损失费用尽管都用于修复受损的公益，但是二者的使用方式应有所区别。损害修复费用是对特定案件中受损的公益进行修复和治理的费用，属于专案专用的范畴，应当按照修复方案具体用于案涉的公益修复和治理。服务功能损失费用是对功能或价值的损害赔偿，但是功能或环境价值本身并不具备实体对象。对此，建议将功能或价值实体化，并与服务于人类或其它修复能力相结合。二是惩罚性赔偿费用的类比使用。现有规定尚未有生态环境侵权惩罚性赔偿费用的使用规定。有学者研究总结了域外惩罚性赔偿金的三种归属，分别是完全归原告所有、完全归政府所有以及归原告和政府共同所有。惩罚性赔偿的救济对象既包括私益，也包括公益。因此，惩罚性赔偿费用应当归原告和政府共同所有，而原告和政府之间的持有比例可以视具体案件情况在一定幅度内进行裁量。[1]

二、行政违法行为监督与行政公益诉讼的边界

行政违法行为监督和行政公益诉讼的关系目前有三种学说，分别是包含说、并列说和交叉说。从行政检察和公益诉讼检察的司法实践来看，偏向于包含说，即行政公益诉讼和对行政违法行为监督都是对行政权的监督，两者在属性上具有同源性，存在后者包含前者的关系。

党的十八届四中全会提出，"检察机关在履行职责中发现行政机关违法行使职权或者不行使职权的行为，应该督促其纠正"。2021年《中共中央关于加强新时代检察机关法律监督工作的意见》提出，检察机关"在履行法律监督职责中发现行政机关违法行使职权或者不行使职权的，可以依照法律规定制发检察建议等督促其纠正"。上述规定是一脉相承的，也充分体现了行政公益诉讼和对行政违法行为监督二者的同源属性。行政公益诉讼和行为违法行为监督赋予检察机关通过督促起诉、制发检察建议、提起诉讼等方式对行政权进行监督。两者的本质内容都是促进行政权的规范行使，共同目标是促进依法行政和法治政府建设，只是前者选择了特定领域并对监督方式予以了强化。

（一）行政公益诉讼和行政违法行为监督的区别

《办案规则》中对行政公益诉讼立案条件的规定是：国家利益或者社会公共利益受到侵害；生态环境和资源保护、食品药品安全、国有财产保护、国有土地使用权出让、未成年人保护等领域内对保护国家利益或者社会公共利益负有监督管理职责的行政机关可能违法行使职权或者不作为。行政公益诉讼和行政违法行为监督的区别在于：一是行政公益诉讼有领域范围的限制，在法定领域内的案件应作为行政公益诉讼案件办理，非法定领域作为行政违法行为监督案件办理；二是行政公益诉讼存在诉的利益（可诉性），即可以通过行政公益

① 参见黄大芬、华国庆：《生态环境公益损害赔偿资金统筹监管研究》，载《学术探索》2022年第4期，第107页。

诉讼发出诉前检察建议的，需要存在诉的利益，如果行政机关不采纳检察建议，可以通过提起行政公益诉讼的方式推进整改落实，而行政违法行为监督不以诉的利益为前提，既可以针对违法行为进行监督，也可以通过类案的方式对社会治理的普遍性问题进行监督；三是行政公益诉讼需要损害不特定多数人的利益（公共利益），而行政违法行为监督既可以针对个体利益也可以针对多数人利益，但在针对个体利益时，需要保持谦抑性，敦促个人行使自身诉权和主张权益。

（二）行政违法行为和行政公益诉讼案件办理的把握要旨

目前，虽然行政公益诉讼规定在《行政诉讼法》中，但行政公益诉讼解决公益问题并不主要围绕以审判为中心来开展。从公益诉讼的司法实践来看，其并不以诉讼为中心来解决公益问题，诉讼只是检察机关履行行政监督职责的手段之一，只是一个强有力的后盾。实践中绝大多数行政公益诉讼案件不经过诉讼程序就能完整实现问题解决和公益修复等目标，这不仅推动了公益诉讼的长远发展，更能在国家治理体系和治理能力建设中发挥作用。

办理行政违法监督和行政公益诉讼案件，应当注意把握以下四个关键词，不能进行无限制的监督。第一个关键词是"监督"。行政违法行为的监督对象要精准，应当主要是以监督方式履行管理职责的行政机关，即依法能够以自己的名义独立地对于行政违法行为进行处理或对公共事务进行管理的行政机关。第二个关键词是"具体"。不能仅以法律法规规定某监督对象具有"宏观"的监督管理职责就将其作为监督对象，应当深入考查监督对象是否具有具体的、法定的监督管理职责。对于不同层级的行政机关，如果均怠于履行监督管理职责的，可以一并监督。第三个关键词是"特定"。对于可能存在职能交织的案件，可以沿着"从事项到部门、从领域到部门"的思路，先确定案件属于什么事项或领域，然后再据此确定职能部门。第四个关键词是"法定"，对于多个部门都具有监督管理职责的案件，要在梳理确定各个部门的法定职责的基础上，结合案件所涉及的具体事项，确定监督对象。

行政违法行为监督与行政公益诉讼在司法实践中的顺位选择应当秉承：一是从"法律监督"性质来看，检察机关有权监督的是行政机关的行政违法或不作为行为；二是从合理配置监督权出发，行政检察需划定边界，对于其它主体正在负责的监督事项，检察机关应限于协同和补充监督；三是检察机关不得代行行政，更不应沦为行政执法的帮衬。① 行政违法行为监督与行政公益诉讼应为一种互补关系，在法律明确规定的范围之内，首先考虑行政公益诉讼的方式；在法律没有明确规定的情况下，则优先考虑行政违法行为监督。②

三、代履行问题

在公益损害的司法救济中，特别是在生态环境损害案件中，检察机关法律监督的主要目的是促进行政机关依法行政，敦促行政机关履行职责。行政机关采取的救济方式一般是通过行政命令和行政强制等具体行政行为来纠正违法行为。比如，在生态环境侵权案件中，行政机关可以运用要求违法行为人承担消除污染、恢复原状和修复受损生态环境的责任，辅之以行政处罚的方式对违法行为人进行惩戒。

（一）代履行的功能

行政机关的行政救济具有高效、便捷优势，与此同时，针对行为人的怠于履行职责，行政机关甚至可以直接代履行。③ 行政代履行制度作为保障性措施保证行政命令的执行，进而实现救济生态环境损害的功能。在行为人污染环境或者破坏生态造成生态环境损害时，行政机关责令违法行为人采取治理措施、消除污染、恢复植被和生产条件等环境修复行政命令。在违法行为人拒不改正、逾期不承担相应的行政责任或者不具备履行能力的，行政机关可以自行履行或者委托第三方代为履行，由此，针对违法行为造成生态环境损害，确立了"修复行政命令＋代履行"的公法应对机制。④ 行政代履行是一种救济保障型的救济方式。行政机关甚至可以决定由第三方代为履行。《行政强制法》第50条规定："行政机关依法作出要求当事人履行排除妨碍、恢复原状等义务的行政决定，当事人逾期不履行，经催告仍不履行，其后果已经或者将危害交通安全、造成环境污染或者破坏自然资源的，行政机关可以代履行，或者委托没有利害关系的第三人代履行。"

---

① 参见秦前红：《两种"法律监督"的概念分野与行政检察监督之归位》，载《东方法学》2018年第1期，第185页。

② 参见孙传玺、崔雪：《检察机关行政违法行为监督的差异化发展路径——以监察制度及行政公益诉讼为参照的规范分析》，载《中国检察官》2022年第5期，第71页。

③ 参见区树添：《生态环境损害救济路径的类型化重构》，载《湖湘法学评论》2022年第3期，第136页。

④ 参见张宝：《生态环境损害政府索赔制度的性质与定位》，载《现代法学》2020年第2期，第78页。

（二）代履行的费用

《行政强制法》第 51 条第 2 款规定"代履行的费用按照成本合理确定，由当事人承担。但是，法律另有规定的除外"。公益诉讼中检察机关敦促行政机关代履行能够更加及时有效地防止环境污染的继续扩大，而且"将具体行政行为所确定的义务实现过程中遇到的难题简化，既可以实现义务内容，达到行政机关所预期的状态和目标，还可以使义务人支付更经济的履行费用，相较于要求义务人自行履行其原本需要履行的义务更容易"①。但司法实践中，代履行费用的承担一直都是限制代履行制度发挥功效的关键所在。对于代履行费用的承担，《行政强制法》的规定较为笼统，对费用的末端静态承担作出了规定，但对于费用实现终端承担的动态过程并未进行明确。司法实践中，代履行费用的承担方式不尽相同，有的行政机关按照《行政诉讼法》的规定，通过向人民法院提出强制执行申请的方式实现代履行费用并获得支持；有的行政机关按照《民事诉讼法》的规定，通过提起民事诉讼的方式请求代履行费用并获得支持。有的法院则明确认为根据《行政强制法》产生的代履行费用是行政法调整的范围，原告不能通过民事诉讼程序主张该费用。检察机关在办理公益诉讼案件时，也绕不开对于行政机关自行代履行或由第三方代履行的费用承担如何处理的问题，行政机关自行主张代履行费用的方式不统一，检察机关再介入解决就更显得纷乱了。因此在公益诉讼检察中，代履行的适用空间被不断地压缩，没有真正发挥应有的效能。应当在行政机关对代履行费用的处理上规定一个明确的处理模式，检察机关在此基础上共同发力，方能达到代履行救济保障的功能定位。

四、检察一体化的应用

检察一体化为公益诉讼检察带来了极大的生机活力，与此同时，公益诉讼检察也为检察一体化提供了丰富的时代内涵。检察一体化主要表达为：在上下级检察机关和检察官之间存在着上命下从的领导关系；各地和各级检察机关之间具有职能协助的义务；检察官之间和检察机关之间在职务上可以发生相互承继、移转和代理的关系。这意味着检察一体化融合了三方面内容：检察权的整体统一、检察机关纵向上下一体与横向协作配合。最高人民检察院立案办理的南四湖环境公益诉讼案件就是高质量的检察一体化的实践样本。

---

① 傅士成：《行政强制研究》，法律出版社 2001 年版，第 107 页。

（一）纵向一体化

1. 办案方式上的一体化

灵活运用多种办案方式，打破立案管辖的地域和级别限制，可以有效减少和排除地方干扰，确保公益诉讼案件办理的顺利推进。就办案方式而言，主要有以下几种：

（1）交办

上级检察院认为确有必要，可将本院管辖的案件交下级检察院办理。还要通过一体化办案机制，充分发挥上级检察院业务指导、综合协调的优势，解决下级检察院在技术手段、统筹协调、专业壁垒等方面的困难，以案代训、以训促案，夯实下级检察院办案人员的专业知识储备，提升下级检察院办案能力。通过上级检察院的同步跟进与同步指导，明确开展公益诉讼的工作思路，同时下级检察院在办理案件的过程中做好沟通、汇报、反馈工作，可以有效激活下级检察院尤其是基层检察院的办案效能。

（2）提办

上级人民检察院根据办案需要，将下级人民检察院管辖的公益诉讼案件提至本级检察院办理。上级检察院比下级检察院拥有更多的人财物资源和办理大案要案的能力与经验，上级检察院提办下级检察院的案件后，依托一体化办案机制能够充分发挥上级检察院的组织领导、指导和协调等作用，集中力量办大案。

（3）督办

上级人民检察院对下级人民检察院办理的相关案件进行监督办理，督办范围可包括：人大代表和政协委员的议案、提案、意见、建议；重点涉检信访案件、人民群众关注度高的案件等。上级人民检察院可以采取视频、电话、发函、派员、调卷、听取汇报以及通报等方式进行督办。①

（4）领办

最高人民检察院、省级人民检察院和设区的市级人民检察院可以根据跨区域协作工作机制规定，将案件指定或移送相关人民检察院跨行政区划管辖。基层人民检察院可以根据跨区域协作工作机制规定，将案件移送相关人民检察院跨行政区划管辖。与此同时，最高人民检察院、省级人民检察院和设区的市级人民检察院也可以带头或领头办理重特大案件。领办案件一般都是在全国或全

---

① 参见最高人民检察院第八检察厅编：《〈人民检察院公益诉讼办案规则〉理解与适用》，中国检察出版社 2022 年版，第 36 页。

省有重大影响的重大公益、"重大"损害案件，监督对象层级较高，如省级以上行政机关、重点央企或在国内、省内有重大影响的上市公司，关注的都是较为复杂的案件。如监督对象较多或办案阻力较大，协调难度大或属于历史遗留问题多年难以解决等。领办案件应以跨流域跨区域为常态，通过办案可以助力国家重大战略的推进、落实。

2. 办案力量上的一体化

公益诉讼办案工作涉及多个环节，专业性强，统一调用辖区检察人员办理案件能有效解决检察人员异地办案的客观需要和合法性问题。根据《人民检察院组织法》第24条第1款第4项规定，上级人民检察院对下级人民检察院"可以统一调用辖区的检察人员办理案件"。根据《办案规则》第11条的规定，调用检察人员要注意以下三点：一是调用辖区内的检察人员是为办理案件需要；二是调用应当以书面的形式作出；三是被调用的检察官可以代表办理案件的人民检察院履行调查、出庭等各项检察职责。[①] 但是2023年9月5日出台的《最高人民检察院关于上级人民检察院统一调用辖区的检察人员办理案件若干问题的规定》，被调用检察人员以检察官身份代表办理案件的人民检察院履行出庭支持公诉等职责的，应当由办理案件的人民检察院检察长依法按照法定程序任命为本院的检察员。在人民代表大会常务委员会作出任命前，被调用检察官以检察官助理身份协助办理案件。统一调用辖区内的检察人员办案可以有效整合办案资源，创新办案模式，实现本地公益诉讼检察人力资源配置效率的最大化。

3. 四级联动的一体化

最高人民检察院发布的《"十四五"时期检察工作发展规划》提出，要健全公益诉讼一体化办案机制。在四级检察院中，最高人民检察院和省级检察院主要发挥统筹、协调、指挥、指导的功能，通过办理在全国、全省范围内有重大影响的案件发挥好示范引领作用。市级检察院作为承上启下的中枢，在一体化办案机制中发挥主体作用，特别是在一些基层检察院公益诉讼检察部门办案力量配备较弱的情形下，更需要市级检察院统筹基层检察院骨干力量集中办理重大、复杂公益诉讼案件。基层院是公益诉讼办案的主力军，绝大部分的案件办理都是在基层院完成的，基层院的办案直接关系到公益诉讼检察工作的全局，具有举足轻重的地位。要充分发挥好基层检察院办案一线的优势，调动起干警的积极性，努力多办案、办好案。

---

① 参见最高人民检察院第八检察厅编：《〈人民检察院公益诉讼办案规则〉理解与适用》，中国检察出版社2022年版，第37页。

（二）横向一体化

1. 跨部门协作配合

"四大检察"中公益诉讼检察和刑事检察的衔接尤为重要，两者互相增益，处理好两者的关系有助于两项检察职能的协同发展。刑事附带民事公益诉讼的发展使得两者呈现出融合的趋势。刑事检察和公益诉讼检察在刑事附带民事公益诉讼中并进同行，单独民事公益诉讼往往在刑事检察之后，但不排除有时在刑事检察之中甚至之前，即民事公益诉讼与刑事检察呈现多层次衔接。同样，行政公益诉讼与刑事检察也呈现多层次衔接。通过公益诉讼检察与刑事检察的多层次衔接和融合趋势，刑事个案办理的效果扩展至行政治理环节，公益诉讼让个案办理的效果扩展至类案办理乃至系统治理环节，使检察机关职能行使成为国家治理的重要环节。① 刑事检察是检察机关的传统领域和拳头产品，公益诉讼检察是检察机关的新型领域和创新产品，公益诉讼检察和刑事检察同步发展，传统领域和新型领域融合发展，为彼此注入活力和动力，检察机关新时代工作格局才能打开。

2. 跨区域协作配合

《办案规则》对公益诉讼检察跨区域协作配合机制作了原则性规定，明确了线索移送、协助调查、移送起诉等具体机制。最高人民检察院还针对跨区划、跨流域生态环境案件特点，完善了行政公益诉讼跨区域协作机制，出台了跨区划管辖指导意见，对属地管辖存在明显阻力、该立案不立案或者立案后无正当理由拖延、该起诉不起诉、下级检察机关以不适宜由其办理而报请改变管辖等情形，上级检察院可以指定其它地方检察院跨区划管辖。机制建立起来了，关键要落实在具体案件的办理过程中。②

第四节 数字赋能对检察公益诉讼的提质增效

《国务院关于加强数字政府建设的指导意见》就主动顺应经济社会数字化转型趋势，充分释放数字化发展红利，全面开创数字政府建设新局面作出部署。检察机关应当顺应时代发展趋势，完整、准确、全面贯彻新发展理念，立

---

① 参见刘艺：《公益诉讼检察与其他检察业务的融合发展》，载《人民检察》2019年第19—20期，第90页。

② 参见徐全兵：《在公益诉讼检察中彰显一体化优势效能》，载《检察日报》2022年8月25日。

足新发展阶段，构建新发展格局，将数字技术广泛应用于检察管理服务，推进检察办案流程优化、模式创新和履职能力提升，构建数字化、智能化的检察运行新形态，借助数字政府建设对数字经济、数字社会、数字生态的引领作用，重塑检察法律监督模式，为推进国家治理体系和治理能力现代化提供强有力的法治保障。

数字检察的核心要义是以数字化改革撬动法律监督，浓墨渲染检察领域的数字意识、数字思维、数字认知、数字文化，明确以检察官为主体设计理念，提高检察环节全要素生产率，深化信息科技与法律监督的全域融合，整体上推动法律监督体系和监督能力的质量变革、效率变革、动力变革。[①] 就公益诉讼检察而言，数字检察要实现办案模式的再造升级，构建司法办案智慧辅助系统，嵌入强大的法律资料的数字搜索引擎，促进办案的一体联动和迭代升级，在检务公开平台、检察宣传矩阵、检察服务中心的检察生产链条工艺基础上，加入线上公开听证、专家在线咨询和论证、人大代表政协委员议案提案和检察建议的双向转化等重要内容为信息化建设模块，力求产出更具时效性、针对性、个性化的优质公益诉讼检察产品。

一、数字检察对检察公益诉讼的赋能

数字检察对公益诉讼检察带来的变革是重塑性的变革，从案件线索来源、调查核实权行使、案件办理模式等各个方面和环节，打破了传统办案模式塑造的框框角角，让公益诉讼检察以更加现代化的方式完成迭代升级，呈现出与时代相匹配的演化路径。

（一）公益诉讼线索来源更加智能化

不同于以往通过书面阅卷、调取卷宗、整理控告举报线索等人力筛选、查找案源，数字检察让公益诉讼线索来源实现自动筛选、自动比对和个性化推送，借助互联网强大的信息资源库，通过数据模型能实时自动提取公益诉讼相关线索，通过链接 12309 举报中心、"益心为公"云平台、矛调中心等线索来源触角的延伸，做到线索来源的高覆盖，以实时监测数据和提取价值线索的方式完成海量数据的自动筛选，然后通过与案例库等类案监督模型成熟路径的比对，将涉及公益诉讼的各类线索实现个性化推动，让办案系统能够主动接收到经过分析的高价值的线索。通过与行政执法信息平台的衔接，借助类案监督构

---

① 参见贾宇：《检察机关参与网络空间治理现代化的实践面向》，载《国家检察官学院学报》2021 年第 3 期，第 61 页。

建的模型，完成对执法信息的智能化分析，输出带有普遍性的问题线索或社会综合治理的漏洞，从而完成成案率较高的线索推送。不同于人工的数据筛选和数据比对，数字检察借助科技发展带来的技术红利，以更加高效便捷的方式完成线索推送，让互联网等平台成为公益诉讼线索的富矿，将数据红利和技术红利以看得见的方式为检察公益诉讼办案所感知、所运用。

（二）调查核实权行使更加高效便捷

数字化为公益诉讼调查核实提供强大的技术支撑，从无人机到快检实验室，从卫星遥感到红外感应，科技的发展让调查核实权行使的方式更加多元化。调查核实已经不再是一支笔、一张纸、两个人"走天下"的侠客般的亲历亲为，成为了"隔空""隔屏"等跨越时空的科幻感的超强体验。随着区块链、元宇宙等的发展，线上空间和线下空间实现高度融合，调查核实权未来极有可能以 3D 甚至 5D 的方式为人们所感知。调查核实权行使的及时性问题能得到有效解决。突破传统物证、书证占据主导地位的证据构成，电子证据在以后的证据构成中将会占据越来越重要的位置，其证明的价值和作用也会越来越凸显。拥有数据并不一定拥有其价值，数据的价值取决于读取数据的能力。随着数字检察的发展，检察机关公益诉讼要在挖掘数据价值上下功夫，让数据能够为检察所用，构建起以电子证据为核心的证据体系。公益诉讼等外案件的拓展，互联网安全的守护已经成为公益诉讼检察工作关注的焦点，要完成互联网安全守护的重任，检察机关绕不开的难题就是网络电子证据的固定和提取。网络空间净化、未成年人权益保护、个人信息保护、网络反垄断、网络知识产权保护等，均是构建在虚拟的网络空间中，电子留痕是其在网络空间唯一可以追寻的足迹，如果无法搜寻到该足迹，办案更无从谈起。因此数字检察的发展在使调查核实权行使更加高效的同时，也对检察调查核实权的行使提出了更高的时代要求，检察机关应当在思变中谋发展，在发展中提升办案能力，实现供给侧的结构性改革。

（三）类案监督系统治理成为现实

公益诉讼检察办案走出了一条从个案办理到类案监督，再到系统治理的全链条式的办理模式，这一办案模式的构建离不开数字检察的支撑。一个案件的办理，一个区域的试验，到类似案件的办理，几个区域的推广，再到最后形成可复制的公益诉讼案件办理路径，依靠的是足够强大的数据信息来源，通过数据的对比、分析、输出，发现社会治理的共性问题，构建相应的数据办案模型，将办案以可视化的计算机语言表达出来，构建出空间路径，只要保障输入源数据来源的可靠性，模型就能保证数据输出的价值性。数字检察让检察公益诉讼的案件办理能够由点及面、由面到体，让综合性的系统治理检察建议成为可能和现实。数字检察的发展有效拓展了法律监督范围、大力提升了法律监督能力、高效强化了法律监督手段、有力拓宽了法律监督思路，让检察公益诉讼的"个案办理—类案监督—系统治理"的路径落到了更细更实处。

（四）办案全流程实现可视化监管

数字检察构建了全流程网上办案的闭环模式，公益诉讼检察也不例外。通过全流程网上办案展现了检察公益诉讼办案的三个维度：（1）各办案重点环节的"颗粒度"。全流程网上办案是各流程环节网上办案的集合体，与此同时各环节又具有一定的独立性和阶段性，以区块链方式形成一个整体，使各办案重点环节本身具有一定的"颗粒度"。（2）全流程系统的"聚合度"。案件流程各环节紧密衔接，有的以"穿针引线"的方式贯穿多个环节，有的"自始至终"贯穿整个办案流程，呈现出"1＋1＞2"的集成化、体系化运行特点，具有整体上的"聚合度"。（3）衔接环节之间、环节与系统的"张力度"。各流程环节之间、环节与系统之间，有的相对独立，有的存在环环相扣的关系。有些环节对全流程影响较大，有些环节则影响相对较小，体现了环节间、环节与系统间"张力度"强弱不同。通过区分各环节间、环节与系统的张力度强弱，易于在众多办案环节中"抓重点"。①公益诉讼案件的质量管控路径更加成熟，公益诉讼检察实现从数量到质量的转型升级成为现实。通过全流程网上办案的实时管控，办案质效实时评估，淘汰凑数案件，培育高质量案件，有助于实现公益诉讼检察的良性发展。

二、公益诉讼检察的数字化架构

（一）搭建数据平台，构建数据池，保持数据流通顺畅

在公益诉讼检察中打通"数据孤岛"，搭建检察机关与行政机关的执法信息平台，才能共享数据流通的"高速公路"。目前办案中更多借助的是零散的"数据调取"方式来获得办案数据，这些数据的获取都是通过线下方式实现的。在大数据的背景下，这种数据获取方式显得比较笨拙，行政机关目前正将自身拥有的数据链接到大数据局，可以借助大数据实现数据高速公路的检察构

---

① 参见韩峰、王月青：《从"剧场化"到"指尖化"：数字化转型下全流程网上办案闭环模式的构建与管理范式的跃迁》，载上海市法学会编：《〈上海法学研究〉集刊2022年第1卷——智慧法治学术共同体文集》，2022年2月版，第231页。

建，甚至可以架桥开路的方式接通政法系统各条线的信息化办案平台。① 为了保证数据获取的及时性和有效性，可以针对某类数据在大数据建立检察数据池，将检察办案的数据有针对性地投放在数据池里，检察机关可以随去随用。建立有针对性的数据池可以有效避免堆积数据，大而全的数据囊括并不是必备要件，在数据的获取上检察机关应当坚持精准获取数据原则，避免陷入海量数据投入产出不成比例的困局。

（二）算法应用模型，借助数据链，精准勾勒数据画像

公益诉讼检察遵循的是个案办理、类案监督和系统治理的办案路径，应用的模型大体上可以分为三种模型：一是数据碰撞模型。这是检察机关常用的数据监督模型，它主要是通过计算机对两个以上类别的数据集进行碰撞比对，并运用算子来推出数据的交叉、重合等部分，经过多次运算最终导出异常数据并推送给办案人员的法律监督模型。二是数据挖掘模型。它是从大数据中通过预先设定的算法来分析海量数据背后隐藏的异常信息，并对其进行价值分析，从而推导出可纳入监督范围的类案线索，该模型的主要功能是精准把握海量数据关联点，通过数据展示的通常规则中发现异常数据节点，进而进行有目的性的推荐。三是数据画像模型。该模型通过大数据分析系统，以程序化运算来对与人有关的相关信息进行归纳、集合，从而将存在海量数据中的规律通过节点清晰化，从而立体"刻画"出人物。通过数据、算法和算力，计算机具备类似人工的功能，无论是搜索引擎、推荐引擎、广告投放等各商业领域，还是法条搜索、文书草拟、类案推送等能实现精准投放。② 通过上述三种模型分析而得出的异常数据或者结论数据，还需要经过人工的进一步核实，即需要人工的后编辑加工。通过上述模型的运用，办案人员能够从繁重的前期数据人工比对中解放出来，将有限的精力用于对计算机推动的结论数据进行分析，从而判断法律监督线索的价值，进而决定是否启动案件办理，大大提升了办案效率，也有利于实现精准监督。

三、浙江省大数据应用平台系统

浙江省检察机关开发上线的浙江检察数据应用平台将数字检察和公益诉讼检察有机融合，打通"四大检察"数据壁垒，实现数据的共联共享。该平台

---

① 参见刘品新、翁跃强、李小东、姜昕、常锋：《检察大数据赋能法律监督三人谈》，载《人民检察》2022年第5期，第42页。

② 参见刘品新：《大数据检察以类案为思维方式》，载《检察日报》2022年6月27日。

投入使用后切实推动了全省数字检察的类案办理，为推广和扩大数字检察成果提供了强有力的技术支撑。浙江检察数据应用平台系浙江省检察系统委托技术公司开发，平台分为数管中心、建模中心和场景中心三大板块。该平台的目标是通过鼠标的拖拽和简单的条件设定，即可快速实现数据和原子算法的快速组装，即便没有基础的业务人员，也可方便地建立自己的模型、形成自己的标签、自主探索使用数据。数管中心将检察机关现有的数据根据其性质、类别进行分类，检察机关目前自有或共享的数据主要是检务数据、政务数据、政法数据和社会数据四大目录体系，具体可分为公共通过、刑事检察、刑事执行检察、民事检察、行政检察、公益诉讼检察、未成年人检察、控告申诉检察、案件管理和检察技术十大类。承办人可以通过申请，获得数管中心的数据，为之后的建模提供数据支撑。

　　建模中心的运行主要分为四大板块，分别是数据中心、算子中心、建模中心和任务中心，对应建模流程中数据探索的四大步骤。（见图4）数据中心可对非系统申请数据进行导入、删除和下载的管理；算子中心可自定义开发 SQL 算子（和自定义 SQL 类似）、查看模型算子；模型中心可自建数据模型，查看省院下发共享模型；任务中心创建数据模型离线任务，定时运行数据模型。数据中心除数据应用平台的数据外，外部上传数据也可予以个案导入，支持 .xls 和 .xlsx 文件格式上传。数据接入后就进行模型编排，根据个人探索创新思路，创造属于自己的模型。算子是实现模型内数据进行各类计算的模块，实现了数据运算处理分析功能的抽象化、模块化，建模工具中所有的模型均基于各种算子进行组合搭建。通过对模型中的算子进行灵活的数据输入、数据输出设置，使得构建完成的业务模型无需进行代码开发，也能具备适应业务动态变化的能力。在模型画布中，用户可通过拖拉拽的方式将各个算子进行布局，并对各个算子进行连线，算子间通过连线形成上下游关系，即连线的起始端为上游算子，连线的目的端为下游算子，上游算子输出的数据作为下游算子的输入数据。（见图5）

数据接入
查找各类丰富的数据

算子注册
注册使用各类丰富的算子

模型编排
开启模型之旅

任务创建
配置模型任务和服务

图4

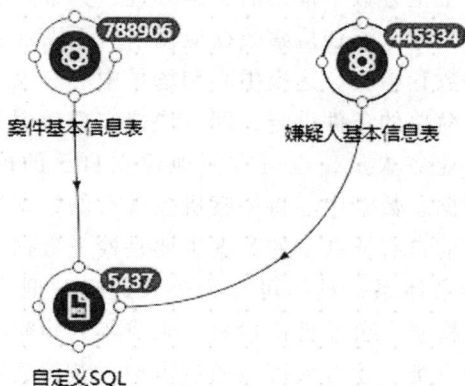

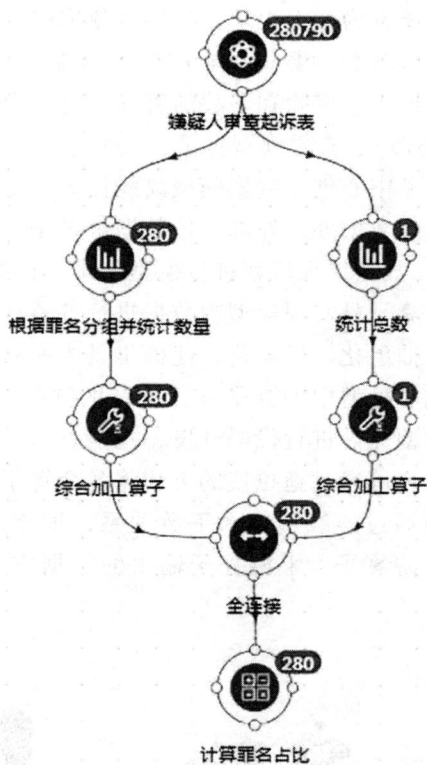

图 5

模型中心提供业务模型的可视化组装、编排能力，提供拖拽式智能算子的面向业务场景的模型 Flow DAG 的编辑与配置。通过该模块可以将业务需求转换为业务模型进而通过底层引擎的运行产生业务效果，主要包含模型管理、模型编排、模型发版、模型运行调试等功能。任务中心主要是对离线、实时、在线模型自动化调度运行进行任务式管理。离线或实时每次任务调度时，都将按照模型设置好的参数和数据自动进行运行，通过任务状态监控单次任务的健康情况在线服务，将按照设置的模型信息、API 参数配置、调用 URL、输入输出类型对模型的入参或出参进行映射或输出。通过多步不同的算子机计算，可以就检察机关自行办理的案件形成数字检察办案模型。该模型具有较强的可复制性，其它院可以通过数据输入，运用相同的算子，根据已经形成的路径模型，得到相应的数据监督结果并予以输出，再通过人工的进一步调查核实，从而办理同类的数据监督案件。例如，虚假司法确认专项监督模型的示例图，可以清晰看出整个案件的办理过程、需要的数据资源、运用的算子及输出的结论。（见图 6）

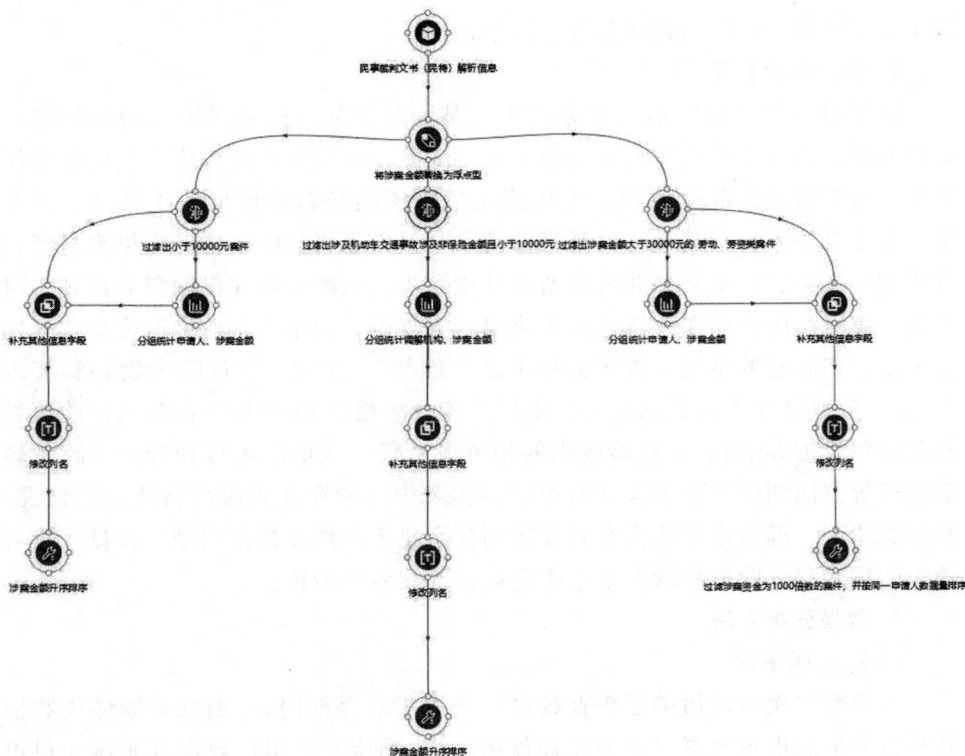

图 6

四、公益诉讼检察的数字办案典型案例

（一）案例一：小微企业危险废物污染防治类案监督①

1. 案件基本情况

浙江省温岭市人民检察院（以下简称温岭市院）在办理刑事案件过程中发现，一些小微企业存在违法出售危险废物的情况，存在环境污染和安全隐患。通过调取温岭市第二次全国污染源普查数据、浙江省固体废物监管平台申报数据、全市高压变电用户数据，以及与全市有危废收运处置资质单位签订合同的企业数据，在浙江检察数据应用平台上进行数据建模和碰撞，并对筛选出的企业进行抽样现场调查，发现产废小微企业普遍存在未规范贮存、管理、转移危险废物的情形。在向职能部门制发诉前检察建议后，采用圆桌会议的方式积极跟进监督，推动构建全覆盖、全环节、全链条的危险废物长效监管机制，深化危险废物污染防治领域治理、数字治理。

2. 个案线索发现

2022 年 3 月，温岭市院在办理王某某、蔡某某、黄某某等人污染环境一案时发现，浙江某某机电制造有限公司等 3 家企业将生产过程中产生的废变压器油、废润滑油等危险废物，出售给无危险废物经营许可证的王某某、蔡某某、黄某某等人，王某某、蔡某某、黄某某又继而将危险废物转卖给没有经营资质的吴某某、许某某，并最终造成环境污染。温岭市院在讯问犯罪嫌疑人时发现，重点产废企业在处置危险废物时较为规范，而小微企业因产废少、环保意识差，在利益的驱使下屡屡触犯法律"红线"。此外，《危险废物转移管理办法》于 2022 年 1 月 1 日起正式施行，该办法相较 1999 年出台的《危险废物转移联单管理办法》，在危险废物的相关方责任、联单的运行和管理、跨省转移管理等方面均作了更为详细的规定，实践中可能存在尚未严格执行的情况。经综合研判，温岭市院认为有必要运用数字化手段搭建数据模型，摸排一批可能未依法转移危险废物的产废小微企业，开展专项治理。

3. 数据分析方法

（1）数据来源

本市第二次全国污染源普查数据（来源于环保部门）；浙江省固体废物监管平台的危废申报数据（来源于环保部门）；高压变电用户数据（来源于供电公司）；与有危废收运处置资质单位签订合同的产废企业数据（来源于有危

---

① 此案是浙江省温岭市人民检察院办理的公益诉讼新类型案件。

废物经营许可证的单位、小微企业危废统一收运单位）。

（2）数据分析关键词

第二次全国污染源普查由国务院决定开展、各县市具体实施，针对的是2017年度有污染源的单位和个体经营户，以"危险废物"为关键词筛选出产废企业，再以"企业名称"为条件，与目前仍正常经营的企业数据、规范转移危废的企业数据进行碰撞，确定可能未规范转移危废的产废企业。产废小微企业指危废年产量在10吨以下的企业。

（3）数据分析步骤（见图7、图8）

第一步：从本市第二次全国污染源普查数据表中筛选出产生危险废物的企业数据，与供电公司提供的高压变电用户数据进行交集，得到2017年以前成立且目前仍在经营的产废企业数据。

第二步：将与有废收运处置资质单位签订合同的产废企业数据，与浙江省固体废物监管平台的危废申报数据（指已在平台注册并申报过危险废物有关资料的企业数据）进行交集，得到已签订书面合同并规范转移危废的产废企业数据。

第三步：因第二步得到的数据包含2017年以后成立的产废企业，故先将第一步和第二步得到的数据进行交集，得到2017年前成立的已规范转移的产废企业数据，再与第一步得到的数据做一个差集，得到2017年前成立的可能未规范转移危废的产废企业数据，再从中筛选出危废年产量在10吨以下的小微企业数据。

第四步：对第三步得到的产废小微企业进行抽样现场调查，确认是否存在未规范贮存、管理、转移危险废物的情形。

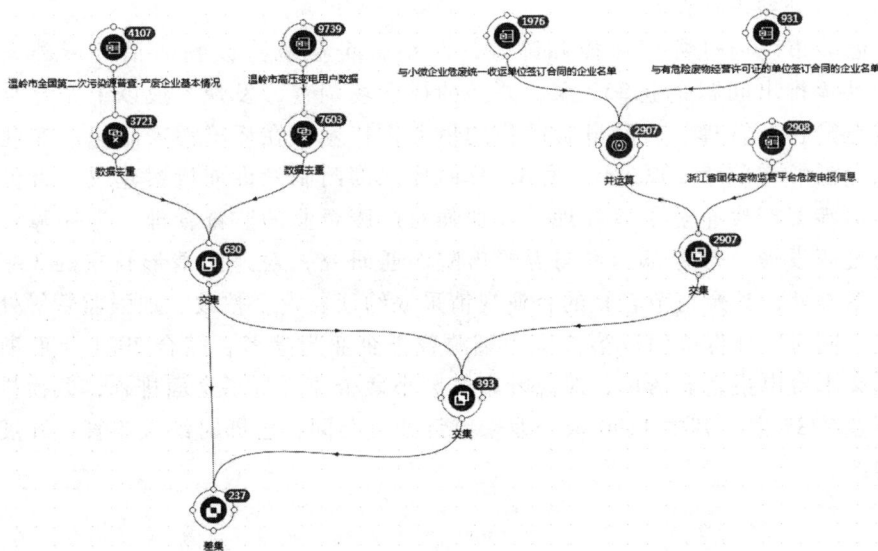

图7

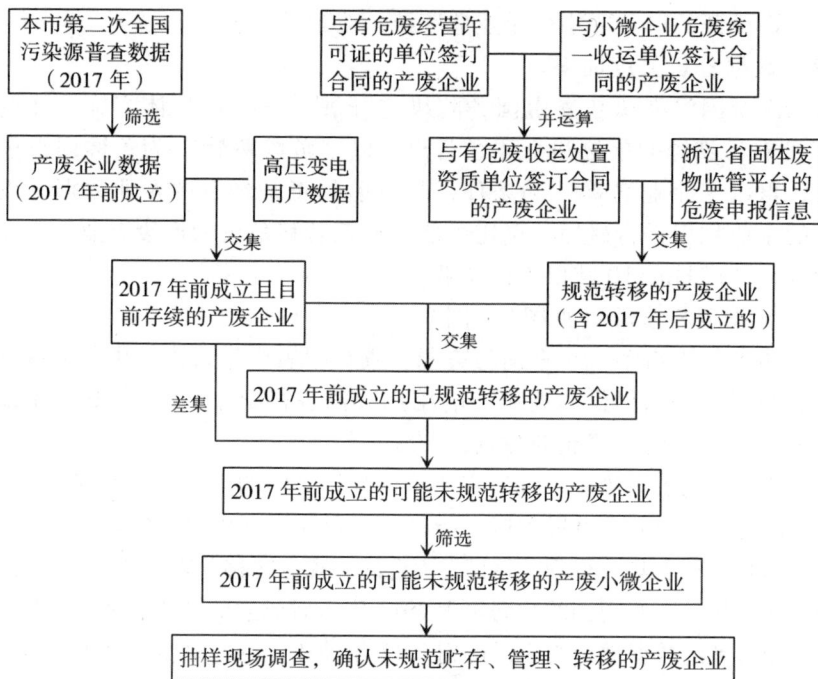

图 8

4. 检察融合监督提示

（1）公益诉讼监督

温岭市院通过数据碰撞和筛查，对小微企业危险废物防治开展类案监督，共摸排出问题企业 232 家，并经抽样现场调查，发现八成以上企业存在未规范贮存、管理、转移危险废物的情形，普遍存在环境污染隐患。在此基础上，温岭市院于 2022 年 4 月 13 日向环保部门制发诉前检察建议，督促其依法对涉案产废企业予以处理，并加强对产废企业的监督管理。为保障民营经济健康发展，环保部门经与温岭市院沟通研究，对违法情形较重的 3 家企业立案查处，其余情节较轻的企业视情采取约谈、责令整改、加强监管等处理措施。同时，环保部门以第二次污染源普查企业为参考，结合 2021 年度浙江省固废平台申报企业清单，对温岭市产废小微企业进行了全面排查，共摸排产废企业 2787 家，其中 1190 家企业未签订处置合同，已即时纳入监管，开展专项整改。

（2）社会治理方面

温岭市院针对案件办理中发现的企业危废监管漏洞和难点堵点，积极跟进监督，并于 2022 年 4 月 27 日召开圆桌会议，督促职能部门制定和完善《危险废物专项整治提升行动工作方案》，重点产废单位与小微企业产废监管整治协同开展，以实现产废单位 100% 纳入监管、小微企业危废统一收运覆盖率达 100%、重点产废单位危废规范化管理达标率达 90% 以上为目标，从动态排查摸底、强化源头管理、规范高效运转、加强执法监管、加大宣传教育等方面构建危险废物长效监管机制，并结合小微企业实际情况做好服务、教育与监管工作。同时，大力提升危险废物数字化管理水平，加强浙江省固体废物信息平台的催报、填报和审核服务，探索利用数字化手段及时发现平台产处数据异常企业，精准有效监管非法处置危废行为。全面应用"危险废物在线"智能闭环监管系统，使用"浙固码"，基本实现危废从产生到处置全流程"一码到底""一链溯源"。

（二）案例二：非成品油类案监督

1. 第一代案例：非标油销售全链条治理类案监督①

（1）案件基本情况

浙江省嵊州市人民检察院（以下简称嵊州市院）在办理黑加油点违规出售非标油污染大气公益诉讼案件过程中，从买方入手调查，运用"侦查思维＋大数据"，抓住用油企业须将用油成本入账抵税这一突破口，通过分析研判增值税抵账数据、企业国标用油数据、企业柴油车辆和特种设备备案数据，精准锁定违规使用非标油企业，推动行政机关开展非标油全链打击，助力打赢蓝天保卫战。同时，还推动相关行政部门出台联合执法工作方案，构建非标油销售、运输、储存、使用全链条监管长效机制，为市域治理现代化贡献数字检察治理方案。

（2）个案线索发现

2019 年底，嵊州市院在办理一起小区附近黑加油点违法为周边运输企业供应低价非标油案件过程中，发现涉案非标油硫含量超国家限值标准 183.4 倍，严重污染大气环境，且部分非标油的闭杯闪点最低仅为 27℃，属于易燃易爆危险化学品，严重危害公共安全。在个案办理的基础上，嵊州市院发现非标油黑色产业链存在监管难、查处难、取证难和隐蔽性强等特点，导致实践中违法行为禁而不止、查而不绝，且当前企业违规使用非标油仍为"法律监管

---

① 此案是浙江省检察机关发布的数字监督办案指引（第二批）。

盲区"。经综合研判推断，嵊州市院认为有必要通过大数据对非标油污染大气开展全链治理。

（3）数据分析方法

①数据来源

增值税抵账系统大数据（来源于税务部门）；企业国标0#柴油使用数据（来源于税务部门）；企业柴油车登记数量（来源于交通运输部门）；企业特种设备备案数据（来源于市场监督管理部门）。

②数据分析关键词

检索税务部门增值税抵账系统，以增值税发票商品品名、非标油购买方、销售方为要素，循环碰撞数据。检索非标油购买方的国标0#柴油使用数据、柴油车登记数量、特种设备备案数据，确定违规使用非标油的企业，督促税务部门规范企业票据行为，从消费终端入手切断非标油买卖利益链，杜绝大气污染。

③数据分析步骤（见图9）

第一步：全面筛查数据。检索增值税抵账系统商品品名为非标油的增值税发票信息，循环碰撞非标油购买方、销售方和不同非标油发票商品品名，筛选出域内非标油流通品种、单价及非标油购买方、销售方企业信息。经查，嵊州本地无非标油销售企业，且当地流通的非标油商品品名有轻质循环油、导热油、喷气燃料、航空煤油＊3#喷气燃料、非成品油石油制品＊复合柴油＊、复合柴油、＊石油制品＊复合柴油等。

第二步：明确调查目标。因非标油可进一步提炼为国标0#柴油，故在上述购买方企业信息中，删除既是非标油购买方又是国标成品油销售方的用油企业，排除虽购买非标油但不属于违规使用的企业，重点保留购买方企业为不具备油品提炼能力的物流运输、基建企业数据。

第三步：查处终端市场。将购买方企业购买的国标0#柴油消耗数据，与企业名下登记的柴油车数量进行分析，确定柴油车每年消耗国标0#柴油数量，对于国标0#柴油的年消耗量为零或者畸少的企业，确定为违规使用非标油企业。

第四步：开展源头打击。对于将非标油出售给不具备油品提炼能力的物流运输或基建企业的销售方，可确定为违规销售非标油企业。

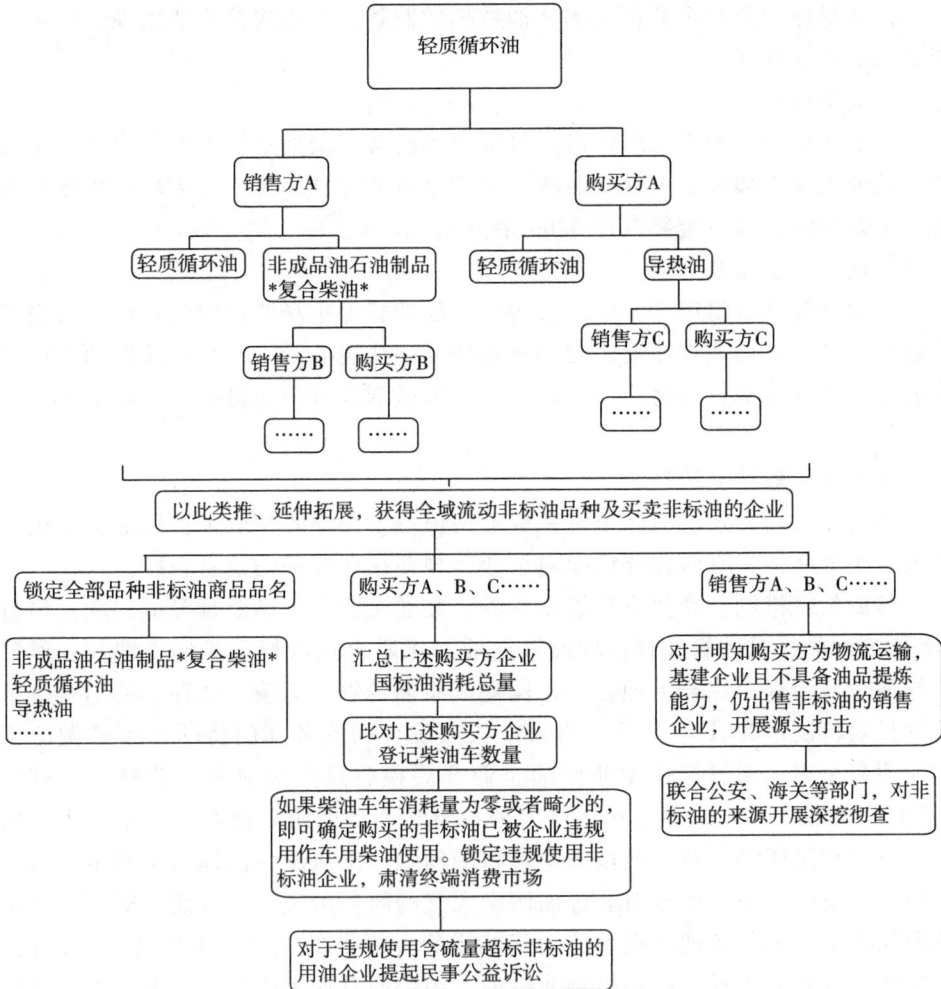

```
                         ┌──────────┐
                         │ 轻质循环油 │
                         └────┬─────┘
              ┌───────────────┴───────────────┐
         ┌────┴────┐                      ┌────┴────┐
         │ 销售方A  │                      │ 购买方A  │
         └────┬────┘                      └────┬────┘
       ┌──────┴──────┐                 ┌───────┴───────┐
  ┌────┴────┐ ┌──────┴──────┐     ┌────┴────┐    ┌────┴────┐
  │ 轻质循环油│ │非成品油石油制品│     │ 轻质循环油│    │  导热油  │
  └─────────┘ │ *复合柴油*   │     └─────────┘    └────┬────┘
              └──────┬──────┘                  ┌───────┴───────┐
          ┌──────────┴──────────┐         ┌────┴────┐    ┌────┴────┐
     ┌────┴────┐          ┌─────┴────┐    │ 销售方C  │    │ 购买方C  │
     │ 销售方B  │          │ 购买方B  │    └────┬────┘    └────┬────┘
     └────┬────┘          └─────┬────┘         │              │
        ……                   ……            ……            ……
```

以此类推、延伸拓展，获得全域流动非标油品种及买卖非标油的企业

锁定全部品种非标油商品品名	购买方A、B、C……	销售方A、B、C……
非成品油石油制品*复合柴油* 轻质循环油 导热油 ……	汇总上述购买方企业国标油消耗总量	对于明知购买方为物流运输、基建企业且不具备油品提炼能力，仍出售非标油的销售企业，开展源头打击
	比对上述购买方企业登记柴油车数量	联合公安、海关等部门，对非标油的来源开展深挖彻查
	如果柴油车年消耗量为零或者畸少的，即可确定购买的非标油已被企业违规用作车用柴油使用。锁定违规使用非标油企业，肃清终端消费市场	
	对于违规使用含硫量超标非标油的用油企业提起民事公益诉讼	

图 9

（4）检察融合监督展开

①公益诉讼监督

根据调查核实情况，嵊州市院先后向多个行政部门制发行政公益诉讼诉前检察建议，推动行政部门开展非标油全链打击，取得积极成效。

查禁企业非法用油，杜绝大气污染。税务部门启动专项行动，涉案企业共补缴税费 1000 余万元，让非法用油企业不仅无利可图，还要承担处罚风险，从而切断利益链。

规范成品油市场。以税务稽查为后盾，遏制用油企业再次购买非标油情况

发生，并延伸加强对企业使用国标油数据的监管，全面规范企业用油，维护正规成品油市场秩序。

②刑事检察

依法严惩非标油黑色产业链。督促市场监督、交通运输等部门取缔嵊州市辖内无证无照黑加油点 8 处、非法改装流动加油车 11 辆，累计查获非标油交易量 1 万余吨，涉案金额共计 6200 余万元。

③刑事检察监督

嵊州市院在取得第三方检测报告后，随即督促市场监督部门依法向公安机关移送一处正规加油点违规销售不合格柴油违法犯罪线索，最终该加油点法定代表人丁某某犯销售伪劣产品罪被判处有期徒刑，有力震慑销售非标油违法犯罪行为。

④促进长效社会治理

创新监管新方式。嵊州市院从税务增值税发票监管角度督促用油企业规范使用合格成品油，有效弥补法律对企业违规使用非标油的监管空白。

形成长效机制。嵊州市院推动商务、交通运输、市场监督等部门联合出台《嵊州市油品质量监管和打击取缔黑加油站点联合执法行动工作方案》，形成非标油全域治理、综合治理合力，构建成品油销售、运输、储存、使用全链条监管长效机制。2021 年 5 月，绍兴市检察院会同税务部门将嵊州市的做法推广至绍兴全市，通过对使用非标油企业开展税收风险应对和经营核查，打击"需方"市场，有效减少市场主体因利益驱动非法使用非标油等违法行为。后期，市检察院还将针对专项核查中暴露的问题，拟从源头治理与探索生态损害惩罚性赔偿两方面，形成对非标油污染大气的闭环治理。一方面，对销售方企业明知购买方不具备油品提炼能力仍然出售非标油的，会同市场监管等部门，从销售方企业是否存在违规出售非标油、销售假冒伪劣商品等入手核查；会同海关、公安等部门，对销售方企业的非标油来源进行深挖彻查，从源头上遏制非标油违法进入油品流通领域。另一方面，探索对企业违规使用高含硫量的非标油致使车辆尾气排放超标造成大气成污染、损害社会公共利益的行为提起民事公益诉讼，计划尝试运用虚拟治理成本法，结合企业名下车辆行驶里程数、车辆参数和环境系数等数据，推算出公益受损具体金额，进而向法院提起民事公益诉讼。

2. 第二代案例：嵊州市成品油偷逃税数字监督模型①

（1）要旨

成品油走私、非法调和严重冲击市场秩序，每年偷逃上千亿元成品油消费税导致巨额税收流失，价格低廉催生黑加油点、流动加油车等黑色产业链，严重威胁公共安全，同时燃烧使用硫含量超标非成品油将对大气造成污染。检察机关坚持数字检察引领，运用"侦查思维＋大数据"，狠抓物流运输关键环节，研发成品油监督平台，实现对成品油生产、销售、储存、使用全链条可视化监督，切实堵塞偷逃税款漏洞，有效遏制销售使用非成品油违法行为，为市域治理现代化贡献数字检察鲜活样本。

（2）案件基本情况

2021 年，嵊州市院在总结涉成品油系列案件办案经验的基础上，狠抓物流运输关键环节，牢牢抓住成品油运输车辆装、卸货点需配备储油设施以及车辆在装、卸货点停留时间明显较长的特殊规律，在中国科学院空天信息创新研究院（以下简称空天院）技术支持下，将 12 吨以上重型货车（含危化品运输车辆）GPS 运行轨迹计算结果与卫星遥感信息有机结合，成功研发成品油监督平台，可视化锁定成品油储油设施分布点（即实际交易地点）、交易数量、预计销售数额等信息。通过线下对储油设施点的具体分析，可将其归纳为成品油经销商（含上游供储油和终端销售企业）、终端用油企业以及黑加油站点等不同类型企业。最终，通过比对税务部门相关数据，一方面，利用成品油监督平台，直接碰撞成品油经销商自行申报销售数据，差值即为涉嫌偷逃税款总额；另一方面，调查终端用油企业增值税发票往来记录，大量存在非成品油增值税专用发票的，即可锁定以变票方式偷逃成品油消费税，进而降低运营成本。综上所述，嵊州市院依托数字检察，通过对车辆运输轨迹的分析计算，精准锁定偷逃税违法行为，切实破解税务监管难题，并从规范成品油销售端和消费端双管齐下，着力破解非成品油供、销、用黑色产业链，有力净化了成品油市场，为市域治理现代化贡献数字检察鲜活样本。

（3）线索发现

根据浙江省人民检察院部署开展违规使用非成品油数字监督专项行动的要求，省院八部成立专案组开展立案调查。经调查发现，成品油经销商通过偷逃巨额成品油消费税，实现以低价恶意挤占成品油市场的目的，严重冲击正常市

---

① 此模型是最高人民检察院于 2023 年 8 月 3 日发布的第四十六批指导性案例之检例第 183 号的办案模型，也是浙江省嵊州市人民检察院督促规范成品油领域税收监管秩序行政公益诉讼案的模型和浙江省检察机关第八检察部发布的类案监督数字模型。

场秩序，但因成品油黑色产业链隐蔽性强、流动性大、交易时间短，行政监管和打击难度较大，一直以来均为困扰行政执法的老大难问题。嵊州市院始终坚持源头治理、综合治理、数字治理理念，经调查核实，成品油运输应按第3类危险化学品标准进行运输，且12吨以上重载运输车辆必须安装北斗卫星定位系统，并利用成品油运输车辆运行轨迹，成功获取嵊州一家民营加油站实际卸货量、预估销售金额等数据，在碰撞税务申报数据后发现，该加油站税务申报销售额少计收入比例高达95%，偷逃税款问题十分突出。为此，嵊州市院以该案成功办理为契机，总结经验、提炼成果，研发成品油监督平台，助力破解成品油领域监管难题。

（4）数据分析方法

①数据来源

危化品运输车辆运行轨迹（来源于交通运输部门）；危化品运输车辆荷载数（来源于交通运输部门）；成品油经销商自行申报销售数据（来源于税务部门）；企业增值税发票往来数据（来源于税务部门）；卫星遥感数据（来源于空天院）。

②数据分析步骤（见图10）

第一步：分析成品油运输车辆轨迹，确定装、卸货次数。危化品车辆在运行过程中每25秒自动上报轨迹数据，熄火状态每15分钟自动上报轨迹数据，故将危化品车辆在运行过程中在某一特定位置停留时间超过30分钟的，作为一次装、卸货点进行统计。

第二步：结合车辆荷载数，与装、卸货次数累计获得实际交易总量（实际交易总量＝装、卸货次数×不同车辆荷载数）。

第三步：线下核实企业性质，可归纳为成品油经销商、终端用油企业以及黑加油站点等不同类型企业。

第四步：调取成品油经销商税务自行申报数据，与预计销售额进行比对（预计销售额＝实际交易数量×预计销售单价，2020年柴油价格以每吨5000元计），碰撞锁定偷逃税违法行为。

第五步：通过调取自备储油设施企业增值税发票往来信息，锁定购买非成品油终端消费企业以及不同非成品油增值税发票品名，确定用油企业以变票行为达到偷逃税的目的。

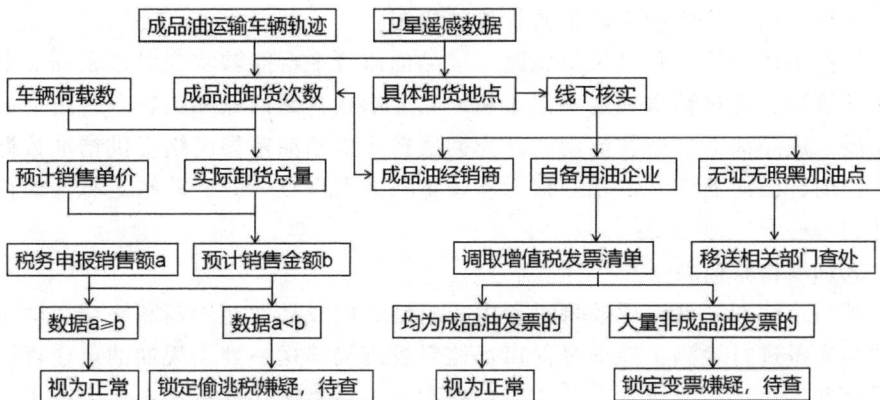

图 10

（5）检察融合监督提示

①公益诉讼检察监督

依法严惩成品油领域偷逃税违法行为。成品油监督平台的应用推广，能够全面掌握成品油储存设施分布点以及交易数量，与税务监管数据进行碰撞，快速锁定偷逃税违法行为，破解成品油领域税务监管"老大难"问题。嵊州市院通过成品油车辆轨迹分析，锁定辖区内一家民营加油站税务申报少计收入2200 余万元，超出该加油点自行申报销售额 11 倍以上，挽回国有资产损失近600 万元（未明确），从销售端严惩成品油偷逃税违法行为。同时，针对终端用油企业将非成品油当作车用柴油燃烧使用，以变票的方式偷逃成品油消费税的，督促税务部门开展风险应对，责令 80 余家涉案企业补缴税费共计 1000 余万元，让企业非法用油无利可图，从消费端再次切断利益链条。

实现对危化品生产、销售、储存、使用全链条闭环管理。成品油监督平台能够实现对危化品装、卸货点位置、数量的可视化监管，通过线下核实的方式，可快速锁定非法从事危化品经营违法点。以成品油为例，在排除成品油经销商和企业自备储油设施的前提下，可确定为无证无照黑加油站点，为靶向规范企业用油，打击黑加油点提供数据支撑。嵊州市院依法查处无证无照黑加油点 8 处、非法改装流动加油车 11 辆，累计查实非成品油交易量 1 万余吨，涉案金额共计 6200 余万元。

②社会综合治理

推动形成多部门联合长效机制。嵊州市院推动商务、交通运输、市场监督管理等部门联合出台《嵊州市油品质量监管和打击取缔黑加油站点联合执法行动工作方案》，推动形成非成品油全域治理、综合治理合力，构建成品油销售、运输、储存、使用全链条监管长效机制。

为打击成品油走私提供新思路。成品油监督平台能够实现对走私油品上岸后闭环管理，通过精准锁定疑似走私油品上岸点、储油点和销售点，可全域可视化展示成品油上岸后物流动向，为彻底铲除走私油销售网络提供精准数据支持。目前，已向浙江省走私办移送涉嫌走私油上岸点一处，涉嫌走私油储存点两处。

③刑事检察监督

嵊州市院在开展专项监督过程中，对辖区内成品油经销商和终端用油企业的油品质量进行检测，随即督促市场监督管理局移送一处正规加油点违规销售不合格柴油违法犯罪线索，并依法审查起诉，最终该加油点法定代表人丁某某犯销售伪劣产品罪被判处有期徒刑，有力震慑销售劣质柴油违法犯罪行为。

第五节　检察公益诉讼融入社会治理体系

检察机关履行公益诉讼职能，回应人民群众关切，立足法律监督职能来维护社会公共利益，其发挥的是"协同式、监督式、参与式的司法化治理"[①]。公益诉讼以法治化的社会治理手段，发挥社会监督之功效，从而保证法律发挥最大的效能。通过公益诉讼形成的有关社会公共利益保护的共识以及在共识基础上达成的机制，具有很强的政策形成功能，因此公益诉讼制度也是政策形成机制的一个重要组成部分，成为推动社会公益保障体制不断完善的一个动力源泉。[②] 公益诉讼嵌入社会治理体系，维护社会公共利益，是检察机关参与社会治理的重要实践探索。

一、公益诉讼与行政执法的衔接配合问题

依托内外部的衔接配合机制，检察机关参与社会综合治理的功能才能得到有效发挥。公益诉讼检察要求检察机关能动履职，充分发挥检察机关的法律监督职能，守护百姓美好生活。但这里要注意检察履职与行政履职的界限问题。在社会治理体系中，行政机关是公共利益的首要维护者。当公共利益遭受侵害

---

① 参见易小斌：《检察公益诉讼参与国家治理的实践面向》，载《国家检察官学院学报》2020 年第 6 期，第 50—58 页。

② 参见颜运秋、余彦：《公益诉讼司法解释的建议及理由——对我国〈民事诉讼法〉第 55 条的理解》，载《法学杂志》2013 年第 7 期，第 33 页。

时，首先应当让行政机关充分履行职责，在行政机关违法或怠于履行职责时，再由检察机关提起公益诉讼来辅助跟进。检察机关如果将其履职置于行政机关履职之前，行政机关不作为将肆意滋生，届时检察机关必定不堪其负，监督职能反而得不到实现。检察机关作为国家的法律监督机关，对国家利益和社会公共利益的维护应当扮演最后一道防线的"兜底作用"，在现行法律无明文规定行政机关行使职权的领域，存在检察机关提起公益诉讼的制度空间。[①] 对于公共利益的维护而言，"行政权负责治理、再由司法权负责监督行政权依法履行职责"模式是符合我国社会治理制度架构的最优化选择。公益诉讼检察制度特别是行政公益诉讼的司法实践是以检察权和行政权密切配合和相互协作为精神内核而构建起来的，我们希冀建立的是协作型公益诉讼模式，司法实践也充分表明协作型公益诉讼模式能够适应国家治理体系和治理能力现代化的需要，能够实现公益诉讼的长远发展，是经实践证明了的理想模式。行政公益诉讼检察建议的程序前置标志着检察权与行政权之间的双向良性互动已经成为今后公益诉讼与行政执法衔接的"主旋律"。行政执法行为具有主动性、专业性、复杂性和裁量性特征，特别是生态环境和资源保护、食品药品安全、国有财产保护和国有土地使用权出让等传统公益诉讼领域均具有各自的特殊性，检察建议的落实有赖于行政执法的协作配合。

公益诉讼与行政执法的衔接，更多地来自双方的协作配合，司法实践中双方良性互动的常态化机制有联席会议制度和信息共享机制。通过定期或不定期召开联席会议，共同商讨行政公益诉讼碰到的具体问题，以此经常性的工作交流机制尽可能减少行政公益诉讼中检察权和行政权之间的界限分歧和执法摩擦，最大限度凝聚共识和增进互信；信息共享机制通过搭建公益执法信息共享平台，共同分享公益诉讼线索信息、行政违法证据信息和行政执法结果信息等，凝聚共识、形成合力，共同守护公益。

在日常性的沟通交流机制的基础上，目前司法实践中积极探索的协作配合方式有联合开展公益保护专项行动。根据环境、安全和健康等公益保护具有的长期性、多领域和复杂性等特征，针对典型性、普遍性或突发性等公益保护重大事项，检察机关和行政机关协作配合，开展专项监督行动，充分发挥检察机关在法律监督和刑事司法上的职能优势，辅之以行政机关在执法调查和鉴定取

---

① 参见林莉红：《论检察机关提起民事公益诉讼的制度空间》，载《行政法学研究》2018 年第 6 期，第 55 页。

证上的技术优势。① 通过专项行动，短期内汇聚力量集中解决突出性问题，协调不同行政职能部门的分工，使公益受损情况在较短时间内得以恢复，从而实现检察建议的精准性、检行协作的高效性和履职尽责的主动性。

二、代表建议、政协提案与检察建议衔接转化

2021 年 10 月，最高人民检察院部署了为期一年的代表建议、政协提案与公益诉讼检察建议衔接转化试点工作，指定长江经济带和黑龙江、河南、青海、新疆等 16 个省、自治区、直辖市检察机关，试点推广代表建议、政协提案与检察建议衔接转化工作，发挥代表委员在案件办理、建言献策、推动立法等方面的作用，形成人大监督、民主监督和检察监督合力。代表建议、政协提案与检察建议的衔接转化机制旨在从代表建议、政协提案的宝库中发掘案件监督线索，通过对相关案件办理，依法发出检察建议，共同促进社会治理。与此同时，人大代表、政协委员如在履职中发现涉及行政检察、民事检察、公益诉讼等线索，通过及时移送检察机关，由检察机关经过认真甄别筛选，及时跟进办理，共同形成监督合力。"人大 + 政协 + 检察"监督模式的构建，作为加强新时代法律监督工作的有益探索，一方面，有助于提升代表建议、委员提案的有效落实，强化人大、政协对检察工作的有效监督，将以往代表、委员事后听汇报式的被动监督，直接变成了参与式的主动监督，既实现实时同步"办案"，又实现检察工作主动接受人大和政协监督；另一方面，从检察机关执法的检察建议中梳理出能够借助人大监督、政协民主监督合力推动系统治理、综合治理的对策建议，通过人大代表、政协委员在"两会"上提出建议、提案，共同推动解决群众急难愁盼问题，尤其是涉及公共利益的公益保护问题，实现代表建议、政协提案与检察建议的"双向衔接转化"，建立健全工作机制，最终实现双赢多赢共赢。

三、社会力量参与问题

"共治"是现代化治理的重要特质，现代化社会的利益诉求多元、行政任务多样、"风险社会"等特征决定了社会治理难以凭借行政力量单方完成，需要社会不同主体的合作共治。同时，在参与过程中不同主体可以表达诉求，影

---

① 参见郑雅方：《中国特色检行协作型行政公益诉讼模式研究》，载《经贸法律评论》2022 年第 2 期，第 138 页。

响治理进程，使最终的治理效果易于被各方接受。①

（一）公开听证

公益诉讼的独特之处在于大量案件是通过诉前程序解决的，该特点为公开听证制度在公益诉讼检察领域发挥独特价值提供了成长土壤。听证不仅能凝聚各方合力，高效合理地办好案件，也是向社会公众宣传检察机关的工作并公开接受检验的绝佳机会。检察机关办理公益诉讼案件，应当坚持"应听证尽听证"的原则，把听证作为一种常规办案方式，发挥好检察听证的监督、宣传等多重功效。

（二）专家咨询

专家以检察官助理的身份参与案件办理，在公益诉讼检察中，专家在证据采样指导、损害事实查明、因果关系认定、修复方案选择、修复成果验收等方面发挥作用的空间很大。专家可以检察官助理的身份参与案件办理，作为具有专门知识的人参与案件办理；作为专家出庭就专业问题发表专家意见等，给公益诉讼办案提供专业知识和智力支持。最高人民检察院正在搭建公益诉讼案件专家咨询网，意在依托互联网，创建检察机关公益诉讼案件办理新模式。在专家咨询网上搭建专家咨询评估鉴定子平台，把与公益诉讼办案相关的各个领域的技术专家请来，纳入专家库。通过这个平台，知名专家像"出诊专家"一样，负责咨询，给出专业意见，提高办案质量和效率，充分挖掘现代智慧检务的巨大能源。办理公益诉讼案件的检察官，应推荐公益诉讼各办案领域在内的不同专业领域的技术专家，充实公益诉讼专家库。

（三）志愿者参与

为凝聚全社会公益保护合力，"益心为公"检察云平台应运而生。最高人民检察院组织开发的"益心为公"检察云平台，是集公益诉讼线索提报、线索评估、专业咨询、参与听证、跟踪观察及信息咨询六大功能于一体的互联网平台，作用在于充分凝聚社会公众力量，提升线索数量质量，强化办案专业辅助，打造多方参与、共治共享的公益司法保护新模式。这是检察机关积极落实中央部署要求的重要举措，也是进一步满足人民群众更高需求的积极回应。2021年7月最高人民检察院将浙江和湖北作为第一批"益心为公"检察云平台试点地区，2022年7月在全国范围内正式启动"益心为公"检察云平台。"益心为公"检察云平台是一个公益诉讼志愿者的在线平台，志愿者对发生在

---

① 参见王敬文：《面向合作治理的行政公益诉讼诉前协议》，载《天津法学》2021年第4期，第41页。

身边的环境污染、生态破坏、食品安全等各个领域的公益损害问题，可以通过平台直接反映到检察机关，成为检察机关的办案线索，与此同时，还可以通过平台参与检察机关专业咨询、公开听证，支持和监督检察工作。检察机关将平台工作和加强与民主党派、社会团体联系配合相结合，强化学习培训和交流互动，线上线下双向发力，为特邀监督员开展工作创造良好条件，依托党派、社会团体联系广泛的优势，共同推进完善"益心为公"检察云平台。将平台工作和公益诉讼志愿观察员制度相结合，将已经聘任并且符合条件的线下志愿观察员转化为线上监督员，加强与团委协作，吸收、推荐一批志愿者参与平台试点。将平台融入检察数字化改革，助力破解线索发现难、专业支持难等问题。

具体制度所负载的功能是其依附的法律体系整体功能在某一方面的缩影，它本身的发展、演变及逐渐被接受的历程应当被置于一个更大的背景下加以考察。① 检察公益诉讼制度走来的几年，是不断探索和不断完善的蹒跚之旅，在公益诉讼制度的预设蓝图和司法实践中不断来回反复论证和求证，是一个动态磨合的过程。公益诉讼司法实践表明，检察机关在守护公共利益方面具有不可比拟的优越性，尽管制度在执行中不尽完美，但是其存在的价值已经在公益诉讼守护的进程中予以了充分论证。

① 参见朱凯：《惩罚性赔偿制度在侵权法中的基础及其适用》，载《中国法学》2003年第 3 期，第 84—91 页。

第四章　检察公益诉讼各领域的
办案思路探析

针对公益诉讼工作，典型案例的价值不言而喻，特别是对刚起步的公益诉讼工作，其案件领域和类型的探索、法律规则的适用、案件办理的路径等均具有参考价值。在公益诉讼的探索轨道上，从零到有，从等内到等外，从起步到发展，公益诉讼检察的蓝图建立在一个个实打实办出来的案件上，以"个案办理—类案监督—系统治理"的发展路径上，各个特定领域案件的办理路径日趋成熟，打造出了一个又一个可复制的公益诉讼检察实践样本。公益诉讼每一个鲜活的案例，同时也是鲜活的法律，让法律以一种看得见的方式为群众所感知，让群众在每一个案件中感受到公益诉讼检察制度设立的初衷，进而规范行为，弘扬社会主义核心价值观，共同守护社会公共利益。

第一节　传统法定领域检察公益诉讼的办案经验

一、生态环境和资源保护领域

生态环境和资源是人类的宝贵财富，为了实现可持续发展，需要共同守护我们的美好家园，才能让子孙后代享有我们未扣减的环境利益。根据《中国大百科全书》的介绍，资源主要是指自然资源，对人类有价值的环境要素。守护生态环境资源一直是公益诉讼传统领域的重心所在。

（一）大气污染

大气具有流动性，其本身具有一定的自净功能。超标排放等行为是否构成生态环境损害是此类案件办理的难点。检察机关通过公益诉讼履职，充分发挥能动司法与行政执法的协调联动作用，促进企业的转型升级，以绿色司法来实现经济社会发展与生态环境保护的双赢。

1. 典型案例

案例一：中华环保联合会诉山东德州晶华集团振华有限公司大气污染民事公益诉讼案①。

振华公司是一家从事玻璃及玻璃深加工产品制造的企业，位于山东省德州市区内。振华公司虽投入资金建设脱硫除尘设施，但仍有两个烟囱长期超标排放污染物，造成大气污染，严重影响了周围居民生活，被环境保护部点名批评，并被山东省环境保护行政主管部门多次处罚，但其仍持续超标向大气排放污染物。中华环保联合会提起诉讼，请求判令振华公司立即停止超标向大气排放污染物，增设大气污染防治设施，经环境保护行政主管部门验收合格并投入使用后方可进行生产经营活动；赔偿因超标排放污染物造成的损失 2040 万元（诉讼期间变更为 2746 万元）及因拒不改正超标排放污染物行为造成的损失 780 万元，并将赔偿款项支付至地方政府财政专户，用于德州市大气污染的治理；在省级及以上媒体向社会公开赔礼道歉；承担本案诉讼、检验、鉴定、专家证人、律师及其它为诉讼支出的费用。德州市中级人民法院受理本案后，向振华公司送达民事起诉状等诉讼材料，向社会公告案件受理情况，并向德州市环境保护局告知本案受理情况。德州市人民政府、德州市环境保护局积极支持、配合本案审理，并与一审法院共同召开协调会。通过司法机关与环境保护行政主管部门的联动、协调，振华公司将全部生产线关停，在远离居民生活区的天衢工业园区选址建设新厂，防止了污染及损害的进一步扩大，使案件尚未审结即取得阶段性成效。山东省德州市中级人民法院一审认为，诉讼期间振华公司放水停产，停止使用原厂区，可以认定振华公司已经停止侵害。在停止排放前，振华公司未安装或者未运行脱硫和脱硝治理设施，未安装除尘设施或者除尘设施处理能力不够，多次超标向大气排放二氧化硫、氮氧化物、烟粉尘等污染物。其中，二氧化硫、氮氧化物是酸雨的前导物，过量排放形成酸雨会造成居民人身及财产损害，过量排放烟粉尘将影响大气能见度及清洁度。振华公司超标排放污染物的行为导致了大气环境的生态附加值功能受到损害，应当依法承担生态环境修复责任，赔偿生态环境受到损害至恢复原状期间服务功能损失。同时，振华公司超标向大气排放污染物的行为侵害了社会公众的精神性环境权益，应当承担赔礼道歉的民事责任。遂判决振华公司赔偿超标排放污染物造成损失 2198.36 万元，用于大气环境质量修复；振华公司在省级以上媒体向社会公开赔礼道歉等。宣判后，双方当事人均未提起上诉，一审判决已生效。

案例二：北京市人民检察院第四分院诉北京多彩联艺国际钢结构工程有限

---

① 此案源于《环境公益诉讼典型案例（上）》，载《人民法院报》2017 年 3 月 8 日。

公司大气污染案①。

多彩公司在北京市大兴区北臧村镇皮各庄二村村西的生产基地从事钢结构制造过程中，喷漆工艺未在密闭空间中进行，喷漆场地未安装废气污染防治设施，喷漆产生的挥发性有机物废气未经处理直接排入大气环境，对周围大气环境造成污染。根据多彩公司油漆、稀料出库单，2016年7月8日至12月9日，多彩公司累计使用油漆39750.5千克，稀料8779.5千克，共计48530千克。2016年12月9日，北京市大兴区环境保护监察支队（以下简称大兴环保监察支队）出具《环境保护监察意见书》，认定多彩公司存在喷漆废气未经处理直接外排大气环境的违法行为。2017年1月13日，北京市大兴区环境保护局（以下简称大兴环保局）作出《行政处罚决定书》（兴环保监罚字〔2016〕第206号）认定多彩公司喷漆产生挥发性有机物废气未经处理直接排放大气环境的行为违反了《大气污染防治法》第45条的规定，依据《大气污染防治法》第108条第1项的规定，对多彩公司处以罚款20万元。北京市人民检察院第四分院在履行职责中发现多彩公司存在破坏生态环境的损害社会公共利益的行为，并依法进行公告，符合法律和司法解释规定的起诉条件，有权以公益诉讼起诉人的身份提起本案环境民事公益诉讼。北京市第四中级人民法院审理后作出（2017）京04民初73号判决，支持了检察机关的诉讼请求，要求多彩联艺国际钢结构工程有限公司在证明采取有效环境保护措施，继续生产符合环境保护标准之前，禁止钢结构加工生产行为，赔偿造成额生态环境损害894880元，在公开媒体上赔礼道歉并支付本案鉴定费33000元。

案例三：北京市朝阳区自然之友环境研究所诉江苏某发电有限公司大气污染民事公益诉讼案②。

江苏某发电有限公司系盐城市区唯一的生活垃圾焚烧发电企业。按照国家规定，该公司垃圾焚烧发电项目自2016年1月1日起应执行更为严格的新排放标准，由于未及时开展焚烧炉技术改造工作，导致二氧化硫、氮氧化物、颗粒物等大气污染物一直不能实现达标排放。环保监管行政机关鉴于公司生产经营业务涉及重大社会公共利益，多次对其处以罚款的行政处罚，未实施停产整治等强制措施。北京市朝阳区自然之友环境研究所以该公司为被告，提起民事公益诉讼。江苏省盐城市中级人民法院一审认为，被告公司长期超标排放造成

---

① 此案源于中国生物多样性保护与绿色发展基金会编：《环境公益诉讼案例选编（2018年卷）》，法律出版社2019年版，第148—159页。

② 此案是最高人民法院于2022年6月5日发布的2021年度人民法院环境资源审判典型案例之九。

大气污染，损害环境公共利益，应当承担侵权责任，其因违反强制性排放标准未完成技术改造升级造成环境损害，故对其请求以停产技改、整体搬迁费用抵扣应予赔偿生态修复费用的主张不予支持。判令该公司赔偿大气环境治理费用5561511.93元，在江苏省级媒体上向社会公开赔礼道歉，支付鉴定费等。江苏省高级人民法院二审维持原判。

2. 办案思路

针对大气污染案件中因果关系证明的难点问题，检察机关可就此类案件与环保公益诉讼组织形成合力，以提起民事公益诉讼的形式要求行为人承担相应的民事责任。对于生态环境侵权行为的构成要件，可以从生态环境的损害事实、行为的违法性和因果关系三方面进行论证，通过专家出庭作证、专家论证会等方式对《鉴定意见》中的专业问题进行系统全面充分阐述。

检察机关在办理大气污染案件时，除要求超标排污企业承担赔偿责任外，还应当加强与行政执法等部门沟通协调，帮助企业解决实际困难，促进企业的合规经营和防污技术的改造升级，避免"办了一个案件，垮掉一个企业"。检察公益诉讼在守护公共利益的同时，要积极引导、鼓励、支持企业在没有法律强制要求情况下，自觉采取措施节能减排、降低环境风险，在追求经济效益的同时切实承担起环境保护的社会责任。

（二）光污染

进入新时代，人民群众对生态环境提出了新的更高要求。光污染是继废气、废水、废渣和噪声污染之后的生态环境领域的新污染类型。国际上一般将光污染分成三大类，分别是白亮污染、人工白昼污染和彩光污染。随着经济社会的迅速发展，光污染呈现高发态势，威胁到昆虫、鸟类、植物等生存环境，甚至在某些方面影响到生态平衡。光污染也在逐步危害着人类正常的生活休息和身体健康。

1. 典型案例

案例：上海市静安区人民检察院督促整治光污染行政公益诉讼案[①]。

上海市静安区内大型商场楼宇林立，夜晚璀璨的灯光在点亮城市的同时，过亮的光源却对居民正常生活休息和行车安全造成影响，光污染已经成为困扰公众的新型环境污染问题。南京西路部分商户的户外电子显示牌（LED显示屏）、灯箱、灯带等照明设施夜间亮度过高，影响周边居民的正常生活休息。

---

① 此案是最高人民检察院于2023年2月27日发布的2022年度"公益诉讼守护美好生活"典型案件之十五。

灵石路一厂区照明设施距离地面约 5.2 米，属于非道路照明设施，但正对路面，产生的灯光对夜间驾驶车辆的司机造成干扰，影响行车安全。相关职能部门在收到市民多次投诉后，未依法及时有效履行监管职责，导致社会公共利益长期受到侵害。

2021 年 10 月，上海市静安区人民检察院（以下简称静安区检察院）在审查上海市公益诉讼全息办案智能辅助系统推送线索时发现，辖区内居民多次投诉部分地点的照明设施夜间亮度过高，损害社会公共利益。

2021 年 11 月 15 日，静安区检察院研判线索后决定对上述问题予以立案办理。公益诉讼部门随即成立办案组，制定调查计划，研究相关法律法规及标准，确定了 18 个需要重点排查的点位，并聘任了来自司法鉴定科学研究院的工程师为技术调查官，辅助案件办理。为查明相关照明设施是否符合技术规范，静安区检察院联合技术调查官多次在夜间至次日凌晨共同对排查点位进行了现场调查。运用光度计、照度计、全站仪等科学工具进行数据采集，并拍摄现场照片和视频。后通过司法鉴定，查明了 6 个点位的光源亮度或照度超过了规定限值。根据《上海市环境保护条例》《上海市户外招牌设置管理办法》《室外照明干扰光限制规范（GB/T35626-2017）》《上海市户外招牌设置技术规范（2021 版）》等，室外灯光广告、照明设施在光照强度等方面应当符合本市环境照明技术规范要求，绿化市容部门对此负有监管职责。

2021 年 11 月 23 日，为进一步凝聚共识，静安区检察院召开"城市光污染治理研讨会"，邀请上海市人民检察院、市环境科学研究院、市照明学会、司法鉴定科学研究院以及相关行政机关参加。通过研讨会商，各方一致认为要加大对光污染问题治理力度，增强公益保护合力，实现双赢多赢共赢。当天，静安区检察院向职能部门代表公开宣告送达了检察建议书，建议其依法履行光污染监管职责，督促涉案商户、工厂对问题点位光源进行整改。

检察建议发出后，职能部门高度重视，立即调查处置，督促整改，形成了严把前端审批、加强日常巡查、注重投诉回复的长效监管机制。经督促整改，涉案 6 个问题点位的照明设施有 3 个被拆除、3 个调低亮度至限定值以下。2021 年 12 月 13 日，静安区检察院再次联合技术调查官至现场跟进调查光污染问题治理的成效，确认涉案光源已符合技术规范，不再影响周边居民生活休息。2022 年 2 月 18 日，因行政机关已经采取整改措施依法履行职责，静安区检察院决定终结案件。2021 年 12 月 17 日，案件承办检察官受邀参加上海市生态环境局主办的修订《上海市环境保护条例》专家座谈会，为加强光污染防治立法建言献策。2022 年 8 月 1 日起，新修正的《上海市环境保护条例》正式实施，条例新增了防治"光污染"的内容，成为我国首部纳入光污染治理的地方性环境保护法规。

2. 办案思路

光污染属于新型环境污染，现有法律法规的供给还跟不上防治光污染的现实需求。规定的模糊性导致行政职责的不清晰，相关的行政执法还处于起步阶段。鉴于光污染的"不残留性"，加之因果关系证明难度高、损害结果难以量化，司法实践中行政公益诉讼更具有优势。检察机关可通过行政公益诉讼，厘清相关部门职责，督促行政机关依法履职，共同守护宜居环境和璀璨星空。

光污染的民事公益诉讼应当保持审慎的态度。通过督促行政机关履职的方式要求造成光污染的相关单位或个人停止实施违法行为应作为守护公益的最佳选择。对于确实造成严重危害的光污染行为，可通过依法支持起诉、提起刑事附带民事公益诉讼等方式来探索，单独提起民事公益诉讼应当严格把好证据关，确保在案证据能够确定损害事实、违法行为和因果关系。

光污染的立法尚处于起诉阶段，可通过检察公益诉讼案件的办理来推动地方立法的完善。将《环境保护法》等法律法规中关于光辐射治理的规定作为案件办理的法律依据，与此同时推动光污染具体细则的出台。①

（三）水污染

水是一种具有流动性和自净能力的环境介质。我国的水污染问题日益严峻。水污染可分为生理性污染、物理性污染、化学性污染和生物性污染，会对人类的生产生活造成不同程度的危害。水质污染是公益诉讼案件办理的重点领域，通过水污染环境修复来维护人类共同的碧水。最高人民检察院也一直很重视水质保护，直接办理督促整治万峰湖流域生态环境受损公益诉讼案和督促整治南四湖流域生态环境公益诉讼案（两湖专案），为此发布过长江流域和黄河流域等河域保护典型案例，并就万峰湖专案第一次以"一批次一案例"的形式在办案现场发布指导性案例。

1. 典型案例

案例一：江苏省泰州市环保联合会诉泰兴锦汇化工有限公司等水污染民事公益诉讼案②。

2012年1月至2013年2月，被告锦汇公司等六家企业将生产过程中产生的危险废物废盐酸、废硫酸总计2.5万余吨，以每吨20—100元不等的价格，

---

① 参见易小斌、徐衍：《光污染防治中的检察公益诉讼担当》，载正义网2021年12月23日。

② 此案是最高人民法院于2017年3月7日发布的环境公益诉讼十大典型案例之一，系最高人民法院公报案例191号，载《最高人民法院公报》2016年第5期。

交给无危险废物处理资质的相关公司偷排进泰兴市如泰运河、泰州市高港区古马干河中，导致水体严重污染。泰州市环保联合会诉请法院判令六家被告企业赔偿环境修复费 1.6 亿余元、鉴定评估费用 10 万元。江苏省泰州市中级人民法院一审认为，泰州市环保联合会作为依法成立的参与环境保护事业的非营利性社团组织，有权提起环境公益诉讼。六家被告企业将副产酸交给无处置资质和处置能力的公司，支付的款项远低于依法处理副产酸所需费用，导致大量副产酸未经处理倾倒入河，造成严重环境污染，应当赔偿损失并恢复生态环境。2 万多吨副产酸倾倒入河必然造成严重环境污染，由于河水流动，即使倾倒地点的水质好转，并不意味着河流的生态环境已完全恢复，依然需要修复。在修复费用难以计算的情况下，应当以虚拟治理成本法计算生态环境修复费用。遂判决六家被告企业赔偿环境修复费用共计 1.6 亿余元，并承担鉴定评估费用 10 万元及诉讼费用。江苏省高级人民法院二审认为，泰州市环保联合会依法具备提起环境公益诉讼的原告资格，一审审判程序合法。六家被告企业处置副产酸的行为与造成古马干河、如泰运河环境污染损害结果之间存在因果关系。一审判决对赔偿数额的认定正确，修复费用计算方法适当，六家被告企业依法应当就其造成的环境污染损害承担侵权责任。二审判决维持一审法院关于六家被告企业赔偿环境修复费用共计 1.6 亿余元的判项，并对义务的履行方式进行了调整。如六家被告企业能够通过技术改造对副产酸进行循环利用，明显降低环境风险，且一年内没有因环境违法行为受到处罚的，其已支付的技术改造费用可经验收后在判令赔偿环境修复费用的 40% 额度内抵扣。六家被告企业中的三家在二审判决后积极履行了判决的全部内容。锦汇公司不服二审判决，向最高人民法院申请再审。最高人民法院最终裁定驳回了锦汇公司的再审申请。

案例二：最高人民检察院督促整治万峰湖流域生态环境受损公益诉讼案①。

万峰湖地处广西、贵州、云南三省（区）接合部，属于珠江源头南盘江水系，水面达 816 平方千米，是"珠三角"经济区的重要水源，其水质事关沿岸 50 多万人民群众的生产生活和珠江流域的高质量发展。多年来，湖区污染防治工作滞后，网箱养殖无序发展，水质不断恶化，水体富营养化严重，部分水域呈劣 V 类水质，远超《地表水环境质量标准》（GB 3838 - 2002）相关项目标准限值。

2016 年，第一轮中央生态环保督察第一批第六督察组在广西督察时发现：

①　此案是最高人民检察院于 2022 年 9 月 20 日发布的第四十一批指导性案例（万峰湖专案）之检例第 166 号。

"2015 年全区 11 个重点湖库中有 5 个水质下降明显",其中包括万峰湖的广西水域。2017 年,第一轮中央生态环保督察第一批第七督察组在贵州督察时发现:"珠江流域万峰湖库区网箱面积 7072 亩,超过规划养殖面积 2.48 倍。"贵州省黔西南州、广西壮族自治区百色市政府就督察发现的问题分别组织了整改,但相关问题并未从根本上解决。此外,万峰湖流域还存在干支流工业废水直排、生活垃圾污染等问题,也直接影响着万峰湖水质,公共利益受到损害。

2019 年 11 月,贵州省人民检察院向最高人民检察院反映了万峰湖流域生态环境污染公益诉讼案件线索。

最高人民检察院初步调查查明,万峰湖流域污染问题由来已久,经中央生态环境保护督察,近年来,贵州省黔西南州部署开展了"清源、清网、清岸、清违"专项活动,云南省、广西壮族自治区所辖湖区也陆续开展了治理行动,但由于三省(区)水域分割管理、治理标准、步调不一等原因,流域污染问题未能根治,此起彼伏,不时反弹蔓延。

最高人民检察院认为,万峰湖流域污染问题涉及重大公共利益,流域生态环境受损难以根治的重要原因,在于地跨三省(区),上下游、左右岸的治理主张和执行标准不统一,仅由一省(区)检察机关依法履职督促治理难以奏效。为根治污染,有必要由最高人民检察院直接立案办理。鉴于该案违法主体涉及不同地区不同层级不同行政机关,数量较多,如采取依监督对象立案的方式,不仅形成一事多案,且重复劳动、延时低效,公共利益难以得到及时有效保护。综合考虑本案实际,2019 年 12 月 11 日,最高人民检察院决定基于万峰湖流域生态环境受损的事实直接进行公益诉讼立案。

2020 年 1 月 13 日,最高人民检察院向三省(区)人民检察院印发《万峰湖流域生态环境受损公益诉讼专案工作方案》,确定了"统分结合、因案施策、一体推进"的办案模式。最高人民检察院办案组统一研判案件线索,以交办、指定管辖等方式统一分配办案任务、调配办案力量,以案件审批、备案审查等方式把控办案质量,以下发通知、提示等方式统一开展指导,助力各办案分组破解办案困难和阻力,统筹全案办理进度。

最高人民检察院将非法网箱养殖污染等七类问题线索经由省(区)院交沿湖市(州)、县(市)两级检察院具体办理。相关检察机关在收到交办和指定管辖的案件线索后,经进一步调查,共依法立案 45 件,其中行政公益诉讼案件 44 件,民事公益诉讼 1 件。在办理行政公益诉讼案件过程中,地方检察机关严格落实"诉前实现公益保护是最佳司法状态"的办案要求,秉持双赢多赢共赢的办案理念,优先与有关行政机关就其存在违法行使职权或者不作为、公共利益受到侵害的后果、整改方案等事项进行磋商。在磋商不能解决问题的情况下，对于行政机关不依法履行职责，致使公共利益受到侵害的情形，依法制发检察建议。44件行政公益诉讼案件均在诉前程序中得到解决，其中通过磋商解决8件，通过制发检察建议解决36件。

为从源头预防污染问题发生，形成跨区划保护合力，推动解决万峰湖流域统一执法、统一生态养殖等可持续发展问题，2021年1月，最高人民检察院办案组指导三省（区）检察机关对案件办理效果开展"回头看"工作，跟踪了解整改落实情况，并指导沿湖三市（州）检察院共同签署了《关于万峰湖流域生态环境和资源保护协作机制（试行）》，强化公益诉讼检察职能对万峰湖的生态保护作用。2021年6月、8月和9月，最高人民检察院办案组三次赴沿湖五县（市）调研，推动相关政府部门坚定绿色发展理念，消除分歧，统一执法监管、统一生态养殖，形成共管、共治、共建、共享的新发展格局。2021年12月，五县（市）检察机关就建立黔桂滇三省（区）五县（市）万峰湖联合检察机制达成一致意见，联合制定《关于万峰湖流域生态环境检察公益诉讼案件跨区划管辖暂行办法（试行）》。

2. 办案思路

水污染的治理需要良好的区域合作机制。建立健全跨区域的合作治理，是我国水污染治理的制度基础。检察一体化办案机制是水污染治理的有力路径。检察机关通过最高人民检察院、省级检察院、市级检察院和县（区）级检察院四级联动的方式实现水污染治理的跨区域协同，充分调动尽可能调动的资源来为办案服务，为水污染治理提供强有力的人力、物力和财力保障。

水在流动的过程中具有一定的自净能力，但是环境的容量是有限的，向水体倾倒大量的废水、废渣、废料等，必然会对水域的水质、水体动植物、河床、河岸以及河流下游的生态环境造成严重破坏。没有及时修复，污染积累超过环境承载能力范围，最终会造成不可逆转的环境损害。因此在水污染案件办理过程中，要特别注意污染行为者应当承担的环境修复责任问题，对何种情形下可以减免责任、减免责任的多少等进行严格把握。

考虑到水污染的涉及面广、环境修复责任重大等实际问题，在要求污染者承担损害赔偿责任的同时，可以考虑替代性修复等方式，来平衡企业发展与环境保护的双重目标。案例一中二审法院鼓励企业加大技术改造力度，对企业通过技术改造明显降低环境风险，并附加一年内没有因环境违法行为受到处罚的，判令企业已支付的技术改造费用可在环境修复费用的一定比例内予以抵扣。这种做法兼顾了企业发展和环境保护之间的全局利益与局部利益、长远利益与短期利益，倡导企业积极承担环境保护主体责任和社会责任。法院采用支付环境修复费用的责任承担方式并探索具体履行路径，较好考虑了司法效果、社会效果与环境效果的统一。① 检察机关在此类案件办理过程中可借鉴和参考上述经验做法，让环境保护行稳致远。

（四）海洋环境污染

海洋环境污染，是指由于人类活动，直接或间接地把物质或能量引入海洋环境，造成或可能造成损害生物资源和海洋生物、危害人类健康、妨碍捕鱼和其它各种合法的海洋活动、损坏海水使用质量和减损环境优美等的有害影响。② 检察机关应充分发挥公益诉讼职能，督促行政机关依法履职，保护和改善海洋生态环境，保护海洋资源，防治海洋环境污染。

1. 典型案例

案例一：广西壮族自治区防城港市污水直排污染红树林生存环境行政公益诉讼案③。

广西壮族自治区防城港市港口区倒水坳大桥南部约 500 米的兴港华府对面、北部湾大道西面连接海湾处，有污水直排入海及污染海湾红树林生长环境的问题，涉及周边面积约 763.38 平方米的海湾红树林。污水长时间持续直排入海，既损害海湾生态环境，也危害到周边海湾红树林的生长环境，社会公共利益持续遭受损害。

2019 年 12 月，防城港市人民检察院从市人大常委会专题调研中发现本案线索，立即进行现场核实，成立专案组立案调查，通过多次走访相关行政机关了解排污情况，并结合防城港市西湾潮汐涨退规律，多次深入排污点，通过实地查看红树林生长情况、派出无人机航拍、拍照录像、不同段污水取样等方式，及时固定污水直排入海的时间、地点、污水颜色、影响范围、影响后果等相关证据。证实该区域持续存在生活污水通过雨水管道直排入海行为，已污染到海域水质，危害到红树林生长，也使该区域的其它海洋动植物生存受到威胁，破坏海洋生态、生物多样性，而且排污口的位置正好处于防城港市西湾国家级 AAA 景区的西湾环海景观带，污水形成长、黑、臭的污染带。

防城港市人民检察院在前期调查的基础上，又先后走访了市城市管理监督局、生态环境局、林业局、海洋局，了解生态资源受损程度及修复等专业性问题，并向市城市管理监督局致函，磋商整改排污问题。2019 年 12 月 6 日，防

① 十二届全国人大代表吕忠梅对此案的点评，参见《环境公益诉讼典型案例（上）》，载《人民法院报》2017 年 3 月 8 日。

② 参见《中国大百科全书》对"海洋环境污染"的定义。

③ 此案是最高人民检察院于 2020 年 4 月 29 日发布的"守护海洋"检察公益诉讼专项监督活动典型案例之七。

城港市人民检察院与市城市管理监督局举行行政公益诉讼诉前磋商会。经磋商，确定由市城市管理局出具整改方案，明确具体措施、整改目标、完成时限。后又通过再次磋商，双方决定建立协商合作长效机制，共同保护防城港良好的生态环境、海洋环境、红树林生存环境。磋商后，市管理监督局通过发放整改通知书、深入排查雨污管网、完善雨污分流管道、堵塞偷排管道等方式对倒水坳大桥附近生活污水直排入海问题进行有效整改。整改期届满后，防城港市人民检察院办案人员多次到现场进行跟踪"回访"查看整改效果，并请防城港市生态环境局工作人员对该区域水质进行现场取样，检测结果显示排放的各项指标已达到国家标准。

案例二：海南省海口市海洋非法倾废行政公益诉讼案①。

2018年7月，海南中汇疏浚工程有限公司（以下简称中汇公司）承包某公司土石方工程的土方外运和垃圾处置项目，在海口市海甸岛美丽沙搭建临时码头，用船舶运输建筑垃圾。中汇公司无海洋倾废许可证，其倾倒垃圾的海域非海口市人民政府指定的海洋倾废区域。中汇公司申请海域使用权时提供的租地合同系伪造，其声称用船舶将建筑垃圾运至湛江某村租用地，但实际并未运到此地。陈某系中汇公司的实际控制人及项目实际承包人。

海口市秀英区人民检察院永兴海洋检察室通过对接的12345热线平台发现举报线索后，于2018年11月通过无人机三次巡查，拍摄到有运泥船非法倾废。视频显示，运泥船从临时码头开出1海里左右就开始掉头，掉头时船舱底部打开，一边行驶一边倾倒，船后泛起一条黄黄的水带，夹杂着一些塑料垃圾漂浮在海面。2018年12月14日，海口市人民检察院与秀英区人民检察院开展联合调查，发现美丽沙工地工程车装载建筑垃圾驶向临时码头后，随即通过无人机拍摄取证，同时将情况反映给海口市海洋与渔业局执法支队并与其一起出海，在海上截获一艘已倾倒建筑垃圾正在返回临时码头的开底船。

2019年1月2日，海口市人民检察院经调查核实，向海口市海洋与渔业局公开送达检察建议书，要求其依法履行职责，对骗取海域使用权及非法倾废行为予以查处，对违法行为人追究生态损害赔偿责任。2019年2月27日，涉案临时码头被拆除。2019年5月16日，海口市海洋与渔业局对中汇公司和陈某作出"责令立即改正，各处人民币10万元罚款"的行政处罚。罚款已缴纳。

海口市人民检察院在调查涉案渣土的去向时还发现，除一部分被非法倾倒

① 此案是最高人民检察院于2020年4月29日发布的"守护海洋"检察公益诉讼专项监督活动典型案例之八。

入海外，还有一部分被运至海口市新埠岛一非法垃圾堆放点。2019 年 3 月，海口市美兰区人民检察院向相关执法部门发出诉前检察建议，该违法垃圾堆放点问题得到处理，涉案单位缴纳罚款和处置费用近 200 万元。针对中汇公司等人非法倾废造成的海洋生态环境损失，2019 年 11 月 1 日，海口市人民检察院向海口海事法院提起了民事公益诉讼。2020 年 3 月 26 日，一审法院判决被告支付修复费、鉴定费等 907 万元。

2. 办案思路

检察机关办理的海洋环境污染公益诉讼案件，涉及面较广，应当以点面结合的方式推进案件办理，以个案为抓手，在海洋生物多样性保护、海洋垃圾清理、陆源污染、船舶违法排污、海水养殖污染、违规填海、海洋湿地保护、海洋自然保护区、海洋环境监测等方面进行面上突破，全方位立体式保护海洋生态环境。

检察机关在办理行政公益诉讼案件的过程中，应当采取积极有效的方式，力争让行政机关积极主动履职。如通过圆桌会议、公开听证等方式，充分调动相关职能部门和社会组织共同参与，确保办案的法律效果和社会效果的有机统一。对于污染源不大，较易整治的，可以通过磋商方式来进行督促整治；一般的通过制发检察建议的方式督促行政机关履职；对于污染源较大，制发检察建议后行政机关不履行或者怠于履行职责的，检察机关应当通过诉的方式来督促行政机关依法履职，维护海洋生态环境。

（五）危险废物处置

危险废物污染防治工作一直以来都受到高度重视。新修订的《固体废物污染环境防治法》进一步完善了危险废物环境污染防治的相关规定，对危险废物污染防治提出了更加明确的要求。检察机关应当严格贯彻党的二十大关于"严密防控环境风险"的要求，落实党中央、国务院深入打好污染防治攻坚战决策部署的重要举措，防控危险废物环境风险，保障公众健康，维护生态安全。

1. 典型案例

案例：江苏省人民政府诉安徽海德化工科技有限公司生态环境损害赔偿案①。

2014 年 4 月 28 日，安徽海德化工科技有限公司（以下简称海德公司）营销部经理杨峰将该公司在生产过程中产生的 29.1 吨废碱液，交给无危险废物

---

① 此案是最高人民法院于 2019 年 12 月 26 日发布的指导案例 129 号。

处置资质的李宏生等人处置。李宏生等人将上述废碱液交给无危险废物处置资质的孙志才处置。2014年4月30日，孙志才等人将废碱液倾倒进长江，造成了严重环境污染。2014年5月7日，杨峰将海德公司的20吨废碱液交给李宏生等人处置，李宏生等人将上述废碱液交给孙志才处置。孙志才等人于2014年5月7日及同年6月17日，分两次将废碱液倾倒进长江，造成江苏省靖江市城区5月9日至11日集中式饮用水源中断取水40多个小时。2014年5月8日至9日，杨峰将53.34吨废碱液交给李宏生等人处置，李宏生等人将上述废碱液交给丁卫东处置。丁卫东等人于2014年5月14日将该废碱液倾倒进新通扬运河，导致江苏省兴化市城区集中式饮用水源中断取水超过14小时。上述污染事件发生后，靖江市环境保护局和靖江市人民检察院联合委托江苏省环境科学学会对污染损害进行评估。江苏省环境科学学会经调查、评估，于2015年6月作出了《评估报告》。江苏省人民政府向江苏省泰州市中级人民法院提起诉讼，请求判令海德公司赔偿生态环境修复费用3637.90万元，生态环境服务功能损失费用1818.95万元，承担评估费用26万元及诉讼费等。

江苏省泰州市中级人民法院于2018年8月16日作出（2017）苏12民初51号民事判决：被告安徽海德化工科技有限公司赔偿环境修复费用3637.90万元；被告安徽海德化工科技有限公司赔偿生态环境服务功能损失费用1818.95万元；被告安徽海德化工科技有限公司赔偿评估费用26万元。宣判后，安徽海德化工科技有限公司提出上诉，江苏省高级人民法院于2018年12月4日作出（2018）苏民终1316号民事判决：维持江苏省泰州市中级人民法院（2017）苏12民初51号民事判决。

2. 办案思路

危险废物的收集、贮存、运输、利用、处置等法律均有明确的规定。2021年11月30日，生态环境部、公安部和交通运输部门联合出台了《危险废物转移管理办法》，该办法于2022年1月1日起施行。2023年7月1日起，生态环境部印发的《危险废物识别标志设置技术规范》，与国家市场监督管理总局联合印发的《环境保护图形标志——固体废物贮存（处置）场》《危险废物贮存污染控制标准》正式实施，新标准对提高危险废物贮存污染防治水平提出了更高的要求。为了确保危险废物的安全转移和处置，国家规定了严格的管理制度，包括危险废物专用场地管理、危险废物经营许可管理、危险废物台账管理、危险废物事故报告、危险废物运输管理等制度，还对医疗费用作了特别规定。检察机关在办理此类案件时可以关注危险废物运输管理的各个环节，结合安全生产等专项共同开展危险废物污染防治公益诉讼案件的办理。

危险废物污染防治公益诉讼检察工作的开展，可以关注以下方面：一是危险废物贮存、处置场所的设施不符合国家环境标准；二是收集、贮存、运输、处置危险废物未采取防扬散、防流失、防渗漏或者其它防治污染环境的措施；三是违规从事收集、贮存、利用处置危险废物活动；四是擅自倾倒、堆放、丢弃、遗撒危险废物；五是将危险废物以副产品等名义提供或者委托给无危险废物经营许可证的单位或者其它生产经营者从事收集、贮存、利用、处置活动；六是危险废物转移联单未规范或者如实填写；七是未经批准跨省转移危险废物等。

危险废物污染防治涉及的行政主管部门较多。生态环境主管部门依法对危险废物转移污染环境防治工作以及危险废物转移联单运行实施进行监督管理，查处危险废物污染环境违法行为；各级交通运输主管部门依法查处违反危险废物货物运输管理相关规定的违法运输行为；公安机关依法查处危险废物运输车辆的交通违法行为，打击涉危险废物污染环境犯罪行为。检察机关办理此类公益诉讼案件时要理清部门职责，针对危险废物转移的不同环节精准监督，向主管的行政部门制发检察建议，同时也可以邀请前端和后端的主管部门共同召开圆桌会议等，共同打击危险废物污染环境的违法行为。

（六）矿产资源保护

1. 典型案例

案例一：江苏省建湖县人民检察院诉张某某等人长江非法采砂刑事附带民事公益诉讼案①。

2021年3月至7月，张某某、章某某等32人相互通谋结伙，利用非法改装的隐形吸砂泵船，在安徽省铜陵淡水豚国家级自然保护区河段上下断面之间的禁采区非法采砂，直接输送至运砂船进行销售。犯罪团伙改装、盗采、过驳、运输、销售全链条作业，至案发时累计作案10起，盗采江砂46765吨、价值289.31万元，造成长江江砂资源和生态环境严重破坏。马某某明知江砂系盗采，仍收购1700吨并出售。

2021年9月，江苏省建湖县人民检察院（以下简称建湖县院）在提前介入张某某、章某某等人涉嫌非法采矿罪一案时发现，涉案非法采矿行为可能破坏生态环境、损害社会公共利益，遂于2021年9月23日决定进行刑事附带民事公益诉讼立案，并依法发布公告、开展调查。调查过程中，建湖县院商请特邀检察官助理、县水利局专业人员参与办案、提供指导，并于同年10月21日

---

① 此案是最高人民检察院、水利部于2022年6月9日联合发布的涉水领域检察公益诉讼典型案例之九。

共同赴安徽江段实地调查。经过联合走访相关单位，了解采砂地点生态环境和生物资源特殊性，确认采砂地点。安徽省长江河道采砂管理局、铜陵市水利局依据商请，分别出具情况说明，证明铜陵市长江干流水域未设置规划采区，且在 2020 年 1 月以后长江安徽段未发放采砂许可证，进一步确认涉案采砂行为的违法性。

水利局专业人员参与调查后提出，鉴于采砂水域的特殊性，应当对河床结构、水生生物、生态服务功能等进行全面量化评估。经委托南京大学环境规划设计研究院技术评估，非法采矿行为造成江砂资源损失估算体积 23382.52 立方米，矿产资源和生态环境损害评估数额 5157476.86 元，其中江砂资源和河床结构损失 4910329.2 元；鱼类资源损失 96146.02 元；底栖生物恢复费用 14884.62 元；生态服务功能损害 101557.02 元；监测费用 34560 元。另查明，张某某曾因犯非法采矿罪被判处刑罚，鲍某某因涉嫌非法采矿罪被取保候审期间再次实施非法采矿行为。

2021 年 12 月 29 日，江苏省建湖县公安局以张某某、章某某等 32 人涉嫌非法采矿罪、马某某涉嫌掩饰、隐瞒犯罪所得罪移送审查起诉。2022 年 1 月 28 日，建湖县院向江苏省东台市人民法院提起公诉。2022 年 2 月 11 日，根据涉案人员的具体分工、作用不同，对 33 名被告人中的采砂船船主、运砂船船主等 14 人提起附带民事公益诉讼，诉其在各自参与采砂数量范围内连带赔偿生态环境损害 5157476.86 元、技术评估费用 280000 元，在国家级媒体公开赔礼道歉。同时对有前科劣迹的张某某、鲍某某二人，依据《民法典》第 1232 条规定，诉请对其参与部分另行承担一倍生态环境损害惩罚性赔偿责任 135445.02 元、12688.88 元。

2022 年 3 月 1 日，经江苏省东台市人民法院审理并当庭宣判，33 名被告人被依法判处 1 年至 4 年 6 个月不等有期徒刑，并处罚金；同时，法院支持检察机关的全部公益诉讼请求。目前判决已生效。

案例二：山西省检察机关督促整治浑源矿企非法开采行政公益诉讼案①。

山西浑源 A 煤业有限公司（以下简称 A 煤业公司）、山西浑源 B 露天煤业有限责任公司（以下简称 B 煤业公司）等 32 家煤矿、花岗岩矿、萤石矿等矿企，分别地处恒山国家级风景名胜区、恒山省级自然保护区和恒山国家森林公园及周边（以下简称恒山风景名胜区及周边）。上述矿企在开采和经营过程中，违反生态环境保护和自然资源管理法律法规，无证开采、越界开采，严重

① 此案是最高人民检察院于 2022 年 9 月 19 日发布的第四十批指导性案例之检例第 163 号。

破坏生态环境和矿产、耕地及林草资源。其中，A 煤业公司矿区在未办理建设用地使用手续的情况下非法占用农用地，造成农用地大量毁坏，涉及耕地面积达 9305 亩。B 煤业公司等其它矿企也分别长期存在越界开采煤炭资源，违反矿山开发利用方案多采区同时开采，未经审批占用耕地、林地等违法行为，违法开采造成生态环境受损面积达 8.4 万余亩，经济损失约 9.5 亿元。

2017 年 12 月，山西省人民检察院（以下简称山西省院）通过公益诉讼大数据信息平台收集到多条反映浑源县矿企破坏恒山风景名胜区及周边生态环境和自然资源的线索，报告最高人民检察院后，最高检挂牌督办。山西省院启动一体化办案机制，统筹推进省市县三级检察院开展立案调查。

检察机关通过调取涉案地区卫星遥感图片和无人机航拍照片，初步查实恒山风景名胜区及周边露天开采矿企底数、生态破坏面积等基本情况。经委托专门鉴定机构现场勘查测绘，针对不同矿企制作现场平面图、三维建模图等，检察机关摸清了生态环境和资源遭受破坏情况并及时固定证据。初步认定，A 煤业公司、B 煤业公司等矿企长期实施非法采矿、非法占地、非法排污及无证经营等违法行为，使当地煤炭、花岗岩等矿产和耕地、林草资源遭到严重破坏。2018 年 9 月 3 日，浑源县人民检察院（以下简称浑源县院）决定作为公益诉讼案件立案办理，此后相关检察院也经指定管辖先后依法立案。

多年来，相关行政机关对涉案矿企的违法行为曾采取过罚款、没收违法所得、责令退回本矿区范围内开采、下达停工通知和停止违法违规生产建设行为通知等监管治理措施，但生态环境和自然资源受损状况并未改观甚至日益加剧。2018 年 8 月至 12 月，大同市两级检察机关针对花岗岩矿、萤石矿、粘土砖矿企业实施的破坏生态环境和自然资源违法行为，根据同级监督的原则，分别向负有监督管理职责的相应行政机关发出检察建议，督促对涉案矿企违法行为依法全面履行监管职责。

因该案涉及矿企数量众多，违法和公益损害的情形多样，涉及不同层级多个行政机关，为有效推进案件办理，大同市人民检察院（以下简称大同市院）发挥一体化办案优势，统筹辖区办案资源，除浑源县院外，还将该案相关具体线索分别指定辖区多个县级检察院管辖。根据大同市院的指定，云冈区检察院就 A 煤业公司剥离废渣石随意堆积污染环境违法情形，于 2018 年 10 月 15 日向浑源县生态环境部门制发诉前检察建议，建议其依法履职，督促该矿采取有效防范措施，防止固废污染环境。同年 12 月 10 日，生态环境部门回复已完成对剥离废渣石等固废的整治并建立矿山监管长效机制。广灵县、左云县、平城区、天镇县检察院根据大同市院指定，先后向大同市国土资源局、林业局，浑源县国土资源局、林业局、安监局以及浑源县青瓷窑乡、千佛岭乡政府等行政机关发出诉前检察建议并持续跟进,相关行政机关均按期回复,查处整治、植被恢复等整改任务都已落实到位。

山西省自然资源厅系 A 煤业公司、B 煤业公司等 5 家涉案煤矿企业采矿许可证发证机关,对涉案煤企的违法行为负有监管职责。2019 年 1 月 21 日,山西省院向山西省自然资源厅发出行政公益诉讼诉前检察建议,督促其对涉案煤矿企业破坏资源环境和耕地的违法行为依法全面履行监管职责。1 月 29 日,山西省自然资源厅函复山西省院,对被非法占用的耕地和基本农田及时组织补划工作,协调开展技术评审。该厅派员赴大同市、浑源县对接查处整治和生态修复工作,全程指导浑源县矿山地质环境恢复、综合治理规划、露天采矿生态环境治理修复可行性研究、勘察设计制定、生态环境治理修复工程实施等工作。3 月 19 日,该厅书面回复山西省院,已在全省开展严厉打击非法用地用矿专项行动,并组织对破坏资源的鉴定工作,建议动用 5 家煤矿企业预存的 5500 万元土地复垦费用直接用于生态修复,并联合省财政厅下达专项资金支持浑源县开展露天矿山生态修复。

鉴于相关违法行为具有一定的普遍性和典型性,且损害重大公共利益,为督促相关省级行政机关加大对下级主管部门的行政执法监督和指导力度,2019 年 1 月 29 日,山西省院向省市场监督管理局、省应急管理厅、省生态环境厅、省林业和草原局等行政机关发出社会治理检察建议,建议上述机关分别针对涉案煤矿无安全生产许可证开采经营、无环评手续非法生产、擅自倾倒堆放固废、违法占用林地等违法行为督促大同市、浑源县有关部门依法及时查处。上述四厅局迅即向大同市、浑源县通报情况并实地督导,在项目规划、资金筹措、技术支持、法规适用等方面跟踪指导并相互配合,确保生态修复有序推进。

相关行政机关收到检察建议后,均在法定期限内予以回复,依法全面履职,整治涉案矿企违法违规行为,积极推进生态修复。通过采取注销采矿许可证、拆除、搬迁等措施,使涉案矿企违法违规开采及破坏环境资源违法行为得到全面遏制,部分花岗岩矿和粘土砖矿已完成搬迁拆除或注销,对涉案 5 家煤矿根据违法违规情形责令逐步分批分期退出。

在该案办理过程中,检察机关根据调查核实掌握的证据,就有关公职人员不依法履行监管职责、大面积耕地被非法占用等情况进行研判,向纪检监察机关移送公职人员违纪违法线索 92 件,其中 77 人受到党政纪处分,9 人被追究刑事责任;向公安机关移送涉嫌非法占用农用地等涉嫌犯罪线索 31 件,公安机关立案侦查 35 人,检察机关向人民法院提起公诉 30 人。

当地政府制定了恒山风景名胜区及周边生态修复整治方案,提出"一年见绿,两年见树,三年见景"的生态修复目标。截至 2021 年底,修复工程完成矿山生态治理面积 5.39 万亩，其中恢复林地耕地 1.1 万亩，栽种各类树木 348.55 万株，铺设各类灌溉管网 16.525 万米，累计投入 10 亿余元。其余受损生态也在按修复整治方案因地因势治理中。

2. 办案思路

违法采矿行为不处罚必然会给生态带来不可逆转的损害。矿产资源保护涉及的部门众多。检察机关在办理此类案件时，要厘清自然资源、林草、生态环境、应急管理、水务、市场监管部门及乡、镇政府等行政机关各自的监管职责。在厘清相关职责的基础上，才能精准监督，制发具有针对性的检察建议。

对于不同的矿产资源、林地权属及矿企的违法行为，监管的行政机关层级亦不相同。"煤矿、花岗岩矿分别由省级和市级自然资源部门颁发采矿许可证予以监管；矿企破坏林地的违法行为分别由市级、县级林草部门监管；矿企违法占地、未取得安全生产许可证生产、非法倾倒固体废物、无营业执照经营等违法行为分别由县级自然资源、应急管理、生态环境、市场监管等部门监管。"① 因此在办理案件的过程中，要找准问题所在点，对症下药。在条件许可的情况下，甚至可以实行全链条监管，真正发挥公益诉讼检察的社会治理功效，以法治思维和法治方式助推国家治理体系和治理能力现代化。

《民法典》第 1232 条、第 1233 条规定了环境污染、生态破坏侵权的惩罚性赔偿。检察机关在办理矿产资源保护类案件时碰到的情况会比较多。在刑事案件先行的民事公益诉讼案件中或者刑事附带民事公益诉讼案件中，根据刑事案件证据材料来进行民事举证相对来说会容易些。在单独的民事公益诉讼案件以及行政公益案件中，检察机关在案件办理过程中应积极争取矿产资源行政主管部门的"专业外脑"支持，可邀请专业人员作为检察官助理参与案件办理，为办案提供专业性的指导意见，特别是生态环境功能损害的量化评估和惩罚性赔偿金额的确定。

（七）古树名木保护

1. 典型案例

案例：浙江省丽水市莲都区人民检察院督促保护原生态樟树群行政公益诉讼案②。

凉塘樟树群系丽水市中心城区为数不多且规模最大的原生态樟树群，共有 44 棵大樟树，均为国家二级重点保护植物，其中最高树龄 300 年，为国家一

---

① 参见最高人民检察院于 2022 年 9 月 19 日发布的第四十批指导性案例之检例第 163 号。
② 此案是最高人民检察院于 2021 年 10 月 9 日发布的生物多样性保护公益诉讼典型案例之四。

级古树。因重点道路工程建设，樟树群被划入规划红线内，计划移植处理。截至 2019 年 3 月，业主单位已完成樟树群移植项目的招投标，计划 4 月底前全部移植。道路建设已全面开工，施工现场紧邻樟树群，部分樟树遭受破坏，但移植项目却未上报丽水市住房和城乡建设局（以下简称丽水市住建局）审批。

2019 年 4 月 1 日，浙江省丽水市人民检察院接到公益线索举报后，立即将该案交由浙江省丽水市莲都区人民检察院（以下简称莲都区院）办理。莲都区院迅速立案，开展调查核实。丽水市和莲都区两级院检察长带队赴现场勘查，同时检察机关邀请公益人士参与办案，聘请专家现场认定树龄，走访行政机关和业主单位，厘清监管职责，核实道路建设、移植项目等具体情况。经调查，存在古树移植项目未经审批、樟树遭受破坏等问题，社会公共利益受到侵害。

2019 年 4 月 8 日，莲都区院向丽水市住建局发出诉前检察建议，督促其依法履职，加强古树移植审批和后续保护工作。同时，检察机关主动向丽水市政府通报案情。分管副市长两次组织现场调研，四次牵头召开专题会议。2019 年 6 月 3 日，丽水市住建局作出阶段性回复。7 月 24 日，丽水市政府最终确定樟树群全部原址保留，道路做线型调整，樟树群所在地 27252 平方米土地性质变更为绿化用地。为此，道路建设将多支出 2000 余万元。

2019 年 9 月 12 日，丽水市政府召开专题会议，出台《丽水市区古树名木保护工作专题会议纪要》，在全国率先建立"树评"制度，明确城市建设用地内古树名木统一由住建部门监管，上图挂牌公布，自然资源和规划部门在土地出让前应先征求住建部门意见并在规划设计条件上注明古树名木位置及保护措施。

丽水市人民检察院继而在全市组织"守古树、护名木"公益诉讼专项行动，共办理案件 90 件，督促对 600 余棵古树名木采取保护措施，推动出台规范性文件 4 份。在检察机关的督促和支持下，丽水市政府于 2020 年 12 月出台《丽水市生物多样性与可持续利用发展规划》，将古树名木保护项目列为 12 个生物多样性保护优先项目之一予以重点推进；公益人士也于同年底成立了全省首个古树名木保护公益组织。

2. 办案思路

根据规定，达 100 年树龄的树木即可称为古树，具有历史意义、教育意义或在其它方面有社会影响力而闻名的树木才可称为名木。就古树名木而言，根据其具有的科学、文化、历史或景观价值的影响力不同，古树名木的保护级别可分为国家级古树名木、省级古树名木、市级古树名木、县级古树名木和乡级古树名木。对古树实行三级分级保护，树龄 500 年以上的古树实行一级保护，树龄 300 年以上 500 年以下的古树实行二级保护，树龄 100 年以上 300 年以下的古树实行三级保护。名木均实行一级保护。对于不同等级的古树名木，在养护责任主体、养护管理方法等方面存在一定的差异。检察机关在办理古树名木保护案件时首先要对古树名木的等级予以确定。

古树名木公益诉讼案件的办案点有以下几方面：一是任何单位和个人不得以任何理由、任何方式砍伐和擅自移植古树名木，无论是工程建设还是地上构筑物均不得砍伐或擅自移动；二是对于因特殊原因需要移动古树名木的，不同级别的古树的审批主体不同，应当严格依照法律规定进行审核同意；三是针对古树名木本身的保护而言，主要是确保其自身的生长和环境，不得进行破坏，如在树上刻划、张贴或者悬挂物品，建筑施工等作业时借树木作为支撑物或者固定物，攀树、折枝、挖根、摘采果实种子或者剥损树枝、树干、树皮，距树冠垂直投影 5 米的范围内堆放物料、挖坑取土、兴建临时设施建筑、倾倒有害污水、污物垃圾，动用明火或者排放烟气，擅自移植、砍伐、转让买卖等。检察机关在发现存在上述问题时应当在调查核实后向行政职能部门制发检察建议，对上述行为进行纠正，并对遭受损害的古树名木采取补救措施。

（八）生物多样性保护

《生物多样性公约》规定，我们在注意到生物多样性遭受严重减少或损失的威胁时，不应以缺乏充分的科学定论为理由，而推迟采取旨在避免或尽量减轻此种威胁的措施；各国有责任保护它自己的生物多样性并以可持久的方式使用它自己的生物资源；每一缔约国应尽可能并酌情采取适当程序，要求就其可能对生物多样性产生严重不利影响的拟议项目进行环境影响评估，以期避免或尽量减轻这种影响。我国是联合国《生物多样性公约》缔约国，应该遵守其约定。随着生态环境的变化特别是恶化，珍稀动植物等资源持续下降，有些甚至濒临灭绝。构建动植物物种更加严密有效的保护措施，对于动植物种群的维持及恢复有至关重要的作用。检察机关应当切实担起生物多样性保护职责，为动植物保护提供法治保障。

1. 典型案例

案例一：中国生物多样性保护与绿色发展基金会诉雅砻江流域水电开发有限公司生态环境保护民事公益诉讼案①。

雅砻江上的牙根梯级水电站由雅砻江流域水电开发有限公司（以下简称雅砻江公司）负责建设和管理，现处于项目预可研阶段，水电站及其辅助工

---

① 此案是最高人民法院于 2021 年 12 月 1 日发布的指导案例 174 号。

程（公路等）尚未开工建设。

2013年9月2日发布的中国生物多样性红色名录中五小叶槭被评定为"极危"。2016年2月9日，五小叶槭列入《四川省重点保护植物名录》。2018年8月10日，世界自然保护联盟在其红色名录中将五小叶槭评估为"极度濒危"。当时我国《国家重点保护野生植物名录》中无五小叶槭。2016年9月26日，四川省质量技术监督局发布《五小叶槭播种育苗技术规程》。案涉五小叶槭种群位于四川省雅江县麻郎措乡沃洛希村，当地林业部门已在就近的通乡公路堡坎上设立保护牌。

2006年6月，中国水电顾问集团成都勘测设计研究院（以下简称成勘院）完成《四川省雅砻江中游（两河口至卡拉河段）水电规划报告》，报告中将牙根梯级水电站列入规划，该规划报告于2006年8月通过了水电水利规划设计总院会同四川省发展改革委组织的审查。2008年12月，四川省人民政府以川府函〔2008〕368号文批复同意该规划。2010年3月，成勘院根据牙根梯级水库淹没区最新情况将原规划的牙根梯级调整为牙根一级（正常蓄水位2602m）、牙根二级（正常蓄水位2560m）两级开发，形成《四川省雅砻江两河口至牙根河段水电开发方案研究报告》，该报告于2010年8月经水电水利规划设计总院会同四川省发展改革委审查通过。

2013年1月6日、4月13日，国家发展改革委办公厅批复：同意牙根二级水电站、牙根一级水电站开展前期工作。由雅砻江公司负责建设和管理，按照项目核准的有关规定，组织开展水电站的各项前期工作。待有关前期工作落实、具备核准条件后，再分别将牙根梯级水电站项目申请报告上报我委。对项目建设的意见，以我委对项目申请报告的核准意见为准。未经核准不得开工建设。

中国生物多样性保护与绿色发展基金会（以下简称绿发会）认为，雅江县麻郎措乡沃洛希村附近的五小叶槭种群是当今世界上残存最大的五小叶槭种群，是唯一还有自然繁衍能力的种群。牙根梯级水电站即将修建，根据五小叶槭雅江种群的分布区海拔高度和水电站水位高度对比数值，牙根梯级水电站以及配套的公路建设将直接威胁到五小叶槭的生存，对社会公共利益构成直接威胁，绿发会遂提起本案预防性公益诉讼。

四川省甘孜藏族自治州中级人民法院于2020年12月17日作出（2015）甘民初字第45号民事判决：被告雅砻江公司应当将五小叶槭的生存作为牙根梯级水电站项目可研阶段环境评价工作的重要内容，环境影响报告书经环境保护行政主管部门审批通过后，才能继续开展下一步的工作；原告绿发会为本案诉讼产生的必要费用4万元、合理的律师费1万元，合计5万元，上述款项在本院其它环境民事公益诉讼案件中判决被告承担的生态环境修复费用、生态环境受到损害至恢复原状期间服务功能损失费用等费用（环境公益诉讼资金）中支付（待本院有其它环境公益诉讼资金后执行）；驳回原告绿发会的其它诉讼请求。一审宣判后当事人未上诉，判决已发生法律效力。

案例二：湖北省宜昌市西陵区人民检察院督促保护中华鲟自然保护区生存环境行政公益诉讼案①。

中华鲟是世界上现存的最古老脊椎动物之一，距今有一亿四千万年的历史，被誉为水生物中的活化石，被列入国家一级保护动物名录，由于人类活动的影响长江水体及周边环境不断恶化，中华鲟数量持续下降、濒临灭绝。长江湖北宜昌中华鲟自然保护区于 1996 年建立，其中西陵辖区所对应水域全部属保护区的核心区域，是中华鲟洄游产卵区域。

湖北省宜昌市西陵区人民检察院（以下简称西陵区院）在履行公益诉讼监督职能中发现，在核心区域内的长江水域岸边有大量居民使用钓钩网具等非法捕鱼，附近约一公里长江堤岸被改为菜地，建设了违规构筑物，大量污染物经雨水冲刷后直排长江，严重影响中华鲟繁衍生息。

西陵区院于 2020 年 6 月立案后开展现场勘查，收集有关证据，经走访三峡大学水利与环境学院科研人员详细咨询专家意见后，了解到长江湖北宜昌中华鲟自然保护区是中华鲟重要的产卵场，核心区内居民生产生活严重影响了中华鲟繁衍生息。该院主动联系相关责任单位进行磋商，发现涉及环保、农业农村、林业、水利及所在街道办事处等众多行政机关，且各部门之间存在权限不清、多头难管等问题。为促进行政机关部门联动、合力推进问题解决，2020 年 6 月 15 日西陵区院分别向宜昌市西陵区水利局、宜昌市西陵区西坝街道办事处、宜昌市生态环境局、宜昌市农业农村局、宜昌市林业和园林局发出诉前检察建议，建议上述单位依法履行监督管理职责，切实保护宜昌中华鲟自然保护区生态环境。

相关行政机关收到检察建议后启动综合整治，在岸堤上修建围栏，使保护区与生活区实现物理隔断，原菜地构筑物被拆除后种植了树木，污染情形得以改善。在岸边设置宣传牌，组织志愿者定期巡查，清理菜地 2000 余平方米、垃圾 50 余吨，整治污染源 5 处，劝导垂钓者，收缴违法网具，清理违法违规船舶，非法捕捞现象得到有效遏制，长江湖北宜昌中华鲟自然保护区核心区域生态环境得到有效治理。宜昌市、西陵区政府先后发布通告，明确对

---

① 此案是最高人民检察院于 2021 年 10 月 9 日发布的生物多样性保护公益诉讼典型案例之十一。

长江湖北宜昌中华鲟自然保护区范围实行永久禁捕，形成了中华鲟保护的长效机制。

案例三：绿孔雀预防性保护公益诉讼案①。

国家一级保护动物绿孔雀，名列《世界自然保护联盟濒危物种红色目录》，极度美丽而又极度濒危，野生绿孔雀已经绝世独立、难得一见。这段珍贵的影像拍摄于云南绿汁江河谷。这里是中国最后一片完整的绿孔雀栖息地。

2016 年 3 月，在绿汁江的干流戛洒江，一座水电站开始施工，对于中国境内最后的绿孔雀，正在逼近的可能是一次灭顶之灾。2017 年 7 月，生态环境部责令水电站项目建设公司开展环境影响后评价，此前不得蓄水发电，同时，民间环保组织向法院提起公益诉讼，要求停止水电站建设。

此时，水电站建设项目已经完成了部分工程并修建了导流洞，投入了高昂成本的建设方新平公司暂停了施工。2018 年 8 月，"绿孔雀保护公益诉讼案"在昆明市中级人民法院环境资源审判庭开庭审理，2020 年 3 月，昆明市中院作出一审判决，认为原告已举证证明案涉水电站的淹没区构成绿孔雀在生物学上的栖息地，一旦淹没，很可能对绿孔雀的生存造成严重损害，因此，判决建设方在现有环境影响评价下，立即停止案涉水电站项目建设，不得截流蓄水，不得对该水电站淹没区内植被进行砍伐。一审宣判后，原被告两方均提起上诉。2020 年 12 月，云南省高级人民法院二审维持一审判决，保住了"绿孔雀"赖以生存的最后家园。

2. 办案思路

生物多样性保护的侧重点更多在于预防。通过公益诉讼案件的办理，还生物赖以生存的自然环境。因此，生物多样性保护的检察公益诉讼案件办理可以围绕着以下方面进行：非法猎捕野生动物；非法驯养繁殖、出售、购买、利用野生动物；非法食用野生动物；非法进出口野生动植物；未按照规定对允许保留的人工繁育、饲养的野生动物进行检验检疫；非法屠宰加工野生动物等。在上述案件办理的基础上，可以进行拓展延伸，以野生动植物的生长环境维护作为办案点。比如，破坏野生动物保护的栖息地影响野生动物的生息繁衍；河道截面断流影响当地动植物的原生态环境等。

野生动植物生存环境风险的存在并不必然导致损害环境公共利益的风险

---

① 此案是最高人民法院、中央广播电视总台于 2022 年 1 月 22 日发布的新时代推动法治进程 2021 年度十大案件之一。"绿孔雀案"在世界环境司法大会上，被外方评为全球十大生物多样性案例之首，作为我国司法领域唯一案例入选联合国《生物多样性公约》第十五次缔约方大会展览中国展区。

存在。因此，在此类案件的办理中，对生态环境潜在风险和公共利益损害风险的论证就显得尤为重要。野生动植物生存环境保护类案件的特殊性在于生存环境破坏只是一种重大风险，并没有真实发生，侵害情形尚不明确。如何依法认定这种"可能性"就成为难点，特别是涉案的重大工程等如已经投入大量资金，暂停乃至叫停都意味着重大的经济损失。因此检察机关在论证这种"可能性"时，必要时可借助专家论证、鉴定意见等专业性意见，与此同时可通过论证会、听证会等形式进行充分论证，做到预防性公益诉讼的诉请于法有据。

案例三的"绿孔雀案"是我国第一例珍稀野生动植物保护的预防性环境公益诉讼案件。生物多样性保护要坚持绿色发展理念和风险预防相结合。在根据现有证据和科学技术认为项目建成后可能对案涉地濒危野生植物生存环境造成破坏，存在影响其生存的潜在风险，从而损害生态环境公共利益的，可以同步采取预防性措施，将对濒危野生植物生存的影响纳入建设项目的环境影响评价，促进环境保护和经济发展的协调。预防性公益诉讼把生态环境损害消灭在损害发生之前，为生物多样性特别是濒危物种的预防性保护提供了有益借鉴。检察机关在办理案件过程中，应当侧重动植物生态环境的长效保护机制，特别是推动当地政府出台相应的机制，比如城市建设用地出让前需先通过生物多样性的评估要求，避免较大投入后面临经济发展和生物多样性保护的两难选择。

（九）优良耕作层保护

1. 典型案例

案例：浙江省台州市仙居县人民检察院督促优良耕作层剥离行政公益诉讼案①。

2022 年 4 月，为扩容工业园区工业用地，仙居县经济开发区东部工业新城张店区块被征收的 1530 亩土地，正在进行土地平整施工。仙居县院经调查发现该项目工程所占用的土地中有部分属于耕地，且该项目在建设过程中未按照有关耕作层剥离规定和技术规范对所占用耕地的优良耕作层进行剥离，而是在地块平填时直接将砂石堆覆在耕地上，致使土壤资源流失。

2022 年 4 月，仙居县院公益诉讼干警在路过仙居县经济开发区东部工业新城张店区块时发现施工方正在清理地表作物和倾倒砂石平填地块，经环绕项目四周初步调查发现，该处土地并未进行耕作层剥离。仙居县院公益诉讼部门

---

① 此案是浙江省台州市仙居县人民检察院探索办理的公益诉讼新类型案件。

对该情况进行了研讨，认为优良耕作层保护属于生态环境和资源保护范畴，应当予以调查。

仙居县院公益诉讼办案组经查阅省内有关耕地管理规定后，确定了优良耕作层剥离系强制性规定，遂立即开展了立案调查。一是深入调研确定监管职责。经走访农业农村局、自规局、水利局、环保局等部门后，调研了解优良耕作层剥离保护、存放、利用等规定，确定自规部门负有对优良耕作层剥离工作的管理和指导职责。二是现场勘查固定证据。在调取张店项目工程区块土地性质图斑后，根据该区块耕地分布位置，固定未实施优良耕作层剥离、在耕地上直接堆覆砂石的有关证据。三是确认优良耕作层的剥离利用价值。通过农业农村部门提供的小程序"浙样施"，确定张店区块耕地的地力等级以及耕层质地，明确土壤性质以及保护利用价值。

2022年5月27日，仙居县人民检察院向县自然资源和规划局制发行政公益诉讼诉前检察建议，要求该局严格落实耕地保护政策，做好对经济开发区东部工业新城张店区块建设项目的优良耕作层剥离和再利用的监管工作，组织协调开展优良耕作层剥离工作的日常监督、项目验收及用地手续审查把关等事项。

县自然资源和规划局在收到检察建议后，对此高度重视，督促县经济开发区管委会对经济开发区东部工业新城张店区块的建设项目耕作层采取"抢救性"剥离措施，共剥离表土耕作层105亩，将剥离所得土壤统一堆放在下各镇杨砰头村，下一步计划将剥离出的表土应用于县内垦造耕地项目。

2. 办案思路

优良耕作层是由长期耕作形成的土壤表层，厚度一般为15—20cm，养分含量比较丰富，土壤为粒状、团粒状或碎块状结构，是农作物丰产增收的物质基础。加强"农转非"耕地优良耕作层剥离，是确保耕种资源不流失和守护粮食安全的重大战略举措。公益诉讼检察部门针对因项目开发导致土壤资源流失的问题，发出"预防性"的检察建议，督促职能部门落实"农转非"优良耕作层土壤资源保护及利用监管责任，守护耕地资源和粮食安全。

检察机关应在法定领域内拓展新类型监督，打破生态环境和资源保护领域中"资源""耕地"概念的固有认识，将"资源"领域外延至土壤资源，延伸"耕地保护"时间临界点至耕地"农转非"阶段。公益诉讼监督可将耕地"农转非"与"占补平衡"有机结合，监督职能部门将建设项目所占用优良耕作层土壤有效剥离，并进行统一规划利用，用于新开垦耕地、劣质地或者其它耕地的土壤改良，借以提升耕地数量和质量。

（十）"非粮化""非农化"

1. 典型案例

案例：浙江省台州市检察机关督促保护粮食生产和粮食储备安全行政公益诉讼系列案①。

2021 年，台州市两级检察机关开展粮食生产安全公益诉讼专项监督，在全市范围深入开展"非粮化"公益诉讼专项监督活动，针对耕地抛荒、农用地违规建房、种植多年生经济作物等问题，灵活采取调查、侦查和审查的"三查融合"形式，进行立案监督，并取得初步成效。截至 2022 年底，两级检察机关深入 75 个乡镇排查发现"非粮化"土地面积 42960 亩，已对 6368 亩"非粮化"土地开展专项监督。其中立案监督 55 件，发出检察建议 24 件，主动与职能部门协商开展先行整治 45 件。

针对粮食后端存储安全，临海市院通过实地勘察、走访调查等方式查明，从 2021 年 5 月至 11 月，临海市粮食收储有限公司在储存成品粮的过程中未严格执行《粮油储藏技术规范》标准，将成品粮储存在不符合储存标准的仓库内，导致仓库温度过高，成品粮发生虫害现象。临海市粮食收储有限公司相关人员违规使用敌敌畏药剂扑杀成品粮虫害。直至 2021 年 11 月，临海市粮食收储有限公司仍未采取任何措施，仍将成品粮储存在不符合储存标准的仓库内，危及成品粮的仓储安全。经深入调查核实，临海市院于 2022 年 5 月向临海市商务局制发检察建议书，建议其依法履行职责，采取有效措施，切实保障成品粮储存安全。5 月底临海市院收到临海市商务局的检察建议回复，针对目前储存成品粮仓库不符合储存标准问题，已及时采取临时性保护措施，增加谷冷机等制冷设备进行强行降温，确保温度达标。同时选取临海市红光粮库的相关仓库进行准低温改造，目前相关项目已经获批。

两级检察机关联合召开"非粮化"监督听证会，市院检察长带头出席，并邀请两级行政机关职能部门主要领导、人民监督员、公益诉讼观察员等参加会议，最大限度凝聚共识，争取对检察监督的社会认同。为推动粮储机构整改措施实实在在落地生根，检察机关还邀请人大代表、人民监督员、"益心为公"志愿者、监察委工作人员等参与整改措施评估工作，通过实地考察和召开听证会等方式，进一步提出强化粮食安全、规范粮食收储、合规开展仓库改造工程等事项的完善举措和提升建议。

围绕保护粮食生产功能区，检察机关牵头成立职能部门、乡镇街道共同参

---

① 此案是浙江省台州市临海市人民检察院探索办理的公益诉讼新型案件。

与的整治工作小组，协商确定整改区块、整改步骤，共同推进"非粮化"问题整改。如椒江区检察院与当地国土部门联合开展经济开发区耕地损毁整治行动，引导行为人在一个月内完成 12000 平方米的土地复耕修复。推动各县（市、区）政府构建"属地管理、分级负责、全面覆盖、责任到人、社会参与"的县（市、区）、乡镇（街道）、村三级责任落实体系，对本地"非粮化"整治情况进行常态化督查，并将"非粮化"整治优化推进情况纳入政府对乡镇（街道）的年度考核。

2. 办案思路

民以食为天，国无农不稳，民无粮不安。粮食事关国运民生，粮食安全是国家安全的重要保障，是一切其它发展的前提条件，任何时候都必须筑牢粮食安全这个"压舱石"。粮食安全保障必须切实抓好粮食生产、加工、流通、储备等各个环节，实现社会、经济和生态的综合效益。

检察机关对粮食生产功能区和农用耕地开展专项检察监督行动，同时对粮食储备开展公益诉讼检察监督，有效督促行政机关加大对粮食生产安全保护，对侵害粮食生产安全的行为人进行司法打击，有效督促行政机关单位严格履行粮食储备安全监管职责，切实守护好老百姓的"米袋子"安全。

二、食品药品安全领域

食品药品安全领域执行"四个最严要求"，即最严谨的标准，最严格的监管，最严厉的处罚，最严肃的问责。食品药品安全向来无小事，事关中华民族未来、公民生命健康安全、社会大局稳定。

（一）不符合安全标准食品问题

1. 典型案例

案例一：江西省龙南市人民检察院督促整治非法添加金银箔粉食品行政公益诉讼案①。

2022 年 3 月，龙南市人民检察院（以下简称龙南市院）组织开展"3·15 国际消费者权益保护日"系列主题宣传活动，市消费者权益保护委员会向龙南市院移送 12315 举报平台反映的当地蛋糕店销售含有金银箔粉蛋糕的线索。同年 3 月 18 日，龙南市院依法立案，先后调查走访市场监督管理局、网络餐饮第三方平台公司、辖区内蛋糕店、部分消费者等，调取销售记录等相关材

---

① 此案是最高人民检察院于 2023 年 3 月 15 日发布的"3·15"检察机关食品药品安全公益诉讼典型案例之三。

料，并询问涉案蛋糕店相关工作人员。经调查查明，某网络餐饮服务平台上，"柒某烘焙"蛋糕店在线销售添加"金银箔粉"蛋糕，并在销售过程中宣传金银箔粉可以食用；"卡某奇"蛋糕店在制作蛋糕中使用"金银箔粉"，经营者明确宣称可以食用。实地调查过程中，在"左某"蛋糕店发现使用中的"金银箔粉"。涉案几家蛋糕店使用的金银箔粉原料既有国内厂商生产，又有德国和日本等国家进口的产品，部分产品说明书标明成份 99.96% 铜、0.04% 铁，且明确用于装饰，不得食用，成本仅每克十几元至几十元，并非对消费者宣称的纯金纯银箔粉。

3 月 23 日，龙南市院向龙南市市场监督管理局宣告送达检察建议书，督促其履行食品安全、广告监管职责，切实维护市场秩序，保护消费者合法权益，遏制"食金之风"。龙南市市场监督管理局收到检察建议书后立即对"柒某烘焙""卡某奇""左某"等蛋糕店立案调查，下达行政处罚决定书，没收"柒某烘焙"蛋糕店非法所得，并罚款 3 千余元；责令"卡某奇""左某"等蛋糕店停止非法添加非食品原料行为，没收"金银箔粉"原料。市场监督管理局还约谈某网络餐饮服务平台在本地的分支机构，督促其加强服务平台相关违法行为的监测管理，责令该平台对"柒某烘焙"等蛋糕店涉及违法添加非食品原料和虚假宣传的产品采取下架等措施。

案例二：广东省广州市黄埔区人民检察院诉广州顺旺客公司生产、销售不符合安全标准食品刑事附带民事公益诉讼案①。

广州顺旺客餐饮管理有限公司于 2013 年 9 月 5 日注册成立，在广州设有多处中央厨房与配送点。该公司于 2017 年 11 月增加了黄埔区经营点，在上述地址未取得食品经营许可证的情况下，大规模开展餐饮配送，日均供餐上万份。自 2017 年 12 月开始向广州市白云区太和伟兄冰鲜档采购肉类冻品加工后销售给天河区棠德南小学、黄埔区京信公司、万孚公司等单位及散客。其中，2018 年 3 月 18 日，采购了 400 斤猪手粒，其中 160 斤加工后销售。同年 3 月 21 日，广州市黄埔区食品药品监督管理局根据群众举报对该公司进行检查，2018 年 4 月 9 日区食药局对冷冻仓库进行查封，并对剩余的 240 斤猪手粒进行抽检，经检测莱克多巴胺含量为 1.63μg/kg，检测结果为不合格。

2018 年 9 月间，黄埔区检察院对广州顺旺客公司以及主要负责人和直接责任人员以涉嫌生产、销售不符合安全标准的食品罪向广州市黄埔区人民法院

---

① 此案是最高人民检察院于 2019 年 10 月 10 日发布的"保障千家万户舌尖上的安全"公益诉讼专项监督活动典型案例之九。

提起公诉，追究单位和个人的刑事责任。同时该院还对顺旺客公司侵害社会公共利益的行为提起了刑事附带民事公益诉讼，要求被告单位承担十倍销售额的赔偿金并向消费者公开赔礼道歉。广州市黄埔区人民法院先后作出刑事判决和民事判决，以生产、销售不符合安全标准的食品罪分别判处两被告人有期徒刑7个月、6个月，宣告缓刑并宣告禁止令，判处被告公司罚金人民币2万元。判决被告单位支付不合格猪手粒销售价款十倍的惩罚性赔偿金并公开赔礼道歉。

2. 办案思路

不符合安全标准的食品主要有以下几种典型的表现：含有违禁农药，或者农药残留、兽药残留、重金属残留超标；食品中添加非食品成分；超范围、超限量食用食品添加剂；销售的农产品需经检验检疫却未经检验检疫；销售病死、死因不明或者检验检疫不合格的牲畜、家禽、水产品及肉类制品等。除了关注食品本身外，还可以关注食品原料采购、食品生产销售等各项管理制度未严格执行等方面。

随着社会经济的发展，网络食品销售成为与线下销售不分伯仲的销售渠道。针对网络特性，网络食品销售有着特殊的属性。公益诉讼检察办案关注点也不同于线下销售的关注点，可以从以下方面进行拓展：网络销售食品外卖包装材料不符合食品安全规定；入网食品生产经营者未依法取得食品生产经营许可证或者超过许可范围经营；入网食品生产者生产销售不符合食品安全标准的食品或者未按照要求采取保证食品安全的贮存、运输措施；为网络食品经营者提供平台服务的第三方平台未对入网食品经营者实行实名登记、许可证审查，或者对严重违法行为未履行报告、停止平台服务等义务；入网食品外卖人员未持有有效健康证；"网红代言""直播带货"等网络销售新业态涉及安全及监管漏洞；保健食品虚假宣传；将非药品冒充药品进行宣传销售等。

司法实践中存在生产销售不符合安全标准的食品，检察机关预提起刑事附带民事公益诉讼，但是不同销售层级对应的终端消费者并未找到或者部分找到，可以一并主张惩罚性赔偿的情况。针对潜在的受害者，有证据证明不符合安全标准的食品确实已经销售，且该不符合安全标准的食品会对人体产生重大的安全隐患，检察机关应当一并主张惩罚性赔偿，通过严厉的经济追责给他人以警示教育作用。

（二）抗（抑）菌制剂违规添加禁用成分问题

1. 典型案例

案例一：贵州省紫云县人民检察院督促整治抑菌霜违规添加禁用物质行政公益诉讼案[①]。

贵州省紫云县某母婴用品连锁店，将违规添加含有强效激素的违禁物质丙酸氯倍他索酸酯的"七草两叶抑菌膏"面霜向消费者售卖，部分使用该面霜的婴幼儿出现不良反应。

2021年1月10日，紫云县人民检察院（以下简称紫云县院）根据媒体反映，发现该案线索后于1月13日立案调查。查明某母婴用品连锁店共开设7家分店，2019年5月以来共计销售江西某公司生产的"七草两叶抑菌膏"抑菌面霜327盒，该面霜外包装上标有"用于抑制金黄色葡萄球菌、白色念珠菌、大肠杆菌"的治疗功效说明。2021年1月15日，紫云县院向紫云自治县卫生健康局（以下简称紫云县卫健局）发出检察建议。

收到检察建议后，紫云县卫健局联合县市场监督管理局对某母婴用品连锁店进行检查，发现该连锁店销售的"七草两叶抑菌膏"面霜均没有《产品检验报告》。为进一步查清"七草两叶抑菌膏"面霜所含成分，贵州省安顺市人民检察院（以下简称安顺市院）商请涉案抑菌膏生产商所在地的江西省樟树市检察院进行协查。江西省樟树市卫生监督所对"七草两叶抑菌膏"进行了监督抽检，发现该产品添加了违禁物质丙酸氯倍他索，遂对生产企业江西某健康产业有限公司没收违法所得34800元、处货值10倍罚款442650元和吊销《消毒产品生产企业卫生许可证》的行政处罚，并责令立即停产、召回、销毁已上市销售的涉案抑菌霜。紫云县卫健局对紫云县某母婴用品连锁店作出行政处罚，责令其立即停止销售"七草两叶抑菌膏"面霜，下架涉案抑菌霜100盒，并处罚款4800元。

安顺市院针对当前"消"字号婴儿抗（抑）菌制剂违规添加禁用成分，销售市场缺乏有效监管、违法行为处罚力度不足等问题，在全市部署了婴儿抗（抑）菌制剂公益诉讼专项工作，推动卫生健康部门开展了全市婴儿抗（抑）菌制剂排查清理专项工作，对662家母婴用品店、药店和月子中心进行集中检查，不合格的婴儿抗（抑）菌制剂已被全部下架。

[①] 此案是最高人民检察院于2022年3月15日发布的"3·15"检察机关食品药品安全公益诉讼典型案例之二。

案例二：浙江省江山市人民检察院督促治理抗（抑）菌制剂类消毒产品违规添加禁用物质行政公益诉讼案①。

浙江省江山市人民检察院（以下简称江山市院）在履职中发现，部分生产企业为牟取私利，在抗（抑）菌制剂中添加激素、抗生素、抗真菌药物等禁用物质，在产品标签说明书标注疾病治疗效果的宣传内容，严重误导消费者。消费者在不知情的情况下使用，可能产生代谢紊乱、延缓组织愈合、抑制儿童生长发育、过敏反应、二重感染等不良后果，危害消费者身体健康，损害社会公共利益。

2020年3月，江山市院根据群众反映，对市场上销售的某儿童专用皮肤抑菌乳膏、某爽喷剂等23种抗（抑）菌制剂进行快速检测，发现其中21种制剂糖皮质激素、酮康唑、甲硝唑等禁用物质检测阳性，3种制剂产品标签说明书涉及疾病治疗内容。针对上述问题，江山市院依法立案，并就前期调查情况与江山市卫生健康局开展磋商。江山市卫生健康局高度重视，积极开展调查取证工作，但经联系省内外多家检测机构均表示无相应的资质，无法出具相应的检测报告。2021年7月，江山市院依法重新组织对市场上21种抗（抑）菌制剂进行取样，并将样品委托至最高人民检察院检察技术信息研究中心进行实验室定性检测。经检测，21件样品的不合格率为71.4%，其中1件产品检出3种违禁成分，5件产品检出2种违禁成分，9件产品检出1种违禁成分，检出违禁成分分别为咪康唑、达克罗宁、特比萘芬、酮康唑、甲硝唑，另有3种样品的说明书不符合规范要求，产品涉及4个省份共13家生产企业。2021年10月，江山市院向江山市卫生健康局提出检察建议，督促其对14家涉嫌销售不合法消毒产品的药店、医疗机构依法查处，对辖区内抗（抑）菌类消毒产品行业进行规范整治。江山市卫生健康局召开专题会议进行部署，制定整治工作方案，对涉案问题产品全部下架处理，并将相关线索移送相应生产企业所在地卫生行政部门。

2. 办案思路

当前我国抗（抑）菌制剂违规添加禁用物质、暗示疗效等行为凸显，需要严格规范抗（抑）菌制剂产品的市场秩序，切实保障人民群众健康权益。这里的禁用物质主要是激素、抗生素、抗真菌剂、抗病毒药物和麻醉剂等。主要的销售场所是医疗机构、零售药店、母婴店、婴幼儿洗浴店等。在办理此类检察公益诉讼案件时可以从上述方面入手，点面结合予以突破。

---

① 此案是最高人民检察院于2022年3月15日发布的"3·15"检察机关食品药品安全公益诉讼典型案例之三。

（三）违规使用抗生素问题

1. 典型案例

案例：浙江省台州市三门县人民检察院督促履行医疗机构违规使用抗菌药物监管职责行政公益诉讼案①。

抗菌药物主要是指具有杀菌或抑菌活性的药物，包括各种抗生素及磺胺类、硝基咪唑类、喹诺酮类等化学合成药物，在一定浓度下对病原体有抑制和杀灭作用。2022 年 4 月，三门县人大常委会将人大代表议案《关于停止诊所输注抗菌药物以降低耐药产生的建议》交办三门县院。三门县院发现县内诊所在门诊违规使用抗菌药物、医师超权限开具抗菌药物现象普遍，损害社会公共公共利益。

2022 年 4 月，三门县院对三门县域内医疗机构违规使用抗菌药物的案件线索进行初查，发现三门县人民医院已于 2021 年 6 月全面停止门诊输注抗菌药物，但全县其它医疗机构门诊输注抗菌药物数量较大，有的医疗机构在门诊违规使用限制使用级注射剂和特殊使用级抗菌药物，有的医生越级使用抗菌药物，危害社会公众的用药安全，有必要运用数字化手段对全县医疗机构进行摸排，开展专项治理。

三门县院共排查出门诊违规使用限制级抗菌药物注射剂 24341 人/次，其中 13939 人/次系医生越级开具处方，涉及 28 家医疗机构；门诊违规使用特殊使用级抗菌药物 460 人次，其中 372 人次系医生越级开具处方，涉及 6 家医疗机构。

三门县院于 2022 年 6 月 2 日向县卫生健康局制发诉前检察建议，督促其依法对行政区域内医疗机构违规使用抗菌药物的行为进行查处；严格控制门诊使用限制使用级抗菌药物注射剂和特殊使用级抗菌药物的行为；督促执业医师根据处方权限开具处方。

为推动检察建议的高效落实，三门县院和县人大启动人大、检察叠加督促程序，召集县卫健局、县医保局等相关部门，邀请医药专业人士、政协委员、"益心为公"志愿者参加抗菌药物整治工作会商会。达成抗菌药物专项整治共识：依法监管违规使用抗菌药物的行为；加快推进医疗诊疗监管平台的建设；建立医疗机构抗菌药物供应目录备案数据系统；建立健全抗菌药物临床应用情况排名、公布和诫勉谈话制度；在监管平台投入运行前，建立与医保局相关数据共享机制。

---

① 此案是浙江省台州市三门县人民检察院探索办理的公益诉讼新类型案件。

专项工作会商会后，县卫生健康局迅速行动，开展抗菌药物临床应用不规范专项治理，目前已立案查处医疗机构 22 家，处罚金额 31.6 万元，涉及医务人员 37 人。同时，出台抗菌药物临床应用管理办法，明确医疗机构抗菌药物采购和医师备案要求，建立抗菌药物临床应用情况排名、公布和诫勉谈话制度。召开全县医政医管培训会议，组织对全县执业医师重新进行抗菌药物处方权考试考评，对两次考试不及格的医师暂停第二年处方权，目前组织的第一次考试共有 30 余名医师未通过。此外，积极推进"医疗诊疗行为监管平台"应用，加强数字化监管，设置预警功能和追溯功能，进一步保障医疗机构规范、科学用药。

2. 办案思路

抗菌药物是临床防治感染性疾病不可缺少的药物，为人类战胜感染性疾病作出了重要贡献。然而，随着抗菌药物的广泛应用，医疗机构的临床滥用问题日益突出。医疗机构不规范、不合理使用抗菌药物，会使药品不良事件发生率增加，导致二重感染的发生，还会增加体内细胞对抗菌药物的耐药性，严重危害人类健康安全。检察机关以医疗机构违规使用抗菌药物为切入点，推动行政机关整治医疗乱象，促进临床规范、合理应用抗菌药物，保障医疗质量和公众用药安全。

医学领域的人大代表对此问题高度关注，并提出相关的代表议案要求对滥用抗生素药物的现象进行专项整治，检察机关依托代表建议与检察建议衔接转化工作机制，实现人大代表议案转化检察建议，以数字化手段排查问题线索，充分发挥人大、检察叠加督促作用，督促职能部门开展抗菌药物专项治理，凝聚抗菌药物专项整治共识，合力召开专项工作会商会，确保检察建议落到实处，让代表深入了解检察机关履职情况和成效，扩大公益守护朋友圈，使监督攥指成拳，共同守护公益。

（四）违规开具处方药问题

1. 典型案例

案例一：山西省人民检察院督促整治医师违法开具处方药行政公益诉讼案①。

2021 年 5 月，太原铁路运输检察院在办理刑事案件中发现，某医院医师王某在未见到病人、也未核实的情况下，违规开具精神药品处方，犯罪嫌疑人

---

① 此案是最高人民检察院于 2022 年 3 月 15 日发布的"3·15"检察机关食品药品安全公益诉讼典型案例之四。

凭此处方购买氯硝西泮药品后，用于实施抢劫犯罪活动，遂逐级上报至山西省人民检察院（以下简称山西省院）。

2021 年 5 月 19 日，山西省院审查发现，省卫健委作为该医院的主管部门，未对医师王某及相关人员违法开具精神类药品处方的行为作出行政处罚，遂对本案立案调查。2021 年 5 月 21 日，该院向省卫健委送达了《行政公益诉讼事实确认书》，督促该委对王某及相关人员的违法行为依法履行监督管理职责。

2021 年 7 月 6 日，省卫健委向山西省院反馈，对涉案的医师王某给予责令暂停 6 个月执业活动的行政处罚，对护士刘某、李某分别给予警告并处罚款 1 万元的行政处罚，并在全省范围内开展了为期 1 个月的麻醉和精神药品管理问题排查整治专项活动，累计监督检查医疗机构 36642 家，查处各类案件 425 件。

案例二：浙江省湖州市检察机关督促整治成瘾性药品滥用行政公益诉讼案①。

2020 年 12 月，浙江省安吉县人民检察院（以下简称安吉县院）在办理一起刑事案件中发现，13 名涉案未成年人存在滥用氢溴酸右美沙芬药物（以下简称右美沙芬）的情形，使用后易产生暴躁不安、兴奋冲动、醉酒样等身体表现，且与引发犯罪存在一定关联。由于该药物是非处方药，价格便宜，在药店、微商等网络平台购买无限制措施，致使滥用该药物在青少年群体中有一定普遍性。

2021 年 3 月 26 日，安吉县院立案调查，并上报湖州市人民检察院（以下简称湖州市院），湖州市院通过大数据分析，发现右美沙芬在未成年人中容易被滥用，决定在全市范围启动立案调查。经调查发现，部分实体零售药店和网上平台药店存在对氢溴酸右美沙芬等疫情监测药品登记不规范、对实名制登记情况未予实质性审查，网络上存在通过微商等途径流通经营、加价销售等情形。安吉县院与湖州市院分别向对应市场监管部门发出检察建议。收到检察建议后，市场监管部门逐项落实检察建议内容，将涉案药品纳入销售监测平台，落实分级预警、重点管控、跟踪戒断、心理支持等综合防治工作，并同步上报案件及工作信息，累计查处微商、抖音博主等违法售药案件 8 起，追踪 89 名滥用右美沙芬药物人员并落实重点管控。为建立健全长效防控机制，湖州市检察机关牵头职能部门出台全省首个《未成年人药物滥用风险管控实施意见

---

① 此案是最高人民检察院于 2022 年 3 月 15 日发布的"3·15"检察机关食品药品安全公益诉讼典型案例之五。

（试行）》。2021 年 12 月，国家药品监督管理局发布公告，将氢溴酸右美沙芬口服单方制剂由非处方药转为处方药，按处方药管理。

2. 办案思路

根据我国的药品管理规定，依据药品品种、规格、适应症、剂量及给药途径的不同，药品可分为处方药与非处方药两大类。处方药必须凭执业医师或执业助理医师处方才可调配、购买和使用。执业医师必须严格按照自己医师资格证书的权限范围来开具处方。对于执业医师开具处方，也有严格的场所限制，经注册的执业医师在执业地点才能取得相应的处方权。与此同时，麻醉药品和第一类精神药品必须经过使用知识和规范化管理的培训后方可在医师所在的机构获得处方权。这意味着超出权限范围和超出执业地点开具处方均为违规开具处方。行政公益诉讼检察可将上述作为切入点展开案件办理。

（五）饮用水安全问题

1. 典型案例

案例一：四川省彭州市人民检察院督促整治现制现售水安全问题行政公益诉讼案[①]。

彭州市现制现售水经营者余某某从 2018 年 5 月起在彭州市城市花园、恒昌贵筑、满庭芳、中和新城小区设置多台现制现售水设备，向居民提供饮用水。余某某在经营过程中未办理工商营业执照，且违反《四川省生活饮用水卫生监督管理办法》规定，使用"三无"水处理材料、更换水处理材料后未开展水质检测、供水操作人员无健康证上岗等违法情形，造成饮用水安全隐患。

彭州市人民检察院（以下简称彭州市院）在履行职责中发现该案线索后，于 2020 年 5 月 21 日立案。通过询问现制现售水经营者余某某及小区物业公司工作人员、现场勘验等调查取证工作，确认了余某某未取得工商营业执照从事现制现售水经营，以及使用"三无"水处理材料、更换水处理材料后未开展水质检测、供水操作人员无健康证上岗等事实。8 月 4 日，彭州市院向彭州市卫健局发出检察建议，督促其对现制现售水不规范经营问题履行监管职责。彭州市卫健局于 8 月 14 日下达监督意见书，责令余某某在 7 日内按规定更换其在四个小区设置的制水设备的水处理材料，并开展水质检测，办理供水操作人员健康证。因余某某未在指定期限内整改到位，彭州市卫健局责令其停用制水设备。目前，彭州市中和新城小区设备已拆除，其余小区设备已停用，余某某

---

① 此案是最高人民检察院 2021 年 3 月 15 日发布的 "3·15" 食品药品安全消费者权益保护检察公益诉讼典型案例之二。

将预收购水款项退还 300 余名消费者。

成都市检察院以该案为契机，在全市部署开展饮用水安全公益诉讼检察专项监督活动，对全市 262 个现制现售水应用现场进行调查，就现制现售水及二次供水不规范经营问题制发 67 件检察建议。成都市检察院向成都市卫健委提出社会治理检察建议，督促其在全市开展行业治理。截至 2021 年 1 月，成都市卫健部门共检查现制现售水设备 1569 个，对 392 个现制现售水销售现场开展水质检测，下达 217 份卫生监督意见书。成都市卫健委会同成都市财政局、水务局下发文件，将现制现售水的水质抽检列入城市供水水质第三方检测项目，明确各职能部门相关责任，形成卫健、水务、住建部门合力开展现制现售水行业监管的工作模式。

案例二：浙江省台州市三门县二次供水安全行政公益诉讼案①。

三门县院在履职中发现，三门县部分二次供水单位存在以下问题：水质游离余氯检测不合格；日常管理不到位，蓄水池未定期清洗消毒；水池清理口未加盖、井盖锁损坏，水泵房未上锁；管理人员未持有有效卫生健康合格证等。二次供水水质存在被污染的风险，可能危及人体健康，社会公共利益受到损害。三门县院依法调查 13 家二次供水单位，查明：三门金陵保罗大酒店、三门县第二高级中学水质游离余氯指标未达到国家生活饮用水标准，不符合《生活饮用水卫生标准》（GB 5749 - 2006）饮用水中消毒剂常规指标及要求 ≥0.05（管网末梢水）的规定，违反了《生活饮用水卫生监督管理办法》第 6 条的规定；三门县人民医院蓄水池多年未清洗，不符合《二次供水设施卫生规范》（GB 17051 - 1997）二次供水管理单位每年应对设施进行一次全面清洗、消毒的要求，三门县第二高级中学水池清理口井盖锁已损坏，违反了《生活饮用水卫生监督管理办法》第 14 条的规定。三门县卫生健康局作为本行政区域饮用水卫生监管部门，应依法进行监管现部分二次供水单位供应的饮用水存在被污染的风险，可能危及人体健康，社会公共利益受到损害。2019 年 3 月 11 日，三门县院依法向三门县卫生健康局发出检察建议，建议其积极履行监管责任，对三门金陵保罗大酒店、三门县第二高级中学、三门县人民医院三家二次供水单位存在的问题依法作出处理。

2019 年 5 月 8 日，三门县卫生健康局回函称，收到检察建议后，该局立即组织执法人员对存在问题的 3 家二次供水单位进行检查并要求整改。同时，该局以此为契机对全县二次供水单位进行专项检查，检测 15 家单位水质，责令 8 家单位整改水泵房未加锁、蓄水池无盖无锁等问题，清洗 10 家单位蓄水

---

① 此案是浙江省台州市三门县人民检察院探索办理的公益诉讼新型案件。

池，组织单位管理人员进行卫生知识培训，今后会加强对二次供水单位的日常监督检查工作。

2. 办案思路

二次供水是城市饮用水安全的薄弱环节。卫生、住建等多个部门有监管职责，但由于点多、线长、面广，二次供水陷入管不好的尴尬境地。此外，居民对二次供水概念不清、重视不够，缺少安全防范意识。检察机关可聚焦二次供水安全盲区，致力排查隐患，在向居民普及二次供水知识的同时，就二次供水存在的问题向行政主管部门制发检察建议，督促行政机关整改落实，并全面跟进监督，确保饮用水安全。

现制现售饮用水等是新型的饮用水类型。公益诉讼检察在办理饮用水案件时，可以根据经济社会发展关注新型的饮用水类型，以传统饮用水的水质保护拓展至水容器、包装、宣传等方面入手。如饮用水水质安全标准，饮用水处理器有无获得涉水产品卫生许可批件，是否以市政自来水为原水，出水水质是否符合水质处理器所标识的要求，饮用水是否暗示或明示具有医用、增进健康性能或具有疗效作用等。

（六）外卖骑手健康证问题

1. 典型案例

案例：浙江省台州市黄岩区人民检察院健康证监管行政公益诉讼案①。

2021年7月，黄岩区人民检察院（以下简称黄岩区院）在办理左某某涉嫌伪造事业单位印章罪刑事案件时，发现外卖平台存在部分骑手使用假健康证，而且由站点工作人员主动帮助办理假健康证的情况，可能存在食品安全和卫生安全隐患。

黄岩区院跨部门组建数字办案专班，多次与该外卖公司浙江、台州两级安全部门负责人座谈沟通，调取了某某外卖公司黄岩站点所有骑手的身份信息（含健康证信息）。同时，办案组到黄岩区卫生健康局调取了在册的所有健康证持有人身份数据。将上述两组数据进行对比，筛选出所有健康证数据异常的骑手身份数据，共发现337名骑手中有64名骑手健康证数据异常。并将调查数据扩展至另一知名外卖平台骑手数据，经同样的数据碰撞方式，共发现256名骑手中有80名骑手健康证数据异常，将涉及的刑事犯罪线索移送公安机关。

针对健康证监管过程中存在的健康证明造假、未持有效健康证明从事外卖

---

① 此案是浙江省台州市黄岩区人民检察院探索办理的新类型案件。

配送服务可能影响食品卫生安全等问题，黄岩区院向黄岩区卫生健康局、市场监督管理局制发诉前检察建议，要求职能部门规范健康证数字化管理，依法履行辖区内网络餐饮服务食品安全的监管职责，加强对辖区内网络餐饮服务从业人员健康证明的执法检查工作，落实常态化监管。

收到检察建议后，黄岩区卫健局、市场监管局等部门积极履职，开展警示约谈，加强信息互通，加强监督检查。黄岩区卫健局加快打造电子健康证信息管理系统，并在"浙里办"开通健康证查询功能，实现电子健康证的数据信息共享。同时黄岩区院牵头制定《台州市黄岩区预防性健康体检合格证明管理办法》，形成区域健康证制发主体、监管主体、用证主体"三位共管"良好局面，并推动落实健康证免费办理政策，黄岩区每年专列 500 万元专项财政资金支出，在全区范围内落实健康证免费体检，惠及餐饮、外卖、保育等行业从业人员 4 万余人。

2. 办案思路

健康证问题关乎"舌尖上的安全"、卫生防疫等重大民生领域，但却出现行业造假、管理落后、监管不明等问题，严重影响区域群众健康、安全的生产生活。检察机关应当本着"从个案办理到类案监督再到社会治理"的责任担当来充分履行检察公益诉讼职责。坚持融合思维，全面能动履职。牢固树立全院"一盘棋"理念，检察机关应加强各部门线索互通互移、共享交流，通过刑案个案的办理发现公益诉讼、行政违法线索，进而开展公益诉讼、刑事检察、行政检察三大检察融合监督，实现检察监督效益规模化、最大化。坚持系统思维，助推社会治理。加快完善健康证监管体系，是保障"舌尖安全"的重要举措。

检察机关在办理此类案件时，可以外卖平台健康证监管为切入点，通过圆桌会议、建立工作机制等方式，充分调动各职能部门协同履职的积极性与主动性，最大限度凝聚保护食品安全的合力。与此同时，可以借助数字检察，构建监督应用场景。通过数据分析、数据碰撞，精准掌握关键线索。借助大数据拓展监督渠道、优化监督模式，创新监督方法，提升监督能力。

三、国有财产保护领域

国有财产作为国家重要的物质基础，关系着国计民生和人民利益。国有财产保护是公益诉讼检察创设初期的四大传统领域之一，也是公益诉讼检察办案的"主阵地"。国有财产保护聚焦的主要是国有财产的保值增值，同时还兼顾国有财产的使用分配问题。

（一）政府补（救）助专项资金

1. 典型案例

案例：浙江省台州市人民检察院督促保护政府补（救）助专项资金行政公益诉讼系列案①。

在 2019 年开展涉刑人员养老保险专项监督，追回或纠正违规发放、调整养老保险待遇 447 人的基础上，台州市检察机关进一步拓宽办案思路，深挖违规发放政府补（救）助专项资金的范围，通过调取人社部门、民政部门等政府补（救）助专项资金发放的相关数据进行分析，发现违规领取最低生活保障金等专项资金、有关部门向已死亡的精减退职人员违规发放生活困难补助费等现象。经台州检察机关调查核实发现，人社局、民政局、经信局、农业农村局等有关部门在发放最低生活保障金、抚恤优待金、计划生育奖扶金、困难残疾人生活补贴、重度残疾人护理补贴、精减退职人员生活困难补助、遗属生活困难补助、医疗保险金八类政府补（救）助专项资金过程中，未及时掌握享受专项资金人员服刑、亡故、参保、固定高经济收入等资格条件信息，致使不符合领取资格的人员长期违规领取了有关政府补（救）助专项资金，造成国有财产流失，国家利益受到侵害。2020 年 4 月、2021 年 1 月，台州市检察机关遂在全市范围相继开展了最低生活保障金待遇等专项待遇领域、精减退职人员生活困难补助等专项检察公益诉讼监督。截至 2021 年 9 月，台州检察机关共立案办理各类政府补（救）助资金违规发放案件 160 件 870 人，涉案金额共计 1685.41 万元。

台州检察机关坚持深挖精耕提质增效，以仙居检察院办案模式为基础，对资金的领取条件进行归纳总结，充分运用司法机关刑事判决数据库、政府补（救）助资金主管部门数据库、死亡人员数据库、基本养老金待遇数据库、党政部门财务管理软件数据库等，进行数据碰撞分析，精准核查违规领取八类政府补（救）助资金的人员，共分析数据 200 余万条，为全市办理此类案件，提供技术支撑，提高办案效率和监督的精准性。

针对服刑、亡故、参保、固定高经济收入等不符合领取资格的人员长期违规领取有关政府补（救）助专项资金问题，及时向人社局、民政局、经信局、农业农村局、卫健局、教育局、乡镇街道等多个部门提出检察建议共 148 份，督促有关部门停止发放并追回违规发放的政府补（救）助专项资金。检察建

---

① 此案是浙江省台州市人民检察院自 2017 年公益诉讼工作开展以来一直在探索办理的国有财产保护系列案。

议书发出后，积极与有关部门沟通协调，督促落实整改。各有关部门积极配合，已停止向不符合领取资格人员发放政府补（救）助专项资金，并通过借助镇（街道）、村居干部力量，按照"金额先大后小、工作先易后难、性质先党员后群众、条件先富裕后困难"的工作基调，结合涉案人员家庭经济状况、工作配合程度等将人员划分类型，找准"症结"，采取当面约谈、书面通知、协议分期还款、司法起诉等方式分类推进，已追回各类政府补（救）助专项资金 358.45 万元。

台州市各基层院以监督、磋商、移送线索等方式，有效引起各政府补（救）助资金主管部门对资金监管的重视，提升各类资金风险防范能力。利用仙居县检察院研发的数据智能分析软件，帮助政府补（救）助资金主管部门"一键核查"异常数据，提高数据核查效率。促进相关主管部门建立机制，重塑行业审核流程。以改革为抓手，破解"信息孤岛"局面，联合司法局、人社局、民政局、卫健局等各政府补（救）助资金主管部门出台信息共享机制；天台县检察院针对缺乏源头防控，错过发现苗头性问题最佳时机，未能及时向相应部门作出风险提醒，致使国有资产流失的问题，突破当前公益诉讼制度"以损害的实际发生"局限，在全省范围内率先出台《关于建立预防性检察公益诉讼制度的若干意见（试行）》，创新将"预防性"保护机制引入公益诉讼领域；助推数智政府建设，实现政府补（救）助资金闭环监管。

2. 办案思路

政府补（救）助资金公益诉讼案件的办理包括但不限于养老金、最低生活保障金、困难残疾人生活补贴、重度残疾人护理补贴、抚恤优待金、计划生育奖扶金、精简退职生活困难补助、生活困难补助、医疗保险待遇——第三人责任、海洋渔业资源补贴、渔业生产成本补贴、创业培训补贴等。上述案例也是台州市检察机关从公益诉讼检察工作开始以来一直在探索的领域，将政府补（救）助资金的办案领域不断走深走实，打造成具有鲜明地方特色的公益诉讼检察"台州样本"。

全市检察机关在上述八大类政府补（救）助资金的基础上进行拓展，现已形成涵盖十二类政府补（救）助资金的行政公益诉讼类案监督办理的"台州样本"。在案件办理中，检察机关通过制发检察建议督促资金主管部门加强资金管理、完善审核程序，推动县级、市级、省级乃至国家层面养老金发放管理体制的完善，打通行政数据壁垒，共同破解"信息孤岛"局面，实现养老金等补助资金发放前的数据核查源"部门间最多跑一次"，深化部门间"一站式"集成服务，推动政府补（救）助资金管理数据系统升级，堵住违规领取政府补（救）助资金的漏洞，建立政府补（救）助资金发放的监管闭环，促进政府数智化建设，让政府补（救）助专项资金真正为民所用，为民所依。

（二）国家税收

1. 典型案例

案例：江西省赣州市环境保护税行政公益诉讼案①。

赣州市税务局本级监管的 15 个房地产开发项目在建工程、2 个快速路市政在建工程及 8 个公共停车场建设工程项目，工程施工单位未依法申报缴纳环境保护税，应收税款未及时足额入库，致使国有财产流失，损害国家利益。

2020 年 6 月，赣州市人民检察院（以下简称赣州市院）在与住建、环保部门工作沟通时发现，在环境保护税这一新税种上可能存在漏征现象，遂于 7 月决定立案调查。赣州市院从市税务局调取了 2018 年以来环境保护税的征收情况及明细表，从市住建部门调取了市本级监管工程项目表，从市生态环境部门调取了企业减排措施情况材料，经对以上材料进行比对，发现赣州市税务局监管的 25 个房产开发建设工程项目未依法缴纳环境保护税。通过实地了解，以上 25 个项目均存在施工扬尘的问题。根据《环境保护税法》《财政部、税务总局、生态环境部关于明确环境保护税应税污染物适用等有关问题的通知》《江西省环境保护税核定计算管理办法（试行）》规定，建筑扬尘为应税大气污染物，建筑施工企业应按照一般性粉尘税目实行核定计算办法申报缴纳环境保护税。

2020 年 8 月 7 日，赣州市院主动到市税务局，围绕环境保护税的立法意义、全市环境保护税征收情况、外地经验做法等进行充分交流互动，并达成共识。8 月 20 日，赣州市院向市税务局公开宣告送达检察建议，建议追缴涉案建设工程项目的环境保护税，并进行全面排查，对未按照规定办理纳税申报的行为进行处罚，以及加强与生态环境、住建等相关部门在征收管理方面的协作配合，强化数据共享，推动建立分工协作机制。

市税务局收到检察建议书后高度重视，组织开展了专项清查、补报，对案涉的 25 个工程项目共征收环境保护税 35.35 万元、滞纳金 2.86 万元。针对辖区内企业对环保税这一新税种了解不多、主动申报较少的情况，市税务局以本案为推手，采取召开纳税人座谈会、上门走访等方式宣传环境保护税法，做到重点工程纳税人户户见面，仅市区就覆盖纳税人 800 多户。同时，加强与生态环境、住建、财政等部门的沟通协作，完善涉税基础信息共享，建立环境保护

---

① 此案是最高人民检察院于 2020 年 12 月 17 日发布的国有财产保护、国有土地使用权出让领域行政公益诉讼典型案例之一。

税纳税人税源清册，实现了环境保护税的依法有序规范征缴。

针对全市范围内普遍存在落实征收环境保护税不到位的问题，赣州市院在辖区部署开展专项行动，11 个基层检察院向当地税务机关发出诉前检察建议，8 个基层检察院通过诉前磋商等方式依法开展监督。2020 年 1—9 月，全市环境保护税入库 5670 万元，在全省占比 21.7%，同比增长 98.7%，收入总量、增量和增幅均居全省第一。

2. 办案思路

税收涉及的问题专业性强，且税收的类目多、种类杂，而且处于不断的发展变化中，传统的税收品目和新型的税收品目交织。因此，检察机关在办理此类案件时，应当积极借助"外脑"等的专业知识，与此同时要与职能部门积极沟通协调，在行政先行能够解决问题的情况下，建议以磋商等方式来办理案件。

随着生态环境保护的力度加大，涉及环境资源的税费征收日渐进入公益诉讼检察的办案范围，如环保税、耕地占用税等。这些税费的征收起到杠杆调节的作用，与碳达峰、碳中和等目标一同维护生态环境的可持续发展。检察机关在办理案件的过程中，发现此类问题，应当针对未缴税的原因进行具体问题具体分析，对于因不了解新税种而未缴税的企业应当建议行政主管部门加强政策宣传，让企业自动补缴税款；对于没有正当理由逾期不缴税，督促行政机关依法履职，行政机关怠于履职或不履职的，检察机关可以跟进监督，提起公益诉讼。

四、国有土地使用权领域

（一）土地使用权出让金的拖欠追缴

1. 典型案例

案例：浙江省台州市玉环市人民检察院督促玉环市自然资源和规划局依法处理国有土地使用权行政公益诉讼案①。

2006 年 9 月底至 10 月初，浙江某某汽配制造有限公司等 12 家企业与邵某某（玉环市城关经济发展有限公司原办公室主任）等人恶意串通，通过倒签安排用地协议时间和土地预付款发票时间等方式，虚构符合历史遗留问题的条件，规避取得工业用地使用权出让须通过招标拍卖挂牌方式的法律规定，从而与原玉环县国土资源局（现玉环市自然资源和规划局）签订国有土地使用权

---

① 此案是浙江省台州市玉环市人民检察院办理的公益诉讼案件。

出让合同，涉案国有土地共 12 宗，使用面积共计 275.382 亩。2008 年，邵某某等人因犯滥用职权罪被判处刑罚，原玉环县国土资源局获悉邵某某等人涉嫌刑事犯罪的情况后即限制企业对涉案土地进行开发利用，但未对国有土地及出让合同依法作出书面处理决定，致使上述 270 余亩土地长期处于闲置状态，没有发挥应有的市场价值。

玉环市人民检察院在梳理刑事案件过程中，发现上述案件线索，经调取有关案件材料，多次走访行政机关和企业，进行现场踏勘，挖掘本案共涉 12 家企业 12 宗国有土地，所有涉案土地十多年来一直处于闲置状态，且多家企业因土地问题提起民事、行政诉讼，影响企业发展和社会和谐稳定。

因本案案情复杂，既涉及刑事、民事、行政等领域交叉问题，又涉及新旧法律衔接以及适用问题。为更好实现精准监督，玉环市人民检察院成立以检察长为组长的专案小组，并发挥一体化办案优势，及时向上级院汇报案件进程和法律问题，听取上级院的指导和建议，厘清案情，明确涉案国有土地使用权出让合同系无效合同，扎实推进精准监督。玉环市委、市政府高度重视，多次邀请玉环市检察院参与市政府召开的协调会，并要求有关部门密切配合检察工作。玉环市人民检察院立足法律监督本职，聚焦案件关键问题，强化与玉环市自然资源和规划局及涉案企业的沟通联系、释法说理，于 2021 年 3 月 15 日向玉环市自然资源和规划局发出诉前检察建议，要求对涉案土地问题依法作出处理。

玉环市自然资源和规划局与玉环市人民检察院多次协商，决定自规局组织召开听证会，玉环市人民检察院以参与听证方式负责厘清法律关系释法答疑，着力化解矛盾。听证现场答疑解惑取得明显成效，检察机关提出因合同无效，企业不享有土地使用权，由行政部门返还土地交易款的处理方案得到双方一致认可。公开听证后，涉案企业均撤回起诉或停止信访，积极配合土地返还和交易款收尾工作。

2. 办案思路

国有土地是国民经济发展的重要支撑，是国有资产的重要组成部分。土地买卖关乎企业切身利益，影响企业经营发展，切实解决企业土地买卖纠纷是检察机关服务市场主体的应有之义。国有土地使用权保护系公益诉讼检察监督的四大传统领域之一，检察机关通过发挥公益诉讼诉前检察建议的监督功能，有效规范国有土地出让秩序，盘活土地资源，解决了长期困扰企业的问题，使企业能够轻装上阵，全面激发活力；同时在案件办理过程中为行政职能部门提供优质的法律服务，促成企业息诉罢访，达到促进依法行政、维护社会稳定有机统一的良好效果。

(二) 改变土地审批性质用地

1. 典型案例

案例：江苏省徐州市沛县人民检察院督促沛县国土资源局依法履职案①。

上海大屯能源股份有限公司（以下简称上海能源公司）的性质为股份有限公司，大屯煤电（集团）有限责任公司系独立法人，且系上海能源公司的发起人股东之一。2013 年 7 月 19 日，沛县国土资源局向上海能源公司作出"关于研发中心项目划拨用地的批复"，内容主要为：该项目属划拨用地范围，经报县政府批准，同意将 39053 平方米（58.58 亩）国有建设用地使用权划拨给你单位（上海能源公司）用于建设研发中心项目。希接文后，严格按照批准的用途及土地使用条件使用土地，未经县政府、县国土资源局同意，不得擅自改变。同日，沛县人民政府作出沛县〔2013〕国土资源复划字第 05 号建设用地批准书，内容主要为：用地单位名称为"上海大屯能源股份有限公司"、建设项目名称为"研发中心项目"，土地使用权性质为"国有"，土地取得方式为"划拨"，土地用途为"科研设施用地"，批准用地面积为"39053 平方米"等。2013 年 8 月 12 日，沛县人民政府向上海能源公司颁发上述 39053 平方米划拨用地的国有土地使用权证。上海能源公司取得上述土地后即在该地块上进行房屋建设，房屋建成后交由大屯煤电（集团）有限责任公司微山湖假日酒店（营业执照登记类型为有限责任公司分公司，以下简称微山湖酒店）使用。

2014 年 1 月，微山湖酒店开始营业，其经营范围包括餐饮、客房及会议接待等，单位或者个人消费后，微山湖酒店提供的住宿、餐饮等税务发票以大屯煤电（集团）有限责任公司名义从沛县地方税务局领取、出具。针对上述擅自变更土地用途的违法用地行为，沛县国土资源局并未依法履行土地监管职责，未对涉案违法行为依法进行处罚。沛县人民检察院经调查核实认定沛县国土资源局明显存在怠于履行监管职责的行为，已经损害国家和社会公共利益。2015 年 9 月 25 日，沛县人民检察院向沛县国土资源局发出检察建议，建议该局正确履行法定职责纠正上海能源公司未经批准改变土地用途的违法行为。沛县人民检察院向沛县国土资源局发出督促履职检察建议书后，沛县国土资源局采纳了检察建议。2015 年 10 月 8 日，沛县国土资源局向上海能源公司送达行政处罚听证告知书，10 月 20 日，沛县国土资源局对上海能源公司作出沛国土

---

① 此案源于最高人民检察院第八检察厅编：《行政公益诉讼典型案例实务指引》，中国检察出版社 2019 年版，第 280—286 页。

资罚字第〔2015〕18 号行政处罚决定。处罚内容为：第一，责令上海能源公司交还土地。第二，对上海能源公司改变用途的土地并处以每平方米 15 元的罚款，共计伍拾捌万伍仟柒佰玖拾伍元整（585795 元）。2015 年 11 月 4 日，上海能源公司将罚款 58.5 万余元上缴国库。

2. 办案思路

根据我国《土地管理法》的规定，使用国有土地应当依据土地使用权出让等有偿使用合同的约定或者土地使用权划拨批准文件的规定使用土地，确需改变土地建设用途的，应当经国土资源主管部门同意，报原批准用地的人民政府批准。其中，在城市规划区内改变土地用途的，在报批前，应当先经有关城市规划主管部门同意。这意味着未经审批同意，不得改变国有土地审批性质用地。检察机关在办理国有土地使用权案件时，应当将改变土地审批性质用地作为监督的重点。国有土地审批性质的确定跟国家政策的调整息息相关，这里也存着"退二进三"、经济体制改革、国有企业改制等历史遗留问题。因此，在此类案件中的办理中应当注意历史遗留问题，对涉案地块的过往政策进行详细梳理，理性办案。

第二节　拓展法定领域检察公益诉讼的办案经验

一、英烈保护领域

英雄烈士是近代以来为了争取民族独立和人民解放，实现国家富强和人民幸福，促进世界和平和人类进步而毕生奋斗、英勇献身的英烈先驱和革命先行者。英雄烈士的事迹和精神是中华民族共同的历史记忆和社会核心价值观的重要体现。2018 年 4 月 27 日，第十三届全国人民代表大会常务委员会第二次会议通过的《英雄烈士保护法》，自 2018 年 5 月 1 日起施行。该法第 25 条第 2 款规定："英雄烈士没有近亲属或者近亲属不提起诉讼的，检察机关依法对侵害英雄烈士的姓名、肖像、名誉、荣誉，损害社会公共利益的行为向人民法院提起诉讼。"自此，检察公益诉讼的范围拓展至"4 + 1"领域。检察公益诉讼对英雄烈士的保护主要是英雄烈士的姓名、肖像、名誉、荣誉以及社会公共利益，不包括财产性利益。

（一）英烈名誉保护

1. 典型案例

案例：最高人民检察院首次直接立案办理英烈权益保护领域公益诉讼案，保护陈望道姓名肖像权益[①]。

浙江省义乌市城西街道分水塘村，因全国重点文保单位陈望道故居而远近闻名。作为《共产党宣言》的翻译地，家喻户晓的"蘸墨吃粽子""真理的味道非常甜"的典故便发生于此。

2021年4月，义乌市检察院在走访陈望道故居时发现，在毗邻望道故里的一家名为"道·味粽子铺"的食品商店销售标有"寻味真理 追望大道"的"望道"牌粽子、"望道"牌米粉干等食品，多次在媒体上进行宣传并远销省内外。

经与陈望道近亲属核实，检察官得知他们未曾授权相关单位、人员以陈望道肖像、望道名字等为商标进行注册，并用于商品生产销售等营利活动。因商标注册问题涉及国家知识产权局，义乌市检察院将这个线索层报到了最高人民检察院。2021年6月9日，最高人民检察院第八检察厅办案组成员赴浙江义乌，联合义乌市检察院实地走访调查，以拍摄照片、视频等方式固定公益受到侵害的证据。

通过国家知识产权局商标局"中国商标网"等渠道，办案组查询到该公司注册的商标共有20个，经研究相关法律法规、司法判例，确定了其中2个陈望道肖像图形商标和3个望道文字商标能够明确地指向陈望道先生，系违法商标。2021年6月25日，最高人民检察院决定对该公司违法注册商标侵害陈望道姓名、肖像权益问题行政公益诉讼直接立案，并指导浙江省三级检察院进一步细化、固定案件证据。此案是最高人民检察院直接立案办理首例英烈权益保护领域公益诉讼案。

2021年7月6日，就审核撤销涉嫌违法商标、消除社会影响等事项，最高人民检察院与国家知识产权局进行磋商并发出书面磋商函，建议由国家知识产权局商标局依法宣告案涉商标无效。2021年8月2日，国家知识产权局依法宣告案涉商标无效。义乌某公司负责人放弃复审，该商标宣告无效的决定正式生效。截至目前（2021年1月20日，2021年度十大法律监督案例评选结果揭晓之日），市场监管部门已对涉事某公司作出责令改正的行政决定，对公司3家销售商处责令收回并销毁望道商标全部产品，收缴5000余套望道产品外

[①] 此案是2021年度十大法律监督案例之三。

包装盒。同时加大对红色教育基地及周边市场巡查力度，并要求商标代理机构开展自查自纠，严禁将英烈姓名、肖像用于或变相用于商标、商业广告。

2. 办案思路

英烈保护领域的案件办理大多集中在歪曲、丑化、亵渎、否定英雄烈士的事迹和精神，包括但不限于：利用网络信息发布不当言论、文字、图片、音视频等，侵害英雄烈士的姓名、肖像、名誉、荣誉；在公众场所侮辱、诽谤或者以其它方式侵害英雄烈士的姓名、肖像、名誉、荣誉；利用广播电视、出版社等公开媒体侮辱、诽谤或者以其它方式侵害英雄烈士的姓名、肖像、名誉、荣誉；将英雄烈士的姓名、肖像用于或者变相用于商标、商业广告，损害英雄烈士的名誉、荣誉。

检察公益诉讼部门和刑事部门应当建立常态化的衔接机制，加强案件信息的及时共享和案件线索的双向移送，对存在严重侵害英雄烈士的肖像、名誉、荣誉等，造成恶劣影响，构成刑事犯罪的；应当及时移送线索信息，刑事案件审查过程中同步进行公益诉讼案件审查，符合条件的与刑事同步提起刑事附带民事公益诉讼。针对英烈保护的具体问题，可以结合案件实际情况制发个案检察建议或者社会综合治理类检察建议。

（二）烈士纪念设施保护

烈士陵园等烈士纪念设施是党史学习教育和爱国主义教育的红色阵地，承载着缅怀英烈、传承弘扬英烈精神的重要功能。我们要形成自觉保护烈士纪念设施、捍卫尊崇英烈的社会氛围。烈士纪念设施管理不到位，有损革命英烈形象，破坏英雄烈士纪念设施的庄严、肃穆、清净的环境和氛围，影响悼念和缅怀英雄烈士的庄重性和严肃性，对社会主义核心价值观和民族感情都会造成不同程度的伤害。

1. 典型案例

案例：浙江省临海市人民检察院革命烈士陵园纪念设施保护行政公益诉讼案①。

临海市东湖烈士陵园、上盘烈士陵园里安眠着在解放江山岛战役及白沙岛保卫战中牺牲的革命烈士。上述两处烈士陵园因年久失修，烈士墓碑存在多处不同程度的墙面开裂、颜料脱落、革命纪念馆破损等情况，有损革命英烈形象，破坏了英雄烈士纪念设施的庄严、肃穆、清净的环境和氛围，影响了对英雄烈士悼念和缅怀的庄重性和严肃性，对社会主义核心价值观和民族感情造成

---

① 此案是浙江省临海市人民检察院办理的检察公益诉讼案件。

伤害。

2021年4月，临海市公益诉讼志愿者向临海市院反映，辖区内部分烈士陵园纪念设施存在破损等情况。临海市院组织人员进行调查核实，通过实地勘察、走访当地镇街村社等方式，全面排查相关设施7处，发现东湖烈士陵园及上盘烈士陵园烈士墓碑存在多处不同程度的墙面开裂、颜料脱落、革命纪念馆破损等情况。调查核实相关情况后，临海市院于2021年4月28日立案办理，并积极与市退役军人事务局沟通协调，凝聚合力，达成保护共识。2021年5月11日，临海市院向市退役军人事务局制发诉前检察建议书，建议其切实履行维护管理职责，对革命烈士纪念设施进行有效保护。

发出检察建议后，市退役军人事务局高度重视，指派专人负责整改落实。同时，还主动对全市范围内的零散烈士墓进行摸排，与零散烈士墓的亲属签订管理协议书，加强零散烈士墓保护力度。针对维修资金难题，临海市院联合市退役军人事务局推动市政府召集市财政局、市发改局、市文广新局及相关街道乡镇政府召开联席会议，主动争取多方支持，并成立"烈士纪念设施管理保护专项行动领导小组"，共同推进烈士陵园修缮工作。2021年8月2日，上盘烈士陵园整体改造提升工程在市发改局成功立项，落实工程投资概算1496万元，相关资金由市财政统筹解决。

在此基础上，临海市院履行好法律监督机关和"领导小组"副组长单位双重职责，及时跟进督促，确保修缮工作稳步推进，做好公益诉讼后半篇文章。2022年4月，临海市院邀请市人大代表及"益心为公"等公益诉讼志愿者参与"回头看"活动，实地考察烈士陵园整改情况。东湖烈士陵园已修缮完成，新建了烈士英灵墙，修缮了墓碑、铺设了石板等设施，整体面貌焕然一新。上盘烈士陵园准备打造集纪念馆改造、陵园修复、道路平整及景观提升于一体的"革命烈士教育基地"综合项目，整个项目处于现场施工阶段。

2. 办案思路

烈士纪念设施的保护主要是解决纪念碑碑体损坏、环境恶劣、管理缺失等问题。检察机关可综合运用磋商、检察建议、圆桌会议、听证会等方式，充分发挥"益心为公"等公益诉讼志愿者等热心人士的作用，推动地方政府和相关部门认领责任、落实整改任务；对拒不整改的，应依法向法院提起行政公益诉讼；对故意破污、污损烈士纪念设施的，依法追究法律责任。动员社会力量共同保护烈士纪念设施，营造良好的守护氛围，为加强烈士纪念设施管理保护奠定坚实的群众基础。

二、未成年人保护领域

2020 年 10 月 17 日，《未成年人保护法》经第十三届全国人民代表大会常务委员会第二十二次会议修订通过，自 2021 年 6 月 1 日起施行。该法第 106 条规定："未成年人合法权益受到侵犯，相关组织和个人未代为提起诉讼的，人民检察院可以督促、支持其提起诉讼；涉及公共利益的，人民检察院有权提起公益诉讼。"自此，未成年人保护正式纳入公益诉讼检察法定领域。加强未成年人保护工作，促进未成年人的健康成长，对社会的稳定和可持续发展至关重要，是国家发展战略的重要组成部分。

（一）校园周边食品安全隐患问题

1. 典型案例

案例：贵州省沿河土家族自治县人民检察院督促履行食品安全监管职责行政公益诉讼案[①]。

2018 年秋季学期开学后，贵州省铜仁市沿河土家族自治县（以下简称沿河县）民族小学等 7 所中小学周边存在流动食品经营者占道制售肠粉、炒粉、油炸土豆、奶茶等食品，供周边中小学生食用的问题。流动食品经营者在未依法办理食品经营相关手续的情况下，以车辆为餐饮作业工具，未配备食品经营卫生设施，未按规定公示健康证明，未穿戴清洁的工作衣帽，所售卖食品存在安全隐患，影响中小学生身体健康，同时占道经营行为严重影响交通安全和社会管理秩序。

2018 年 9 月，检察机关接到人大代表和家长师生反映，沿河县民族小学等学校周边存在流动食品经营者以车辆为餐饮作业工具，违法向未成年学生售卖食品的现象，影响未成年人食品安全、交通安全和校园周边秩序。获取该线索后，沿河县人民检察院经调查认为：流动食品经营者未经办理经营许可或备案登记等相关手续即以车辆为餐饮作业工具进行食品经营活动，存在食品卫生安全隐患，危害未成年人身体健康，对校园周边交通安全和社会秩序造成影响。沿河县市场监管局怠于履行食品安全监督管理职责，导致食品经营者在中小学校园周边占道经营、制售食品的行为形成多发乱象，侵犯了未成年人合法权益，遂决定作为行政公益诉讼案件予以立案。

2018 年 9 月 13 日，沿河县人民检察院依法向沿河县市场监管局发出行政公

---

① 此案是最高人民检察院于 2022 年 3 月 7 日发布的第三十五批指导性案例之检例第 144 号。

益诉讼诉前检察建议，建议其依法履行职责，依法调查处理城区学校周边的流动食品经营者违法经营行为。2018 年 11 月 12 日，沿河县市场监管局书面回复称，已取缔了所有学校周边以车辆为餐饮作业工具的食品经营活动，对校园周边环境联合开展了专项执法检查。沿河县人民检察院对诉前检察建议落实情况进行跟踪监督，发现沿河县市场监管局在检察机关发出检察建议后，虽采取了取缔、劝离等措施，但食品经营者以流动作业方式在校园周边向未成年学生制售食品的问题仍时常反弹，未能得到有效遏制，社会公共利益持续处于受侵犯状态。

2019 年 8 月 8 日，沿河县人民检察院根据贵州省高级人民法院关于行政案件集中管辖的规定，向贵州省铜仁市思南县人民法院提起行政公益诉讼，请求确认被告沿河县市场监管局对城区校园周边无证食品经营者的违法经营行为怠于履行监督管理职责违法，判决沿河县市场监管局对城区校园周边无证食品经营者的违法经营行为依法履行职责。

2019 年 12 月 27 日，思南县人民法院公开开庭审理本案。2020 年 8 月 1 日，思南县人民法院作出判决，支持沿河县人民检察院全部诉讼请求。沿河县市场监管局未提出上诉。

判决生效后，沿河县人民检察院持续监督判决的执行，并促成沿河县人民政府牵头制定《沿河土家族自治县城区校园周边食品安全综合治理实施方案》，组织沿河县市场监管局、城市管理局、公安局、教育局、街道办事处开展城区校园周边食品安全综合治理专项行动，加强法治宣传，划定经营区域，引导流动食品经营者进行备案登记、规范经营。该县中小学校园周边流动食品经营者的经营和生活得到保障，校园周边环境秩序和交通安全得到有效治理。

2. 办案思路

校园周边食品药品安全涉及未成年人合法权益，是未成年人保护检察公益诉讼的工作重点。为保护未成年人的健康成长，需要消除校园周边的食品药品安全隐患，为未成年人创造一个良好的学习生活环境。检察机关办理未成年人保护的案件，学校周边的食品安全应当成为重点，特别是流动摊贩、校园门口小店等的食品安全问题。

流动摊贩等具有自身的特殊性，没有固定的经营场所，流动性较大，行政执法时躲避检查，行政执法过后又会继续摆摊售卖。流动摊贩的食品卫生安全状况堪忧，售卖的食物没有经过严格的监管程序，来源不明等食品亦不在少数。加上未成年人特别是小学生的食品安全意识较弱，导致食品安全隐患更甚。食品摊贩也是食品经营者的一种，不能因为食品经营者无固定经营场所就放松监管，流动不应成为监管真空的理由。承担食品生产经营监督管理职责的行政机关，负有指导食品生产小作坊、小餐饮登记管理和食品小摊贩备案管理的职责，对违法情形应当由其责令改正、给予警告、处以罚款及没收违法所得等。

校园周边的食品安全问题存在查处难、易反弹等特性，因此在办理此类检察公益诉讼案件时，检察机关应当持续跟进监督，不能以检察建议制发后行政机关一次整改到位就放之不管，发现反弹情形的应当及时与行政机关沟通，推动校园周边食品安全的长治久效。对于多次反复，食品安全隐患未得到有效消除的，应当综合分析行政机关的职责范围、履职条件、履职方式、履职效果等，确定行政机关未依法全面充分履职的，检察机关应坚决以诉的方式来推动检察建议的落地见效。

（二）学校周边违法出售物品问题

1. 典型案例

案例：北京市海淀区人民检察院督促落实未成年人禁烟保护案①。

北京市海淀区人民检察院在法治进校园宣传活动中，结合调查核实发现，本区学校周边的部分零售经营场所存在违法出售烟草制品等行为，使得未成年人可轻易获得烟草制品，可能损害未成年人的身心健康，违反《未成年人保护法》《烟草专卖法》等相关法律规定。2019 年 5 月 17 日，海淀区人民检察院决定针对未成年人禁烟保护予以行政公益诉讼立案。经调查核实，海淀区人民检察院向区烟草专卖局、区市场监督管理局发出诉前检察建议，两机关高度重视检察建议提出的问题，积极履行监管职责，采取切实有效整改措施消除学校周边可随意购买烟草制品的问题。

2019 年 7 月，海淀区人民检察院先后收到区烟草专卖局、区市场监管局关于落实检察建议情况的回函。回函称检察建议中的涉案违法行为全部得到整改：对未依法设置标识的违法行为，已责令违法经营者在显著位置张贴了标识；对向未成年人出售烟草制品的违法行为，按法定程序立案审查后，对经营者作出罚款 1 万元的行政处罚决定，当事人均已缴纳罚款；对学校周边 100 米内存在违法行为的经营主体分别作出责令停止销售烟草制品、没收违法所得、罚款等处理决定。

海淀区人民检察院在办案同时注重总结宣传，邀请新华社等主流媒体对案件进行广泛报道，引起较大反响。2019 年 10 月 29 日，国家卫生健康委等八部门联合印发《关于进一步加强青少年控烟工作的通知》。同年 10 月 30 日，国家烟草专卖局和国家市场监督管理总局联合发布《关于进一步保护未成年

---

① 此案是最高人民检察院于 2020 年 12 月 14 日发布的第二十三批指导性案例之检例第 88 号。

人免受电子烟侵害的通告》。

2. 办案思路

根据法律规定，检察机关可以针对校园周边存在售卖烟、酒制品，销售彩票，售卖不合格食品，不审查未成年人身份即允许未成年人进入网吧等常见的侵犯未成年人权益的问题，依法运用公益诉讼，如提出检察建议等方式，督促相关行政部门依法履职，加强校园周边环境整治，推进未成年人权益保护。在个案办理的基础上，检察机关可以与行政机关加大沟通协作力度，着力构建解决和防范涉案问题的长效机制，从而推动未成年人健康成长保护的有效性和长远性。

（三）未成年人文身问题

1. 典型案例

案例：江苏省宿迁市人民检察院对章某为未成年人文身提起民事公益诉讼案[①]。

2017年6月以来，章某在江苏省沭阳县沭城街道中华步行街经营某文身馆，累计为数百人提供文身服务，其中未成年人40余名。章某还在未取得医疗美容许可证的情况下，为7名未成年人清除文身。其间，曾有未成年人家长因反对章某为其子女文身而与其发生纠纷，公安机关介入处理。部分未成年人及父母反映因文身导致就学、就业受阻，文身难以清除，清除过程痛苦且易留疤痕，但章某仍然向未成年人提供文身服务。

2020年4月，江苏省沭阳县人民检察院在办理未成年人刑事案件中发现，一些涉案未成年人存在不同程度的文身，且大部分是满臂、满背的大面积文身，有文身馆存在为未成年人提供文身、清除文身服务的行为。其中，章某经营的文身馆先后为40余名未成年人文身，并在未取得医疗美容许可证的情况下为7名未成年人清除文身。根据卫生部办公厅《医疗美容项目分级管理目录》，清除文身属于医疗美容项目。2020年10月31日，沭阳县人民检察院向县卫生健康局发出行政公益诉讼诉前检察建议，建议该局依法履行对无证清除文身行为的监管职责。县卫生健康局联合市场监督管理局、商务局在全县范围内整治无证清除文身乱象，对5家文身馆立案，并处以2.5万元罚款的行政处罚。

沭阳县人民检察院认为，未成年人文身具有易感染、难复原、就业受限制、易被标签化等危害。章某为未成年人提供文身服务，危害未成年人的身体权、健康权，影响其发展，损害社会公共利益。虽然现行相关规定对文身行业

[①] 此案是最高人民检察院于2022年3月7日发布的第三十五批指导性案例之检例第142号。

的归类管理不尽完善，对为未成年人文身也没有明确的禁止性规定，但是根据《未成年人保护法》关于"保护未成年人，应当坚持最有利于未成年人的原则"，以及法律对未成年人给予特殊、优先保护的规定，可以通过履行民事公益诉讼检察职能，禁止文身场所经营者继续向未成年人提供文身服务，切实保护未成年人身心健康。

2020 年 12 月，沭阳县人民检察院立案并开展调查取证工作。围绕提供文身服务时章某主观上是否明知未成年人年龄、危害后果、公共利益属性等，与章某、40 余名未成年人及其法定代理人等开展谈话询问 70 余次；对文身馆开展现场勘查、提取相关物证，拍照固定证据；向案件当事人调取支付凭证、门诊病历、发票等书证，进一步证明文身行为事实；检索文身法医学鉴定实例等文献资料以及《中国人民解放军内务条令（试行）》《关于印发公务员录用体检特殊标准（试行）的通知》等规定，对部分未成年人及父母反映的文身难以清除，导致就学、参军、就业等受阻情况进一步调查核实。

2020 年 12 月 25 日，沭阳县人民检察院发布诉前公告。公告期满，没有适格主体提起民事公益诉讼。2021 年 4 月 12 日，沭阳县人民检察院依据民事公益诉讼级别管辖的规定，将案件移送宿迁市人民检察院审查起诉。2021 年 5 月 6 日，宿迁市人民检察院向宿迁市中级人民法院提起民事公益诉讼，请求判令：章某不得向未成年人提供文身服务，并在国家级媒体向社会公众公开赔礼道歉。

2021 年 5 月 24 日，宿迁市中级人民法院公开开庭审理本案。检察机关围绕诉讼请求、争议焦点、案件的来源和程序合法性、文身行为事实、文身损害后果等 3 组 13 项证据进行多媒体示证，发表质证意见。同时申请了沭阳县中医院美容中心主任医师、南京大学法学院教授作为专家辅助人出庭，证实文身对身体造成创伤，具有不可逆、难以复原等特征；未成年人文身后，易遭社会排斥，给未成年人造成心理创伤，文身行为还会在未成年人群体中产生模仿效应。

2021 年 6 月 1 日，宿迁市中级人民法院作出一审判决，判令章某停止向未成年人提供文身服务，并在判决生效之日起 10 日内在国家级媒体公开向社会公众书面赔礼道歉。一审宣判后，章某当庭表示不上诉并愿意履行判决确定的义务。2021 年 6 月 3 日，章某在《中国青年报》发表《公开道歉书》，向文身的未成年人、家人以及社会各界公开赔礼道歉，并表示今后不再为未成年人文身。

针对文身行业归类不明、监管主体不清、对为未成年人文身行政执法依据不足等问题，沭阳县人民检察院推动起草并由沭阳县人大常委会审议出台《关于加强未成年人文身治理工作的决议》，明确文身场所不允许未成年人进入，任何人不得为未成年人提供文身服务，不得强迫、劝诱未成年人文身。同时结合各行政部门的职能，对各部门在文身治理中的职责、任务进行规范，并对为未成年人文身的从业人员从信用记录等方面予以规制，提供可操作性规则，促进问题源头治理。

2. 办案思路

根据《未成年人文身治理工作办法》的规定，任何企业、组织和个人不得向未成年人提供文身服务；文身服务提供者应当在显著位置标明不向未成年人提供文身服务；卫生健康部门也不审批统一医疗卫生机构开展未成年人文身服务项目。这意味着任何提供未成年人文身服务的行为都是不合法的。因此，检察机关在办理此类案件时，可以围绕着上述问题有无落实到位展开调查。

（四）电竞旅馆

2023 年 8 月，文化和旅游部、公安部联合发布《关于加强电竞酒店管理中未成年人保护工作的通知》，通知将电竞酒店直接定义为"通过设置电竞房向消费者提供电子竞技娱乐服务的新型住宿业态，包括所有客房均为电竞房的专业电竞酒店和利用部分客房开设电竞房区域的非专业电竞酒店"，明确规定"严禁电竞酒店违规接待未成年人。"

1. 典型案例

案例：江苏省宿迁市检察院对电竞酒店向未成年人提供上网服务提起民事公益诉讼案①。

2021 年 5 月，宿城区检察院检察官在履职中发现，不少学生去电竞酒店通宵上网，容易滋生违法犯罪。调查发现，A 酒店管理公司经营的电竞主题酒店共有 20 个房间，每个房间均配备 2 台至 5 台与网吧硬件配置基本相同的电脑，根据房间不同，分别收取数十元至数百元不等的费用。经了解，短短 3 个月，酒店住宿系统显示未成年人入住 387 人次。

电竞酒店随意接纳未成年人上网，导致其沉迷网络，严重影响学业和身心健康。在电竞酒店，男女混住成为常态，甚至引发了强制猥亵等犯罪。宿城区检察院对该 A 酒店管理公司立案后，2022 年 3 月，案件移交宿迁市检察院并由该院提起诉讼。2022 年 5 月 12 日，宿迁市中级法院开庭审理，判决该酒店立即停止向未成年人提供互联网上网服务，并于判决生效后在国家级媒体公开向社会公众书面赔礼道歉。2022 年 6 月 10 日，判决生效。该电竞酒店已履行判决。同时，结合办案中发现的部分涉案未成年人到电竞酒店上网与家庭教育失当有关系，宿迁市检察院与市中级法院一同向涉案未成年人父母制发《责

---

① 此案是最高人民检察院于 2022 年 5 月 25 日发布的"检爱同行 共护未来"未成年人保护法律监督专项行动典型案例之四。

令接受家庭教育指导令》，并对他们进行训诫。

宿城区检察院与区文化广电和旅游局、市场监督管理局、公安分局等单位联合制发了《宿城区关于推进未成年人网络保护工作实施意见》，开通电竞酒店接纳未成年人上网专门线索举报受理渠道。针对此次发现的酒店违规接纳未成年人情况，2021年6月至8月，该院对主城区内电竞酒店经营者接纳未成年人情况开展了专项检查，并向相关部门制发检察建议，督促其加强监管，从源头治理电竞酒店违规接纳未成年人情况。宿迁市检察机关联合相关职能部门向广大市民开展禁止未成年人入住电竞酒店的普法宣传，并积极在全市范围内推动开展综合治理。

2. 办案思路

电竞酒店是近年来的新型事物，它以高端的电脑配置和高品质的游戏体验作为主要宣传亮点，与一般的网络游戏营业场所和酒店住宿不同，它是两者的结合体。因属于新兴事物，电竞酒店的行业属性界定不明，成为了电竞酒店涉及未成年人保护相关案件的难点和争议焦点。一些电竞酒店根据酒店的相关规定，接待未成年人入住，实则规避"互联网上网服务营业场所等不适宜未成年人活动场所的经营者，不得允许未成年人进入"的禁止性规定。① 现根据文化和旅游部、公安部联合发布的通知，检察机关办理此类案件的依据更充足。

根据规定，办理此类案件关注的点主要有：未按照规定在显著位置悬挂未成年人禁入标志；电竞酒店经营者未在消费者预定、入住等环节明确告知其电竞房区域不接待未成年人；通过电子商务平台等开展客房预订的电竞酒店，其关联的电子商务平台经营者未核验电竞酒店提示信息等。检察机关在办理涉及电竞酒店的刑事案件时，应当关注涉案电竞酒店有无存在上述情况，如存在上述情况的，应当将线索移送公益诉讼部门进行审查。公益诉讼检察可以针对行政职能部门有无履行相应的监督职责等开展调查，以磋商、制发检察建议等方式督促行政机关依法履职。就电竞酒店提起民事公益诉讼，建议在造成严重后果或者存在实质性危害时提出，优先考虑刑事附带民事公益诉讼。

（五）未成年人保护措施执行问题

1. 典型案例

案例：督促落实医疗领域未成年人强制报告制度行政公益诉讼案②。

史某在明知被害人孙某（12周岁，女）未满14周岁的情况下，多次与其

---

① 参见《未成年人保护法》第58条。

② 此案是最高人民检察院案例库推荐入库案例。

发生性关系。2021年4月2日至4日，孙某因怀孕至某市某医院做人流手术。2021年4月8日，被害人父亲报警。2021年4月9日，公安机关以史某涉嫌强奸罪将其刑事拘留。2021年5月14日，某市人民检察院对史某作出批准逮捕决定。同年7月14日，公安机关将该案移送审查起诉。

2021年4月9日，某市人民检察院在提前介入史某强奸案时发现，被害人曾到医院就诊，医生在明知孙某系未满14周岁未成年人的情况下，未报警并随意处置流产组织，对及时发现犯罪、取证固证造成重大影响。检察机关随即利用"一站式"询问机制，第一时间围绕就诊时间、地点、医生诊疗经过等细节，对被害人展开询问，初步判断涉案医生存在未履行强制报告职责的情形。该案暴露出相关医疗机构在落实强制报告中存在盲点，对未成年人健康成长造成潜在危害，损害了未成年人合法权益，某市人民检察院决定开展公益诉讼立案调查。通过调查查明，全市医疗卫生系统普遍开展了相关学习教育，涉案医院及医务人员存在不重视、"嫌麻烦"的心理，落实强制报告制度流于形式，导致关键证据缺失。

为确保检察建议取得实效，检察机关在发出诉前检察建议前与一线医务工作者开展座谈，分析医疗领域落实强制报告存在的难点、痛点，提出在医疗系统中设置强制报告提醒界面的方法得到一致认可。2021年5月7日，某市人民检察院利用未检业务统一集中办理工作优势，向市卫生健康委员会制发诉前检察建议，要求其对相关人员给予相应处分，运用信息技术等手段强化强制报告制度提醒。某市卫生健康委员会收到检察建议后高度重视，完善落实侵害未成年人权益案件强制报告的相关机制，设立公安、检察、卫健委等专项报告电话。在全市571家医疗机构开展专项治理行动，推动强制报告制度落到实处。

2. 办案思路

2020年5月，《关于建立侵害未成年人案件强制报告制度的意见（试行）》出台，2020年10月修改后的《未成年人保护法》以立法形式确立了强制报告制度。侵害未成年人案件强制报告制度的建立主要是为了及时干预、有效保护未成年人，及时阻断未成年人遭受的侵害。承担强制报告义务的主体主要是公职人员以及密切接触未成年人行业的各类组织及其从业人员。"密切接触未成年人行业"不仅包括对未成年人负有教育、看护、医疗、救助、监护等特殊职责的单位和组织，也包括虽不负有特殊职责但具有密切接触未成年人条件的单位、企业和组织，主要包括学校、托管所、培训机构、孤儿院、救助站、酒店、医院等。检察机关可以从以上机构的行政主管部门有无履行法定职责等方面来开展公益诉讼检察工作。

对于未成年人的保护措施，除了强制报告制度外，还有入职查询。所谓的入职查询是指密切接触未成年人的单位，如中小学学校、幼儿园等教育机构以及校外培训机构，在招聘工作人员（教师、行政人员、安保人员等）时，应当向公安机关、人民检察院查询应聘者是否具有性侵害、虐待、拐卖、暴力伤害等违法犯罪记录。此外，入职查询并不仅仅是刚入职时进行上述记录查询，入职后每年还要进行定期查询一次。这也是公益诉讼检察就未成年人保护措施执行的工作重点。

在办理涉未成年人刑事案件时，要特别注意涉案未成年保护措施的执行问题。未成年人遭受侵害具有一定的隐蔽性，对于立案查处的刑事案件可以作为检验相关制度是否执行到位的检验点，做到查漏补缺，促进未成年保护措施的执行到位。

三、安全生产领域

《安全生产法》根据 2021 年 6 月 10 日第十三届全国人民代表大会常务委员会第二十九次会议《关于修改〈中华人民共和国安全生产法〉的决定》第三次修正，自 2021 年 9 月 1 日起施行。第 74 条第 2 款规定："因安全生产违法行为造成重大事故隐患或者导致重大事故，致使国家利益或者社会公共利益受到侵害的，人民检察院可以根据民事诉讼法、行政诉讼法的相关规定提起公益诉讼。"至此，公益诉讼检察法定领域拓展至安全生产领域。从办案实践来看，安全生产领域的公益诉讼检察主要是围绕危化品、交通运输、城市建设、特种设备、消防、矿山等领域的安全整治展开。

（一）燃气安全

1. 典型案例

案例：黑龙江省七台河市检察机关督促整治燃气安全隐患行政公益诉讼系列案[①]。

2020 年 5 月，黑龙江省七台河市检察机关在对涉及安全生产领域的公益诉讼案件线索进行研判时发现，全市瓶装液化气换气站、瓶装液化气充装企业、管道燃气企业、汽车加气站在生产、运输、储存、使用燃气过程中存在安全隐患，威胁燃气安全生产和人民群众生命财产安全，损害了国家利益和社会公共利益。

2020 年 6 月至 7 月，七台河市检察机关在全市范围内开展了燃气安全管

---

① 此案是最高人民检察院、应急管理部于 2021 年 3 月 23 日联合发布的安全生产领域公益诉讼典型案例之四。

理公益保护法律监督专项工作，对全市范围内的燃气行业全链条进行监督，监督范围涉及燃气行业的4个领域。一是对瓶装液化气换气站进行调查。二是对瓶装液化气充装企业进行调查。三是对管道燃气经营企业进行调查。四是对汽车加气站进行调查。经调查，上述4个领域普遍存在安全隐患。

检察机关认为，相关行政机关均未依法全面履行各自的监管职责，威胁到人民群众的生命健康和财产安全，致使社会公共利益持续受到侵害。据此，两级检察机关一方面向市、县（区）两级共计10个行政机关制发诉前检察建议，建议各部门根据各自监管职责，对燃气行业的上述违法违规行为进行查处、整改，及时消除安全隐患；另一方面，深化践行"监管违法追责、犯罪行为打击、公益损害恢复"的"三位一体"办案模式，向公安机关移交涉嫌违法违规问题线索17件。

各行政机关收到检察建议后，第一时间与检察机关对接。检察机关秉承双赢多赢共赢的监督理念，组织召开圆桌会议，积极与行政机关沟通，共同研究解决整改中的困难和问题，推动形成监管机制完善、监管责任明确、安全管理责任到人的燃气安全管理工作体系。其中，城市管理部门、交通运输部门、公安机关等开展联合执法行动，共清理、整治换气站28家，依法取缔全部违规经营的换气站。为切实服务"六稳""六保"，检察机关经多方沟通协调，相关换气站从业人员及所属车辆均被纳入瓶装液化气充装企业统一管理，并由政府协调相关部门解决运输车辆及空钢瓶存放场地，帮助其规范经营，妥善解决就业保障与民生需求问题。城市管理、市场监管部门针对燃气充装企业、管道燃气企业、汽车加气站存在的违法违规问题及时进行查处，提出整改意见，要求涉事企业认真履行法定义务。同时，公安机关根据检察机关移交的问题线索，对10名违法行为人处以行政拘留的处罚。

2. 办案思路

安全生产无小事，事关人民福祉和经济社会发展大局。因安全生产引发的火灾、爆炸等事故时见报端，有些甚至引起重大人员伤亡，严重侵害人民群众的生命健康和财产安全。2022年3月，针对当前安全生产监管工作中存在的突出问题，最高人民检察院向应急管理部制发了安全生产诉源治理方面的检察建议，即八号检察建议，助推安全生产诉源治理，以检察监督护航安全生产。为确保八号检察建议的落地见效，各地检察机关都在能动履职地开展安全生产领域各类专项活动，以跟进监督、协同履职等方式共同筑牢安全生产防线。

燃气使用、危化品管理、消防安全、非法流动加油车、企业动火作业、非法煤矿、地下防空设施等安全生产领域都是公益诉讼检察办案的重点领域。安全生产领域的管理职责交叉问题突出，往往涉及多部门、多行业，因此更需要协同治理、共同推进。检察机关在办理此类案件时更需要秉持双赢多赢共赢理念，通过刑事、民事、行政和公益诉讼四大职能综合履职；采取圆桌会议、公开听证、专家论证等多元化的办案模式，动员社会力量共同参与到安全生产的社会治理中，形成安全生产的全链条监管；制发检察建议、提起公益诉讼等刚柔并进，共同消除安全隐患，共同促进安全生产治理能力的提升。

（二）氰化物等危险化学品管理

1. 典型案例

案例：浙江省台州市路桥区人民检察院督促整治氰化物安全隐患行政公益诉讼案①。

氰化钠、氰化钾是国家严格管理的剧毒危险化学品，同时也是用于电镀、冶金等生产的基本化工原料。2017年4月至2020年7月，违法行为人陈某从山东某地非法购入氰化钠、氰化钾运至台州市路桥区，并售往台州、温州等地，累计270余吨，涉及110余家电镀企业。整个非法运输、储存、销售、使用过程未采取任何规范防护措施，存在极大安全生产隐患，严重威胁公众生命财产安全。

浙江省台州市路桥区人民检察院（以下简称路桥区院）在办理陈某等人非法买卖危险物质刑事案件中发现本案线索，于2021年6月4日进行行政公益诉讼立案。该院通过调查发现，当地氰化物地下非法交易持续时间长、活动猖獗的主要原因是当地小型电镀企业数量大，其生产工艺需要使用到氰化钠、氰化钾等化工原料，由于不符合法律规定取得危险化学品使用许可证的条件（需为生产并且使用量达到1800吨/年的企业），同时为了降低成本，不少小型电镀企业无视安全风险，未经相关部门审批，通过地下交易市场非法购入、使用氰化物。当地监管部门履职意识不到位，认为仅需管理好正规渠道购入的氰化物，非法交易的氰化物不属自身监管职责，明知大量小型电镀企业生产需要使用氰化物，但对于电镀企业所需氰化物的来源、储存、使用以及含氰废水的排放等问题未能实施有效监管。违法行为人利用氰化物外形与面粉相似的特征，通过货运或者伪装成"界面剂"托运至物流中心，也一路畅通无阻，相关职能部门抽检查验工作未能落实到位。

2021年7月16日，路桥区院牵头应急、公安、交通、生态环境等职能部门召开圆桌会议，围绕氰化物运输、储存、销售等环节存在的问题开展磋商，厘清部门监管职责，并达成监管共识。该院向相关职能部门制发诉前检察建议

---

① 此案是浙江省台州市路桥区人民检察院探索办理的检察公益诉讼新型案件。

2件、社会治理类检察建议2件，推动相关职能部门开展专项整治，共对辖区内77家交通运输企业、13家危化品使用企业进行全面排查，排查出涉及氰化物等危化品安全问题隐患73处，行政处罚56万余元，对44家电镀企业开展安全知识教育和应急救援演练，实现辖区内危化品企业排查全覆盖、整改全到位。同时，为解决小型电镀企业合理使用氰化物的需求，该院一方面推动相关职能部门将小型电镀企业集中到电镀园区，对电镀园区仓储条件进行升级并降低储存费用，让小型电镀企业符合氰化物申请使用条件；另一方面，推动相关职能部门简化氰化物使用审批手续。目前，台州市路桥区已实现氰化物使用网上审批全流程，企业当日申请、当日批复。2022年至今，相关职能部门共通过网上审批同意购买48次，涉及氰化物48吨，从源头解决了小型电镀企业非法购买、使用氰化物问题。

为进一步加强氰化物的管理使用，路桥区院推动相关职能部门出台《安全生产重大事故隐患和违法行为举报奖励制度》《剧毒危险化学企业联合监管机制》《危货品道路运输企业和危化品经营企业信息互联机制》等，从定期会商研判、联合执法检查、部门信息共享、联合宣传培训等多个维度，堵塞非法交易的漏洞，实现对氰化物的生产、储存、运输、买卖、使用的全链条闭环监管。台州市人民检察院在路桥区院办案基础上，部署全市开展氰化物安全整治专项行动，并将涉及温州等地电镀企业非法买卖、使用氰化物的问题线索移送给相关检察机关，推动相关区域综合治理。

2. 办案思路

危化品的管理使用涉及广大人民群众生命健康安全，稍有不慎，极易造成安全生产事故。检察机关从刑事案件中发现氰化物非法交易脱离监管，存在重大安全隐患问题，通过圆桌会议厘清部门职责，督促相关部门开展专项整治，加强部门协同，建立长效机制，形成监管合力，实现闭环管控。在办案中，检察机关要坚持"疏堵结合"，推动相关职能部门简化审批手续，保障电镀企业使用氰化物的合理需求，实现保护公益与保障民生、服务企业的最优效果，从源头上消除安全生产隐患，形成安全生产区域统筹、部门协同的治理新格局。

（三）消防安全

1. 典型案例

案例：河北省唐山市人民检察院督促整治消防安全隐患行政公益诉讼案①。

近年来，"唐山检察"微信公众号"随手拍"栏目频繁接到群众举报，集

---

① 此案是最高人民检察院检察案例库推荐入库案例。

中反映私家车堵占社区消防通道事件随处可见，有关部门未依法履行消防通道维护管理的职责和义务，存在监管空白，致使消防通道长期被堵占，严重影响应急救援和消防安全，损害了社会公共利益。

2020年6月，河北省唐山市人民检察院（以下简称唐山市院）管理的"唐山检察"微信公众号发出"关于随手拍摄违规占用、堵塞、封闭社区消防通道行为的倡议书"，呼吁广大唐山市民朋友积极参与，对所在小区堵占消防通道情况进行拍照，并发送至"随手拍"栏目。随后，唐山市院收到大量群众举报线索。经调查核实，消防救援机构、住房和城乡建设部门均未对负有消防通道维护管理责任的物业服务企业进行处罚，存在监管空白，物业服务企业不落实消防义务，致使社区消防通道存在消防安全隐患。

2020年8月，唐山市院针对私家车堵占消防通道问题，先后两次与唐山市消防救援支队、唐山市住房和城乡建设局（以下简称唐山市住建局）进行磋商，梳理执法过程中的法律适用问题。因有关部门对法律适用相关问题存在争议，同年9月11日，唐山市院主持召开"消防通道安全"行政公益诉讼公开听证会，邀请行政机关负责人、人大代表、政协委员、人民监督员参加，积极听取各界意见和群众心声。听证会上，检察机关和行政机关一致认为，要以人民群众的司法需求、执法需求为出发点，探索弥补监管空白，形成新的行政执法解决方案，全面提升社会治理水平。同年9月30日，唐山市院向唐山市消防救援支队、唐山市住建局发出诉前检察建议，要求两部门做好执法衔接，形成执法合力，全力加强对物业服务企业不履行消防安全义务的监管，有效解决消防通道被占用、堵塞的问题。

两部门收到检察建议后高度重视，形成监管合力迅速整改。唐山市消防救援支队制定相关举措，明晰物业服务企业的消防安全责任，填补对物业服务企业的执法空白。唐山市住建局将消防部门开出的《行政处罚决定书》纳入企业诚信档案，对企业实施信用惩戒，并联合消防部门在全市开展督导检查专项活动，共排查物业管理项目756个，拆除堵塞消防通道违章建筑83处，清理障碍物1482处，拖离车辆449辆，有效消除消防安全隐患。

2. 办案思路

消防安全事关人民群众生命财产安全和社会公共利益。消防安全领域涉及面广，检察办案应当聚焦群众反映强烈、社会高度关注的安全隐患问题，通过办案来提升安全生产某一方面的治理能力和治理水平，堵塞消防安全漏洞，实现消防安全工作长效化、常态化，不断拧紧安全螺丝，切实守牢安全底线。

检察机关在办理消防安全案件时，可以关注居民住宅区、办公商务楼、学校教学区等构筑物本身的消防安全，也可以关注构筑物的附属设施如消防应急通道、消防设施配备、消防标志设置等设施。与此同时，电瓶车充电桩、汽车充电桩、电梯等特殊设备的安全维护也可以作为办案点予以考虑。为确保消防安全的入心见效，该领域案件的办理可以结合老年人、未成年人等特殊群体保护，乡村振兴等专项监督共同推进。

消防安全的调查核实重点可以放在以下方面：消防器材配置有无消防器材平面布置图；施工现场有无使用未经国家技术监督部门认可的电器设备；有无私接电源；改动电源有无经项目部批准，有无持有证件的正式电工操作，有无经安检人员检验合格后投入使用；消防设施、器材定期维护保养制度有无落实，电力负荷是否超载；检查电气线路，发现可燃杂物有无及时清理；施工生产现场和生活活动区域有无设置符合要求的消防设施、配置合理的水源；施工现场有无严禁吸烟；消防通道有无存在私家车占用等堵塞问题；等等。

（四）地下防空设施

1. 典型案例

案例：江苏省苏州市吴中区检察院督促整改地下人防设施私改用途行政公益诉讼案①。

2021年1月初，吴中区检察院接到群众举报，称吴中区某商业体的开发商擅自将地下停车位改成仓库，用来存放高度白酒等易燃物品。根据线索，吴中区检察院立即前往现场走访。在该商业体的地下停车场，发现了多处疑似加盖的仓库，有些地下车库钢门框上清晰标注的"战时封堵"字样。为慎重起见，检察机关专门在城建档案馆调取该项目工程设计图，初步认定几处加盖的仓库为在人防工程设施内的违法建设。吴中区检察院对该商业体侵占人防工程进行立案，并对涉案场所违建仓库的规模、用途、建成时间等一系列问题开展调查核实。

因该地下人防区域的违建同时涉及人防、消防、城管等多部门管辖，为厘清职责，吴中区院邀请区人防办、区消防救援大队等部门共同参与现场调查，依法向商业体开发商负责人出示检察长签发的《进入涉案场所通知书》《勘查证》，体现了公益诉讼调查的严肃性，取得了当事人的配合，减少了调查阻力。随后，该院与消防、人防部门对地下停车场内的全部区域进行了详细检查，通过与项目工程设计图对照，确认有两处违建仓库位于人防工程区域内。检察人员主持开展了现场勘验，制作了《现场检查（勘验）笔录》，进入两处仓库使用测距仪器进行测量后，发现违建面积达250多平方米，堆了数百箱高

---

① 此案源于《地下人防设施不容私改用途》，载《苏州日报》2021年2月25日。

度白酒等物品，人防工程区域外的其它仓库也存在私接电线、堵塞应急通道、遮挡消防设施等安全隐患。

经勘查认定，该商业体地下停车场内存在私自违章建设、侵占人防工程、消防隐患突出等一系列问题。检察官还发现，违建仓库已存在近 10 年。该商业体客流密集，如不及时处理，不仅损害公共利益，还会对公共安全造成威胁。

此后，吴中区检察院联合人防、消防、属地街道等有关单位，就该商业体违法问题进行了多次会商。2021 年 2 月 22 日，该院发出多份检察建议，促请职能部门及时着手查处违法行为，督促并协助当事人制定整改事项清单，明确推进时间节点，尽快将人防工程恢复正常功能。检察干警向商业体开发商负责人充分开展释法说理、宣传教育，得到对方的积极配合。对方承诺会按照行政机关的整改要求，于近期将人防工程恢复原样，并消除其它消防隐患。

2. 办案思路

人防工程又称人民防空工程，是指"为保障战时人员与物资掩蔽、人民防空指挥、医疗救护等而单独修建的地下防护建筑，以及结合地面建筑修建的战时可用于防空的地下室"①。人防工程是防备敌人空袭，有效掩蔽人员和物资，保存战争潜力的重要设施，是支持长期防御反侵略战争直至胜利的工程保障。人防工程具有重要的战略功能，是战时维护社会稳定，决定战争胜负的关键因素，能有效保护民众的生命安全、财产安全。因此，检察机关应将人防工程安全也纳入安全生产领域的案件办理范围。

检察机关办理人防工程设施公益诉讼案件时，应将重心放在人防工程设施的日常管理维护，对侵占、改建人防工程的行为进行监督，通过检察建议等方式助推人防工程功能的日常维护。调查核实可以从以下方面进行：侵占人民防空工程；未按照国家规定的防护标准和质量标准修建人民防空工程；违反国家有关规定，改变人民防空工程主体结构、拆除人民防空工程设备设施或者采用其它方法危害人民防空工程的安全和使用效能；拆除人民防空工程后拒不补建；占用人民防空通信专用频率、使用与防空警报相同的音响信号或者擅自拆除人民防空通信、警报设备设施；向人民防空工程内排入废水、废气或者倾倒废弃物等。

四、军人地位和权益保护领域

2021 年 6 月 10 日，《军人地位和权益保障法》经第十三届全国人民代表

---

① 参见《人民防空法》第 18 条。

大会常务委员会第二十九次会议通过，自 2021 年 8 月 1 日起施行。第 62 条规定："侵害军人荣誉、名誉和其他相关合法权益，严重影响军人有效履行职责使命，致使社会公共利益受到损害的，人民检察院可以根据民事诉讼法、行政诉讼法的相关规定提起公益诉讼。"检察公益诉讼办案法定领域延伸至军人地位和权益保护领域。

（一）典型案例

案例：浙江省杭州军事检察院、杭州铁路运输检察院维护军人出行优先权益行政公益诉讼案①。

浙江境内存在军人出行依法优先权在铁路交通中落实不到位问题：有的窗口工作人员对军人依法优先范围认识不够准确，对于军人证件种类不够了解，个别工作人员认为军人依法优先仅为购票优先，不包括退票、改签优先；有的站点重点旅客候车区军人依法优先标识不够明显，重点旅客候车区虽贴有"八一"标志，但重点旅客服务区标牌上的服务对象未列明军人；有的站点虽然设置了军人专用通道、候车区域，但日常管理还有待进一步加强；个别军人候车室日常上锁，不利于军人候车室的便捷使用。

2019 年 8 月，杭州军事检察院接到官兵反映有关案件线索。鉴于铁路检察院对涉及铁路领域的国家利益和社会公共利益具有相应监督职责，同时根据浙江省人民检察院《关于支持杭州铁路运输检察院开展铁路公益诉讼和铁路安全隐患检查监督工作的通知》等规定，涉铁公益诉讼案件指定由铁路检察院管辖。杭州军事检察院于当月 22 日将该案线索移送杭州铁路运输检察院。

2019 年 9 月，杭州军事检察院、杭州铁路运输检察院组织人员通过实地查看售票窗口、安检口和检票口等方式，对杭州站、杭州东站、义乌站、湖州站、宁波站等铁路站点落实军人出行依法优先情况进行了专项调查，核实了浙江省范围内各铁路站点落实军人出行依法优先权益不到位问题。检察机关认为，根据《国防法》《兵役法》《国防交通法》《军人抚恤优待条例》，以及《中国铁路总公司中央军委后勤保障部关于开展军人出行优先工作的通知》等法律法规和行业规定，铁路站段对于保障军人在铁路交通中的出行优先权益具有法定职责，杭州站、嘉兴车务段、金华车务段、宁波车务段作为浙江省各铁路站点的管理单位，应当督促各铁路站点按照规定给予军人优待，但调查中发现的问题反映出相关铁路站段没有依法履职到位。

2019 年 10 月 15 日，杭州军事检察院、杭州铁路运输检察院联合向上海

---

① 此案是最高人民检察院于 2020 年 5 月 11 日发布的军地协作公益诉讼典型案例之七。

铁路局集团有限公司下属的杭州站、嘉兴车务段、金华车务段、宁波车务段等4个铁路站段一并发送检察建议。为确保检察建议落到实处，军地检察机关邀请浙江境内部分重点站段及其下属的部分铁路客运车站、驻上海铁路局杭州军代处有关负责人及部分军队人大代表参加座谈，就军人出行依法优先权益保障问题进行深入探讨。参加会议的站段及站点有关负责人均当场表示将严格按照规定把军人出行依法优先权益保障工作落到实处。

各铁路站段接到检察建议后，迅速开展自查自纠，完善措施，加强管理。杭州东站完善引导标识设置，确保军人候车专区的方便快捷使用；宁波车务段重新设定候车专座数量和位置，强化对专座、引导标志维护；湖州站修订军人候车室管理办法，按照营业时间确定军人候车室开启和关闭时间；金华车务段加强对军人候车区的日常管理，确保各类服务设备设施状态良好。各铁路站段将整改情况书面回复杭州军事检察院及杭州铁路运输检察院。经现场查验，相关问题均已整改到位。

（二）办案思路

为维护国家利益和社会公共利益、国防和军事利益，服务强军目标、服务备战打仗、服务依法治军，推进军地检察机关公益诉讼协作全面、深入、高效开展，充分发挥法律监督职能作用，为实现强国强军提供有力司法保障，最高人民检察院、中央军委政法委员会联合印发了《关于加强军地检察机关公益诉讼协作工作的意见》。该意见提出要"加大对破坏军事设施、侵占军用土地等涉军公益诉讼案件的办理力度，积极稳妥探索办理在国防动员、国防教育、国防资产、军事行动、军队形象声誉、军人地位和权益保护等方面的公益诉讼案件，着力维护国防和军事利益"[①]。军人地位和权益保障是军地检察机关协作配合办理公益诉讼案件的重要内容。

根据《军人地位和权益保障法》的规定，军人地位和权益保护的案件办理应重点关注军人光荣形象的维护、军人地位的肯定和军人各项权益（优待措施、抚恤金等）落实等。具体包括：获得功勋荣誉表彰和执行作战任务的军人的姓名和功绩，未按照规定载入功勋簿、荣誉册、地方志等史志；军人未按照规定享受免费医疗和疾病预防、疗养、康复等待遇；军人残疾、死亡抚恤金的发放未到位；军人光荣牌应发放未发放，应收回未收回；公立医疗机构未

---

① 《最高人民检察院、中央军委政法委员会印发〈关于加强军地检察机关公益诉讼协作工作的意见〉军地检察机关将加强涉军公益诉讼案件协作配合》，载最高人民检察院网2020年5月11日，https://www.spp.gov.cn/spp/xwfbh/wsfbt/202005/t20200511_460764.shtml#1。

为军人就医提供优待服务；军人免费乘坐市内公共汽车、电车、轮渡和轨道交通工具未落实到位；军人和烈士、因公牺牲军人、病故军人的遗属，以及与其随同出行的家属，乘坐境内运行的火车、轮船、长途公共汽车以及民航班机未获得优先购票、优先乘车（船、机）等服务。

五、个人信息保护领域

2021 年 8 月 20 日，《个人信息保护法》经第十三届全国人民代表大会常务委员会第三十次会议通过，自 2021 年 11 月 1 日起正式施行。该法第 70 条系专门设立的公益诉讼条款，规定："个人信息处理者违反本法规定处理个人信息，侵害众多个人的权益的，人民检察院、法律规定的消费者组织和由国家网信部门确定的组织可以依法向人民法院提起诉讼。"2021 年 11 月 1 日，《个人信息保护法》施行的当天，最高人民检察院第八检察厅就甘肃省人民检察院第八检察部请示的"关于办理个人信息保护公益诉讼案件相关问题"作出了书面的答复意见。2021 年 8 月 21 日，最高人民检察院下发《关于贯彻执行个人信息保护法推进个人信息保护公益诉讼检察工作的通知》，要求规范相关公益诉讼案件办理，切实履行好公益诉讼检察的法定职责。公民个人信息保护领域的公益诉讼检察工作可以聚焦以下方面进行：一是生物识别、宗教信仰、特殊身份、医疗健康、金融账号、行踪轨迹等敏感个人信息；二是儿童、妇女、残疾人、老年人、军人等特殊群体的个人信息；三是教育、医疗、就业、养老、消费等重点领域处理的个人信息；[①] 四是手机 App、小程序等对个人信息的收集等。

（一）快递面单个人信息保护

1. 典型案例

案例：甘肃省平凉市人民检察院督促整治快递单泄露公民个人信息行政公益诉讼案[②]。

甘肃省平凉市辖区内多家快递企业的快递单未对用户个人信息采取隐匿化等有效保护措施，直接显示客户姓名、电话号码等个人信息，存在泄露公民个人信息重大隐患。

2020 年 6 月 29 日，甘肃省平凉市人民检察院（以下简称平凉市院）收到

---

① 参见《关于贯彻执行个人信息保护法推进个人信息保护公益诉讼检察工作的通知》。
② 此案是最高人民检察院于 2021 年 4 月 22 日发布的检察机关个人信息保护公益诉讼典型案例之三。

群众举报上述线索并进行初步调查属实，于 2020 年 8 月 11 日立案调查。平凉市院通过对快递单拍照取证、走访营业网点、询问相关人员等方式，查明辖区各快递企业的快递单均未对收寄人姓名、手机号等采取隐匿措施，也未进行信息安全提醒。对此，平凉市院通过微信小程序开展随机问卷调查，参与调查的群众中，90.59% 认为快递单可能泄露个人信息；98.82% 希望对快递单上的个人信息采取隐藏等保护措施；100% 认为有必要加大对快递行业个人信息保护的监管力度。

办案过程中，平凉市院与平凉市邮政管理局（以下简称市邮政局）就完善快递单个人信息保护措施进行多次磋商，并组织召开听证会，邀请人大代表、政协委员、人民监督员、律师、公益诉讼志愿者作为听证员。会上播放了快递单泄露公民信息新闻调查短片，讲解了相关法律政策，进行了多媒体示证，听取了市邮政局和快递企业代表意见。听证员一致认为：平凉市普遍存在快递单泄露公民个人信息风险，市邮政局对快递行业个人信息安全管理不到位，应当加强监管。2020 年 9 月 8 日，平凉市院向市邮政局发出诉前检察建议，建议其依法全面履行快递市场安全监督管理职责，督促快递企业采取有效手段保护用户信息安全。

收到检察建议后，市邮政局印发《关于切实做好邮政行业用户信息安全保护的通知》并进行专项整改。对快递企业负责人集体约谈，要求快递企业规范管理和定期销毁快递运单，杜绝倒卖用户信息前科人员从事快递行业，对快递单采取隐匿化技术处理等措施；开展公民个人信息安全法制宣传，对快递员进行用户信息安全培训。

2020 年 10 月 14 日，市邮政局就整改情况向平凉市院进行了书面回复。经抽样调查，快递企业有的在运单加盖了个人信息保护提示印章，有的在快递网点和快递车悬挂了信息安全提醒标语。顺丰快递单和快递员通信终端用户手机号已全部实现隐匿化技术处理。其它快递企业正在参照推进。各快递企业销毁纸质运单 105 万份，所有快递企业今后不再留存纸质运单。

2. 办案思路

2022 年 3 月，国家邮政局、公安部、国家网信办三部门联合实施了为期半年的邮政快递领域个人信息安全治理专项行动，检察机关也积极参与到上述专项行动当中，组织省市县三级检察院共同推进快递面单个人信息保护案件的办理。快递面单个人信息保护的专项治理工作开展以来成效显著，目前顺丰、圆通、中通、韵达等多家主要快递公司基本实现了快递面单敏感信息的去标志化处理，快递行业"隐私面单"基本全覆盖。"隐私面单"采用隐藏快递单上的部分个人信息，如收件人姓名和真实电话号码，通过信息加密的方式来保护公民个人信息。此类案件的办理较 2022 年大幅度缩减，对于发现的快递行业个别信息保护不到位的情况可个案跟进办理。

（二）诊所等医疗机构泄露公民个人信息

1. 典型案例

案例：浙江省温州市鹿城区人民检察院督促保护就诊者个人信息行政公益诉讼案①。

2016 年至 2018 年期间，温州某儿童摄影公司员工张某某、某儿童培训公司员工卢某某等人，为公司商业营销需要，采用购买、交换等方式从温州多家医院非法获取 1 万余条孕产妇个人信息，期间张某某等人还向他人出售、提供孕产妇个人信息。涉案两家公司对员工非法收集、使用、泄露孕产妇个人信息用于商业营销的违法行为未尽到个人信息保护义务，严重侵害就诊者合法权益。

浙江省温州市鹿城区人民检察院（以下简称鹿城区院）在刑事检察部门办理侵犯公民个人信息案件中发现本案公益损害线索，于 2019 年 7 月 31 日成立专案组立案调查。专案组通过调阅刑事卷宗、检索监管依据、搜集处罚案例、走访职能部门等方式，查明公益损害事实，明确监督对象，找准监督依据。《消费者权益保护法》规定，消费者个人信息享有依法得到保护的权利，经营者收集、使用消费者个人信息应当遵循合法、正当、必要原则，并采取必要措施防止消费者个人信息泄露。市场监督管理部门对侵害消费者个人信息的行为负有监管职责。张某某等人因涉嫌刑事犯罪，依法被追究刑事责任，但涉案公司未因张某某、卢某某利用非法获取的孕产妇等个人信息进行商业营销受到相应处罚。2019 年 8 月 29 日，鹿城区院向鹿城区市场监督管理局（以下简称区市监局）发出诉前检察建议，督促其对涉案公司违法行为予以查处，并采取有效措施加大对辖区内侵害消费者个人信息违法行为的打击力度。

办案过程中，鹿城区院针对就诊者个人信息主要从温州两家医院泄露这一情况，分别向两家医院发出社会治理检察建议，建议加强就诊者个人信息保护。两家医院通过案例开展警示教育，采取了加强信息查询权限分级管理、重要岗位人员定期轮岗、工作电脑加密等措施积极落实整改，完善个人信息安全源头管理。同时，鹿城区院结合办案，联合区公安分局、区市监局等部门在全省率先出台《关于加强消费领域个人信息保护执法司法协作的若干意见（试

---

① 此案是最高人民检察院于 2021 年 4 月 22 日发布的检察机关个人信息保护公益诉讼典型案例之二。

行）》，形成消费领域个人信息保护执法司法合力。

2. 办案思路

诊疗机构掌握着大量就诊者个人信息，且这些信息精准度高，很容易形成人物画像，加之就医信息，很容易成为商业营销的"主攻"对象。特别是孕产妇等信息，不仅涉及孕妇本身的个人信息，还涉及幼儿等未成年人的敏感信息，需要加强监督管理，切断不法牟利的渠道来源。检察机关在办理此类案件时，可通过制发个案的公益诉讼检察建议督促行政主管部门依法全面履行监管职责，推动医疗机构个人信息管控的源头治理。对于涉及特殊群体，影响较大，对社会公共利益影响恶劣的，可制发综合治理类检察建议，多方协同，构建执法司法衔接配合长效机制，合力守护公民个人信息的安全。

（三）手机 App 等网域公民的个人信息保护

1. 典型案例

案例：江西省南昌市人民检察院督促整治手机 App 侵害公民个人信息行政公益诉讼案[①]

2020 年 7 月，江西省南昌市人民检察院（以下简称南昌市院）从有关媒体报道中发现，本地部分手机 App 存在侵害用户个人隐私和违规收集使用用户个人信息问题，损害了社会公共利益。

2020 年 7 月，南昌市院委托专业检测公司在人民监督员及公证人员的见证下，对本地企业开发经营的"贪玩蓝月""地宝网""洪城乐骑行""江教在线""魔题库"等 6 款手机 App 进行详细检测，发现上述 App 均存在《App 违法违规收集使用个人信息行为认定方法》规定的违法违规收集或使用公民个人信息的情形，包括未明示收集使用个人信息的目的、方式和范围；未经用户同意收集使用个人信息；违反必要原则，收集与提供的服务无关的个人信息；未经同意向他人提供个人信息等。根据《网络安全法》等法律规定，结合相关部门"三定方案"和权力清单，南昌市院确定江西省通信管理局（以下简称省通信管理局）、南昌市公安局（以下简称市公安局）、南昌市互联网信息办公室（以下简称市网信办）未履行个人信息保护监督管理职责，并于 2020 年 8 月 20 日立案。

因手机 App 侵害公民个人信息监管涉及多个行政机关，存在职能交叉、监管部门层级不同等问题，南昌市院在与行政机关充分沟通磋商的基础上，决

[①]　此案是最高人民检察院于 2021 年 4 月 25 日发布的检察机关个人信息保护公益诉讼典型案例之一。

定通过公开听证的方式稳妥推进案件办理。2020 年 8 月 21 日，南昌市院组织公开听证会，邀请人民监督员、高校教授、律师作为听证员进行听证监督，省通信管理局、市公安局、市网信办相关处室负责人参加听证会。听证会上，听证员一致表示，该类手机 App 存在的问题已不是个案，侵害了社会公共利益，建议检察机关督促相关职能部门抓紧整改，妥善保护群众个人信息安全。

2020 年 8 月 27 日，南昌市院分别向市公安局、市网信办发出诉前检察建议，要求两行政机关依法对案涉手机 App 违法收集使用个人信息行为进行监管及处罚，并加强对本市辖区内 App 收集使用个人信息等行为的监管，强化网络执法督查相关工作。同年 10 月 23 日，市公安局、市网信办回复南昌市院，已要求案涉手机 App 运营主体针对检测发现的 25 个问题逐一开展对照整改及优化等工作，对其中 4 款手机 App 运营主体予以警告处罚。为评估整改效果，南昌市院委托专业检测公司对案涉 App 进行复测，确认相关问题已整改到位。

2. 办案思路

随着手机的普及利用，手机 App 搜集个人信息越来越便捷，没有有效的监管，手机使用者的日常网页浏览记录、交易记录、说话聊天、运动轨迹等私密信息被大量"窃取"，且手机使用者无感。打击 App 过度收集个人信息，甚至超过软件使用的必要限度，如影视 App 要求客户授权位置信息，购物软件要求客户提供语音麦克风权限等。国家一直在关注并严厉打击手机 App 过度收集个人信息问题，检察机关也将这块作为公益诉讼检察个人信息保护的重点。此类案件涉及专业性的取证固证等问题，检察机关可以借助第三方检测机构等的专业力量，调查收集 App 违法违规收集使用个人信息的相关证据，确定侵害社会公共利益的违法事实。

（四）生物识别信息等个人信息保护

生物识别信息是"与自然人的身体、生理或行为特征有关的特定技术处理操作所产生的个人数据，它允许或确认对该自然人的明确识别。比较典型的身体或生理生物识别技术的例子包括面部识别、指纹验证、虹膜扫描、视网膜分析、语音识别以及耳廓识别。而行为生物识别技术的例子包括：键盘使用分析、手写签名分析、触摸屏和鼠标的使用模式、步态分析、凝视分析（眼球追踪）以及在电脑前上网和工作的行为习惯分析"[①]。生物识别是个人身份识

---

① 娄曹军：《"生物识别信息"是什么、如何认定？三点区分中欧相关规制差异》，载 Welegal 法盟微信公众号，2022 年 5 月 11 日。

别的新方法，相较姓名、身份证等传统方式，具有方便、快捷、高效、准确等优势。作为个人数字身份的重要组成部分，生物识别信息与个人的权利密切相关。① 指纹和人脸识别等个人生物识别信息过度收集等问题突出，此类敏感个人信息，一旦被泄露或者非法使用，容易导致人格尊严受到侵害或者人身、财产安全受到危害。

1. 典型案例

案例一：江苏省无锡市新吴区人民检察院督促保护服务场所消费者个人信息行政公益诉讼案②。

江苏省无锡市新吴区某健身房使用具有人脸识别、指纹识别等功能的信息管理系统，强制要求会员刷脸或录入指纹进入。由于该管理系统采用分级分层、前后端分离等技术，消费者在前端平台界面仅能看到被采集的个人身份信息，未被告知个人信息收集清单及权限。在部分会员明确拒绝人脸采集识别后，该健身房擅自将会员办卡时提供的照片录入系统作为刷脸进出凭证，且在会员要求删除照片等信息时，以无管理权限为由拒绝删除，其行为侵害众多消费者合法权益，损害社会公共利益。

2022 年 6 月 21 日，"益心为公"检察云平台志愿者向江苏省无锡市新吴区人民检察院（以下简称新吴区院）反映，新吴区某健身房存在侵犯消费者敏感个人信息的情形。新吴区院运用公益损害风险防控平台，通过数据交叉比对、智能分析，排查易发生非法收集个人信息的服务场所，绘制风险防控"数字地图"，发现全市案件线索 16 件，其中涉及新吴区 5 件。经初步调查，新吴区院于 2022 年 8 月 11 日正式立案。

新吴区院引入专业技术机构协助调查取证，现场勘验涉案服务场所信息管理系统，出具专家意见，认为该系统在个人信息传输、存储等方面存在安全风险。针对涉案服务场所采集、存储个人信息的必要性和合理性，邀请公安、市场监管、第三方专业机构等召开论证会。2022 年 8 月 12 日，新吴区院向新吴区市场监督管理局制发行政公益诉讼诉前检察建议，督促对涉案服务场所依法处理，切实履行保护消费者合法权益的职责；开展行业规范整治，加大监管力度，建立长效机制，防范类似违法行为发生。

新吴区市场监督管理局收到检察建议后，对涉案 5 家服务场所进行集体谈

---

① 参见付微明：《个人生物识别信息的法律保护模式与中国选择》，载《华东政法大学学报》2019 年第 6 期，第 78 页。

② 此案是最高人民检察院于 2023 年 3 月 30 日发布的个人信息保护检察公益诉讼典型案例之一。

话、责令改正，组织开展专项执法行动，并建立定期检查、约谈、通报等监管机制。涉案服务场所及时整改，改变进入场所方式，采取安全措施传输、定期删除个人信息，向监管部门报送个人信息管理情况。

案例二：湖南省长沙市望城区人民检察院督促保护个人生物识别信息行政公益诉讼案①。

湖南省长沙市望城区卫生健康局（以下简称区卫健局）为推进数字化门诊建设，自2019年7月12日起，要求长沙市望城区辖区内17家医疗卫生机构陆续使用电子签核系统推送疫苗接种知情告知书，疫苗受种者或监护人点击"同意"时系统自动采集指纹和人脸识别信息，收集电子数据的存储及主机均由各社区卫生服务中心管理。截至2022年3月11日，上述机构共收集83万余条涉及指纹、人脸识别等个人生物识别信息。

2022年2月11日，湖南省长沙市望城区人民检察院（以下简称望城区院）接到群众举报，反映自己和孩子的指纹和人脸等个人生物识别信息被医疗卫生机构过度收集，存在泄露风险。望城区院经初步调查确认属实，遂于2022年3月19日、5月16日分别对望城区卫健局、长沙市公安局望城分局（以下简称区公安分局）立案调查。

望城区院通过现场勘验、委托第三方单位对电子签核系统进行安全检测、调取相关书证与电子数据、询问相关人员、咨询专业人员等方式进行调查取证，查明：望城区17家医疗卫生机构违反个人信息处理的合法、正当、必要和诚信原则，过度收集服务对象指纹和人脸等个人生物识别信息，未按要求解决电子签核系统的弱口令、数据未加密等安全漏洞，未能防患未经授权的访问及个人信息泄露、篡改、丢失等高风险，未落实网络安全等级保护制度要求，对敏感个人信息保护的内部管理不到位。望城区卫健局和区公安分局对上述医疗卫生机构收集、处理敏感个人信息活动未尽到监管职责。

2022年5月11日、16日，望城区院分别向区卫健局、区公安分局送达行政公益诉讼诉前检察建议，建议区卫健局改进征求知情同意的方式，避免过度收集指纹或人脸识别信息等个人生物识别信息；完善技术和管理措施，防止未经授权的访问及个人信息泄露、篡改、丢失。建议区公安分局对17家医疗卫生机构未履行网络安全等级保护责任的行为依法处理。同时将上述检察建议抄送望城区网信部门。

望城区卫健局、区公安分局收到检察建议后高度重视，部署开展了专项行

① 此案是最高人民检察院于2023年3月30日发布的个人信息保护检察公益诉讼典型案例之二。

动。望城区卫健局认真进行调研，研究解决方案，并向长沙市卫生健康委员会（以下简称市卫健委）专题汇报，长沙市卫健委以望城整改方案为蓝本推进全市医疗卫生机制规范、合法处理个人信息。望城区公安分局召开专门网络安全会议，对全区医疗卫生机构进行网络安全检查。2022 年 8 月 8 日，望城区院跟进监督发现，升级后的电子签核系统采用电子屏签字的方式确认接种告知并在局域网运行；收集的电子签字、疫苗接种等个人信息已加密；已收集的个人生物识别信息已在医疗卫生机构彻底删除。上述整改方式在全市范围内推广已显成效。同年 8 月 11 日，该院组织召开听证会，邀请人大代表、政协委员、"益心为公"志愿者及专家学者担任听证员，与会人员一致认为行政机关已采取积极有效措施全面履职，敏感个人信息被侵害的重大风险已消除。

案例三：浙江省湖州市检察机关诉浙江 G 旅游发展有限公司侵害公民个人信息民事公益诉讼案①。

A 景区由浙江 G 旅游发展有限公司（以下简称 G 公司，其控股股东是某国有公司）负责实际运营。2020 年 7 月，A 景区通过招标委托浙江 H 科技有限公司（以下简称 H 公司）建设完成人脸识别系统，并投入运行。系统使用期间，A 景区在采集游客人脸信息时未依法履行告知义务，存在强制要求购票游客录入人脸信息、"刷脸"入园的情形，且景区未对采集到的人脸信息定期予以删除，致使游客个人信息被侵害，损害了社会公共利益。

2021 年 10 月，最高人民检察院根据志愿者反映，将 A 景区要求游客"刷脸"入园、涉嫌侵害游客人脸信息的线索交由浙江省人民检察院（以下简称浙江省院）办理。2021 年 11 月初，湖州市人民检察院（以下简称湖州市院）、湖州市南浔区人民检察院（以下简称南浔区院）联合成立专案组对该线索立案调查，对 A 景区人脸识别系统前端完成电子取证。经调查发现，A 景区现场购票除要求游客提供身份证外，还要求游客进行"刷脸"认证，且未告知"刷脸"入园的必要性及后续如何处理刷脸信息，对游客人脸信息储存和使用缺乏具体制度规范。同年 11 月 12 日，浙江省院、湖州市院、南浔区院会同当地旅游度假区管委会、G 公司等景区运营主体，同时邀请了浙江省消费者权益保护委员会相关工作人员和法律专家，围绕涉案人脸信息被侵害问题召开磋商会，就 G 公司删除景区前期采集储存的人脸信息数据，规范人脸信息的收集和使用等事项达成共识。同时，湖州市院与湖州市网信办开展磋商，网信部门对 G 公司提出整改要求。同年 11 月 18 日，湖州市院向 G 公司制发检察建议，

---

① 此案是最高人民检察院于 2023 年 3 月 30 日发布的个人信息保护检察公益诉讼典型案例之三。

督促 G 公司积极整改，确保依法运营。

2021 年 11 月 24 日，G 公司回复检察机关称，已委托 H 公司通过远程操作，将景区违规收集储存的人脸信息数据进行删除。为确保删除工作符合规范，切实维护公民信息安全，浙江省院组织技术力量会同办案人员赴现场开展技术勘验，湖州市院邀请人大代表、人民监督员进行现场见证。在相关人员的监督下，A 景区前期采集、储存游客人脸信息共计 120 万余条完全删除。同时，G 公司已建立起人脸信息采集和使用的制度规范。目前，景区门口和购票处已设置告知牌，告知游客"刷脸"入园的相关事项，征求游客意愿，游客可以自由选择人脸识别、购买纸质门票、网络购票等多种方式进入景区。对于采用人脸识别进入景区的游客，景区会根据游客入园的需要合理设置人脸数据删除的期限，并在游客游玩结束后自动删除人脸信息，确保游客人脸信息安全。

2. 办案思路

针对公民个人信息保护领域线索发现、调查取证、损害认定等难题，案例一中检察机关积极发挥公益诉讼检察职能，运用数字技术，通过"专业取证＋专门论证＋专家意见"等方式破解。通过制发诉前检察建议，开展专项监督，督促行政机关依法履职，推动服务场所规范收集、传输、存储、删除个人信息，加强数据安全管控，促进个人信息全链条保护。

针对过度收集的个人生物识别信息，检察机关督促行政机关采取"备份封存＋本地彻底删除＋到期彻底删除"方式消除安全风险，并进行"电子签核系统升级改造＋网络安全等级保护"技术整改，平衡好个人信息保护与公共事务管理中个人信息合理利用的关系，充分实现"互联网＋"与公共卫生服务领域保障数据信息安全的良好结合，推动加强个人信息保护与公共卫生服务信息化建设的协同发展。

针对景区违法采集游客人脸信息的情形，检察机关依法能动履职，坚持上下联动、一体化推进，督促行政机关加强监管，促使景区运营企业合法合规收集、使用和存储人脸信息数据，开展人脸信息数据删除现场勘验，充分保障游客的知情权和选择权等合法权益，切实保护游客个人信息安全。

六、反垄断领域

2022 年 6 月 24 日，第十三届全国人民代表大会常务委员会第三十五次会议审议通过《全国人民代表大会常务委员会关于修改〈中华人民共和国反垄断法〉的决定》，修订后的《反垄断法》于 2022 年 8 月 1 日起正式施行，其中专门增设检察公益诉讼相关条款。

2022 年 8 月，最高人民检察院专门印发《关于贯彻执行〈中华人民共和国反垄断法〉积极稳妥开展反垄断领域公益诉讼检察工作的通知》，要求"认真贯彻实施修订后的反垄断法，积极稳妥开展反垄断领域公益诉讼检察工作""重点针对法律明令禁止的垄断行为、涉及国计民生的重要领域、关系市场竞争规则的关键环节、严重侵害众多消费者权益的公益损害的突出问题，重点关注互联网、公共事业、医药等民生保障领域，精准开展反垄断公益诉讼检察工作"①。公益诉讼检察反垄断领域案件的办理，应参照《国务院反垄断委员会关于相关市场界定的指南》《经营者反垄断合规指南》《关于知识产权领域的反垄断指南》《国务院反垄断委员会关于原料药领域的反垄断指南》《国务院反垄断委员会关于平台经济领域的反垄断指南》等规定进行探索办理。

七、农产品质量安全领域

根据 2018 年 10 月 26 日第十三届全国人民代表大会常务委员会第六次会议审议通过《全国人民代表大会常务委员会关于修改〈中华人民共和国野生动物保护法〉等十五部法律的决定》，2022 年 9 月 2 日第十三届全国人民代表大会常务委员会第三十六次会议修订，《农产品质量安全法》于 2023 年 1 月 1 日起正式施行，其中专门增设了检察公益诉讼相关条款。

检察机关充分发挥公益诉讼检察职能作用，在食品安全、生态环境和资源保护等领域办理了一系列涉及农产品质量安全案件，促进加强农产品质量安全风险管理，保护农产品产地，规范农产品生产，整治农产品包装、标识和销售中的违法行为，取得积极成效。司法实践表明，有必要通过《农产品质量安全法》的衔接协同增强法律的供给和法律保障。

八、反电信网络诈骗领域

2022 年 9 月 2 日，《反电信网络诈骗法》经第十三届全国人民代表大会常务委员会第三十六次会议表决通过，自 2022 年 12 月 1 日起施行，明确规定人民检察院在履行反电信网络诈骗职责中，对于侵害国家和社会公共利益的行为，可以依法向人民法院提起诉讼。

公民个人信息是犯罪分子实施电信网络诈骗犯罪的"基础物料"，成为电

---

① 参见《最高检印发〈通知〉要求充分认识反垄断法增设检察公益诉讼条款的重要意义积极稳妥开展反垄断领域公益诉讼》，载最高人民检察院网 2022 年 8 月 1 日，https://www.spp.gov.cn/spp/xwfbh/wsfbh/202208/t20220801_569635.shtml。

信网络诈骗犯罪的基础工具，特别是行业"内鬼"非法提供个人信息的危害尤为严重。非法泄露公民个人信息已成为大多数电信网络诈骗犯罪的源头行为。有的犯罪分子把非法获取的公民个人信息用于注册手机卡、银行卡作为实施诈骗的基础工具；有的犯罪分子利用这些信息对被害人进行"画像"后实施精准诈骗。对于侵犯公民个人信息的行为，检察机关坚持源头治理、全链条打击，注重发挥刑事检察和公益诉讼检察双向合力，加强对公民个人信息的全面司法保护，以有效遏制电信网络诈骗的频发、高发现象。

（一）典型案例

案例：徐某等6人侵犯公民个人信息案——行业"内鬼"利用非法获取的公民个人信息激活手机"白卡"用于电信网络诈骗犯罪[①]。

被告人徐某，系浙江杭州某科技公司负责人；

被告人郑某，系浙江诸暨某通信营业网点代理商；

被告人马某辉，无固定职业；

被告人时某华，系江苏某人力资源公司员工；

被告人耿某军，系江苏某劳务公司员工；

被告人赵某，系上海某劳务公司员工。

2019年12月，被告人徐某、郑某合谋在杭州市、湖州市、诸暨市等地非法从事手机卡"养卡"活动。即先由郑某利用担任手机卡代理商的便利，申领未实名验证的手机卡（又称"白卡"）；再以每张卡人民币35元至40元的价格交由职业开卡人马某辉；马某辉通过在江苏省的劳务公司员工时某华、耿某军等人，以办理"健康码"、核实健康信息等为由，非法采集劳务公司务工人员身份证信息及人脸识别信息，对"白卡"进行注册和实名认证。为规避通信公司对外省开卡的限制，时某华、耿某军利用郑某工号和密码登录内部业务软件，将手机卡开卡位置修改为浙江省。此外，马某辉还单独从赵某处购买公民个人信息400余条用于激活"白卡"。

经查，上述人员利用非法获取的公民个人信息办理手机卡共计3500余张。其中，被告人徐某、郑某、马某辉非法获利共计人民币147705元，被告人时某华、耿某军非法获利共计人民币59700元，被告人赵某非法获利共计人民币7220元。上述办理的手机卡中，有55张卡被用于电信网络诈骗犯罪，涉及68起诈骗案件犯罪数额共计人民币284万余元。

---

① 此案是最高人民检察院于2022年4月21日发布的检察机关打击治理电信网络诈骗及关联犯罪典型案例之七。

本案由浙江省杭州市公安局钱塘新区分局（现为杭州市公安局钱塘分局）立案侦查。2020 年 12 月 10 日，杭州市经济技术开发区人民检察院（现为杭州市钱塘区人民检察院）介入案件侦查。2021 年 2 月 4 日，公安机关以徐某等 6 人涉嫌侵犯公民个人信息罪移送起诉。刑事检察部门在审查过程中发现，被告人利用工作便利，非法获取公民个人信息注册手机卡，侵犯了不特定公民的隐私权，损害了社会公共利益，将案件线索同步移送本院公益诉讼检察部门。公益诉讼检察部门以刑事附带民事公益诉讼立案后，开展了相关调查核实工作。

2021 年 11 月 30 日、12 月 1 日，检察机关以徐某等 6 人涉嫌侵犯公民个人信息罪提起公诉，同时提起刑事附带民事公益诉讼。同年 12 月 31 日，杭州市钱塘区人民法院以侵犯公民个人信息罪对徐某等 6 名被告人判处有期徒刑 3 年至 7 个月不等，并处罚金人民币 9 万元至 1 万元不等。同时，判决被告人徐某等 6 人连带赔偿人民币 14 万余元，并在国家级新闻媒体上进行公开赔礼道歉。被告人未上诉，判决已生效。

针对通信公司网点人员"养卡"的问题，检察机关与有关通信公司座谈，建议加强开卡和用卡环节内部监管，切断电信网络诈骗犯罪黑产链条。针对不法分子通过"地推"（是通过实地宣传进行市场营销推广人员的简称），获取大学生、老年人、务工人员等群体个人信息的情况，检察人员在辖区大学城、社区、园区企业开展普法宣传，通过以案释法，提升民众的防范意识和能力。

（二）办案思路

反电信网络诈骗领域的公益诉讼检察可结合个人信息保护、老年人权益保障等领域共同开展。公民个人信息保护是反电信网络诈骗的关键环节，通过追溯前端公民个人信息保护的犯罪，发挥刑事检察和公益诉讼检察的双重职能，实现刑事打击和公益保护并重。电信网络诈骗公益诉讼检察案件的办理，案件办理是一方面，社会治理是另一方面，两者要共同推进。通过案件办理来推动社会治理，以行业监管、部门协同等方式堵塞社会治理的风险漏洞，才是公益诉讼检察履职的目的所在。公益诉讼检察可结合个人信息保护专项、养老诈骗专项整治等，消除个人信息保护、老年人权益保护的诈骗隐患，防止诈骗分子精准锁定诈骗对象。

九、妇女权益保障领域

2022 年 10 月 30 日，第十三届全国人大常委会第三十七次会议修订《妇女权益保障法》。该法第 77 条专门增设了检察公益诉讼条款，并且创新了在单行法中配套完善公益诉讼法律制度的立法模式。该法第 77 条规定："侵害妇女合法权益，导致社会公共利益受损的，检察机关可以发出检察建议；有下列情形之一的，检察机关可以依法提起公益诉讼：（一）确认农村妇女集体经济组织成员身份时侵害妇女权益或者侵害妇女享有的农村土地承包和集体收益、土地征收征用补偿分配权益和宅基地使用权益；（二）侵害妇女平等就业权益；（三）相关单位未采取合理措施预防和制止性骚扰；（四）通过大众传播媒介或者其他方式贬低损害妇女人格；（五）其他严重侵害妇女权益的情形。"

（一）妇女劳动和社会保障权益保护

1. 典型案例

案例一：用人单位不得违法辞退"三期"女职工——周某诉某医院劳动争议案[①]。

周某在某医院从事护理工作，劳动合同期 3 年。2019 年 4 月，周某休完产假回医院报到上班，医院说周某已感染疾病，无合适岗位安排，让她回家等通知。后医院一直未通知，于 2019 年 6 月停发周某工资，并停止缴纳社会保险。周某多次要求恢复工作被拒绝，于 2020 年 9 月向劳动争议仲裁院申请劳动仲裁，要求医院补发工资、补交社保、恢复工作。医院否认不让周某上班的事实，称周某无故旷工医院可单方解除合同。周某依法向劳动争议仲裁院申请维权，但裁决驳回周某全部仲裁请求。周某不服向法院起诉，同时申请法律援助。律师接受委托后，认真研判案件、补充证据，建议变更诉讼请求，并向法院提出周某请求应当支持的法律依据，法院依法采纳了律师意见，判决医院补偿周某 26500 元，周某的合法权益得到了维护。

案例二：北京铁路运输检察院督促整治妇女就业歧视行政公益诉讼案[②]。

北京铁路运输检察院（以下简称北京铁检院）开展"保障妇女权益，促进平等就业"专项活动，依托构建的网络招聘服务平台就业歧视公益诉讼线索发现模型，对北京各大网络招聘服务平台开展大数据筛查，发现海淀区 4 家用人单位在发布招聘平面设计学徒、现场代表、客服经理等工作岗位时，岗位要求中存在"男士优先""限男性"等性别歧视性内容，于 2022 年 4 月 6 日以行政公益诉讼立案。进一步调查发现，在海淀区某人力资源服务机构运营的大型网络招聘服务平台上，有 13 家外省市用人单位存在发布性别歧视网络招聘信息的违法行为。北京铁检院经审查认为，根据《妇女权益保障法》《就

---

① 此案是 2021 年贵州省依法维护妇女儿童权益十大典型案例之三。

② 此案是最高人民检察院、中华全国妇女联合会于 2022 年 11 月 25 日联合发布的妇女权益保障检察公益诉讼典型案例之三。

业促进法》《人力资源市场暂行条例》《网络招聘服务管理规定》等法律法规规定，北京市海淀区人力资源和社会保障局（以下简称海淀区人社局）负有监管职责。2022 年 4 月 20 日，北京铁检院与海淀区人社局召开座谈会并发出检察建议书，督促行政机关对存在违法行为的用人单位及未尽审核义务的网络招聘服务平台依法查处，健全网络招聘服务监管机制，加大对辖区内人力资源服务机构开展网络招聘服务的监管力度。

2. 办案思路

妇女劳动权益是根据妇女的身体结构和生理机能的特点以及抚育子女的特殊需要，在劳动方面依法赋予妇女的特殊权益，包括平等就业权、哺乳期特别待遇等。根据《妇女权益保障法》第 43 条的规定，检察机关在办理案件中，就平等就业权等劳动和社会保障权益的维护可重点审查用人单位在招聘中有无存在下列行为：限定为男性或者规定男性优先；除个人基本信息外，进一步询问或者调查女性求职者的婚育情况；将妊娠测试作为入职体检项目；将限制结婚、生育或者婚姻、生育状况作为录（聘）用条件；其它以性别为由拒绝录（聘）用妇女或者差别化地提高对妇女录（聘）用标准的行为。

受传统文化、家庭结构、教育子女等因素影响，妇女在家庭生活、生产就业等方面并不占优势。为了国家的长远发展，为了社会的和谐稳定，需要为妇女提供强有力的劳动权益保障，解除妇女的后顾之忧。检察机关在办理此类公益诉讼案件时，应当注重发挥行政检察和民事检察的功能，为妇女权益维护特别是个别妇女权益的维护提供强有力的法律支持。在涉及家庭暴力、性侵害等刑事案件时，坚持双向思维理念，从刑事案件中发现妇女权益保护的社会治理漏洞，从刑事案件的个案办理到类案问题的有效整治，切实解决妇女权益保护的痛点难点问题。妇女联合会是我国维护妇女权益的专门机构，公益诉讼检察案件的办理过程中一定要突出专业性，充分动员妇女联合会发挥功能，形成妇女权益保护的合力，以期实现妇女权益的长效保护。

（二）妇女人格保护

1. 典型案例

案例一：江苏省宝应县人民检察院督促落实涉家庭暴力妇女强制报告行政公益诉讼案①。

2020 年 6 月 24 日，江苏省宝应县金某某亲属至宝应县妇女联合会（以下

_____

①　此案是最高人民检察院、中华全国妇女联合会于 2022 年 11 月 25 日联合发布的妇女权益保障检察公益诉讼典型案例之八。

简称妇联）反映，称金某某（智力残疾四级）被丈夫郝某某殴打致伤。医疗机构就诊证明显示：金某某受暴力后全身多处瘀斑、肿胀，诊断病情为"多发性击打伤"。经初步了解，接诊医院发现残障妇女遭受暴力殴打而未报警。进一步调研发现，县域近 87% 的医疗机构未落实强制报告制度，行政机关监管不到位。

2021 年 11 月，江苏省宝应县人民检察院（以下简称宝应县院）与县妇联共同开展"消除对妇女家暴、维护妇女权益"专项行动，采用综合调研、数据对比等方式，查阅全县近三年涉妇女家暴样本 1000 余份，发现存在公安机关处理警情不到位、卫生部门监管不严等问题，排查出"金某某疑遭家暴"等 3 条重点线索。宝应县院研判后认为，应当发挥检察监督职能作用，督促相关责任主体依法履职。2021 年 11 月 11 日，宝应县院与公安机关进行磋商，促成其对相关施暴者批评教育或出具告诫书。

宝应县院进一步核查发现，金某某有智力残疾，就诊时医务人员已诊断其因暴力导致多发性击打伤，但医疗机构及人员未履行《反家庭暴力法》等法律规定的报告义务。检察机关经审查认为，县域内多数医疗机构均不知悉对此类情形负有强制报告义务，宝应县卫生健康委员会（以下简称县卫健委）负有监管职责却未采取有效监管措施，侵害了妇女合法权益。2022 年 2 月 24 日，宝应县院决定以行政公益诉讼立案。

2022 年 3 月 1 日，宝应县院向县卫健委发出诉前检察建议，建议其履行监督管理职责，依据《反家庭暴力法》第 14 条、《江苏省反家庭暴力条例》第 25 条等规定，对涉案医疗机构及医务人员作出相应处理，组织开展专题教育培训和考核检查；建立健全全县医疗机构受家暴妇女接诊处置强制报告工作流程；加强与相关责任单位协作配合，完善联动保护工作机制。

县卫健委收到检察建议后高度重视，立即开展强制报告制度执行情况专项督查，对强制报告执行不力情况予以通报并约谈相关人员；开展类案研判，出台《医疗机构实施侵害未成年人案件和妇女遭受家暴案件强制报告制度工作流程》，并对全县医护人员进行专题培训；召开落实"强制报告"机制圆桌会议，协同宝应县院、妇联、公安、民政等部门，搭建线索移送、信息共享、进度通报、结果汇总的工作平台，覆盖全县 19 家公立医疗机构、13 家民营医疗机构及责任单位。

为进一步强化相关责任主体履职意识，完善反家暴治理机制，宝应县院联合县监察委员会、法院、公安、卫健委、妇联等部门出台《关于在消除对妇女家暴维护妇女权益工作中加强协作的实施意见》，构建受家暴妇女权益一体化保护联盟。同时，针对在跟进监督过程中发现金某某患有智力残疾、离婚后家庭十分困难的情况，宝应县院依据《江苏省反家庭暴力条例》的规定，及时发放司法救助金 3000 元；针对发现的因政策信息渠道闭塞导致残疾人不能及时享受国家、地方救助的问题，宝应县院与县残疾人联合会、民政等部门沟通，建议开展专项排查。促成责任部门将金某某纳入困难残疾人生活补贴对象，每月发放补贴 148 元。

案例二：江西省樟树市人民检察院督促整治低俗广告贬低损害妇女人格行政公益诉讼案①。

2021 年 8 月 1 日，江西某公司委托某科技公司对妇炎洁女性个护保养系列产品提供运营、策划、推广、销售等服务。2022 年 4 月 30 日，该科技公司在天猫妇炎洁官方旗舰店推广销售"妇炎洁玻尿酸玫瑰滋养洗液"产品时，在商品详情页面的广告宣传中使用"洗出'少女粉'""黑！暗沉发黑，遭伴侣嫌弃"等大量低俗、恶俗、媚俗用语，贬损妇女人格尊严，造成了恶劣社会影响。

2022 年 5 月 19 日，江西省宜春市人民检察院在履职中发现上述线索，并移交江西省樟树市人民检察院（以下简称樟树市院）办理。同年 5 月 23 日，樟树市院依法以行政公益诉讼立案，并调取了涉案产品生产销售、广告制作发布等证据材料，查清了案件基本事实。为准确界定涉案广告性质，检察机关委托妇科专家出具意见，专家意见认为普通洗液产品无法达到该广告宣传的效果，会误导女性对自己的身体产生错误认知。樟树市院经审查认为，根据《广告法》《妇女权益保障法》《消费者权益保护法》等法律法规规定，樟树市市场监督管理局（以下简称樟树市市监局）具有广告监督管理、妇女权益保障、消费者权益保护等职责。

2022 年 6 月 20 日，樟树市院主持召开公开听证会，邀请樟树市市监局、妇女联合会、相关公司以及人大代表、人民监督员等参加，主要围绕涉案广告的违法性、危害性以及制发检察建议的必要性进行了充分讨论，听证员一致认为该广告包含低俗、引人误解内容，损害了广大妇女权益，应当制发检察建议督促行政机关履职。听证会结束后，樟树市院向樟树市市监局公开宣告送达检察建议书，建议其依法全面履行监管职责，对发布贬低、侮辱妇女人格等违背社会良好风尚违法广告的行为及时查处，并督促企业切实消除对广大妇女造成的不良社会影响；同时，对辖区内经营单位已发布广告进行全面排查并加强对本行政区内广告的日常监管。

---

① 此案是最高人民检察院、中华全国妇女联合会于 2022 年 11 月 25 日联合发布的妇女权益保障检察公益诉讼典型案例之六。

樟树市市监局收到检察建议后及时依法履职，对相关企业负责人进行约谈，责令涉及低俗广告的产品全网下架，并对 2 家涉案企业分别作出 80 万元、50 万元的行政处罚。同时，对辖区内经营单位涉及广告发布、产品审批报备等项目进行重点检查，先后出动执法人员 200 余人次，检查各类日化品、医疗器械、医疗产品等经营主体 300 余家，共立案查处 4 起违法广告，责令 10 余家企业进行整改；向全市生产企业、广告主、广告经营者和广告发布者发出《规范商业营销宣传的提醒告诫书》，引导企业树立正确价值取向，切实做到合法经营。

案例三：浙江省嘉善县人民检察院督促保护妇女隐私权益行政公益诉讼案①。

2013 年至 2022 年 3 月，浙江省嘉善县某公司在女性员工不知情的情况下，在女更衣室内安装监控摄像头，并通过公共大厅监控显示屏实时显示更衣画面。近十年间，公司数百名女性员工更衣过程被摄像头拍摄记录并在公共区域显示，严重侵犯妇女隐私权。

2022 年 2 月，浙江省嘉善县人民检察院（以下简称嘉善县院）在办理杨某某涉嫌盗窃案中发现，作为证据移送的视听资料来源于嘉善某公司安装在女性员工更衣室内的视频监控。该院公益诉讼检察部门收到线索后立即开展调查核实。调查另行发现，辖区内多处公共场所均未将监控设置情况进行备案，相关职能部门对公共场所监控设备安装管理存在监管盲区。

2022 年 3 月 4 日，嘉善县院召开公开听证会，邀请公安机关、文旅部门等相关部门代表，以及人大代表、政协委员等 5 名听证员，就公共场所妇女隐私权保护中行政主管部门职责划分、检察监督依据、如何跟进监督等问题开展讨论。听证员一致认为，在女性私密更衣场所安装监控的行为已严重侵害妇女合法权益，行政主管部门需加强常态化监管，检察机关有必要跟进监督。同日，嘉善县院向相关行政机关制发诉前检察建议，督促其对辖区内公共场所中涉及个人私密活动的区域进行排查，同时建议由相关部门明确向社会公布禁止安装监控设备的场所和区域，杜绝类似违法行为再次发生。

2022 年 4 月 29 日，相关行政机关作出书面回复，表示已按照检察建议内容依法履职，拆除涉案公司违法监控摄像设备，并对县域范围内所有公共场所监控设备安装情况开展了为期两周的专项检查。6 月 2 日，嘉善县院牵头县妇联、县总工会、县公安局等十部门召开全县妇女权益保护工作联席会议，对县域内 80 余处公共场所妇女隐私权益保护情况开展"回头看"，发现侵犯隐私权线索 2 条，均及时移送行政机关查处，实现了以点带面、全面监督的效果。

---

① 此案是最高人民检察院、中华全国妇女联合会于 2022 年 11 月 25 日联合发布的妇女权益保障检察公益诉讼典型案例之十。

6月9日，嘉善县院与县妇联会签《关于建立公益诉讼配合协作机制》，构建信息共享、线索移送等八个方面妇女权益协作保护体系，实现专业化办案与社会保护的有效衔接。

2. 办案思路

妇女的人格权保护涉及妇女的人格尊严和人身自由，包括名誉权、荣誉权、隐私权、肖像权等。保护妇女人格，禁止用侮辱、诽谤等方式损害妇女的人格尊严，通过大众传播媒介或者其它方式贬低损害妇女人格。未经本人同意，不得以营利为目的，通过广告、商标、报纸、期刊、图书、音像制品、电子出版物、网络等形式使用妇女肖像。妇女的人身自由和人身安全不容他人侵犯。作为弱势群体，在妇女人格遭受侵害或侵害威胁时，法律赋予特别的救济渠道来维护妇女权益。妇女人格保护涉及防治性骚扰、反家庭暴力、妇女隐私泄露等，特别保护制度有遭受家庭暴力或疑似遭受家庭暴力的相关机构的强制报告制度、性骚扰预防机制等。公益诉讼检察应当在上述特别保护制度的贯彻落实、妇女人格尊严的维护等方面加强与行政职能部门的协作配合，为维护妇女权益贡献检察力量。

十、无障碍环境建设领域

创造无障碍环境，是保障残障人士等特殊群体平等参与社会生活的重要条件，也事关每个公民有特殊需求时的应急保障，体现社会文明进步和公平正义。2023年6月28日，《无障碍环境建设法》经第十四届全国人大常委会第三次会议表决通过，自2023年9月1日起施行，第63条明确规定："对违反本法规定损害社会公共利益的行为，人民检察院可以提出检察建议或者提起公益诉讼。"

（一）典型案例

案例：浙江省检察机关督促规范无障碍环境建设行政公益诉讼系列案[①]。

2020年1月，浙江省杭州市人民检察院（以下简称杭州市院）在杭州市人大常委会的监督支持下，积极稳妥探索将无障碍环境建设纳入公益诉讼新领域，结合实地踏勘、走访调查发现，全市范围内无障碍环境建设不规范、不均衡、不系统问题较为普遍，涉及交通出行、日常生活、办公办事等多重环境维度，侵犯了残疾人、老年人、儿童、孕妇等特殊群体平等参与社会生活的基本权利，相关职能部门未能依法履职，存在监督管理缺位现象。浙江省人民检察

---

①　此案是最高人民检察院、中国残疾人联合会于2021年5月14日联合发布的无障碍环境建设检察公益诉讼典型案例之一。

院（以下简称浙江省院）经调研发现，全省同样存在类似问题，损害了社会公共利益。

杭州市院在前期调研走访的基础上，于 2020 年 1 月印发《关于开展无障碍环境建设检察公益诉讼专项监督行动的实施方案》，在全市部署开展无障碍环境建设检察公益诉讼专项监督。截至 2020 年底，杭州检察机关共排查发现无障碍环境建设违法点 130 处，发出行政公益诉讼诉前检察建议 36 份，督促城管、住建、文广、市监、港航、园文等职能部门依法履行监管职责，加强和规范无障碍环境建设。相关职能部门收到检察建议后，均高度重视，认真进行整改落实，并按期进行了书面回复，检察建议相关违法点全部整改到位。

2020 年 5 月，杭州市院组织召开全市无障碍环境建设检察公益诉讼专项监督座谈会，推动相关职能部门开展行业内部专项排查，促进系统治理。各行业主管部门主动作为、举一反三，除检察建议涉及的违法点外，另有 68 个公共停车场共计 617 个无障碍停车位已完成增设或整改，4045 处城市主要道路上的盲道障碍物被清除，674 处破损、缺失的无障碍设施（不含盲道）恢复正常使用功能，20 座人行天桥配套无障碍设施实施改造，客运码头无障碍通道设置率达 78%，轮椅配备率达 85%，1 座县级公共图书馆增设盲人阅读专区，实现"办理一案、治理一片"的监督效果。

2020 年 10 月，杭州市院联合杭州市无障碍环境建设领导小组办公室制定《关于强化检察公益诉讼职能 服务保障无障碍环境建设的十一条意见》，为进一步深化无障碍环境建设检察公益诉讼监督提供制度保障。

浙江省院全程跟进、指导杭州市检察机关开展无障碍环境建设检察公益诉讼专项监督行动，组织开展专题调研并形成报告，深入分析全省无障碍环境建设存在的主要问题。一是建设管理方面缺乏规范，表现为尚未配置无障碍设施、设施配置不健全、设施功能发挥受限等问题。二是建设进程碎片化问题突出，表现为设施衔接不到位、服务指引不充分、区域发展不平衡等问题。三是监管领域全流程把控不严，表现为建设环节主体责任落空、审核环节行政监管缺失、使用环节维护管养不力等问题。浙江省院认为，相关职能部门无障碍环境设施的规划建设、改造提升和运行维护等监督管理职责缺位情况不是个别现象，在全省各界冲刺筹备 2022 年杭州亚（残）运会的背景下，有必要在全省范围内开展系统化的专项监督。

2020 年 7 月，在最高人民检察院指导下，浙江省院印发公益诉讼检察办案指引，全面梳理无障碍环境建设违法点、部门职责、相关法律法规等，推广杭州市检察机关办案经验，供全省公益诉讼检察部门学习借鉴。2020 年 9 月，浙江省院印发《关于开展无障碍环境建设检察公益诉讼专项监督行动的通知》，决定在全省范围内开展无障碍环境建设检察公益诉讼专项监督行动，重点针对全省 58 个 2022 年杭州亚（残）运会比赛场馆及城市相关配套设施开展专项监督。

浙江省院围绕机场、铁路客站等站内站外无障碍环境设施衔接等重点问题自行立案办理，与浙江省住建、交通运输、国资等部门开展磋商，推动相关问题解决。杭州铁路运输检察院开展浙江铁路无障碍环境建设检察公益诉讼专项监督行动，共排查发现 232 处问题点，立案 8 件，制发检察建议 8 份，组织召开问题整改协调会，推动铁路部门将整改资金纳入经费预算，确保整改到位。宁波市鄞州区人民检察院召开公开听证会，推动全区 830 处不规范无障碍设施引导标识专项治理。金华市金东区人民检察院对辖区范围主干道进行详细排查，发现包括提示盲道设置不规范、盲道引导错误等 18 大问题、428 个问题点，并会同金东区住建、综合执法、文明办、残联等单位召开圆桌会议，共同保障盲人脚下安全。截至 2021 年 3 月底，全省检察机关立案办理无障碍环境建设行政公益诉讼案 264 件，发送检察建议 245 份。全省 11 个地市检察院和相关基层院实现无障碍环境公益诉讼案件办理"全覆盖"，推动相关问题的系统治理和有效解决。

2021 年 3 月，浙江省院与浙江省残疾人联合会共同出台《关于建立公益诉讼配合协作机制的意见》，明确对口联系、信息通报、线索移送、办案协作等工作机制，充分发挥检察机关和残疾人联合会专业优势，形成工作合力，促进长效机制建设，共同保护残疾人群体合法权益。

（二）办案思路

公益诉讼无障碍环境保护领域案件的办理应从无障碍设施建设、无障碍信息交流和无障碍社会服务三大方面来进行。就无障碍环境建设，在《无障碍环境建设法》出台前，检察机关主要围绕无障碍设施建设如盲道、无障碍通道、无障碍厕所等展开，并且成效显著。《无障碍环境建设法》出台后，就无障碍设施建设，检察机关可继续围绕新建、改建、扩建的居住建筑、居住区、公共建筑、公共场所、交通运输设施、城乡道路等无障碍设施建设，无障碍设施设置的无障碍标识等予以深入开展。于此同时，要探索开展无障碍信息交流和无障碍社会服务案件的办理。无障碍信息交流案件的办理可围绕"配播手语的新闻节目"（《无障碍环境建设法》第 30 条）、"互联网网站等无障碍网站"（《无障碍环境建设法》第 32 条）和"自助公共服务终端等无障碍功能配备"（《无障碍环境建设法》第 33 条）等予以展开。无障碍社会服务可从公共服务场所、公共服务机构、公共交通运营单位、教育场所、医疗机构等是否提供无障碍社会服务来进行重点监督。

第三节　法定外领域检察公益诉讼的探索经验

问题是时代的声音，更是努力的方向。随着公益诉讼办案实践的丰富，越来越多等外领域公共利益受到侵犯的案例进入公益诉讼视野，等外公益诉讼案件的数量也呈现不断增长的趋势。最高人民检察院明确等外领域案件的办理必须满足以下四个条件，这也是对等外领域公益诉讼检察案件办理的限制条件：国家利益或者社会公共利益遭受严重侵害或者存在重大侵害危险，人民群众反映强烈；侵害行为违反法律强制性规定，具有明显的违法性；现有行政执法制度机制严重失灵或者存在明显短板，难以有效解决公益侵害问题；没有其它适格主体可以提起诉讼，难以通过普通民事、行政、刑事诉讼有效实现公益保护。在满足前述条件的基础上，提倡积极稳妥拓展，司法实践中检察机关也进行了积极有效的探索。目前等外领域案件探索较为成功的主要有以下几大领域。

一、网络空间治理领域

网络空间相对于现实空间，自身具有独特点。但是网络空间并不是凭空存在和构筑的，它与实体空间息息相关，甚至相互映衬互为补充。网络空间的热点问题往往与现实世界的热点问题相互关联，是现实世界的热点问题在网络空间的映射。与此同时，网络空间热点问题的发展变化也会影响现实空间的热点问题的变化。网络空间不同于现实空间，某一热点问题、某一事件的扩散和蔓延程度远非现实空间能够比拟，突破时空限制的扩散往往具有叠加效应。加之网络空间的隐蔽性，在公益诉讼检察的办理中损害公益行为的论证以及公益损害结果的论证难度会加大，检察建议制发后整改效果评估等问题也存在同样的问题。因此，网络空间公益诉讼检察案件的办理离不开技术的辅助和支撑，检察机关在办理此类案件时一定要以科技的手段来保障此类公益诉讼检察案件的办理质效。

（一）典型案例

案例：贵州省黔西县人民检察院督促整治网络餐饮平台不正当竞争行为行政公益诉讼案①。

2020 年初，贵州省黔西县某甲网络餐饮平台代理商要求黔西县多家网络

---

① 此案是最高人民检察院于 2021 年 1 月 25 日发布的充分发挥检察职能推进网络空间治理典型案例之十一。

餐饮经营者只能接受其一家提供的平台服务。如果餐饮经营者坚持在某乙或其它网络餐饮平台经营，某甲网络餐饮平台将对其作下线处理，或提高服务费收取标准、下调星级指数、通过技术手段限制交易，强制商家在某甲和某乙之间进行"二选一"，以此方式排挤竞争对手。

2020年4月，贵州省黔西县人民检察院（以下简称黔西县院）经群众举报获悉该案线索后，依法立案进行调查核实。检察机关经审查认为，本案中的"二选一"行为既破坏了公平竞争的市场秩序，也损害了网络餐饮经营者和消费者的合法权益，侵害了社会公共利益。2020年5月28日，黔西县院向黔西县市场监督管理局发出行政公益诉讼诉前检察建议，督促该局对黔西县某甲网络餐饮平台代理商涉嫌实施不正当竞争行为查证后依法处理，对辖区内网络餐饮平台存在的不正当竞争违法行为开展全面排查整治。

黔西县市场监督管理局收到检察建议后，随即召开专题会议研究部署，成立专项执法调查组展开调查。2020年6月12日，对某甲网络餐饮平台代理商开展行政约谈，送达行政告诫书，要求其对照《反不正当竞争法》《电子商务法》等相关法律法规尽快自行整改，并督促某甲、某乙等网络餐饮平台代理商共同签订了《关于促进黔西县网络餐饮服务经营健康有序发展的联合声明》。

2020年6月底，黔西县院开展跟进监督，对涉案平台企业及部分商户和消费者进行回访，并调查了解平台商户上线情况，确认某甲网络餐饮平台代理商已经取消"二选一"相关不合理限制，某乙网络餐饮平台的上线商户量上升至与某甲商户量持平，公平竞争的市场秩序和相关主体的合法权益得到保障。为巩固治理成效，黔西县院联合黔西县市场监督管理局对辖区内网络餐饮平台企业开展守法合规培训。检察官通过以案释法，阐述了不正当竞争等破坏市场秩序行为造成的不利后果及面临的法律责任，倡导企业在合法经营情况下，创新活力、良性竞争，以优质、高效的服务赢得广大商户和消费者的信赖，实现多赢共赢。

（二）办案思路

互联网空间发展变化态势之快是现实世界无法预测的，因此现实世界的制度供给在很多时候与互联网空间的规制需求是不相匹配的。在办理网络空间案件时，有时会存在法律依据不足的问题，也就是法律适用上会面临困难。此类案件在立案之初，检察机关就要对现实世界类似问题的法律依据进行梳理，再根据网络空间现有的规制找到办案的基础依据。事先的法律依据储备和论证是必要的，不能盲目立案，立案后再来进行法律依据的论证。

鉴于互联网领域的复杂性，此类案件的办理难度也随之增加。取证固证等案件办理模式效果不尽如人意，加之互联网流动快，证据容易灭失。因此，在案件办理中应当提高技术办案的意识，让技术以更积极的姿态参与到案件办理中，有条件的可以聘请具有专门知识的人参与案件的全程办理，同步提供相应的技术援助。对具有较强网络特性的违法行为的认定和违法结果的确认等建议主动邀请技术介入，依法规范取证，形成以电子证据为核心的网络空间治理公益诉讼检察案件证据体系。互联网空间的治理需要多方协同方能实现，检察机关要充分发挥一体化优势，省市县联动，对发现的互联网空间治理问题共同发力，对涉案的网络平台、网络环境、实体商家等进行双向共同治理，将线上线下有机融合，最大限度地提升网络空间治理成效。

二、知识产权领域

知识产权，英文为"Intellectual Property"，是"基于创造成果和工商标记依法产生的权利的统称"。知识产权主要包括著作权、专利权和商标权。保护知识产权，有利于调动人们从事科技研究和文艺创作的积极性。保护权利人的治理成果及其合法权利，方能调动起人们的创新主动性，促进人类文明的提升。与此同时，知识产权能促进企业的创新发展，为企业带来巨大的经济效益。随着全球化的发展，知识产权保护也是我国对外贸易和引进外资的基础条件，没有知识产权保护我国就不可能真正融入世界，无法实现人类命运共同体的构建。

（一）典型案例

案例：江苏中国音像著作权集体管理协会与常熟市虞山镇鑫龙娱乐会所侵害作品放映权纠纷支持起诉系列案①。

台湾索尼音乐娱乐股份有限公司（以下简称索尼台湾公司）享有对《爱如潮水》《白月光》等282部涉案音乐电视作品的著作权。2015年7月，经原国家新闻出版广电总局批准，浙江文艺音像出版社有限公司进口索尼台湾公司出品的《索尼音乐经典金曲合辑》，以DVD形式发行。上述进口的音乐电视作品包括本案涉案音乐电视作品。2017年7月1日，索尼台湾公司签署了著作权授权证明书，将其拥有著作权或通过授权享有著作权的涉案音乐电视在内的282部音乐电视作品的复制权、放映权以专有授权的方式授权给索尼音乐娱乐（上海）有限公司（以下简称索尼上海公司）（仅包括卡拉OK经营者、卡拉OK视频点歌设备提供商）。授权区域为中国大陆地区，后者有权以自己的名义与中国音像著作权集体管理协会（以下简称音集协）签订协议、有权许可卡拉OK经营者在相关的经营场所放映上述音乐电视作品、有权以被授权人

① 此案是最高人民检察院于2020年4月25日发布的2019年度检察机关保护知识产权典型案例之十八。

的名义或委托音集协对相关侵权行为进行维权。同日索尼上海公司与音集协签订了关于著作权授权的《授权证明书》。合同约定权利人索尼上海公司将其依法享有权利的音乐电视作品的复制权、放映权等权利以专有授权的方式授权给音集协独家使用。其中，音集协对上述公司的音乐电视作品的使用者有权发放使用许可，并且有权以音集协的名义向侵权使用者提起诉讼，授权期限自2017年7月1日起至2020年6月30日止。

江苏常熟市虞山镇鑫龙娱乐会所（以下简称鑫龙会所）未经音集协授权，在其经营场所提供设备，供他人点播、放映涉案音乐电视作品。2019年4月27日音集协委托人员到鑫龙会所包厢内点播了涉案音乐电视作品，并申请了证据保存。

2019年初，江苏省常熟市人民检察院在梳理公益诉讼线索时，发现常熟部分娱乐场所内存在未经授权点播音乐电视作品牟利的现象。因音乐电视作品关乎公共利益与知识产权保护，检察机关主动联系确认作品著作权的权利主体，并对其收集的相关证据进行审查。经审查，常熟市人民检察院认为鑫龙会所行为属恶意侵犯他人著作权，遂根据《民事诉讼法》第15条的规定，于2019年8月7日，向常熟市人民法院发出支持起诉书，支持音集协向常熟市人民法院提起知识产权诉讼，对被告鑫龙会所提出停止侵权、赔偿经济损失等诉讼请求。后常熟市人民检察院应常熟市人民法院征询，详细阐述了支持起诉的理由。2019年8月19日，常熟市人民法院作出民事判决，采纳了检察机关的支持起诉意见，判令：被告鑫龙会所立即停止《白月光》等282部涉案音乐电视作品放映权的行为，并从曲库中删除该作品；被告鑫龙会所赔偿音集协经济损失人民币98700元。该判决已生效。

（二）办案思路

根据《民法典》第123条的规定，知识产权权利人行使知识产权的对象主要有：作品；发明、实用新型、外观设计；商标；地理标志；商业秘密；集成电路布图设计；植物新品种；法律规定的其他客体。因此，办理知识产权公益诉讼检察案件时，监督的最终落脚点应在以上客体。检察机关办理此类案件可以综合运用支持起诉、制发检察建议、磋商和提起公益诉讼等多元渠道，为知识产权保护加持检察监督保护。对于涉及有明确受侵害主体的，建议由涉案单位和公司等向法院提起侵权损害赔偿之诉，检察机关可以提供法律意见、帮助调查取证和出庭发表意见等依法支持起诉，为侵权损害赔偿诉讼权利主体提供坚强后盾。对于地理标志类知识产权公益诉讼，检察机关可以积极主动的姿态来主导案件办理，如向行政机关制发检察建议督促其依法履职，保护凝聚地方特色的地理标志；也可以与行政机关协同履职，由行政机关提起民事诉讼主张侵权损害赔偿，检察机关依法支持起诉。

三、文物和文化遗产保护

文物和文化遗产承载着中华民族的历史与传统，是不可再生的珍贵文化资源，护佑中华民族文化根脉。

（一）典型案例

案例一：山西省左权县人民检察院督促保护八路军杨家庄兵工厂旧址行政公益诉讼案①。

八路军杨家庄兵工厂旧址位于左权县芹泉镇芹泉村杨家庄自然村，该兵工厂始建于 1937 年底，是抗日战争时期八路军在太行山区较早建立的兵工厂，老一辈无产阶级革命家朱德、彭德怀、罗瑞卿等曾亲临此处指导工作，是左权县迄今保存形制较为完整的革命遗址。2019 年 9 月，兵工厂旧址被左权县文物局确定为"左权县不可移动文物"。按照 2018 年 12 月制定的扶贫方案，杨家庄村作为深度贫困村被左权县确定为 32 个脱贫攻坚整体搬迁村之一，定于2019 年底前实施搬迁、拆除，八路军杨家庄兵工厂旧址也在拆除范围，该革命遗址面临重大灭失危险。

2019 年 11 月，杨家庄村民向左权县人民检察院（以下简称左权县院）反映，该村八路军杨家庄兵工厂旧址即将被拆除。左权县院经初步调查核实，于11 月 11 日作出立案决定。通过调取有关脱贫攻坚文件、杨家庄兵工厂史志研究资料和文物确定资料，对案件事实进行了认定。鉴于该案涉及脱贫攻坚工作，影响较大，左权县院及时向县委汇报，与县政府沟通，并请示晋中市人民检察院启动一体化办案模式，两级检察机关会同县委、县政府有关人员共同赴杨家庄实地察看，详细听取县文物部门、镇政府及村民代表意见，聘请省级文物专家对该处革命遗址进行了保护必要性论证。2019 年 11 月 14 日，左权县院向该县文旅部门依法发出行政公益诉讼诉前检察建议书，建议其采取措施，依法全面履行监管职责，对八路军杨家庄兵工厂旧址进行有效保护。

发出检察建议后，左权县院持续跟进监督，推动形成"文物保护范围内人走房留、移民搬迁政策继续享受"的解决方案。在落实整改过程中，左权县文化和旅游局多次召开专门会议研究制定保护方案，并向上级文物部门申报文物保护单位，申请专项维护修缮经费，聘请专家组对杨家庄村发展红色旅游

---

① 此案是最高人民检察院于 2020 年 12 月 2 日发布的检察机关文物和文化遗产保护公益诉讼典型案例之六。

进行整体规划。2020年6月，山西省文物局确定八路军杨家庄兵工厂旧址为山西省第六批省级文物保护单位，目前700万元专项修缮资金中的100万元已先期到位，文物保护修缮一期工程开工实施，已有4处院落完成修缮。同时，左权县文旅部门以"杨家庄八路军兵工厂旧址"为依托，集中打造德育教育基地和太行军工研学基地。

案例二：陕西省府谷县人民检察院督促保护明长城镇羌堡行政公益诉讼案①。

镇羌堡位于陕西省府谷县新民镇新民村，为省级文物保护单位，始建于明成化二年（1466年），是府谷长城线上最南端的一个军事战略防御重镇。2019年4月，府谷县新民镇政府未经文物管理部门审批，经招标投标，由榆林市汇泉盛建设公司在镇羌堡内进行5段步行道路混凝土基础和4条防洪排污管网铺设的施工建设。该路基和防洪排污管线建设同时穿过了镇羌堡的保护范围和建设控制地带。因施工单位未对镇羌堡鼓楼周围采取围挡措施，致使鼓楼墙体被水泥泥浆污染，墙角部分砖块脱落，城墙下堆积了大量的建筑垃圾。

2019年6月，府谷县人民检察院（以下简称府谷县院）在官方微信公众号平台收到群众举报线索和照片，称"镇羌堡遭到破坏"。该院经实地勘查，无人机航拍取证，调取文物档案，以及询问镇羌堡内居民、施工工人、新民镇政府工作人员后查明了公益受损事实。2019年7月4日，府谷县院依法分别向新民镇政府、县文化和旅游文物广电局（以下简称县文旅局）发出诉前检察建议，建议对在明长城镇羌堡保护范围、建设控制地带内施工建设的违法行为依法履行监督管理职责，保护文物安全。

收到检察建议后，新民镇政府立即停止施工，撤出所有施工机具，清理施工现场建筑垃圾，对文物本体采取围挡保护措施，成立了镇文物安全工作领导小组，对辖区内文物进行了安全隐患排查整治。府谷县文旅局发出了责令整改通知书，对停工后路面留下的检查井口、排污口和管涵（注：埋在地下的排污、排洪、自来水管道）采取了临时防护措施；委托文物勘探工作队等部门编制了《文物保护方案》《文物影响评估》等，邀请专家评审论证，现已按照陕西省文物局批准方案完成整改。同时，府谷县文旅局对全县文物和长城遗址点段进行排查摸底，梳理出隐患点段16处；与新民镇政府对镇羌堡城墙附近、堡内生活垃圾和建筑垃圾进行了清理。

2019年10月，府谷县院对案件开展跟进监督，确认镇羌堡鼓楼和镇羌堡城墙墙体被污染的部分已恢复原貌，堡内建筑垃圾和生活垃圾已清理干净。

---

① 此案是最高人民检察院于2020年12月2日发布的检察机关文物和文化遗产保护公益诉讼典型案例之二。

2020 年 5 月，府谷县院与县文旅局联合开展"长城文化遗产"保护公益诉讼专项行动，就辖区内长城遗址保护范围或建设控制地带内存在的垃圾堆放、违建房屋、电力移动等部门在长城红线内设立的信号塔、煤矿采空导致长城塌陷、铺设开挖高位水池排水管道、未设立保护标志和界碑等问题共发出检察建议 14 件，督促相关行政机关安装长城保护标志石碑 45 块、保护说明牌 80 块、石质界桩 120 根，拆除长城红线内违建房屋 5 间，厕所 1 处，对需要抢险加固维修的镇羌堡、守口墩烽火台立项申报，对因煤矿采空影响长城遗址安全的 2 个煤矿采取地面监测、留设保安煤柱等方式监测，以保护长城遗址安全。

（二）办案思路

文物和文化遗产保护是近些年公益诉讼检察等外案件的重点探索领域。司法实践中对于文物和文化遗产保护有时采取变通的做法，将其依法纳入法定办案领域，如纳入生态环境保护、国有财产保护、英烈保护等领域，这在一定程度上加大了此类案件的后期整改力度，促进了涉案问题的有力解决。文物和文化遗产体现的是中国的传统精神，其承载的价值具有不可替代性。检察机关的能动履职也体现了检察担当，为守护民族文化不遗余力地贡献检察力量。文物和文化遗产保护涉及领域较广，行政机关的职能交叉较多，如何厘清行政职责，找准监督对象，显得尤为重要。只有实现精准监督，才能确保整改措施到位，有力解决文物和文化遗产保护存在的问题。文物和文化遗产保护可与乡村振兴、红色史迹保护、英烈保护、守护美好生活等有机结合在一起，让文物和文化遗产保护在现代社会发展中汲取力量，保持生命力。

四、名胜古迹保护

自然遗迹和风景名胜是环境的组成部分，属于不可再生资源，具有代表性的自然遗迹和风景名胜的生态服务价值表现在社会公众对其享有的游憩权益和对独特景观的观赏权益。任何对其进行破坏的行为都是损害人类共同享有的环境资源、损害社会公共利益。

（一）典型案例

案例：江西省上饶市人民检察院诉张某某等三人故意损毁三清山巨蟒峰民事公益诉讼案[①]。

江西省上饶市境内的三清山景区属于世界自然遗产地、世界地质公园、国

---

① 此案是最高人民检察院于 2021 年 9 月 2 日发布的第二十九批指导性案例之检例第 114 号。

家重点风景名胜区、国家 5A 级景区。巨蟒峰位于其核心景区，是经长期自然风化和重力崩解作用形成的巨型花岗岩石柱，是具有世界级地质地貌意义的地质遗迹，2017 年被认证为"世界最高的天然蟒峰"。

2017 年 4 月 15 日，张某某、毛某某、张某前往三清山风景名胜区攀爬巨蟒峰，并采用电钻钻孔、打岩钉、布绳索的方式先后攀爬至巨蟒峰顶部。经现场勘查，张某某等在巨蟒峰自下而上打入岩钉 26 枚。公安机关委托专家组论证认为，钉入巨蟒峰的 26 枚岩钉属于钢铁物质，会直接诱发和加重巨蟒峰物理、化学、生物风化过程，巨蟒峰的最细处（直径约 7 米）已至少被打入 4 个岩钉，形成了新裂隙，会加快花岗岩柱体的侵蚀进程，甚至造成其崩解。张某某等三人的打岩钉攀爬行为对巨蟒峰造成了永久性的损害，破坏了自然遗产的自然性、原始性完整性。

2017 年 10 月，张某某等三人因涉嫌故意损毁名胜古迹罪被公安机关移送起诉（2019 年 12 月 26 日，上饶市中级人民法院作出刑事判决，认定张某某、毛某某、张某犯故意损毁名胜古迹罪，分别判处张某某、毛某某有期徒刑 1 年、6 个月，处罚金人民币 10 万元、5 万元，张某免于刑事处罚）。上饶市信州区人民检察院在审查起诉过程中发现该三人故意损毁三清山巨蟒峰的行为可能损害社会公共利益，于 2018 年 3 月 29 日将线索移送上饶市人民检察院。

2018 年 5 月，上饶市人民检察院委托江西财经大学三名专家成立专家组对三清山巨蟒峰的受损价值进行评估，并形成《评估报告》。专家组采用国际通用的条件价值法①对三清山巨蟒峰受损后果进行价值评估，分析得出该事件对巨蟒峰生态服务价值造成损失的最低阈值为 0.119—2.37 亿元。

2018 年 4 月 18 日，上饶市人民检察院发出公告，告知法律规定的机关和有关组织可以提起民事公益诉讼。公告期满后，没有法定的机关和组织提起诉讼。上饶市人民检察院于 2018 年 8 月 29 日向上饶市中级人民法院提起民事公益诉讼，诉请判令三被告依法对巨蟒峰非使用价值造成的损失 0.119 亿元和专家评估费 15 万元承担连带赔偿责任，并在全国性新闻媒体上公开赔礼道歉。

2019 年 12 月 27 日，上饶市中级人民法院作出一审判决，在参照江西财经大学专家组的评估报告，并兼顾三被告的经济条件和赔偿能力等基础上，判

① 条件价值法是原环境保护部下发的《环境损害鉴定评估推荐方法》（第Ⅱ版）确定的方法之一，是在假想市场情况下，直接调查和询问人们对某一环境效益改善或资源保护的措施的支付意愿，或者对环境或资源质量损失的接受赔偿意愿，以人们的支付意愿或受偿意愿来估计环境效益改善或环境质量损失的经济价值。该评估方法的科学性在世界范围内得到认可。

令三被告连带赔偿环境资源损失 600 万元，连带承担专家评估费 15 万元，并在全国性媒体上刊登公告向社会公众赔礼道歉。

张某某、张某对一审判决不服，提出上诉。江西省高级人民法院于 2020 年 5 月 8 日公开开庭进行了审理，江西省人民检察院与上饶市人民检察院共同派员出席法庭，就案件事实、证据、程序和一审判决情况发表了意见。江西省高级人民法院于 2020 年 5 月 18 日作出二审判决，驳回上诉，维持原判。

（二）办案思路

名胜古迹保护是检察机关办理公益诉讼案件的等外探索领域，但是如将破坏名胜古迹的行为作为破坏生态环境和资源保护的行为，那么检察机关公益诉讼案件的办理范围不仅仅是行政公益诉讼，可以拓展至民事公益诉讼。对于提起民事公益诉讼的，建议检察机关让行政机关先行，在行政机关提起民事诉讼后检察机关可以依法支持起诉。行政机关先行的主要原因在于名胜古迹的损害结果确定及损失金额评估。上述案例中对案涉的三清山巨蟒峰的受损价值评估，委托专家"采用原环境保护部《环境损害鉴定评估推荐方法》（第 Ⅱ 版）和《生态环境损害鉴定评估技术指南总纲》中推荐使用的条件价值法进行评估"，认为该方法"特别适用于独特景观、文物古迹等生态服务价值评估"。[①]从中可以看出，对名胜古迹提起民事公益诉讼涉及专业鉴定的问题，行政机关相对而言更具专业优势，检察机关的法律监督优势可以和行政机关的专业优势互补，共同保护名胜古迹。

五、古村落保护

古村落等属于《环境保护法》第 2 条中列明的"环境"范畴，是影响人类生存和发展的人文遗迹，具有丰富的历史、文化、科学、艺术、社会、经济价值，是国家利益和社会公共利益的重要组成部分。

（一）典型案例

案例：贵州省榕江县人民检察院督促保护传统村落行政公益诉讼案[②]。

贵州省黔东南州有 409 个村入选《中国传统村落名录》，包括榕江县栽麻镇宰荡侗寨、归柳侗寨。2018 年 3 月，黔东南州检察机关部署开展传统村落

---

① 参见最高人民检察院第二十九批指导性案例之检例第 114 号，载最高人民检察院网 2021 年 9 月 2 日，https://www.spp.gov.cn/spp/jczdal/202109/t20210902_528296.shtml。

② 此案是最高人民检察院于 2021 年 9 月 2 日发布的第二十九批指导性案例之检例第 115 号。

保护专项行动，榕江县人民检察院在专项行动中发现，栽麻镇宰荡、归柳两个侗寨的村民私自占用农田、河道、溪流新建住房，违规翻修旧房，严重破坏了中国传统村落的整体风貌，损害了国家利益和社会公共利益。

2018 年 4 月，榕江县人民检察院对本案决定立案并进行调查核实。通过现场勘验，询问村民及政府工作人员，查阅相关文件资料等，查明：栽麻镇宰荡、归柳两个侗寨部分村民未批先建砖混、砖木结构房屋的情况比较严重，导致大量修建的水泥砖房取代了民族传统木质瓦房，此外，加装墙壁瓷砖、铝合金门窗等新型建筑材料、加盖彩色铁皮瓦等现象，严重破坏了中国传统村落的整体格局和原始风貌，影响了侗寨这一民族文化遗产的保护和传承。贵州省颁布的《贵州省传统村落保护和发展条例》《黔东南苗族侗族自治州民族文化村寨保护条例》明确规定，乡镇人民政府负责本行政区域内传统村落保护和发展的具体工作。栽麻镇人民政府作为栽麻镇宰荡、归柳侗寨保护和发展工作的法定主体，未依法落实传统村落保护发展规划和控制性保护措施，未开展传统村落保护宣传、管理工作，对村民擅自新建、改建、扩建建（构）筑物等行为未及时予以制止和引导，导致传统村落格局和整体风貌遭到严重破坏。

2018 年 5 月 7 日，榕江县人民检察院向榕江县栽麻镇人民政府发出行政公益诉讼诉前检察建议，建议对宰荡侗寨和归柳侗寨两个传统村落依法履行保护监管职责。榕江县栽麻镇人民政府未对违章建筑进行监管，也未在规定的期限内对检察建议作出书面回复。榕江县人民检察院两次向该镇政府催办，仍未予回复。此后榕江县检察院办案人员先后 4 次回访宰荡侗寨和归柳侗寨，原有破坏传统村落的违法建筑不但没有整改，数量不减反增，国家利益和社会公共利益持续处于受侵害状态。

2018 年 12 月 28 日，经贵州省人民检察院批准，榕江县人民检察院根据行政诉讼集中管辖的规定，向黎平县人民法院提起行政公益诉讼，请求确认榕江县栽麻镇人民政府对中国传统村落宰荡侗寨和归柳侗寨不依法履行监管职责的行为违法；判令榕江县栽麻镇人民政府对破坏中国传统村落宰荡侗寨、归柳侗寨整体风貌的违法行为依法履行监管职责。

2019 年 2 月 27 日，黎平县人民法院公开审理了本案。经依法审理，法院当庭作出判决，支持检察机关全部诉讼请求，栽麻镇人民政府当庭表示不上诉。判决生效后，榕江县人民检察院督促栽麻镇人民政府加大监管力度，对宰荡侗寨和归柳侗寨采取相应的保护措施，逐步拆除破坏中国传统村落风貌的违章建筑。2019 年 5 月，榕江县人民检察院在跟进监督时发现，违章建筑已经全部拆除。

诉讼过程中，榕江县人民政府下发了《榕江县传统村落保护管理办法

（试行）》，对本地传统村落保护的具体措施、发展规划、法律责任进行了详细规定。此后，榕江县人民检察院积极与县自然资源、住建、规划等部门沟通，推动相关部门与同济大学签订技术服务合同，形成《榕江县侗族传统村落居民修缮与新建民居设计导则》，既延续传统民居风貌，又满足村民改善房屋质量和居住条件的现实需求。同时，协同两村村委会将传统村落保护纳入村规民约，增强村民保护传统村落的自觉性。

2019 年 9 月，黔东南州人民检察院就传统村落保护向州人大做专题报告，并提出地方立法完善建议。2020 年 4 月 29 日，《黔东南苗族侗族自治州民族文化村寨保护条例》（2008 年 9 月 1 日施行）修订审议通过，确立了传统村落分级、分类保护原则，进一步明确了各相关部门职责，并增加规定了"检察机关针对行政机关违法行使职权或行政不作为，破坏传统村落、损害国家利益或社会公共利益的，可以依法提起行政公益诉讼"相关条款。黔东南州检察机关还推动协调传统村落保护资金 1.43 亿元，该州雷山县等地检察机关与相关行政部门形成了"传统村落保护与发展合作框架协议书"，改善传统村落的基础设施和公共服务设施配套项目，在保护中挖掘旅游资源，形成有特色的传统村落旅游金牌路线，让村民实现家门口创业、就业、增收，实现脱贫致富。

（二）办案思路

古村落保护不能墨守成规，要实现从传统的"单纯静态保护"模式向现代"开发与保护并举"模式转变，唯有如此，古村落保护才能走得长远，传统古村落才能获得生命力。公益诉讼检察保护古村落，从古村落本身的人居环境如建筑物主体结构保护、消防设施安全、观赏景观的维护等方面向外辐射，拓展至古村落的古树名木、饮用水源、红色史迹、文物和文化遗产等的保护，将古村落保护做成公益诉讼保护的系列检察产品，从而为古村落的发展提供良好的契机。检察机关在办理此类案件时要结合"中国传统村落名录"来进行重点保护，对于一些具有重要历史文化价值的古村落，也可以与当地的文化部门加强论证，共同推荐至古村落保护名录，让古村落保护更加周延全面。

六、古道保护

随着人们生活水平的提升和养生意识的提高，古道已成为人们森林康养、旅游观光、体育健身活动的好去处，人流量逐年增多。古道不仅是独特的旅游资源和珍贵的文化资源，也是重要的生态自然资源。保护古道就是保护生态资源，古道与周边生态环境相互依存、互有关联。凡有古道的地方，大都森林植被、地质景观较好，森林覆盖率均在 90% 以上。这也是人们喜欢行走古道呼吸新鲜空气的原因所在。保护古道不仅是简单修复路基、石砌边沟，还要最大限度地保留古道及周边原有植被，特别是要保护森林生态景观。要着重做好古道周边生态环境的恢复、维护和保养，保持整体自然风貌，从而将古道生态优势转化成经济优势，带动区域经济发展。

（一）典型案例

案例：福建省政和县检察院保护茶盐古道行政公益诉讼案①。

茶盐古道是古代重要的交通贸易通道，镌刻着文明发展的印记，是非常珍贵的历史遗产。政和县境内古道资源丰富，是茶叶发展历史的重要见证，弘扬茶文化的重要载体。由于农事活动发展，保护意识淡薄，许多古道遭受不同程度破坏。

为了更好地保护茶盐古道，发掘茶盐古道的内涵，2022年初政和县人民检察院组织干警深入被列为县级文物保护单位的稠岭、锦屏到黄坑等5条茶盐古道进行调查，详细梳理了古道保护中存在的突出问题，并组织专题讨论保护茶盐古道公益诉讼监督措施，逐条对照古道存在的问题，详细梳理文物保护法律法规，向文物主管部门和所在乡镇等四个单位制发了诉前检察建议，指出了具体问题，提出了明确的建议。

为汇聚茶盐古道保护的合力，通过磋商更广泛地听取意见建议推进问题整改，2022年4月21日，政和县检察院召开了保护茶盐古道公益诉讼诉前圆桌会议，召集了县文体旅局及有关乡镇、村参会，并邀请了县委宣传部、茶业发展中心、茶企代表、人大代表、政协委员等参加。办案检察官详细通报了公益诉讼调查情况，通过播放演示文稿指明了该县列入县级文物保护单位的五条茶盐古道存在的问题，讲解了文物保护的相关法律法规。参会人员充分肯定了检察机关开展保护茶盐古道公益诉讼，是服务县委、县政府做精茶产业中心工作具体举措，对推进茶文化建设具有重要意义，并提出要提高村民茶盐古道保护意识，加强古道的生态保护，加大文物保护申报力度，注重开发利用，发掘古道上的茶文化故事，动员社会力量共同关注保护茶盐古道等建议。

（二）办案思路

要深刻认识古道的重要价值。古道是古代重要的交通联系方式，更镌刻着文明发展的印记，汇集了山岭、峡谷、树木、河湖、溪流等自然景观和村庄、

---

① 此案源于高文雯、宋璐莹：《公益诉讼进行时——福建政和：守护茶文化记忆保护茶盐古道》，载正义网2022年5月16日，http：//www.jcrb.com/procuratorate/jcpd/202205/t20220516_ 2400879.html。

桥梁、驿站、凉亭、古井、庙宇等人文遗迹，一般具有较为悠久的历史。古道保护的主要办案点有：古道及周边乱扔生活垃圾；古道林木遭到滥伐；在古道违章搭建构筑物；因自然灾害、植物根系生长等原因导致古道路基遭受破坏；工程建设未经充分论证贸然施工破坏古道等。古道保护可结合乡村振兴、文物保护、遗迹保护等专项来共同推进。检察机关办理古道保护公益诉讼案件可与古道所在地乡镇、村、林场或旅游景区等部门和单位协作配合，把保护古道与保护生态资源紧密结合，让古道重新焕发生机。

第五章　检察公益诉讼制度的发展前景

检察公益诉讼"中国方案"具有诸多优点，在我国国家治理体系和治理能力现代化中发挥着越来越显著的作用。将具有专门的法律监督职能的检察机关作为提起公益诉讼的主体，从而达到以公权力制约和监督行政权，督促行政机关依法履职、实现司法公正的目的。这一设计，无论是在理念上，还是在实践运行效果上，都具有独树一帜的亮点，与世界上其它国家的公益诉讼制度相比，无疑具有独特的制度优势。但是，我国检察公益诉讼从试点探索开始发展至今才短短八年时间，从一项法律制度的确立，到实践检验并不断完善的历程来看，有必要全面梳理当前检察工作中遇到的各种问题、理论上需要继续深入研究的问题，在此基础上，结合检察权的发展趋势，才能看清我国检察公益诉讼的发展方向和发展前景。

第一节　当前检察公益诉讼存在的主要问题及解决路径

我国检察公益诉讼自全面推开以来蓬勃发展、成效显著，办案理念更加科学、办案规模稳中有增、办案领域稳妥拓展、办案质效大幅提升、办案能力逐步提高，而且制度定位更加明晰、社会认同度也持续增强，公益诉讼检察工作开始迈入常态化、规范化、高质量发展新阶段。如 2021 年 1 月至 11 月，全国检察机关共受理公益诉讼案件线索 169675 件，同比上升 6.11%，立案 152577 件，同比上升 9.21%。按案件类型来分，生态环境和资源领域立案 79087 件，同比上升 2.52%，占立案总数的 51.83%，同比减少 3.4 个百分点。食品药品安全领域立案 26263 件，同比上升 5.36%，占 17.2%，同比下降 0.63 个百分点；公共安全、特殊群体利益保护等新领域立案 40549 件，同比上升 64.86%，占 26.58%，同比增加 8.97 个百分点。[①] 但从这些统计数据所反映的情况，结合我们在实证调研中所了解到的实情，当前我国检察公益诉讼工作中存在的诸多问题也不容忽视。

---

① 本节的统计数据，除特意标明出处外，均来自最高人民检察院的网站及微信公众号。

一、当前检察公益诉讼工作存在的主要问题

2022 年是检察工作质量建设年。最高人民检察院党组强调质量建设年的要求是广义的，不只是狭义地办好某一个具体案件，而是要在每一个具体案件办好的基础上，实现检察工作全链条、全覆盖、全方面的高质量发展，把习近平总书记对政法工作的重要指示真正、更好落到实处，让人民群众切实感受到公平正义就在身边。就检察公益诉讼而言，质量建设的核心问题表现在规范和实效两个方面，规范是指办案程序要规范，法律文书的写作要规范；办案实效是指现实中的违法行为要得到纠正，已造成的公益损害要得到恢复并巩固，同时要实现政治效果、法律效果和社会效果的统一，最终实现办案效果的延伸，促进类案办理与诉源治理。对照这些要求，当前检察公益诉讼就遇到了不少新问题，同时也有一些老问题需要持续关注。

这里梳理归纳的重点问题，主要以公益诉讼作为一项厚植党的执政基础的民心工程为视角来审视的。公共利益归根结底是人民的利益，公益诉讼在本质上要保护的就是人民的利益，而检察机关办理公益诉讼案件的最终目标是为了维护公共利益，从而促进相关机关依法履职，提升检察公信力，厚植党的执政根基。从公益诉讼检察实践来看，有一些是一直没有得到有效解决的老问题，如法律规范不足问题、调查取证问题、鉴定问题、重数量轻质效问题、机构人员及其能力不足问题等，也有一些是新出现的问题，如办案人员的理念问题、规范意识问题、舆情问题以及滥用公益诉讼权问题等。下面就选择一些带有普遍性的，或与立法之完善紧密相关的重点问题予以阐述。

（一）办案理念未能与时俱进，影响办案思路

理念是行动的指南。为适应新时代人民群众对公平正义的更高要求，充分发挥检察机关的监督职能，为人民群众提供更多更优的检察产品，最高人民检察院数年来提出了一系列新的检察理念，如"在办案中监督，在监督中办案""双赢多赢共赢"等，这些理念对检察公益诉讼工作具有直接的指导作用，尤其是"双赢多赢共赢"办案理念，可以说是最契合公益诉讼检察工作的。"基础理论研究，很重要的一点就是要加强检察工作理念研究。把理念论清楚、搞端正，具体检察监督工作才有灵魂。"① 如前所述，我国检察公益诉讼具有独特的优势，在程序设计上有与众不同的诉前程序，而且绝大部分案件都以诉前

---

① 姜洪：《坚定"四个自信"抓好"五个结合" 为新时代检察工作提供强有力理论支撑》，载《检察日报》2018 年 4 月 25 日。

程序来结案，这也是我国检察机关发挥其法律监督职能的重要表现。这一特色体现的就是"共赢"的办案理念，检察机关监督的目的是督促行政机关及相关部门依法履职，并不是以对抗式的诉讼为目的。但是，在一些基层检察院，这些检察理念并没有得到很好落实。如有些基层检察院，在办理公益诉讼案件时，片面追求轰动效应，为吸引点赞率，专挑一些难度不大的民事公益诉讼入手，而面对强势的行政机关，怕得罪公权力机关而缩手缩脚；有些检察院滥用公益诉讼权，盲目拓展办案领域，也不管自己是否有能力办得了，结果引发社会舆情……同时还存在被动履职、机械履职、割裂履职等情况，这些问题的出现，从根本上看，都与没有深切领会最高人民检察院提出的检察理念密切相关。

（二）调查核实权虚化，影响办案力度

自公益诉讼试点工作开展以来，检察机关的调查核实权问题一直是让基层检察院相当纠结的老大难问题，同时也是学术界研究的一个热点问题，如程序启动环节不明、措施不够、强制性不足等。[①] 调查核实权，是指在办理公益诉讼案件中，检察机关拥有的为查明案情、收集证据而依法定程序进行的专门活动和依法采取的相关措施。2015 年《人民检察院提起公益诉讼试点工作实施办法》第 6 条就对调查核实权的内容、方式作了详尽规定。2017 年修正的《民事诉讼法》第 210 条继续确认检察机关在法律监督中享有调查核实权。2021 年 6 月颁布的《人民检察院公益诉讼办案规则》（本章简称《办案规则》）更是对调查收集证据工作作了专门规定，既明确了依法、客观、全面等调查原则，又对调查方式和保障措施等作了原则性规定。但在检察实践中，由于公益诉讼覆盖面广，涉及生态环境、自然资源、市场监督、网络运行、个人信息保护等诸多领域，且具有很强的专业性，而从事公益诉讼检察工作的办案人员在调查取证方面又经验不足，因证据不足导致办案效果不尽如人意的情况时有发生。对检察公益诉讼来说，如何提高自身的调查取证能力，从而提升办案质效，是当前也是长期的一项重要工作。

（三）办案领域不平衡，影响社会效果

虽然检察公益诉讼在履职中发挥出了种种令人欣喜的优势，但就全国范围和办案领域而言，其发展不平衡也渐渐成为一个不容忽视的问题。这种不平衡

---

① 参见黄旭东：《论民事检察调查核实权的适用法理与制度构建——基于程序保障论的省思》，载《法治论坛》2018 年第 1 期，第 253 页；李强、常海蓉：《民事检察调查核实制度若干问题探究》，载《人民检察》2017 年第 2 期，第 22 页。

表现在两个方面：一是地区之间办案量的不均衡。当然这种不均衡有其客观原因，如有关生态环境问题，经济发达的东部地区与地广人稀、草原辽阔的大西北地区相比，可能污染会更严重一点、原因也更加复杂，由此其相关的公益诉讼案件就会多一些，但这并不意味着西北地区就没有任何污染，生态环境公益诉讼案件可以多年为零。二是不同领域之间的不平衡。如根据 2021 年相关办案数据统计显示，原为传统领域的生态环境和资源保护领域、食品药品安全领域办案数量的增长幅度低于整体增长幅度，而公共安全等新领域的办案数量猛增，出现这一现象的主要原因：一是最高人民检察院认真贯彻落实党的十九届四中全会精神，指导各地检察机关以办案为中心加强新领域探索，并就安全生产、个人信息保护等新领域发布典型案例予以指导推进；二是各地持续加大对公共安全、个人信息保护、文物和文化遗产保护等新领域的探索，尤其是 2021 年开始实施修改后的《安全生产法》《个人信息保护法》，两部法律专门设立了公益诉讼条款，明确将安全生产、个人信息保护纳入检察公益诉讼法定领域，各地对新领域案件的探索热情较大地提升了其案件量的同比增长幅度；三是最高人民检察院组织开展无障碍环境建设、红色资源保护以及军用机场净空等相关专项活动，带动新领域办案数量快速增长；四是从试点工作开始生态环境、食品药品就作为最重要的法定办案领域，在工作中，更加强调办案质效和深耕细作，办案数量的增长有所减缓①。因此，从这些原因来看，各领域之间办理数量的不均衡是正常现象，但检察实践中，要避免的是不正常的不平衡现象，如畏难行政公益诉讼案件而偏爱办理民事公益诉讼案件，从而影响公益诉讼检察的公信力。

（四）办案人员能力不足，影响办案质效

检察公益诉讼全面推开以来，全国各地的办案量猛增，其带来的最为直接的问题就是相关办案人员的短缺与办案能力的不足。办案人员短缺主要表现在不少基层检察机关，在内设机构改革后，因民事、行政、公益诉讼检察都属于人员配备较少部门，不少基层检察院将三部门合为一体，公益诉讼检察通常只有一名员额检察官，带着一或两名助理开展公益诉讼工作，这与当前检察公益诉讼不断开疆拓土，需要保护的公共利益的领域众多、要求越来越高这一局面很不相称，办案效果也有待进一步强化。如 2021 年 1—11 月的相关统计数据显示，在生态环境和资源保护领域通过办案共挽回、督促修复被损毁的林地、

---

① 相关统计数据来自最高人民检察院案件管理办公室：《各内设机构对 2021 年 1—11 月有关业务数据预分析材料汇编》，2022 年 1 月，第 74—75 页。

耕地、湿地、草原 114727.57 亩，同比下降 44.48%；清理污染和非法占用的河道 957.79 公里，同比下降 89.49%；清理被污染水域面积 5.38 万亩，同比下降 34.45%；保护被污染土壤 196959.66 亩，同比上升 16.43 倍；督促清除处理违法堆放的各类生活垃圾、生产类固体废弃物 120.25 万吨，同比下降 80.92%；向污染企业和个人索赔环境损害赔偿金 67761.08 万吨，同比上升 100.55%。在食品药品安全领域，督促查处销售假冒伪劣食品 38189.11 千克，同比下降 75.42%；督促查处销售假药和走私药品 1485.84 千克，同比上升 4.6 倍。在国有财产保护和国有土地使用权出让领域，督促收回欠缴的城镇国有土地使用权出让金 98165.16 万元，同比下降 79.82%；督促收回被非法占用的城镇国有土地 219.42 亩，同比下降 96.56%，这一领域同比下降幅度较大的主要原因是案件数量明显下降。事实上，办理案件的数量、质量与办案人员的数量是密切相关的。

而办案能力不足，则表现为：一是知识储备不足。因公益诉讼涉及的领域都是此前检察机关未曾涉足或涉足极少的部门，不少领域的专业性又很强，原本熟悉刑事法律的检察人员因工作需要转而办理公益诉讼案件时，就难免会陷入捉襟见肘的困境；二是经验不足。检察公益诉讼从试点工作至今也就八年时间，与检察机关的核心业务刑事检察相比，只是一个新生儿，而公益诉讼制度在实施过程中，既要树立新理念，又要适用新的办案方式、程序和手段，这一系列工作所要求的相关经验都在不断积累中，但面对新制度尽快"落地"的迫切性和时间成本投入的不足性之间的矛盾，无疑也是当前检察公益诉讼亟待解决的一大难题。

（五）立法供给不足，影响制度发展

公益诉讼检察制度从试点开始，就一直处在探索之中，从正式设立该制度至今也才六年时间。六年，对一项法律制度来讲，无疑是刚刚起步，因此，其立法供给不足可以说是在意料之中的。通过修改《行政诉讼法》《民事诉讼法》以及其它相关法律规定，可以说为公益诉讼检察工作的发展提供了基本的法律依据。2021 年 7 月 1 日开始施行的《办案规则》无疑是当前开展检察公益诉讼工作的重要依据。但从检察公益诉讼实践来反观我国相关立法规定，主要存在法律规定零散、粗疏不完善等问题，如主体规定欠缺、案件范围模糊、与行政机关的衔接问题、调查核实权（取证）问题以及二审出庭问题等，这些问题都需要在未来的立法中予以完善。

二、解决问题的对策与路径

公益诉讼检察与刑事、民事、行政检察相比，无疑是个新事物，上述阐述分析的诸多问题，都是发展过程中的问题。若以发展的眼光来看，办法总比问题多，而且检察公益诉讼从制度设计伊始，就得到了党中央的高度重视，又恰逢中华民族实现伟大复兴的大好时机，可谓是天时、地利、人和，要找寻解决问题的对策与路径也并非难事。

（一）转变思想 树立新理念

思想是行动的指南，理念是工作的方向标。法律之形成，源于新的理念；法律之解释，更待新的理念。① 新时代法律监督理念是新时代背景下围绕法律监督形成的"理念集合体"，更具鲜明的时代性、整体性，并更凸显"法律监督"属性。理念一新天地宽。法律监督理念对检察工作现代化建设具有引领、规范与促进作用。在新时代，为满足人民群众的更高要求，检察工作要跟上时代发展，适应时代要求，就如同"滚石上山"，迫切需要在习近平法治思想指引下的检察理念的更新，让检察改革实践不断深化以提升工作质效，让人民群众真切地感受到公平正义就在身边。

检察公益诉讼在我国是一项新制度，对检察机关来说是一项新的监督职能，如何充分发挥这一职能应有的作用，是当前各级检察机关面临的重要问题。各级检察机关在办理公益诉讼案件时，要以"在办案中监督，在监督中办案""精准监督理念""双赢多赢共赢"等新的检察理念为指导，尤其是"双赢多赢共赢"监督理念对检察公益诉讼具体独特的指导作用。检察机关在工作中，要多与行政机关和其它单位沟通协作，以个案办理促进类案同治，进而实现源头治理，逐步提升国家治理能力，实现国家治理体系现代化。具体而言，可以从以下几个方面入手：

1. 主动推进理念更新

检察新理念契合检察监督的时代要求，对法律监督提出了更高层次的衡量标准。理念先行，内化于心，外化于行，方能落地生根。树立"双赢多赢共赢"监督理念，一是要求办案人员摆正心态，不能以一种高高在上的监督者的模样俯瞰行政机关和其它单位，但也不必畏首畏尾，要以共赢的心态促进监督事项顺利解决；二是要讲究工作方式，以协商沟通为先，充分运用检察建议这一前置程序，尽可能地节约司法资源，不以向法院起诉为目标；三是恰当运用诉讼手段，必要时果断地向法院提起诉讼，以促进相关问题的妥善解决，这也是制度设计以检察公权力来监督制约行政公权力的初衷所在。

---

① 王兆鹏：《新刑诉·新思维》，中国检察出版社 2016 年版，第 5 页。

2. 积极拓展办案方式

公益诉讼检察是全新的监督职能，随着公益诉讼案件范围的不断拓展，其办案方式也在不断探索之中。从制度设计初衷来看，建立检察公益诉讼制度就是为了保护重大国家利益和社会公共利益，督促行政机关依法行政。这一初衷，在最高人民检察院直接办理的万峰湖和南四湖这两起大案中得到了充分实现。最高人民检察院在办理这两起案件中所拓展的办案方式和办案经验也值得总结推广。

（1）万峰湖专案

万峰湖地处广西、贵州、云南三省（区）接合部，属于珠江源头南盘江水系，水面达816平方千米，蓄水容量108亿立方米，仅次于鄱阳湖、洞庭湖、太湖、洪泽湖，是国家"西电东送"的重要能源基地，也是"珠三角"经济区的重要水源地，其水质状况直接关系到沿岸几十万群众的生产生活和珠江流域的高质量发展。但是，万峰湖非法网箱养殖问题由来已久，水面浮房乱搭乱建、生活污水直排等现象较为普遍，而湖区污染防治工作滞后，导致万峰湖水质恶化，水体富营养化程度日趋严重。问题最严重的广西隆林、西林地区是国家级贫困县甚至是深度贫困县，提起公益诉讼予以整治是否会影响脱贫攻坚问题？因其地处三省（区）接合部，任何一省检察机关办理都存在困难。但严重污染长期得不到有效解决的根本原因就在于广西、贵州、云南三地各自为战，不能协同发力，因此由最高人民检察院来立案办理是最为合适的。2019年12月11日，最高人民检察院决定直接启动公益诉讼检察立案程序，并成立专案组。

这是最高人民检察院第一次直接立案办理的公益诉讼案件。刚开始时，专案组遇到了种种困难，但最后都一一得以成功解决，这与其积极拓展办案方式、主动履职是密不可分的。办理此案的特色主要有：

一是践行双赢多赢共赢理念，形成合力。专案组在办案过程中，尽力争取地方党委政府支持，凝聚保护公益共识。如最高人民检察院第八检察厅多次派员赴广西百色、贵州黔西南、云南曲靖等地现场办案，积极与当地党委政府及相关行政机关座谈，主动汇报专案办理进展情况，及时有效解决基层办案阻力大、办案力量不足、信息不畅等问题，为"万峰湖专案"办理营造出良好氛围。

二是运用一体化办案机制，破解难题。专案组充分利用检察机关上下级领导关系的体制优势，以一体化方式，从三地三级检察机关抽调办案骨干，组成一支五十多人的办案团队。在办案过程中，最高人民检察院专案组统一指挥和调度，统一案件线索管理与研判，统一调配办案力量，统一把关各具体案件的关键环节，统一对外宣传口径。在最高人民检察院的统一协调指挥下，地方各办案分组积极开展线索摸排，及时开展立案审查、调查取证、磋商、制发检察建议等具体工作，协同推进案件办理。最高人民检察院探索自办与交办相结合的"1＋N"专案办理模式，指定和交办地方检察机关立案 45 件，有力推动了问题解决。①

三是以问题为导向，采用化整为零的办案思路。专案组先制定工作方案，随后以落实问题，化整为零为办案思路，一方面，要求各地尽快摸排案件线索，统一上报给最高人民检察院；另一方面，明确专案最终由若干个具体案件组成，通过指定或交办的方式交地方检察机关办理，各具体案件的线索分流、立案、诉前、起诉等关键程序由最高人民检察院统一把关。

四是运用公开听证方式，促进诉前程序司法化。为客观评价案件办理质效，提升办案说服力，2020 年 12 月 22 日至 25 日，最高人民检察院专案组赴贵州省黔西南州召开公开听证会，邀请各方代表参加，围绕两个主题进行探讨：其一是办理专案、推进整治非法网箱养殖污染等办案工作成效；其二是为巩固办案成效，探讨开展渔业生态养殖的可行性，以及通过统一管理等方式实现依法规范生态养殖。与会听证员一致认为四级检察机关协同配合开展公益诉讼，履职有力，专案办案目的已经实现；建议沿岸三地政府在生态优先、科学养殖前提下探索生态养殖，助力沿湖居民增收致富。②

五是借助现代科技和专家"外脑"，解决办公难题和专业问题。2020 年初，因新冠疫情，最高人民检察院专案组因疫情不能赴当地办案，就利用现代办公设备，通过互联网、电话、微信与三地办案团队密切联系，上情下达，下情上知，第一时间解决办案中遇到的种种困难；同时还借助远程办公系统，于 2020 年 7 月 15 日组织召开万峰湖流域生态环境公益诉讼专案视频调度会，对下一步工作作出部署，提出要求，极大鼓舞了一线办案人员的士气。

与此同时，在办案过程中，因涉及很多环境污染方面的专业问题，专案组高度重视专业问题由专业人员处理的做法，充分吸收行政机关、高校及研究机构专业人员参与监督、论证、对公益诉讼中的专业问题进行解答；积极运用科技手段辅助发现线索和开展调查取证，三级检察机关抽调 10 名检察技术人员组建技术办案团队，运用无人机、便携式快速检测设备等参与调查取证，无人

---

① 刘家璞、董长青、庞文远：《浅谈公益诉讼检察大案办理思路——以"万峰湖流域生态环境受损公益诉讼专案"为例》，载《检察日报》2021 年 5 月 13 日。

② 刘家璞、董长青、庞文远：《浅谈公益诉讼检察大案办理思路——以"万峰湖流域生态环境受损公益诉讼专案"为例》，载《检察日报》2021 年 5 月 13 日。

机累计出动航拍 26 架次，对网箱养殖、水面浮房、坡陇金矿、码头污水直排等现场进行拍摄固定、绘制现场图等。①

六是探索以事立案办案模式。万峰湖流域地跨三省（区）五县市，地域广，相关责任主体涉及水务、环保、农业等多个行政部门以及相关工矿企业、单位、个人等多个民事主体，若按传统的"以人立案"模式，一时难以确定侵权人或负有监督管理职责的行政机关，而"以事立案"针对的是公众可感知的国家利益和社会公共利益受损问题，可以解决公益受损责任主体众多、情况复杂等所产生的立案难问题，不但有利于争取各方的支持与配合，避免人为干扰，减少办案阻力，而且也有利于检察机关依法及时有效行使调查核实权，有效推进案件办理。②

七是践行"办案＋培训＋研究"新型培训模式。办案是最好的培训方式。专案组在办案中，实现了以案代训，以训促研，再反促办案的良性循环，快速提升办案人员的业务素养。如抽调基层业务骨干直接进办案组，召开办案现场会议直接回答案件办理中遇到的万峰湖流域生态环境治理中存在的跨省级行政区划、治理不同步、执法标准不统一等问题，组建"西南论检"课题研究小组，结合办案实践，进一步提升理论研究水平等。③

此外，加上保障经费和成立临时党小组等相关措施，万峰湖专案"历经一年时间，在四级检察机关的共同努力和各方协同推动下，万峰湖流域非法网箱养殖、非法搭建水面浮动设施等违法情形导致的生态受损问题已解决，生态环境显著改善，专案办理的直接目的已经实现。"④ 正是探索拓展了上述这些新的办案模式，最高人民检察院办理的第一起公益诉讼案件，从立案到结案，面对众多需要研究的问题和争议，在办案过程中，既推动了实践探索，也促进了相关理论问题研究，大家集思广益，创造了一个又一个第一，还万峰湖一片

---

① 刘家璞、董长青、庞文远：《浅谈公益诉讼检察大案办理思路——以"万峰湖流域生态环境受损公益诉讼专案"为例》，载《检察日报》2021 年 5 月 13 日。

② 刘家璞、董长青、庞文远：《浅谈公益诉讼检察大案办理思路——以"万峰湖流域生态环境受损公益诉讼专案"为例》，载《检察日报》2021 年 5 月 13 日。

③ 刘家璞、董长青、庞文远：《浅谈公益诉讼检察大案办理思路——以"万峰湖流域生态环境受损公益诉讼专案"为例》，载《检察日报》2021 年 5 月 13 日。

④ 刘家璞、董长青、庞文远：《生态环境和资源保护领域检察公益诉讼大案办理思路——以"万峰湖流域生态环境受损公益诉讼专案"为例》，载《人民检察》2021 年第 12 期。

青山绿水。① 万峰湖的治理，得到了三省区党政机关的大力支持，形成了跨区域协同治理、行政机关和司法部门协同治理的合力，而此案的办理也充分体现了中国特色检察公益诉讼制度在国家治理中所具有的独特的监督、督促、协同和兜底的作用与价值。

（2）南四湖专案②

万峰湖专案的成功办理，为南四湖专案提供了可借鉴的经验。南四湖流域面积 3.17 万平方千米，涉及山东、江苏、河南、安徽 4 个省 34 个县（市、区），湖区面积 1266 平方千米，是我国北方最大的淡水湖泊，也是京杭大运河目前仍在通航的航道。南四湖案是最高人民检察院直接立案办理的第二起公益诉讼案件。但是，南四湖流域跨多省行政区划，边界区域权责交叉不明，跨区域协同执法联动不足，流域执法标准不统一，生态环境、交通运输、农业农村等部门管理职能分散，存在"多头管""交叉管""无人管"等问题，导致南四湖生态环境"一边治理，一边破坏"。部分地方和有些行政机关还存在有法不依、执法不严、违法不究的问题。可以说，其污染成因更为复杂，涉及工业污染、船舶污染、生活污水污染、违法养殖污染等，涉及面更广；治理方面又涉及多个行政机关和大型企业，执法标准、排污许可标准不统一问题，治理难度更大。

2021 年 4 月 8 日，最高人民检察院决定对南四湖流域生态环境受损问题立案并成立专案组，目的是想通过检察机关把不同地方不同行政机关的力量整合起来，从更高层面推动问题的解决。此案的成功办理，除了借鉴万峰湖一案的相关经验外，在以下四个方面树立了办案典范③：

一是协同办案的典范。南四湖的污染情况更复杂，治理难度比万峰湖更大。南四湖生态环境治理之难，不是难在一个点，而是难在一个面，需要协调多方力量、全方位综合施策。因此，要想顺利有成效地办理此案，赢得各地各方的支持是基础。专案组以"双赢多赢共赢"检察理念为指导，实现了现实版的"八方支援"。

二是规范办案的典范。最高人民检察院成立南四湖专案组后不久，恰逢

---

① 有关万峰湖的具体办理经过、遇到的各种难题和相关办案思路、处理办法等，可参见刘家璞：《"万峰湖专案"办案记》，载《方圆》2021 年第 3 期，第 62—67 页。

② 有关此案的相关材料，除了在参加南四湖专案组办案后组织的书稿座谈会上了解到相关情况外，多来自闫晶晶：《从万峰湖到南四湖》，载《检察日报》2021 年 9 月 2 日；刘家璞：《"南四湖专案"办案记》，载《方圆》2022 年第 11 期，第 64—66 页。

③ 这四个方面的办案典范，是南四湖专案组的办案检察官刘家璞归纳的，详见刘家璞：《"南四湖专案"办案记》，载《方圆》2022 年第 11 期，第 65 页。

2021 年 7 月 14 日，最高人民检察院出台《办案规则》。专案组在线索摸排、立案、调查取证等办案关键环节制发 12 份办案工作提示，形成具有指引性、针对性和实操性的办案标准，将此案打造成规范办案的典范。

三是科技办案的典范。公益诉讼案件，尤其是环境污染公益诉讼案件，涉及面广、专业性强，若不借助现代科技，不少时候会寸步难行。"南四湖流域面积大，入湖河流多，影响生态环境因素类型众多。因此，无论是发现问题，还是收集证据、查清事实，仅靠人力办案，绝无可能。"① 南四湖专案组在办案过程中，成立了由最高人民检察院检察技术信息研究中心环境公益诉讼技术人员组成的技术分组，利用仪器设备优势、条线技术力量和各合作单位技术资源，提升案源线索发现的便捷性和高效性，运用卫星遥感技术和大数据分析技术进行线索摸排，为案件办理提供全方位技术支持。南四湖专案组走访梳理的 237 条线索中，有 84 条重要线索与中科院空天信息创新研究院通过卫星遥感技术快速排查出来的线索高度印证。遥感技术为公益诉讼办案提供了一双"太空的火眼金睛"，可以实现跨行政区域快速发现问题、指引办案重点、提高线索质量、及时跟进案件办理进度。②

四是诉源治理的典范。在环境污染公益诉讼中，检察机关办理案件的直接目的是解决违法问题，但若不进一步解决产生污染的根本性问题，污染问题就会重新出现，办案中收集的线索主要涉及工业污染、围湖养殖污染、码头船舶污染、生活污染、农业面源污染等生态环境问题，这些污染源，并不是简单地禁止就能案结事了的。对检察公益诉讼案件来说，办案流程终结并不意味着一起案件的结束。如何解决南四湖上以船为生的渔民转产上岸、湖底煤矿退出、养殖迭代升级等问题，督促建立长效机制，推动流域治理统一标准，这是检察公益诉讼需要继续履职的后半篇文章。如何做到既要"绿水青山"，也要"金山银山"？这就是诉源治理的目标所在。办理环境公益诉讼案件有三个维度：解决污染问题；建立长效机制；环境美起来、百姓富起来。这三部曲，无疑是南四湖专案组要努力打造诉源治理典范的目标。

从最高人民检察院直接立案办理的两湖案件的效果来看，不但创设出独具特色的"1＋N"办案模式，真正实现了"三大效果"的统一：实现了执法效果，维护了法律的权威和尊严，让涉案的公司、企业和沿湖居住的老百姓知道要尊崇法治、遵守法律；实现了政治效果，促进社会稳定，保障人民安居乐业；实现了社会效果，案件的办理结果得到广大群众的普遍认同，保障了社会

---

① 刘家璞：《"南四湖专案"办案记》，载《方圆》2022 年第 11 期，第 66 页。
② 闫晶晶：《从万峰湖到南四湖》，载《检察日报》2021 年 9 月 2 日。

公益，促进了经济社会发展。^① 另外，这两起案件的办理，解决了三大难点问题：一是如何通过公益诉讼解决跨区域的生态环境受损问题；二是在负有监管职责的行政机关或违法行为人暂不明确的情况下，检察机关该如何立案问题；三是在案情复杂、涉及面广、调查取证工作量大的情况下，最高人民检察院应如何整合办案力量问题。

梳理总结这两起案件的办理经验，之所以会有这么好的效果，其共同点为：一是最高人民检察院院领导带头办案，这不仅能够充实办案力量，而且有助于各方面的沟通协调，凝聚共识，形成办案治理合力，通过办理疑难、复杂、有影响力的案件，其经验可以辐射四方，达到办理一案，影响一片的效果，同时还带动整个公益诉讼检察队伍提升能力与水平。二是以双赢多赢共赢理念为指导，促进与两湖相关的多方力量的融合，尤其是地方党委政府的支持，以实现"绿水青山"的目标。当然，这也与设计检察公益诉讼制度的初衷紧密相关，检察公益诉讼是监督之诉、督促之诉、协同之诉和支持之诉，这是大前提。三是借助高科技手段，提升发现案件线索、取证、鉴定等诸多环节的水平，将案件办得扎实，让人心服口服。四是聚集人才，充分发挥了团队合作的力量。人才是办理案件的关键因素。办理两湖的专案组，根据办案的实际需要，从三级检察院抽调办案骨干力量，如南四湖专案总体调用200多名公益诉讼检察骨干，历时十个月，才将这起以打造"史诗级"为目标的复杂案件成功办结，同时在办案过程中，也促进了人才的快速成长。2022年7月，最高人民检察院将万峰湖一案编为指导性案例，这是第一次以个案作为指导性案例，其影响之深远自不待言。

（二）培养人才 提升素质

在当今世界，各行各业的竞争，归根结底都是人才的竞争。实施依法治国基本方略，建设社会主义法治国家，必须有一支高素质队伍。^② "司法人员要刚正不阿，勇于担当，敢于依法排除来自司法机关内部和外部的干扰，坚守公

---

① 在检察办案中如何实现"三个效果"的统一的探讨，可参见朱孝清：《论执法办案的"三个效果"统一》，载《中国刑事法杂志》2022年第3期，第13—21页。

② 《努力建设一支信念坚定、执法为民、敢于担当、清正廉洁的政法队伍》是2014年1月7日习近平同志在中央政法工作会议上讲话的一部分，载习近平：《论坚持全面依法治国》，中央文献出版社2020年版，第55页。

正司法的底线。"① "要提高司法工作者公正司法能力，加强忠诚教育和职业培训，特别是加强基层队伍建设，加强司法干部体制和经费保障体制建设，改善司法干部特别是基层司法干部工作生活条件，让他们更好履行职责。"② 检察公益诉讼是项新制度，其壮大发展也离不开合适人才的培养，尤其需要培养懂法律、懂技术的专门人才，要具备调查取证能力、庭审应对能力、文书写作能力等方面的核心能力。

从基层检察院的机构设置和办案情况来看，人才短缺是一个无法规避的大问题。虽然公益诉讼检察职能已经写入了 2018 年 10 月修改的《人民检察院组织法》，但是目前不少检察院的机构还不健全，人员还不到位，特别是在基层检察院，多数还与民事检察、行政检察合署办公，"三人台""二人转"情况普遍，有的地方甚至是"独角戏"，办案力量严重不足。而公益诉讼案件，尤其是专业性特别强的案件，如生态环境领域、食品安全领域等，办案检察官既要精通法律业务，又要知晓相关专业知识，不然就很难准确判断环境污染究竟有哪些实质性损害。例如，水和土壤中重金属元素的检测，其修复步骤该如何设计，费用又该如何计算，这些根本性问题不搞清楚，就会把案件办成"夹生饭"，既不能服人，也实现不了司法公正。当然，检察人才培养是一个长期的任务。检察官是检察权行使的主体。法律赋予检察机关的各项职权，最终都是通过检察官的职能活动来实现的。检察官履职能力的强弱、检察队伍整体素质的高低直接决定了检察权行使的有效性与充分性以及司法公正能否如愿实现等关键性问题。从我国检察队伍的现状出发，就开展检察公益诉讼工作而言，可以从两个方面来快速提升检察队伍（包括检察公益诉讼队伍）的综合素质：

1. 严把检察官入职选任门槛

全面推进依法治国，建设社会主义法治国家，首先要树立司法权威，而司法权威的树立，关键是提高司法人员的素质，尤其是基层司法人员的素质。在我国，检察官是司法人员的重要组成部分，对树立和维护司法权威有着举足轻重的影响。检察机关的各项权能都是由检察官来行使的，检察官是实现公平正义的践行者，检察官素质的高低和水平会直接影响检察职能的发挥和执法效

---

① 《加快建设社会主义法治国家》是 2014 年 10 月 23 日习近平同志在中共十八届四中全会第二次全体会议上讲话的一部分，载习近平：《论坚持全面依法治国》，中央文献出版社 2020 年版，第 115 页。

② 《全面推进科学立法、严格执法、公正司法、全民守法》是 2013 年 2 月 13 日习近平同志主持中共十八届中央政治局第四次集体学习时的讲话，载习近平：《论坚持全面依法治国》，中央文献出版社 2020 年版，第 23 页。

果。从理论上说,检察官必须具有良好的综合职业素质,"必须具有哲学家的匠心、科学家的细微、文学家的语言能力、社会学家穿透社会矛盾的眼光,还须具有政治家的包容"①,而现实中检察官素质的高低,在很大程度上又取决于设置的任职条件和选拔制度是否能客观公正地筛选出真正优秀的人员来从事检察工作。有了高素质的检察官,在办理公益诉讼案件,面对新问题新挑战时,也善于学习而且学得快、学得好,应对新时代高要求的检察工作也会游刃有余。

为精选人才,考虑到检察官行使法律职权的特殊性,世界各国都对其任职资格作了相当严格的规定。尽管因文化传统、司法制度的不同,在具体的选任制度上存在某些差异,如英美法系国家的检察官主要来自律师,其任职资格也等同于律师,且采取任命制与选举制相结合的方式,其"政治性"与"流动性"较强;而大陆法系国家的检察官则被看成是法官的同行,其成为检察官的路径和培养方式与法官一样,法学院的毕业生通过1—2次的司法考试,再在司法官学院经过一定期限的培训学习和司法实习后,便可根据职位的空缺情况自由选择是做法官、检察官还是律师。但是,其相同之处也是显而易见的,即高标准的资格条件、严格的选任程序以及法律共同体的背景知识等,同时为了从社会上吸收最优秀的人才为检察事业服务,除了从法学院毕业生中招聘人才外,不少国家还规定社会上有司法经验的人也可以经过严格的考试和选拔程序成为检察官,这种开放式的检察官选拔制度有利于调动有志于检察工作的人勤奋好学、奋发进取,为实现自己的心愿而奋斗拼搏,为检察队伍输送源源不断的人才。

因此,我国可以借鉴国外在选任检察官方面的有益经验,在根据国情设定检察官入门任职资格的同时,也可以适当招聘社会上有司法工作经验的律师、法学教授等加入检察队伍,同时还可以与公安机关、法院的专业人员交流换岗,以增强法律职业共同体的认同感,提升检察队伍的整体素质。

检察官选任制度是检察官的入门制度,是确保检察官高素质、精英化、专业化最为关键的门槛。但是,在法律日益精细化的现代社会,检察官要想做到尽职尽责,严格执法、维护司法公正,除了需要具备较高的政治素质和道德修养外,还必须具备较高的业务专业水平。在工作中,如何不断提升检察官的业务素质和执业能力,及时更新其法律知识和相关知识,就涉及检察官的培训问题,尤其是在互联网大数据时代,知识更新加速,网络犯罪日益猖獗,检察官想要出色地迎接办案中遇到的各种新知识、新问题的挑战,必须不断努力学习

---

① 刘佑生:《司法官素养和职业培训》,载国家检察官学院编:《第四届国家高级检察官论坛论文集》,2008年11月,第555页。

新知识、新法规、新技术，在学习中，最为便捷、高效的方式是接受集中培训。因此，为确保检察队伍的精英化，世界各国都非常重视检察官培训工作，每年都会根据检察工作的实际需要，对检察官进行有计划、有组织的培训，向受训者传授法律专业知识及特殊的工作技能等。

2. 重视检察官在职培训工作

司法官职业素质的养成，要靠严格规范的职业培训。习近平总书记明确指出："体制是重要因素，但人是最根本的因素。体制改革了、完善了，不等于权力干扰、金钱腐蚀就不再发生了，而是会以更隐蔽、更复杂的方式起作用。"[①] 政法队伍中的不正之风，是人民群众最不满意的问题之一。而改变工作作风，切实做到执法为民，除了从体制、机制上予以改革完善外，对检察官进行及时的高质量的培训，也是十分见效的措施。

我国向来非常重视检察官培训工作，如为进一步提高检察教育培训科学化水平，培养造就高素质的检察队伍，根据中央《2010—2020 年干部教育培训改革纲要》精神，结合检察机关实际，最高人民检察院出台了《2011—2020年检察教育培训改革指导意见》，为随后十年的检察官培训确立了新的目标，为进一步完善教育培训体制指明了方向和道路。2019 年 4 月新修订的《检察官法》第 32 条也规定：对检察官应当有计划地进行政治、理论和业务培训。检察官的培训应当理论联系实际、按需施教、讲求实效。目前在我国，除了国家检察官学院及各省的分院专门负责培训各级检察官外，最高人民检察院、省级院的各业务厅以及中国检察官协会也会组织一些相应的培训工作。

随着我国经济的飞速发展和社会各方面的日新月异，我国检察官培训制度也处在蓬勃发展和完善时期，尤其是国家检察官学院，近几年的培训力度加大、培训内容丰富，已开始实行分类分层次培训，如领导素能培训班、基层检察人员轮训师资培训班和专项业务培训班等。经过数十年的摸索和发展，我国的检察官培训工作已初具规模，不但培训工作已常规化、分类化和分层次化，而且培训内容也开始多样化，培训对象也越来越基层化。总的来说，已呈现出以下几个方面的特点：一是在培训内容上，从基础转向专业；二是在培训方式上，从单一转向多元；三是在培训对象上，从领导转向骨干。总体来说，每年有机会得到培训的人数正在迅速递增，受惠的人员也越来越多。但是，从比较视野和检察工作需要来看，我国的检察官培训可以在以下几个方面予以提升和

---

① 《努力建设一支信念坚定、执法为民、敢于担当、清正廉洁的政法队伍》是 2014 年 1 月 7 日习近平同志在中央政法工作会议上讲话的一部分，载习近平：《论坚持全面依法治国》，中央文献出版社 2020 年版，第 57 页。

完善：一是在指导思想和工作思路上要予以真正的重视；二是在教学环节上，适时调整充实教学内容、探索变换教学方法；三是可以构建统一的司法官培训制度。

目前，我国的法官、检察官教育培训分别在法院系统和检察系统内部各自独立地进行。在最高人民法院设有国家法官学院，在最高人民检察院设有国家检察官学院，而在省、市一级，既有法官培训中心，又有检察官培训中心，分别负责在职法官和检察官的教育培训。实行统一的司法官培训制度，既可以整合节约教育培训的司法资源，解决培训经费紧张匮乏问题，又可以促进法官、检察官之间的互相学习和交流，对法律的理解、适用达成共识，同时还可以合理地搭配教官与司法官，更加有效地实现培训目标。如 2019 年 11 月 18 日至21 日，最高人民检察院在国家检察官学院组织认罪认罚从宽制度检法同堂培训班，最高人民检察院检察长、最高人民法院副院长、全国律师协会刑事专业委员会主任，分别从检察官、法官、律师角度，就认罪认罚从宽制度适用中的重点问题进行了深入细致的讨论式解读。这一"授课"方式就深受学员们的欢迎。[①] 此外，还可以就公益诉讼工作及所涉相关领域的专业知识，每年举行数次全国性或省级的专题培训，以满足当前我国检察公益诉讼飞速发展对办案人才所提出的高要求，让综合性人才快速成长。

因此，在现有国情下，采取上述这些完善措施，既有利于建设一支素质优良、结构合理、专兼结合、特色鲜明的师资队伍，又能加强检察教育培训工作的力度，提高检察官的教育培训效果，同时还能有力地推动检察队伍的文化专业结构和整体素质的改善，最终有助于加快培养、造就一支政治坚定、业务精通、作风优良、执法公正的高素质专业化检察队伍。

（三）完善考评机制 发挥导向作用

检察官绩效考评机制指的是对检察官的工作业绩进行评价打分，以最后的得分高低来评出等级。

数年来，最高人民检察院特别重视建立科学合理的检察官绩效考评制度，强调要通过绩效考评，分出干与不干不一样、干多干少不一样、干好干坏不一样。但如何建立科学客观公正的考评机制，又是需要相当的智慧和对检察业务的深入全面透彻的了解，同时又要掌握最新的科技手段，才能将大数据、人工

---

① 参见姜洪、史兆琨：《认罪认罚从宽"控辩审"三人谈——大检察官大法官大律师以同堂讲授形式开展培训》，载《检察日报》2019 年 11 月 21 日。现场听讲的有：检法同堂培训的全体学员，全国律协组织的律师代表，最高人民检察院第一、二、三、四检察厅全体人员，机关内设机构负责人和业务骨干，国家检察官学院的全体老师，共 600 余人。

智能等技术有效地运用到检察官绩效考评的具体操作和管理中。当然，首先要树立考评机制是为了更好地服务检察官提升检察官的业务素质这一理念，突出检察官的主体地位，在此基础上，再设置检察官绩效考评的大体框架，明确考评指标内容，再分门别类制定相应的操作规范，在不断总结实践经验的基础上予以完善，最终形成完整而科学的检察官绩效考评机制。[①]

综上所述，公益诉讼检察在诸多方面存在的问题，有些是老问题，有些是新问题，但这些问题都是发展过程中出现的问题，其产生的原因是多方面的，解决路径和应对策略自然也是多层次、多角度的。从检察工作角度来看，为了从根本上提升办案质效，可以采取的相关措施有：一是法定领域更加注重稳规模增质效；二是新领域更加强调积极稳妥推进；三是进一步优化起诉案件结构；四是督促行政机关整改落实情况，跟踪监督整改效果；五是加强办案规则培训，全面深入理解规则，提升办案能力，实现办理一案、带动一片、教育社会面的公益保护效果；六是常态化开展"回头看"，"以为民办实事、破解老大难"公益诉讼专项活动为抓手，引导各地积极办理公益受损严重、社会反映强烈、长期得不到解决等能够更好发挥公益诉讼独特治理效能的难案。总之，不管目前公益诉讼检察实践存在怎样的问题、遇到怎样的挑战，从现实中公益诉讼检察所发挥的诸多独特功能来看，其发展前景还是值得展望的。

第二节　检察公益诉讼制度的发展前景

虽然公益诉讼检察从全面铺开至今才六年时间，但其强劲的发展势头已展现出旺盛的生命力。尽管作为一项新制度，因理论研究支撑上的某些不足、实践经验的相对缺乏、立法供给的诸多短缺，公益诉讼检察的拓展遇到了这样或那样的问题，如重数量轻质量问题、调查取证难问题、公益诉讼权力被滥用问题、不当办案引发舆情问题以及办案人员的规范意识淡薄问题等，但总体来看，我国检察公益诉讼制度的发展前景是值得期待的。本书在全面阐述过去所取得的耀眼成绩、现在的检察实践状况基础上，试着描绘一下大数据时代检察公益诉讼未来的发展前景。

---

① 有关在检察官绩效考评中，如何充分运用大数据等技术，可参见季美君、赖敏娓：《检察官绩效考评机制的完善与发展——兼论大数据在其中的运用》，载《中国法律评论》2018年第3期，第165—173页。

一、大数据时代检察工作面临的挑战

在大数据互联网时代，大数据迅速而广泛地改变着人们的日常生活、工作方式和思维模式，为社会发展带来前所未有的挑战与机遇。如何树立大数据新理念、如何运用大数据全面推进国家检察大数据中心建设，并以此为契机推动检察工作的转型升级，提升法律监督水平与能力，是当前检察机关面临的重要课题。①

（一）大数据时代司法环境的改变

所谓大数据，是指种类多、流量大、容量大、价值高、处理和分析速度快的真实数据汇聚的产物。这样的数据是一般软件工具难以捕捉、管理、处理、整理和分析的，通常以"太字节"为单位。随着网络技术的发展和大数据时代的到来，网络正迅速改变着社会的各行各业，这种变化不仅体现在数据本身，也体现于人们的思维模式，进而酝酿并带动着社会各个领域的整体变革。

1. 从注重定性分析向注重量化分析转变

大数据之大，并不仅仅在于容量之大，更大的意义在于通过对海量数据的交换、整合和分析，发现新的知识，创造新的价值，带来"大知识""大科技""大容量""大发展"。大数据时代强调数据的大，一改传统数据分析的样本收集，强调尽可能全面地收集数据并进行分析。相比依赖于精确性的小数据时代，大数据更强调数据的完整性和混杂性，可以帮助人们更进一步接近事实的真相。在大数据时代，资源有限，要选择收集全面完整的数据需要付出高昂的代价，样本分析法无疑是条捷径。大数据打破以往对数据节点的随机抽样，采用所有数据集中采集分析的方法，其所研究的结果更具有普遍的应用价值。当前，大数据时代的量化分析模式已经突破了传统定性分析的局限性，随着信息技术的进一步发展，量化分析将成为大数据时代数据分析的主流。从注重定性分析到更加注重定量分析的转变，对司法机关如何准确地把握犯罪趋势、制定相关的预防惩治政策，以有效打击犯罪维护社会稳定，带来巨大的影响。

2. 从注重因果关系向注重相关关系转变

借助强大的数据计算法则和计算能力，数据挖掘和分析能力超越传统统计

---

① 这里所说的检察工作，当然也包括公益诉讼检察工作。有关大数据对检察工作提出的诸多挑战及其应对措施，可参见季美君等：《大数据时代检察机关遇到的挑战与应对》，载《人民检察》2017年第15期，第12—17页。此文在当时所阐述的这些问题与挑战，虽已过去了几年，但至今仍不同程度地存在。

学的抽样样本的局限性，使接近于全体的数据分析成为可能。大数据能够通过一定的运算法则，将事物之间通过相关关系搜索并列入量化数据分析的范畴，其所提供的是事物之间的相关关系而非因果关系。这种相关关系的分析无疑会改变传统司法的思维方式。

3. 从注重精确推理向注重概率思维转变

传统科学研究强调演绎思维，是在观察分析的基础上提出问题，再通过猜想提出解释问题的假说，再根据假说进行演绎推理，最后通过实验检验推理得出确定性结论。在大数据时代，信息量大而丰富，科学研究往往通过分析大而全的事例归纳出共性特征，最终得出非确定性结论或者说作出概率性、可能性推断。大数据从类型上可分为结构化数据、半结构化数据和非结构化数据。结构化数据是在固定字段集合中存放的数据，如 Excel 表格中案件情况的统计数据等，属于精确表达。非结构化数据是指难以用数据库二维逻辑表表现的数据，主要是基于互联网、手机等智能终端所形成的视频、图片、地理位置、活动轨迹、网络日志等数据。半结构化数据介于结构化数据和非结构化数据之间，用标签和其它标志划分数据元素的数据，包括可扩展标记语言和超文本标记语言等，① 如 Word 文档中的文字、网页中的新闻、电邮等。大数据时代，只有 5% 的数据是结构化且能适用于传统数据库的。如果不接受不确定性，剩下 95% 的非结构化数据都将无法被利用。② 大数据时代通常用概率说话，而不是执着于"确凿无疑"的结论。这种概率性统计分析与思维方式在深挖公益诉讼案件线索、查找类案成因、分析某一领域案件的发展趋势以及实现社会诉源治理等方面具有独特作用。

由上可知，大数据时代，因数据本身所具有的既大又全且复杂的特性，从而引发了人们在分析问题、判断问题和解决问题方面思维模式的根本性转变，人们在思维方式上的这种转变无疑会对传统司法模式带来很大的冲击与挑战。

（二）大数据时代检察工作遇到的挑战

在大数据时代，运用互联网、大数据等现代信息技术，是检察机关加强司法公信力、提高工作效率、促进司法公正的必然要求，也是加强信息化建设的必然路径选择。但是，从总体情况来看，目前我国检察机关在开发和运用大数据等现代信息技术方面，存在着以下几个方面的问题。

---

① 参见徐继华、冯启娜、陈贞汝：《智慧政府：大数据治国时代的来临》，中信出版社 2014 年版，第 56 页。

② 参见［英］维克托·迈尔－舍恩伯格、肯尼思·库克耶：《大数据时代》，盛杨燕、周涛译，浙江人民出版社 2013 年版，第 45 页。

1. 理念上的挑战

由于大数据这一概念具有普适性和不确定性，当前司法人员包括检察人员，容易陷入两种错误的思维误区：一是僵化思维；二是"唯大数据论"思维。前者认为，大数据与检察工作无关。虽然，经过短短几年的迅猛发展，大数据已在金融、电子商务、医疗等诸多领域带来了颠覆性的革命，但相当一部分司法人员仍然认为大数据与司法工作无关，喜欢固守于传统的办案模式，没有树立起大数据理念。而后者则认为，大数据是无所不能的。这类人容易陷入"唯大数据论"误区，认为大数据分析结果一定是准确的，大数据算法可以应用于所有领域。但客观情况并非如此，大数据分析结果很难达到100%准确，如上所述，大数据的统计分析更侧重概率性而非精准性。

2. 体制上的挑战

（1）严重的数据壁垒

拥有海量数据是开展大数据应用的基础。目前，检察机关还存在着数据资源沉睡、数据壁垒严重的现象。一是数据资源沉睡。检察机关并非没有数据资源，只是相当一部分的数据都还处于沉睡状态，没有被激活。最典型的便是检察业务应用系统中的数据，多年来，系统中已积累了海量的办案数据，但这部分数据目前尚未被充分激活、利用。二是数据壁垒严重。除了少部分检察文书在网络上公开以外，目前大部分检察数据还仅是"内部公开"，局限于某系统、某部门、某地区范围内，不同地区、不同级别之间的检察数据各自为政，存在较为严重的壁垒。三是这种数据壁垒问题除了存在于检察系统外，还存在于公、检、法、司以及行政机关之间，而检察公益诉讼要想充分发挥其职能作用，那这些部门之间数据的融通融合是必须要实现的关键内容。

（2）地区建设零散化、重复化

在大数据潮流下，很多地区的检察机关纷纷搭建本单位的大数据平台。本书认为，对于一些需求普遍的司法大数据应用平台、模型，宜由最高人民检察院统一规划建设，再推广至各地区检察机关。一是避免各地重复投入，节约资源；二是上级检察机关有着更为丰富的数据源和协调能力，能够更有力地推进司法大数据进程。

3. 应用上的难点

目前检察机关在运用互联网、大数据方面的主要困境为数据量小，应用功能弱，共享程度低。当前迫切需要解决技术与法律之间的代沟问题。司法人员与技术人员之间的"隔行"是一个非常严重的问题，不是技术人员不懂司法业务，就是司法人员不懂技术原理，导致很多司法需求难以被理解、被转换成技术方案。

　　法律与技术之间的衔接主要体现为对检察业务、法律规则的数据化抽取、数据化表达，将其转换成可供机器分析的"数据语言"。目前，司法人员与技术人员之间的"隔行"，还需要司法人员和技术人员协力配合，甚至需要培养专门的法律与数据复合型人才去填补。除了司法人员与数据技术人员的协作外，检察大数据应用的"落地"还需要多环节、多部门的通力合作。

（三）如何运用大数据赋能法律监督

　　新时代的检察监督方式要求检察监督实现"同步"，检察监督不应满足于"外在式"的观看，更要注重过程的亲历性，增强检察监督的参与度。通过办案与监督的有机融合，力求两者最大"公约数"，构建新时代检察监督的新范式。法律监督必须主动适应时代进步、社会发展和国家治理体系现代化的需要，并从中汲取力量，实现监督体系的更新和发展。

1. 以数据强智能，提升法律监督能力

　　在大数据和智能化时代，数据就是资源，数据驱动智能。对于检察机关而言，数据是开展法律监督工作的基础，掌握被监督对象和相关行业的数据，是提升法律监督能力的必由之路。紧跟时代要求，运用互联网、大数据等现代信息技术加强法律监督，是检察机关加强检察公信力、提高工作效率、促进司法公正的必然要求。通过大数据分析和监督智能化拓展监督案件案源、查找问题，关键不在技术，而在于破除数据壁垒，实现数据信息共享。利用大数据分析系统，从海量的司法数据中筛选出有价值的监督线索，推送给办案人员进行可监督性分析。办案人员可从纷繁复杂的手动数据筛选中解放出来，在大数据分析推动的基础上发挥主观能动性，充分运用调查核实权，调动有限的司法资源有的放矢，实现监督能力的最大化。

2. 以数字化改革助推法律监督，提升监督质效

　　通过统筹运用数字化技术、数字化思维、数字化认知，以数字化改革助推法律监督，以数字化塑造新时代检察监督工作体制机制、组织架构、业务流程样态，从而引领法律监督能力的飞跃式发展。例如，浙江省绍兴市检察院自主研发的民事裁判文书智慧监督系统，突出需求导向，建立了场景式民事类案监督线索发现机制，特别是虚假诉讼类监督线索，构建监督线索分类模型，以"智能排查—人工审查—深入调查—移送侦查—判决监督"五步审查法实现民事检察监督的转型升级。目前全国检察机关在不断挖掘和培育跨层级、跨地域、跨系统、跨部门、跨业务的数字化改革多跨应用场景，形成数字检察的多

角度融合，法律监督新格局正在悄然形成。①

上述所讨论的这些问题与挑战是当前检察机关面临的普遍现象。对公益诉讼检察这一新业务而言，其难度会更大、挑战也更加严峻。法律监督是宪法赋予检察机关的基本职能，检察权的具体内容，法律也有明确规定，但是检察机关行使检察权、实现法律监督的过程却是动态的、发展的。大数据时代的互联网、物联网、云计算、数据中心已然成为新一代的基础设施。如何将这些挑战转化成前行的动力，让检察机关实现监督模式的转变升级，实现大数据时代的华丽转身，网罗大数据时代的法律监督信息，构建和利用自己的基础设施，做好数据的采集、使用，并在此基础上开放数据，实现大数据时代的纵横向资源共享，这无疑是当前各级检察机关需要集中力量攻克的一大难题。若想大数据成为新时期检察工作突破瓶颈的新思维、新路径，必须抓住大数据的时代脉搏，学会三样技能，即收集数据、使用数据和开放数据，且应围绕这三项技能构建相关工作机制，这对富有中国特色的公益诉讼检察来说是至关重要的。

二、数字赋能检察公益诉讼工作

新时期检察监督要求新成效必须要有新举措，检察公益诉讼在调查取证方面遭遇的困难既是压力也是动力，当前破解这一难题的有效途径之一就是发挥数字赋能检察监督，增强监督能力，这是新时代检察工作的突破点，也是检察公益诉讼可以发挥其职能的创新点。数字赋能检察公益诉讼主要表现在以下几个方面：

（一）运用大数据提升调查取证能力

检察公益诉讼是以办理公益诉讼案件来促进行政机关依法履职、提升社会治理能力的。而办案最为重要的就是证据，因而证据的收集获取无疑是基础。但是，对公益诉讼检察来说，调查取证问题是一个"顽瘴痼疾"。如何提升检察机关的调查取证能力，就成了检察公益诉讼未来发展的关键因素。在大数据时代，谁掌握了大数据，谁就掌握了主动权。2014年，我国将大数据首次写入政府工作报告，2016年"十三五"规划纲要中提出要实施国家大数据战略，2021年《数据安全法》《个人信息保护法》先后出台，与《网络安全法》共同形成了数据合规领域的"三驾马车"。当前，数字中国建设快速发展，形成了数字经济、数字政府、数字社会、数字生态四大领域。在我国，检察机关运

---

① 有关大数据赋能法律监督的更多内容，可参见季美君：《新时代法律监督工作高质量发展的思考》，载《检察日报》2021年11月16日。

用大数据赋能法律监督，提升法律监督能力，这是新时代检察"能动履职，主动作为"的必然要求，也是《中共中央关于加强新时代检察机关法律监督工作的意见》要求检察机关承担更大政治责任和历史责任的应有之义。公益诉讼检察作为我国检察机关"四大检察"之一，是检察机关法律监督的一个重要方面。

公益诉讼检察的特点之一是主动性。这种主动性表现在主动发现收集案件线索、主动调查取证、主动与相关机关沟通协调等，但公益诉讼案件，尤其是生态环境领域的案件，仅仅依靠人力是远远不够的，而运用大数据进行筛查、比对、碰撞，信息点之间就有了交集、串连，问题线索就能清晰显露出来。借助科技力量办理公益诉讼案件，在最高人民检察院直接立案办理的万峰湖、南四湖这两起案件中得到了很好的体现。再如，杭州市富阳区人民检察院开展数字赋能富春江水环境保护公益诉讼监督实践。良好的水环境和水资源保护状况是绘就现代版富春山居图的应有之义。实践中，由于涉水执法部门多、监管职责交叉、信息不对称等因素，辖区仍存在水体污染、水资源浪费、饮用水源安全隐患等问题。富阳区院以个案办理为切入点，围绕水环境与水资源的多重保护，总结提炼破坏水资源、污染水生态、危害饮用水源地等涉水领域违法行为特点，运用数字检察思维，搭建非法取水、非法排水、饮用水源地保护监督场景，归集各类数据，碰撞生成批量类案线索，有针对性地开展后续精准核查，改变了传统调查取证靠核查情况发现监督线索导致成案率不高的短板，并且结合检察建议、圆桌会议、现场会、听证会等形式促成共识和合力，将类案线索转化为职能部门开展专项行动的基础，职能部门的态度也从传统调查取证中消极配合变为积极主动。"数智护水"检察公益诉讼监督模型充分体现公益诉讼是监督之诉也是联动之诉的独特制度优势。当然，开展数字监督的过程中，也期待完善相关立法以确保检察机关能够便利及时而全面准确地获取履职所需要的数据。[①]

（二）运用大数据开展类案监督

大数据的信息量巨大，是无法通过传统方法进行采集、处理、分析的。但通过大数据处理，由计算机对所有数据进行全覆盖分析处理，可以发现潜在的规律和隐蔽的问题。大数据的这一功能对检察机关在办理公益诉讼个案，进而延伸至类案监督可以起到事半功倍的效果。最高人民检察院对检察机关办理公

[①]　此资料由浙江省杭州市富阳区人民检察院公益诉讼部检察官提供，调研时间为2022 年 7 月 21 日。

益诉讼案件提出明确要求：不能以案论案，要通过办理一案，实现治理一片，从而影响一面。这一要求强调的就是从个案办理到类案纠正再到诉源治理的办案思路，尤其是 2022 年是检察机关的"质量建设年"，其要求不只是狭义地办好某一个具体案件，而是要在每一个具体案件办好的基础上，实现检察工作全链条、全覆盖、全方面的高质量发展，把习近平总书记对政法工作的重要指示真正、更好落到实处，让人民群众切实感受到公平正义就在身边。

因此，检察官在个案办理时，可以通过每月或每季一报的公益诉讼部门条线案件报表及专项工作报表由系统自动生成的数据，进行类案分析，或者通过比较往年与今年的相关数据，可以分析出当前某一重点领域案件的发展趋势、类案成因等，从而为办理某一类案件提供信息参考和相关经验。通过检察系统横向的办案数据比较，可以对特定时期特定类案的办理情况进行智能分析，对案件分布的时空特点进行归纳、总结，进而为检察决策和工作部署提供依据。

三、办案模式的转变升级

公益诉讼案件，涉及面广、专业性强，若以传统的办案模式来办理，不但效果差，有时甚至会感觉无从下手。在大数据时代，检察机关办理公益诉讼案件，除了必须以"在办案中监督，在监督中办案""双赢多赢共赢"这些新理念为指导外，还应转变办理模式。这种办案模式的转变，主要表现在：

（一）建立协作指导机制

检察机关在办理公益诉讼案件中，调查取证是关键一环，而调查核实相关证据又需要耗费大量的司法资源，若单纯地依靠某一基层检察院，有时可能会存在相当的难度。实践中，可以建立省级、市级检察院主导，基层检察院配合的协作机制，尤其是在办理像南四湖专案这样涉及多个省跨区域的生态环境污染案件时，必要时还可以商请其它检察院予以协助，将全国检察机关融合成一盘棋，灵活调动配置，这不仅有利于整合检察资源，也有利于快速培养公益诉讼人才。

（二）借助现代科技力量

人类社会步入 21 世纪后，科学技术、互联网技术发展迅速，恰当地借用科技的力量，可以为司法办案插上腾飞的翅膀。《中共中央关于加强新时代检察机关法律监督工作的意见》明确提出积极稳妥推进公益诉讼检察，加大生态环境和资源保护等重点领域公益诉讼案件办理力度，同时提出加强检察机关信息化、智能化建设。因此，在新时代，作为一名检察官，其基本的业务素质不仅是要熟练掌握法律规定，更要与时俱进，充分了解社会形势的变化，这样才能真正做到办案的政治效果、社会效果和法律效果的有机统一。"做司法官的一定要有一种历久的内心修养，才能达到可以守则守，可以创则创，寓创于守的境界。"①

在大数据时代，要树立大数据意识，积极转换思维观念，重视数据、尊重数据，让数据发声；要树立关联分析意识，从关联数据信息中发现问题、判断趋势、策划解决方案，而费时费力的资料收集等工作，可交由大数据系统的人工智能去操作完成。对检察办案人员来说，这不仅仅是人力的大解放，效率的大提高，同时也是科技辅助办案，智能办案的大进步。如最高人民检察院在办理万峰湖专案时，因疫情阻隔，办案人员去不了现场，就借助现代科技手段，利用互联网技术进行网上办案，远程指挥，举办专案视频调度会以鼓舞一线办案人员的士气。与此同时，还创立了独具特色的"1＋N"办案模式，既保证专案的统一办理，又解决个案的具体问题，实现了"人在北京，案在西南"的良好效果。②

(三) 借用"外脑"的智慧

公益诉讼检察是党中央高度重视的一项检察职能，其目的是借助检察机关的法律监督职能以弥补行政执法中的疏漏。在十九届四中全会《决定》中以高度简洁概括的语言明确提出要"加强对法律实施的监督"，要"拓展公益诉讼案件范围""完善生态环境公益诉讼制度"，但"对于公益诉讼案件范围具体拓展到哪些领域、怎样拓展，生态环境领域的公益诉讼制度需要完善哪些、怎么完善等问题，都有待进一步明确，体现了其内涵和外延的开放性、包容性，既为下一步探索和发展公益诉讼制度预留了空间，也包含《决定》对贯彻落实提出的具体要求。"③ 作为执法机关，检察机关随后要研究落实的工作就是如何拓展、如何完善公益诉讼制度？在拓展和完善过程中，根据以往的办理经验，其中最为关键的一点就是要借用"外脑"的智慧，也就是在办理公益诉讼案件时，根据案件中所涉及的专业性问题，适时聘请有专门知识的人（又称专家证人）参与办案。

公益诉讼案件，大多涉及专业知识，尤其是生态环境类公益诉讼案件，如万峰湖专案、南四湖专案，不但涉及多个省份地区，还因水污染问题严重、原因复杂，不但收集案件线索、调查取证需要专业人员借助科技手段帮助，而且

① 吴经熊：《法律哲学研究》，清华大学出版社 2005 年版，第 227 页。
② 刘家璞：《"万峰湖专案"办案记》，载《方圆》2021 年第 3 期，第 64 页。
③ 胡卫列：《国家治理视野下的公益诉讼检察制度》，载《国家检察官学院学报》2020 年第 2 期，第 5 页。

在损害赔偿计算、治理方案的选择上也少不了有专门知识的人的智慧的协助。因此，最高人民检察院在直接立案办理这两起案件时，都组建了专业的技术团队，如万峰湖专案在办理过程中，从三级检察机关抽调了 10 名检察技术人员组建技术办案团队，运用无人机、便携式快速检测设备等参与案件的调查取证、固定证据等，而南四湖专案则专门组建了技术分组，组成"天上看、地上验、云上算"的"天空地"一体化的技术力量，充分发挥专业技术人员的优势，利用高科技设备为办案提供全方位的技术支持，成为科技办案的典范，为把南四湖专案办成检察公益诉讼具有"史诗级"意义的案件立下汗马功劳，这也是最高人民检察院直接办案的示范效应所在。

虽然作为新时代的检察官，需要与时俱进，除了拥有法律专业知识外，最好还能精通相关知识和技术，培养既懂技术又懂法律的检察人才也是各级检察院努力要实现的目标。但人才的培养不是一朝一夕的事，一个人的精力有限，术业有专攻，可具体案件却是五花八门的，现学现卖通常都很难精通，而办案又是专业性很强的工作。因此，在办理公益诉讼案件时，检察官根据案件所涉专业的需要，聘请相应的专家证人参与办案或出庭作证是现代司法的最佳选择。

事实上，社会分工的精细化是人类社会发展的必然结果，同时也带来了社会各组成部分之间的相互依赖和人们之间的相互合作与配合。但随着社会分工的不断细化，专业化程度的不断提高，人们所能了解和掌握的知识和技能也越来越精细，像达·芬奇那样不仅是画家和雕塑家，而且是一位了不起的数学家、机械工程师和物理学家的全才也逐渐在社会中消失，[①] 隔行如隔山的现象则越来越普遍，身为事实裁判者的法官或陪审团就不再是无所不知的万能者。因此，在司法活动中，法官和陪审团的经验和知识就越来越不能适应案件中对专业知识判断的需要。早在 14 世纪时，为了弥补事实裁判者知识上的不足，英国除了由特殊陪审团来审理案件中的专门问题以外，就开始不时地聘请各个领域的专家充当法庭顾问来帮助解决案件中的专门性疑难问题，如由外科大夫来告知法官是否属于故意伤害等，因为拥有专门知识、经验或技能的人更有能力对案件中的专门性问题作出准确的解读和判断，这也是西方国家设立专家证

---

① 参见郑虹：《达·芬奇传》，成都地图出版社 2018 年版，第 1—2 页。达·芬奇涉及的领域包括素描、绘画、雕塑、建筑、科学、音乐、数学、工程、文学、解剖学、地质学、天文学、植物学、古生物学和制图学，被人们称为古生物学、植物学和建筑学之父，也被广泛认为是世界有史以来最伟大的画家之一。尽管他没有接受过正式的学术训练，许多历史学家和学者仍将达·芬奇视为"环球天才"或"文艺复兴时期的人"的典范。

据制度的基础所在。

因此，身处大数据时代的检察官们，当公益诉讼案件范围不断拓展，新型的案件如潮水般涌来时，也不能放着案件不办理而先学习相关技术知识。那唯一的出路就是借用"外脑"的智慧，也就是聘请有专门知识的人参与办案。如何聘请有专门知识的人？这些人应具备什么样的资格？其资格又该如何审查把关？其提供的专家意见或者说专家证据是否具有可采性？[①] 这一系列的问题，限于本节讨论的主题就不展开论述。

第三节　我国检察公益诉讼制度的立法建议

检察机关全面开展公益诉讼工作六年来，办案量在逐年稳步增长的同时，办案质效也不断提升。但是，检察公益诉讼的现状与新时代人民群众对美好生活的要求相比，还有相当的距离。在产生这一差距的诸多影响因素中，对行使公权力的检察机关而言，最为本质也是最关键的因素就是立法层面存在的种种问题与阻碍。以检察公益诉讼的实践与发展为视角，尤其是从整个公益诉讼制度未来发展前景来看，本节提出了一些具有可操作性的立法建议。

一、现有立法供给不足

检察公益诉讼作为一项新制度，在习近平法治思想的指引下孕育诞生，并在中央文件出台和全国人大常委会授权的情况下开展试点探索工作。两年试点结束后，2017 年 6 月 27 日，全国人大常委会作出《关于修改〈中华人民共和国民事诉讼法〉和〈中华人民共和国行政诉讼法〉的决定》，正式建立检察机关提起公益诉讼制度。但这两部法律的修改，只是作出原则性的规定。试点时的工作，是以最高人民检察院制定的《检察机关提起公益诉讼改革试点方案》为指导，同时辅以最高人民检察院在试点工作一年半时制发的指导性案例作为补充。此后，2018 年出台《最高人民法院、最高人民检察院关于检察公益诉讼案件适用法律若干问题的解释》（本章简称《检察公益诉讼案件适用法律若

[①] 若想深入了解这些问题，可参见季美君：《专家证据的价值与我国司法鉴定制度的修改》，载《法学研究》2013 年第 2 期，第 151—172 页；季美君：《英国专家证据可采性问题研究》，载《法律科学（西北政法学院学报）》2007 年第 6 期，第 104—114 页；季美君：《澳大利亚专家证据可采性规则研究》，载《证据科学》2008 年第 2 期，第 147—158 页。

干问题的解释》），并于 2020 年修改。与此同时，2018 年 10 月、2019 年 4 月公益诉讼检察职权相继写进修订后的《人民检察院组织法》《检察官法》。2019 年《中共中央、国务院关于深化改革加强食品安全工作的意见》等一系列文件对公益诉讼改革也提出具体要求。这些法律规定和规范性文件为公益诉讼检察工作的发展提供了基本的法律和规范依据。

2021 年 7 月 1 日开始施行的《办案规则》是当前开展检察公益诉讼工作的重要依据。《办案规则》共 6 章 112 条，分为总则、一般规定、行政公益诉讼、民事公益诉讼等内容。《办案规则》总结提炼了各地办理公益诉讼案件的经验做法和实践探索，吸收改革成果，体现最新立法精神，进一步明确和细化办案各阶段、各环节的标准和要求，并在优化诉前程序、丰富调查手段、增强建议刚性、完善诉讼请求等方面探索创设出一些新机制新举措。但是，《办案规则》毕竟只是最高人民检察院自身制定的一个规范性文件，其地位自然不如《民事诉讼法》《行政诉讼法》。从各级检察机关六年来的办案情况来看，本书认为在立法层面存在的主要问题有：

（一）现有法律条文粗疏零散，且多为原则性规定

检察公益诉讼作为一项新制度，一开始是以中央文件形式赋权开展实践探索的，随后根据实践发展需要，相关法律才作了修改，不同法律的同类规定貌似全面丰富，但其实只有 9 部法律的 9 个条文直接涉及公益诉讼检察问题，分别为：2021 年修订的《民事诉讼法》第 58 条第 2 款、2017 年修订的《行政诉讼法》第 25 条第 4 款、2018 年修订的《人民检察院组织法》第 20 条、2019 年修订的《检察官法》第 7 条、《英雄烈士保护法》第 25 条、2020 年修订的《未成年人保护法》第 106 条、《军人地位和权益保障法》第 62 条[①]、《个人信息保护法》第 70 条、2021 年修订的《安全生产法》第 74 条。这些条文多为赋权性的原则规定，而由各省级人大、副省级城市人大作出的决定、决议多为具体工作机制方面的规定，缺少有关制度构建方面的具体法律条文，这对构建一项肩负重大历史使命的检察公益诉讼制度而言，在立法供给上显然是捉襟见肘的。

另外，相关法律规定比较零散。除了上述几部法律及一系列中央文件对检察公益诉讼问题作出相关规定外，党的十九届四中全会要求"拓展公益诉讼

---

① 2021 年 6 月 10 日第十三届全国人民代表大会常务委员会第二十九次会议通过，自 2021 年 8 月 1 日开始施行的《军人地位和权益保障法》第 62 条规定："侵害军人荣誉、名誉和其他相关合法权益，严重影响军人有效履行职责使命，致使社会公共利益受到损害的，人民检察院可以根据民事诉讼法、行政诉讼法的相关规定提起公益诉讼。"

案件范围"、"完善生态环境公益诉讼制度"，2020 年制定的《民法典》确立了"绿色原则"、新增了生态环境损害惩罚性赔偿制度。这些年，随着检察公益诉讼影响力的不断扩大，相关立法明确规定检察机关提起公益诉讼的条款也越来越多，陆续还有不少其它法律也明确规定了检察机关提起公益诉讼的条款，如《英雄烈士保护法》《安全生产法》《个人信息保护法》《军人地位和权益保障法》《未成年人保护法》《反垄断法》等。这些法律的授权无疑为检察公益诉讼拓展新领域提供了相应依据，但一个个法律文本、一次次授权，既有基本法律规定，又有专门立法、司法解释和众多地方立法的补充，给人以眼花缭乱之感，同时对一项法律制度而言，也不够严谨、缺乏系统性。

（二）现有规定不够全面，且效力偏低

检察公益诉讼制度从萌芽到发展，一直受到党中央的高度重视，社会各界也大力支持。近年来，公益诉讼检察工作取得了飞速发展，办案数量持续提升。与此同时，党中央对公益诉讼检察工作的发展提出了更高要求，人民群众也对公益诉讼检察工作有了更高期待。但相比丰富的检察实践，有关检察公益诉讼方面的法律规定就显得不够完善，且条文的效力偏低。如《检察公益诉讼案件适用法律若干问题的解释》虽然对公益诉讼的提起和案件审理程序作了规范，但并没有规范诉前程序问题，而现实中以诉前程序结案的占到90%以上；再如最高人民检察院制定的《办案规则》，虽然对检察公益诉讼办案程序作了相对全面的规定，但因只是检察系统内部的规范性文件，其效力明显偏低，无法等于法律规定。另外，还有更为严重的缺失表现在：

1. 主体规定上的欠缺

在我国公益诉讼制度中，至今为止仍没有规定公民个人可以提起公益诉讼。如前所述，公益诉讼的主体资格是公益诉讼制度中的重要问题，而且主体的多元性也反映了公益诉讼的社会关注度和重要性。公益诉讼是社会经济发展到一定程度才应运而生的一项诉讼制度，是对传统诉讼制度的一大补充，其独特价值在很大程序上就是表现在起诉主体的多元性上。但根据目前我国 2021年修改的《民事诉讼法》规定，提起民事公益诉讼的主体，除了检察机关，还有法律规定的机关和有关组织，现实中通常为社会团体，而且在排序上，它们是排在第一顺位的。检察机关只有在有关机关或组织对损害社会公共利益的行为未提起诉讼时，才能作为公共利益的代表向法院起诉。可以说，我国现行法律规定民事公益诉讼的原告包括法律规定的机关和有关组织以及特定情形下的检察院。

作出该规定的主要原因是我国民事诉讼法秉承了传统直接利害关系理论，即民事诉讼基于不告不理和直接利益相关原则，只有权利受到直接侵害的主体才有资格主动起诉到法院以保障其合法权益，其核心是以限制起诉主体资格的方式来防止非直接利益关系人无节制地提起诉讼而造成滥诉。但这一做法延续至公益诉讼领域时，在客观上就会因主体范围的不恰当限制而导致对公益诉讼的保障便利形成障碍。① 诉权的配置和诉讼程序的设置，应当回应社会对于权益保护的实际需要。"在很多情况下，'公益'与'私益'并存，两者不能纯粹的划分，两者之间存在牵连关系。将公私利益二元划分，实施传统的诉权配置结构，并不能有效地保护公共利益。有必要打破公私诉讼的分野，重新建构公益诉讼适格主体的理论和制度。"② 行政公益诉讼也存在相似情况，目前根据相关法律规定，其起诉主体也不包括公民个人。可是，从司法实践看，"改革试点前的行政公益诉讼案件，在原告方面既有公民个人和社会组织，也有检察机关。在涉案范围上涵盖了文体领域、国税领域、规划领域、环保领域等不同领域。原告类型的多元化反映了社会对公共利益的关注，涉案领域的广泛反映了我国目前公共利益维护机制的不健全。"③ 可以说，公益诉讼的主体问题是构架该制度的根本性问题，其立法规定上的短缺，是制度实施过程中的最大障碍。

另外，我国现行《民事诉讼法》第58条规定的"有关组织"也只是一个原则性规定，表述模糊，缺乏可操作性，究竟是哪些组织有资格提起民事公益诉讼，在司法实践中则需要援引其它法律规定。如在环境公益诉讼中，就要看《环境保护法》第58条的规定，才能明白哪些组织享有起诉权；而2013年修订的《消费者权益保护法》只规定中国消费者协会以及在省、自治区、直辖市设立的消费者协会，才有资格提起消费者权益民事公益诉讼，这一规定实际上就让消费者协会垄断了消费者领域的公益诉讼。而消费者协会能否真正代表个体消费者的利益，又是一个值得讨论的话题。当然，从制度构建历程来看，检察机关作为民事公益诉讼和行政公益诉讼的起诉人地位已经稳固确立并得到社会高度认可。但当前立法面临的一个重要问题是：出于全方位有效保护国家利益和社会公共利益的需要，我国是否有必要建立多元化起诉主体格局？

---

① 这一点在本书第二章介绍域外民事公益诉讼主体范围时，已作了详细阐述，这里就不再重复。

② 白彦：《民事公益诉讼主体的理论扩张与制度构建》，载《法律适用》2020年第21期，第114页。

③ 黄学贤：《行政公益诉讼回顾与展望——基于"一决定三解释"及试点期间相关案例和〈行政诉讼法〉修正案的分析》，载《苏州大学学报（哲学社会科学版）》2018年第2期，第42页。

2. 管辖权规定比较笼统

检察公益诉讼与通常的民事公益诉讼和行政公益诉讼具有较大的差别，除了其起诉主体必须由法律明确规定外，其管辖权问题也相当复杂，无论是属人管辖，还是属地管辖都无法涵盖所有公益诉讼案件，尤其是环境公益诉讼案件，如河流、大山、湖泊污染的管辖问题，因涉及范围很广，跨区域管辖就成为常态。虽然《办案规则》考虑到检察机关履行职责的特点和规律，在遵循《民事诉讼法》《行政诉讼法》管辖规定和总结实践经验的基础上，对立案管辖与诉讼管辖作了不同规定。但这些规定还是比较笼统的，在检察实践中，常会遇到无人管或不愿管的情形，因法律没有作出相应的具体规定，办案人员就会陷入困境。如南四湖专案，因南四湖流域跨山东、河南、江苏、安徽四个省，涉及 34 个县、市、区，检察机关在办案过程中，移送线索时，就会遇到相关部门不愿意立案问题，有时又会出现对某些案件的管辖权争议问题。在出现管辖权争议时，法律上应明确规定如何解决争议，从而减少不必要的摩擦与消耗。

3. 调查取证权缺乏刚性

在检察机关办理公益诉讼案件中，调查取证权（或称调查核实权）是由来已久的问题。曾在较长一段时间内，不少学者探讨了检察机关在民事诉讼监督领域内的调查核实权问题，达成了诸如程序启动环节不明、措施不够、强制性不足等共识。[①] 数年来，随着检察公益诉讼权在实践中不断开疆拓土，调查核实权问题又被重提且进一步放大。这种放大既源于检察公益诉讼实践之迫切需要，也源于立法层面的短缺。公益诉讼制度中检察机关的调查取证权，是指检察机关在办理公益诉讼案件过程中，为查明案情、收集证据等依法定程序进行的专门活动和依法采取的有关措施。有关公益诉讼案件的调查取证权，抑或是调查核实权问题，在 2015 年，最高人民检察院制定的《人民检察院提起公

---

① 相关讨论，可参见巩富文、杨辉：《民事检察中的调查核实权探析》，载《人民检察》2014 年第 13 期，第 28 页；李强、常海蓉：《民事检察调查核实制度若干问题探究》，载《人民检察》2017 年第 2 期，第 22 页；黄旭东：《论民事检察调查核实权的适用法理与制度构建——基于程序保障论的省思》，载《法治论坛》2018 年第 1 期，第 253 页。

益诉讼试点工作实施办法》第 6 条①和第 33 条②都作了相应规定，尤其对检察机关调查核实权的手段作了严格限定，但相关的原则、范围及程序方面的规定较为模糊，缺乏可操作性，而 2021 年 7 月 1 日开始施行的《办案规则》基本沿袭了这一规定，如"人民检察院调查核实有关情况，行政机关及其他有关单位和个人应当配合"。那无正当理由不予配合，该怎么办，就没有了下文。没有惩罚措施的规定，是没有任何威慑力的，这是普遍规律。而且，这些规定都只是检察机关内部的办案规则，规范层级偏低、权威性也不强。因此，无论是学术界还是实务界普遍认为，检察公益诉讼的调查取证权面临三大问题：一是调查取证权的立法层级太低；二是调查取证权的范围与方式过于笼统；三是调查取证权缺乏强制力保障。

由于立法层面缺失有关调查取证权的规定，为满足现实办案需要，"两高"于 2018 年 2 月联合发布了《检察公益诉讼案件适用法律若干问题的解释》，在第 6 条对调查核实权作了明确规定。但这一解释的规范层级仍然偏低，对公益诉讼检察工作虽有所帮助，但因没有法律的明确规定，依然缺乏有力保障。因此，从基层检察实践来看，检察公益诉讼调查取证面临的问题主要

① 2015 年，最高人民检察院制定的《人民检察院提起公益诉讼试点工作实施办法》第 6 条规定："人民检察院可以采取以下方式调查核实污染环境、侵害众多消费者合法权益等违法行为、损害后果涉及的相关证据及有关情况：（一）调阅、复制有关行政执法卷宗材料；（二）询问违法行为人、证人等；（三）收集书证、物证、视听资料等证据；（四）咨询专业人员、相关部门或者行业协会等对专门问题的意见；（五）委托鉴定、评估、审计；（六）勘验物证、现场；（七）其他必要的调查方式。调查核实不得采取限制人身自由以及查封、扣押、冻结财产等强制性措施。人民检察院调查核实有关情况，行政机关及其他有关单位和个人应当配合。"

② 《人民检察院提起公益诉讼试点工作实施办法》第 33 条规定："人民检察院可以采取以下方式调查核实有关行政机关违法行使职权或者不作为的相关证据及有关情况：（一）调阅、复制行政执法卷宗材料；（二）询问行政机关相关人员以及行政相对人、利害关系人、证人等；（三）收集书证、物证、视听资料等证据；（四）咨询专业人员、相关部门或者行业协会等对专门问题的意见；（五）委托鉴定、评估、审计；（六）勘验物证、现场；（七）其他必要的调查方式。调查核实不得采取限制人身自由以及查封、扣押、冻结财产等强制性措施。人民检察院调查核实有关情况，行政机关及其他有关单位和个人应当配合。"2021 年 7 月 1 日开始施行的《办案规则》基本沿袭了这一规定。

表现在两个方面：一是调查手段比较单一。《办案规则》中规定的调查手段①看似全面，但其实相当泛化，实际办案时，检察官仍多采用勘验物证、现场、收集书证等传统方式进行调查，询问方式受被询问人的配合程度影响，实际可采用的并不多。在向有关单位和个人收集视听资料、电子数据等证据时，操作起来也并不容易。而查询银行账目、查询手机通话记录等手段，在适用时因限制条件过多，实务中也并不常用。二是调查取证缺少刚性履职保障。《办案规则》第45条规定："行政机关及其工作人员拒绝或者妨碍人民检察院调查收集证据的，人民检察院可以向同级人大常委会报告，向同级纪检监察机关通报，或者通过上级人民检察院向其上级主管机关通报。"虽然对于不配合调查取证设定了报告、通报的制约举措，但其制裁力显然不够，而且实践中常见的并不是直截了当的不配合，而是以各种借口理由不予以及时、全面配合，直接影响办案效率和质量，却又难以被界定为拒绝或者妨碍调查取证而予以处理。另外，相关立法和《办案规则》有关调查取证范围的规定不够明确、程序规定比较模糊，导致具体操作层面面临诸多困境，这势必会影响检察机关办理公益诉讼案件的效果。② 调查取证权的刚性问题及相关问题只有在立法层面予以具体明确规定才能彻底改变现状、走出困境。

（三）现有规范未成体系，且缺点明显

自从2018年底检察机关进行内设机构改革后，目前已形成了"四大检察"的格局，相比刑事检察、民事检察和行政检察，公益诉讼检察无疑是"四大检察"中最年轻的，同时也是数年来发展最迅速的。但是，由于立法规范至今未成体系，我国检察公益诉讼在发展过程中遇到了种种困境。在构建一项新制度时，西方国家的做法是先出台具有可操作性的立法，再根据立法设立相应的机构、配置人员及其它资源，如澳大利亚联邦检察总署是依据《1983年检察长法》（the Director of Public Prosecutions Act 1983）于1984年成立并开

---

① 《办案规则》第35条第1款规定："人民检察院办理公益诉讼案件，可以采取以下方式开展调查和收集证据：（一）查阅、调取、复制有关执法、诉讼卷宗材料等；（二）询问行政机关工作人员、违法行为人以及行政相对人、利害关系人、证人等；（三）向有关单位和个人收集书证、物证、视听资料、电子数据等证据；（四）咨询专业人员、相关部门或者行业协会等对专门问题的意见；（五）委托鉴定、评估、审计、检验、检测、翻译；（六）勘验物证、现场；（七）其他必要的调查方式。"

② 有关公益诉讼中调查核实权面临的诸多具体问题，可参见张贵才、董芹江：《公益诉讼调查核实程序有待完善》，载《检察日报》2016年9月18日。这些问题不但在检察公益诉讼试点工作时就已显现，至今仍然存在。

始运作；而成立于 1987 年 7 月的新南威尔士州检察总署（the Office of the Director of Public Prosecutions），其成立依据是该州的《1986 年检察长法》（the Director of Public Prosecutions Act 1986）。这种做法对解决我国检察公益诉讼制度在立法上存在明显短缺的问题很有借鉴意义。当前的立法短缺问题主要有：法定受案范围较窄，但公益损害普遍，并不限于目前的法定领域，等外探索容易引起法检两家理解上的分歧；缺乏明确的证明标准，如行政公益诉讼在提出检察建议时应是什么标准、起诉到法院时又该是什么标准，公益诉讼是全部采用统一的证明标准，还是要分案件类型、分案件环节采用不同证明标准等问题都亟需立法作出明确规定；缺乏调查核实程序，检察机关该如何"借力"以获得办理公益诉讼案件的相关证据，如何解决被调查的单位或个人拒不配合问题；有力的诉讼手段较少、内部监督制约不明；等等，"现有的检察公益诉讼规范体系存在诸多缺失，需要全面补齐，尤其关键条款必须完备，然后才能理顺内部逻辑，自成体系，从而有效保证公益诉讼检察工作的有效运转"。①

二、相关立法完善

我国检察机关是公权力机关，其职权行使必须以法律明确规定为前提。当前，检察公益诉讼在发展过程遇到的诸多问题，归根结底，是与相关立法的规定及配套措施不够完善紧密相关的。当然，立法的完善也需要一个过程，同时也需要时间，更需要实践经验的积累。在立法还不能满足实践办案需要的情境下，最高人民检察院曾以发布指导性案例的方式来予以弥补。如试点工作开始一年半后，因检察公益诉讼一直备受各方关注，最高人民检察院于 2017 年 1 月 4 日首次发布五个有关公益诉讼的第八批指导性案例。2021 年 9 月，最高人民检察院制发第二十九批指导性案例 5 件②，这批案例以公益诉讼为主题，分别涉及自然遗迹保护、传统村落保护、高铁安全隐患防治、海洋环境保护和固体废物污染治理，既包含对传统生态环境保护重点领域的常规办案，也包括对特殊领域、公众熟知度不高的办案领域的积极探索，有些案例还反映了近年

---

① 立法短缺的具体表现，可参见胡立新、魏再金：《我国检察公益诉讼单独立法问题研究》，载《四川警察学院学报》2022 年第 2 期，第 3—4 页。

② 5 件案例分别为：海南省海口市人民检察院诉海南 A 公司等三被告非法向海洋倾倒建筑垃圾民事公益诉讼案、江苏省睢宁县人民检察院督促处置危险废物行政公益诉讼案、河南省人民检察院郑州铁路运输分院督促整治违建塘坝危害高铁运营安全行政公益诉讼案、江西省上饶市人民检察院诉张某某等三人故意损毁三清山巨蟒峰民事公益诉讼案、贵州省榕江县人民检察院督促保护传统村落行政公益诉讼案。

公益诉讼检察专项活动的办案成果，如"守护海洋"检察公益诉讼专项监督活动、"公益诉讼守护美好生活"专项监督活动等。这些指导性案例补充细化了现有立法的不足，比如厘清了各级检察机关办案时与行政机关衔接过程中常见的疑点、难点问题。在"两法衔接"过程中，行政机关普遍认为在违法行为涉嫌刑事犯罪时，应坚持刑事程序优先，在刑事诉讼程序终结后行政机关方能作出行政处理。但在有关生态环境和自然资源保护的公益诉讼案件中，在不影响刑事案件办理的情况下，检察机关及时督促相关行政机关依法履职，能够有效避免生态环境损害后果的进一步扩大。此外，指导性案例对办案过程中跨区划管辖、与行政机关的协调配合、调查取证、二审出庭、后续跟进监督等加以明确，从不同角度展示了检察机关参与公益诉讼的程序要求、专业特点和积极效果，突出了代表性和指导性。可以说，在目前公益诉讼检察还没有专门立法的情况下，通过指导性案例对办案难点、办案方式、办案中存有争议的模糊问题予以明确，这是促进办案规范化、科学化的一条重要途径。事实上，指导性案例在这些问题上所起到的指导作用及解决的相关问题，都应该在未来的立法上予以完善。此外，结合检察公益诉讼实践和学术界对相关问题的研究成果，综而述之，在立法上还需完善以下内容：

（一）主体资格方面

公益诉讼的主体资格无疑是构建公益诉讼制度最为根本的问题。虽然目前我国经济高速发展，但受几千年人治传统文化的影响，我国的政府机关与公民的法治观念相对淡薄，规范意识不强，国家利益和社会公共利益受损严重，为更好地发挥公益诉讼的独特功能，有效保护国家利益和社会公共利益，在立法上，有必要增加公民个人为公益诉讼主体。

另外，在未来修改《民事诉讼法》时，应明确规定相关的组织指的是哪些组织，而不是等其它法律再慢慢去细加规定。

（二）跨区域管辖问题

在检察环境公益诉讼办案中，跨区域管辖出现争议是颇为常见的问题。虽然我国《环境保护法》第 20 条第 1 款明文规定："国家建立跨行政区域的重点区域、流域环境污染和生态破坏联合防治协调机制，实行统一规划、统一标准、统一监测、统一的防治措施。"2021 年的《办案规则》也正式确认跨区域管辖问题，但是该《办案规则》第 17 条明确指出，最高人民检察院、省级人民检察院和设区的市级人民检察院可以根据跨区域协作工作机制规定，将案件指定或移送相关人民检察院跨行政区划管辖。因此，在检察实践中，跨区域管辖是必须以建立协作工作机制为前提的。但是无论是相关法律还是《办案规则》都没有进一步细化协作工作机制该如何建立。通常做法是，由相关检察机关根据具体的山川河流来签署协作方案，进一步明确管辖权、移送案件线索、协作开展调查取证、召开联席会议、建立生态修复机制等，其优点是能够因地制宜，灵活便利，而缺点是要先建立跨区域协作机制才能进行跨区域管辖。但事实上，协作机制的实质内容大同小异。可以考虑在未来的立法中，一方面概括提炼出基本内容作为一般原则予以确认；另一方面在具体规定上，在民事公益诉讼中，原则上可以按照主要损害结果所在地、违法行为发生地、违法行为人住所地的顺序确定管辖权。而行政公益诉讼，因针对的是同样行使公权力的行政机关，可以按照未依法履行职责的行政机关所在地确定管辖权，双方因管辖权问题发生争议的，协商解决；协商不成的，报共同上级院决定。

（三）调查取证问题

从应然层面来看，检察公益诉讼中应享有的调查核实权必须与举证责任、证明标准相结合进行动态联系分析，三者之间具有目的主义关系：调查核实权服务于举证责任、证明标准。只有"将调查核实权困境与改善纳入举证责任、证明标准实现等目的分析框架下，既可以解构调查核实权在实践中因困境而形成的隐形借用刑事侦查权倾向，也可以为丰富调查核实权权种效力，衔接举证责任、证明标准等命题提供论证基础"[①]。

从理性上看，举证责任越重，其享有的调查取证权就应该越大；证明标准越高，其相应的调查取证权也应该越大。然而，在举证责任方面，不少观点认为检察机关成为公益诉讼的主体，无论是在民事公益诉讼还是行政公益诉讼中，都不同于一般的民事、行政诉讼主体，不能采取民事诉讼中的"谁主张、谁举证"，也不宜采取行政诉讼中的"举证责任倒置"，而应当由检察机关承担全部举证责任，此观点可以称为"举证能力特殊的全部举证责任"。理由在于，检察机关在调查取证的权力、手段和能力方面，抑或是法律专业知识、经济保障等均不同于普通民事诉讼或行政诉讼的起诉人，若将享有如此优越条件的检察机关视同普通的起诉人，在举证责任上予以一视同仁，将无异于破坏诉讼公正。[②]

在证明标准方面，目前检察公益诉讼案件在诉讼中并没有采用自身应有的

---

① 参见樊华中：《检察公益诉讼的调查核实权研究——基于目的主义视角》，载《中国政法大学学报》2019年第3期，第5页。

② 参见徐淑琳、冷罗生：《反思环境公益诉讼中的举证责任倒置——以法定原告资格为视角》，载《中国地质大学学报（社会科学版）》2015年第1期，第17页。

证明标准，而是采用民事诉讼法的高度盖然性证明标准。[①] 这一标准，对多数公益诉讼案件来说，都很难实现。所谓证明标准，是指法院在认定案件事实时，最终应达到的某种证明程度，也就是举证到何种程度才能说服法官确信自己的主张成立。就检察公益诉讼而言，尤其是生态环境类公益诉讼，是具有其自身特殊性的，社会公共利益受损往往是"多因一果"，如何证明其中之一的原因在损害发生上具有"高度盖然性"，其实是不太容易的，要准确地确定多因条件下个因致损的价值份额，更是难上加难。虽然 2018 年《检察公益诉讼案件适用法律若干问题的解释》中规定，检察机关提起民事公益诉讼时要提交"被告的行为已经损害社会公共利益的初步证明材料"，但在庭审中，在"多因一果"的条件下，让法官确信待证事实与原因之间存在高度盖然性，这一证明标准对举证主体来说难度还是很大的。

因此，检察公益诉讼究竟应享有怎样的调查取证权才合适，并不是孤立的一个问题，而是要与举证责任、证明标准等问题相结合作出动态分析，也就是最为基本的权责相适应原则，即举证责任越多，证明标准越高，调查核实权权种、强制性等要求就越多越强；反之，就越低越弱。有学者以目的主义为视角，对检察公益诉讼的调查核实权问题作了深入探讨。"所谓目的主义建构论下的调查核实权，是以调查核实权所取得的事实材料所应用的阶段、适用之目的以及与之相配套的责任分配架构为基础，联系性探讨调查核实权的各项权力目前能实现何种目的，为实现最终目的应该有什么权力？"[②] 在检察公益诉讼中，检察机关为保护国家和社会公共利益，发挥其参与国家治理的监督效能，就必须要对监督过程中发现的民事违法、行政违法等事实进行确认、评价并得出结论，要实现这些职能，就必须拥有类似于刑事侦查权、行政执法权那样的调查取证权，这是从期待检察公益诉讼要实现的最终目的来看的。虽然，在检察公益诉讼中，真正起诉到法院的公益诉讼案件占比不大，但为与检察机关在事实上要承担的比普通诉讼主体更重的举证责任和需要达到的难度很大的证明标准相适应，我国在立法上应加强其调查取证的强制力、扩大其可使用的手段种类，以解决理论与实践中普遍认为检察公益诉讼调查核实权措施不够、强制

---

① "盖然性"证明标准，或称优势可能性证明标准，通常分为三个级别，对应三种待证事实：高度盖然性标准对应特别重要的实体法事实；较高程度的盖然性标准对应一般的实体法事实；而盖然性占优势的标准对应程序法事实。《最高人民法院关于适用〈中华人民共和国民事诉讼法〉的解释》第 108 条规定"确信待证事实的存在具有高度可能性的"是法院断定事实存在的标准，也就是诉讼理论所说的"高度盖然性"证明标准。

② 樊华中：《检察公益诉讼的调查核实权研究——基于目的主义视角》，载《中国政法大学学报》2019 年第 3 期，第 9 页。

性不足问题。而调查取证力度在刚性上的加大，一方面有助于提升检察机关制约行政权的效果，另一方面在审前程序中制发检察建议时也可以充足的证据为基础，促进相关机关依法履职。在检察公益诉没有单独立法前，其具体做法，可以考虑在《民事诉讼法》第 58 条或《行政诉讼法》第 25 条中增加单独款项，对检察公益诉讼享有的调查核实权予以明确规定。

三、检察公益诉讼专门立法的必要性分析

检察公益诉讼在快速发展过程中，一个最明显的问题就是制度供给不足，这在一定程度上影响了公益诉讼检察的优质高效发展。2019 年 10 月，党的十九届四中全会进一步提出"拓展公益诉讼案件范围""完善生态环境公益诉讼制度"，社会各界也在积极呼吁检察公益诉讼单独立法。为解决当前我国公益诉讼检察制度供给"小马拉大车"的诸多困境，也从检察公益诉讼促进社会诉源治理，推进国家治理能力现代化的目标出发，本书认为最根本的解决办法就是加快推进相应的立法进程，为公益诉讼检察单独立法。① 下面就以检察实践为视角，来分析阐述专门立法的必要性。

（一）体现检察公益诉讼的重要性

检察公益诉讼，从设计的初衷来看，是从国家战略高度作出的一项重要制度安排，无论是制度的提出，还是制度的实际运用，其承载的使命是以法治思维和法治方式推动国家治理体系和治理能力现代化。可以说检察公益诉讼是以公益诉讼的方式发挥检察监督职能，更好地促进国家治理，维护公益，这是对时代的回应。我国社会进入新时代，社会主要矛盾发生变化给整个社会带来的变化是全方位的，为回应人民群众日益增长的美好生活需要，公权力包括司法职能的工作重心、运行方式等都需要适时作出调整和变化。公益诉讼检察职能就是在这样的时代背景下应运而生，这既是党和国家对检察机关在新时代更

---

① 有关公益诉讼立法问题，首先要解决的是公益诉讼立法还是就公益诉讼检察单独立法问题，本书支持的是公益诉讼检察单独立法。有关立法这一主题，数年来，不少学者已作了一定程度的研究，可参见巩固：《公益诉讼的属性及立法完善》，载《国家检察官学院学报》2021 年第 6 期，第 55—71 页；汤维建：《公益诉讼实施机制的生成路径——公益诉讼地方立法述评》，载《人民检察》2021 年第 11 期，第 16—21 页；张峰、张嘉军：《人民检察院提起公益诉讼的立法模式》，载《人民论坛·学术前沿》2018 年第 8 期，第 120—123 页；林仪明：《我国行政公益诉讼立法难题与司法应对》，载《东方法学》2018 年第 2 期，第 151—160 页；刘华：《检察机关公益诉讼调查程序立法研究》，载《人民检察》2020 年第 13 期，1—6 页。

好发挥作用的新要求和新期待，也是检察机关积极、主动发挥法律监督职能、服务大局、回应时代之需的责任担当。① 为完成这么宏大的历史使命和责任担任，作为公权力之一部分的检察公益诉讼，理应有相应的全面、详细、系统的一部专门法律来规定其行使的范围、对象、方式、程序等，就像办理刑事案件有《刑事诉讼法》、处理民事纠纷有《民事诉讼法》、解决行政争议问题有《行政诉讼法》一样，应该有一部《公益诉讼法》来全面系统地加以规定。

另外，公益诉讼，是经济社会发展到一定阶段的产物，与传统的民事诉讼、行政诉讼具有很大的不同，其特殊性主要表现为：一是提起诉讼的主体是法律明文规定的，而不是以侵权损害为必要前提，如根据相关法律规定，目前我国部分社会组织、法定机关和检察机关都可以作为公益诉讼主体；二是其保护对象为国家利益和社会公共利益；三是公益诉讼主体不能像私诉那样，可以依自己的意愿享有诉的处分权。不同的诉讼主体各自应享有的诉讼权利是否相同，该享有哪些权利，应有法律来明确规定，只是在其它法律中添加一条或一款，显然很难满足这一需要。

（二）尊重公益诉讼的"特殊性"

公益诉讼在实践初期，不少人以为只是将检察机关扩展为原告主体而已，以借助传统的行政诉讼和民事诉讼来解决公益损害无人可以起诉这一困境。如在环境民事公益诉讼中，代表性观点认为，生态环境保护不力的重要原因之一就是在传统诉讼制度下无人可针对环境公益损害提起民事诉讼，也就无法通过追究赔偿责任使生态环境得到恢复。但随着检察公益诉讼实践的不断拓展与推进，人们才慢慢意识到公益诉讼检察自身也具有特殊性，与传统的诉讼活动和检察职能相比，其最突出的特点就是主动性和全流程。检察机关在办理公益诉讼案件时，无论是收集线索、调查取证、提出诉前检察建议、提起诉讼、出席庭审、诉讼监督、督促执行等，还是从个案到类案的监督、促进诉源治理，可以说是涵盖了检察职能的所有环节流程，是一个全流程的检察业务职能。同时，在几个核心程序环节上，无论是程序的启动还是推进，检察机关都是要主动作为的，其工作成效也与检察官的主动性密切相关，又具有主动性特点。这些特点，在已有的《民事诉讼法》《行政诉讼法》中都是没有体现的。"作为一项新兴制度，公益诉讼的理论认识和实践探索有一个由浅入深的过程，相关

---

① 胡卫列：《国家治理视野下的公益诉讼检察制度》，载《国家检察官学院学报》2020 年第 2 期，第 10 页。

制度建设也发生着由点到面、从主要'借道'传统到全面创设新规的路径变迁。"①

从公益诉讼迅猛发展的现实来看，仅仅"借道"传统诉讼已无法满足公益诉讼检察的客观需要。因为传统诉讼是以解决私权争议为核心并以"意思自治"为原则进行设计规定的，与以诉讼为手段来保护公共利益的公益诉讼制度存在很大不同。公益诉讼制度的创新是全方位的，需要"突破"的内容也不只是原告资格问题。公益诉讼与传统诉讼的最大区别是非专属性，不但起诉主体具有多元化，而且其受益主体也具有不特定性，是抽象的某一群体，或"社会"或"国家"，作为"代表"的原告并不是为了自身利益而起诉维权，因此在诉讼过程中所涉及的各项权利与事务处理，不仅涉及程序问题，也涉及诸多实体问题，如确定诉讼请求、调查取证、法庭举证辩论、是否和解撤诉、惩罚性损害赔偿的计算、对裁判结果的接受或异议、对胜诉利益的占有和处理、对裁判执行的督促与认可等，都很难运用传统诉讼中的相关规则来悉数解决。另外，检察公益诉讼意味着检察机关对已由相关监管部门负责管护的诸多公益事务的介入和干预，既涉及二者之间的分工与制约，又对检察机关的专业能力提出挑战，也需要配套条件的支持和相应制度的保障。因此，为尊重公益诉讼的特殊性，以充分发挥我国公益诉讼制度的独特效能，仅仅在《民事诉讼法》《行政诉讼法》中增加若干允许起诉的授权条款显然是远远不够的。

（三）实现国家治理职能

检察公益诉讼，作为对行政监管的司法补充而设立，从试点工作开始至今，一直受到党中央的高度重视与关注。十九届四中全会《决定》对坚持和完善中国特色社会主义制度，推进国家治理体系和治理能力现代化作了全面部署，涉及国家制度和国家治理的方方面面，并且在第四部分"坚持和完善中国特色社会主义法治体系，提高党依法治国、依法执政能力"的第四项"加强对法律实施的监督"中明确提出"拓展公益诉讼案件范围"②。这一做法，意蕴深远，表明公益诉讼首先是国家治理体系的重要组成部分，同时又是对法律实施加强监督的具体举措，是国家治理体系的重要保障，这无疑是对检察公益诉讼在国家治理体系中重要地位和制度价值的权威确认。为实现检察公益诉讼在国家诉源治理过程中的职能作用，延伸法律监督触角，以单独立法的形成

① 巩固：《公益诉讼专门立法必要性刍议》，载《人民检察》2022年第5期，第21页。
② 在十九届四中全会《决定》中，有关公益诉讼问题的直接表述有两处，即"拓展公益诉讼案件范围""完善生态环境公益诉讼制度"。

来完善相关制度毋庸置疑是首要条件。

传统上，我国检察机关是司法机关的重要组成部分，作为公权力机关，其所有的职责和行使程序必须是"法定的"。就公益诉讼的具体内容而言，如原告资格问题、公益诉讼的对象与范围、诉前程序、起诉条件、诉讼请求、法律责任、证据规则、处分原则、胜诉利益支配、诉讼费用承担、判决执行等，都需要立法作出明确具体的规定。"这不仅是为了操作方便，更因为这些内容在实质上关乎公共利益的判断和界定、国家干预的范围和力度、公共资源的倾斜分配以及司法与行政在公共决策中的话语权等重大问题，只有体现全民意志的'法律'才能决定。"① 这也不是借助其它诉讼法在具体条文上的添加修改就能一揽子解决的。另外，从检察公益诉讼实践来看，因该制度建立时间较短，相应的制度规范还比较粗疏，理论和实践均存在不少分歧，质疑的声音也一直不绝于耳，对公益诉讼特别是检察公益诉讼的地位作用，无论是学术界还是实务界，都有不同认识。所有这些问题，都亟需一部具有前瞻性、全局性的法律来加以规定，以完善中国特色公益诉讼检察制度。

四、检察公益诉讼专门立法的可行性分析

虽然上述分析了公益诉讼专门立法的必要性问题，但法律不是越多越好，尤其是就某一制度专门立法，还要考虑其有没有相应的基础、时机是否成熟等相关问题，也就是立法的可行性问题。通过对相关问题的系统梳理和深入研究，本书认为公益诉讼单独立法不但势在必行，而且时机成熟与否也是相对而言的，先立法，后按立法授权成立相应机构来履行职责，如前所述，在国外也是比较常见的事。

（一）有较多的规范性规定，体系初步形成

检察公益诉讼从全面铺开至今已有六年时间，涉及检察公益诉讼的法律规定包括四大类：一是基本法律4部，即2021年修订的《民事诉讼法》、2017年修订的《行政诉讼法》、2018年修订的《人民检察院组织法》和2019年修订的《检察官法》。二是单行立法中授权检察机关提起公益诉讼，如2018年施行的《英雄烈士保护法》，2020年修订的《未成年人保护法》《安全生产法》，2021年施行的《个人信息保护法》《军人地位和权益保障法》，以及2022年修订的《反垄断法》。三是相关的司法解释，如2017年施行的《最高

---

① 巩固：《环境民事公益诉讼性质定位省思》，载《法学研究》2019年第3期，第131页。

人民法院关于审理环境公益诉讼案件的工作规范（试行）》、2018 年发布且2020 年修订的《检察公益诉讼案件适用法律若干问题的解释》和 2021 年 7 月1 日施行的《办案规则》。四是有关检察公益诉讼的地方立法，如湖南省人民检察院《关于办理跨行政区划公益诉讼案件若干问题的规定（试行）》（2022年 1 月 19 日）、《浙江省人民检察院、浙江省林业局关于建立检察公益诉讼协作配合机制的意见》（2022 年 7 月 7 日）等；据统计，全国已有 23 个省级人大以及广州等 7 个副省级城市出台的关于加强检察公益诉讼工作的决定、决议。五是最高人民检察院有关检察公益诉讼的内部文件，如《关于积极稳妥拓展公益诉讼案件范围的指导意见》《人民检察院公益诉讼办案听证工作指引》《公益诉讼检察七条禁令》《检察机关行政公益诉讼案件办案指南（试行）》等。这些法律法规、司法解释和地方性法规，加上最高人民检察院发布的有关公益诉讼案件的指导性案例中的指导意见，都为专门立法提供了相应的模板和经验。

（二）有丰富的理论探索为基础，知识储备充足

有关公益诉讼问题，学术界早在 20 世纪 90 年代初就有人开始研究，随着公益诉讼检察在实践中的迅猛发展，相关的理论研究成果更是铺天盖地、目不暇接。涉及公益诉讼检察立法主题的论文早在 2009 年就发表了，此后相关的论文不时见诸杂志报端。以公益诉讼检察立法为主题，不设时间段进行检索，结果就有 200 多条。[①] 这些论文对立法方法论、立法特征、立法模式、立法路径、立法样本以及所涉的关键问题等都作了深入探讨，这些研究成果无疑为推进检察公益诉讼单独立法提供了丰富的理论支撑。另外，公益诉讼制度在域外早已有相当成熟的经验可资借鉴。[②]

（三）有足够的办案量为基础，问题暴露充分

虽然我国公益诉讼检察全面铺开至今才六年时间，但其办理的案件量从原来的零星点点已扩大到现如今的年办案量几十万件。据 2022 年 1—6 月的统计数据显示，全国检察机关共受理民事生效裁判、调解书监督案件 3.6 万件；对于审结的案件，提出抗诉 2023 件，提出再审检察建议 4179 件，民事抗诉改变

---

① 参见山东省青岛市李沧区人民检察院公益诉讼课题组、杨光辉：《人民检察院提起公益诉讼的立法研究》，载《法学杂志》2009 年第 9 期，第 105—108 页。虽然此文实际上讨论的是有关检察公益诉讼的必要性、主体、案件范围、具体程序问题，并没有真正涉及如何立法问题。

② 有关域外公益诉讼制度的立法、案例及相关研究，在本书的第二章已有详细阐述，这里就不再赘述。

率为 90.9%，同比增加 6.7 个百分点；对行政生效裁判提出抗诉 88 件，再审检察建议 139 件，行政抗诉意见改变率、再审检察建议采纳率分别增加 8.1 个、20.5 个百分点。持续抓实行政争议实质性化解工作，推动矛盾纠纷源头化解。共化解行政争议 5345 件，向行政机关发出社会治理类检察建议 6188 件。而同期的公益诉讼案件，全国检察机关共立案办理公益诉讼案件 10.7 万件，提出诉前检察建议 7.1 万件，提起诉讼 4801 件，诉前整改率、法院裁判支持率均接近 100%。共立案办理食品药品安全领域公益诉讼案件 1.6 万件，安全生产领域公益诉讼案件 4329 件。① 从这些统计数据来看，就案件量而言，公益诉讼案件的案件量远大于民事、行政案件；从发展趋势来看，公益诉讼案件的增长速度快，在积极稳妥拓展新领域时，聚焦群众反映突出的生态环境与资源保护领域、危化品领域、建筑施工领域、交通运输领域、电梯等常见特种设备领域，并加大办案力度，公益诉讼效能日益显现。案件量增多暴露的问题也越来越多，足可以为立法提供丰富的办案经验和相关问题的分析基础。

总之，随着新时代人民群众对民主、法治、公平、正义、安全、环境等方面的要求日益增长，对公益保护的需求也越来越强烈。可是，因多重因素的影响，当前公益诉讼实践又面临诸多问题与困境，公益诉讼的复杂性和独特性异乎寻常，为充分发挥我国公益诉讼检察在实现国家治理体系和治理能力现代化中的独特治理效能，亟需全方位系统性的制度保障，而及时制定一部科学合理的检察公益诉讼法无疑是破解各种难题、走出困境的一剂良方。

---

① 参见徐日丹、常璐倩：《"质量建设年"已过半，办案质量有哪些新变化——最高检案管办负责人就今年 1 月至 6 月全国检察机关主要办案数据答记者问》，载《检察日报》2022 年 7 月 21 日。

参考文献

一、中文著作

1. ［美］伯纳德·施瓦茨著：《行政法》，徐炳译，群众出版社 1986 年版。

2. 陈锐雄著：《民法总则新论》，三民书局 1982 年版。

3. ［英］丹宁勋爵著：《法律的训诫》，杨百揆等译，法律出版社 1999 年版。

4. ［日］金泽良雄著：《经济法概论》，满达人译，甘肃人民出版社 1985 年版。

5. 傅士成著：《行政强制研究》，法律出版社 2001 年版。

6. 季美君著：《中澳检察制度比较研究》，北京大学出版社 2013 年版。

7. 金明焕主编：《比较检察制度概论》，中国检察出版社 1991 年版。

8. 刘艺主编：《检察公益诉讼十大优秀案例述评》，中国检察出版社 2021 年版。

9. 刘善春著：《行政诉讼原理及名案解析》，中国法制出版社 2001 年版。

10. 蓝向东主编：《卓越与底限：美国检察官奖惩机制研究》，中国检察出版社 2015 年版。

11. 柯坚著：《环境法的生态实践理性原理》，中国社会科学出版社 2012 年版。

12. 黄学贤、王太高著：《行政公益诉讼研究》，中国政法大学出版社 2008 年版。

13. ［美］理查德·拉撒路斯、奥利弗·哈克主编：《美国环境法故事》，曹明德等译，中国人民大学出版社 2013 年版。

14. ［意］莫诺·卡佩莱蒂编：《福利国家与接近正义》，刘俊祥等译，法律出版社 2000 年版。

15. 最高人民检察院第八检察厅编：《行政公益诉讼典型案例实务指引》，中国检察出版社 2019 年版。

16. ［英］维克托·迈尔－舍恩伯格、肯尼思·库克耶著：《大数据时代》，盛杨燕、周涛译,浙江人民出版社 2013 年版。

17. 孙洪坤等著:《环境公益诉讼专门立法研究》,法律出版社 2018 年版。

18. 王兆鹏著:《新刑诉·新思维》,中国检察出版社 2016 年版。

19. 王名扬著:《美国行政法》,中国法制出版社 1995 年版。

20. 吴经熊著:《法律哲学研究》,清华大学出版社 2005 年版。

21. 徐继华、冯启娜、陈贞汝著:《智慧政府:大数据治国时代的来临》,中信出版社 2014 年版。

22. 习近平著:《论坚持全面依法治国》,中央文献出版社 2020 年版。

23. 颜运秋著:《公益诉讼理念研究》,中国检察出版社 2002 年版。

24. 颜运秋著:《中国特色生态环境公益诉讼理论和制度研究》,中国政法大学出版社 2019 年版。

25. 杨建顺著:《日本行政法通论》,中国法制出版社 1998 年版。

26. 周枏著:《罗马法原论》(下册),商务印书馆 1996 年版。

27. 周洪波、刘辉主编:《公益诉讼检察实务培训讲义》,法律出版社 2019 年版。

28. 最高人民检察院第八检察厅编:《〈人民检察院公益诉讼办案规则〉理解与适用》,中国检察出版社 2022 年版。

29. 〔日〕伊藤荣树著:《日本检察厅法逐条解释》,徐益初、林青译,中国检察出版社 1990 年版。

30. 奚晓明主编:《最高人民法院关于环境民事公益诉讼司法解释理解与适用》,人民法院出版社 2015 年版。

二、中文论文

1. 白彦:《民事公益诉讼主体的理论扩张与制度构建》,载《法律适用》2020 年第 21 期。

2. 曹明德、刘明明:《论美国告发人诉讼制度及其对我国环境治理的启示》,载《河北法学》2010 年第 11 期。

3. 曹晓静、赵美娜:《红色基因传承与检察理念创新》,载《检察日报》2021 年 8 月 2 日。

4. 陈承堂:《公益诉讼起诉资格研究》,载《当代法学》2015 年第 2 期。

5. 陈凤、吴迪:《我国环境公益诉讼中原告主体资格制度的完善》,载《湖北经济学院学报》2021 年第 1 期。

6. 储源、徐本鑫:《检察公益诉讼调查核实权的检视与完善》,载《浙江理工大学学报(社会科学版)》2022 年第 5 期。

7. 戴中祥：《论检察机关提起行政诉讼》，载《荆州师范学院学报》2000年第1期。

8. 邓炜辉、于福涛：《回应型治理：检察公益诉讼治理模式的祛魅与重构》，载《社会科学家》2021年第8期。

9. 樊华中：《检察公益诉讼的调查核实权研究——基于目的主义视角》，载《中国政法大学学报》2019年第3期。

10. 高鑫：《最高检围绕公益诉讼发布5个指导性案例》，载正义网2017年1月4日。

11. 高琪：《我国环境民事公益诉讼的原告适格限制——以德国利他团体诉讼制度为借鉴》，载《法学评论》2015年第3期。

12. 巩固：《环境民事公益诉讼性质定位省思》，载《法学研究》2019年第3期。

13. 巩固：《公益诉讼的属性及立法完善》，载《国家检察官学院学报》2021年第6期。

14. 巩固：《公益诉讼专门立法必要性刍议》，载《人民检察》2022年第5期。

15. 巩富文、杨辉：《民事检察中的调查核实权探析》，载《人民检察》2014年第13期。

16. 高志宏：《行政公益诉讼制度优化的三个转向》，载《政法论丛》2022年第1期。

17. 胡立新、魏再金：《我国检察公益诉讼单独立法问题研究》，载《四川警察学院学报》2022年第2期。

18. 胡卫列：《论行政公益诉讼制度的建构》，载《行政法学研究》2012年第2期。

19. 胡卫列、迟晓燕：《从试点情况看行政公益诉讼诉前程序》，载《国家检察官学院学报》2017年第2期。

20. 胡卫列：《中国检察公益诉讼基本特征和理论制度构建》，载《人民检察》2019年第15期。

21. 胡卫列：《国家治理视野下的公益诉讼检察制度》，载《国家检察官学院学报》2020年第2期。

22. 姜昕等：《解密检察公益诉讼发挥治理效能之钥》，载《人民检察》2022年第7期。

23. 胡卫列、解文轶：《〈人民检察院公益诉讼办案规则〉的理解与适用》，载《人民检察》2021年第18期。

24. 卢彦汝：《公益诉讼案件线索筛查与运用》，《公益诉讼：如何有效运用案件线索》专题研讨，载《检察日报》2020年9月24日。

25. 金信年：《检察机关提起民事诉讼问题探讨》，载《法学》1990年第3期。

26. 季美君：《英国专家证据可采性问题研究》，载《法律科学（西北政法学院学报）》2007年第6期。

27. 季美君：《澳大利亚专家证据可采性规则研究》，载《证据科学》2008年第2期。

28. 季美君：《专家证据的价值与我国司法鉴定制度的修改》，载《法学研究》2013年第2期。

29. 季美君：《检察机关提起行政公益诉讼的路径》，载《中国法律评论》2015年第3期。

30. 季美君：《美国基层检察官产生与职业保障的实证考察》，《中国检察官》2015年第19期。

31. 季美君等：《大数据时代检察机关遇到的挑战与应对》，载《人民检察》2017年第15期。

32. 季美君、赖敏娟：《检察官绩效考评机制的完善与发展——兼论大数据在其中的运用》，载《中国法律评论》2018年第3期。

33. 季美君：《聊聊"私人检察总长"》，载《检察日报》2020年8月6日。

34. 季美君：《公民和社会团体的原告资格》，载《检察日报》2020年8月13日。

35. 季美君：《检察官可否成为原告》，载《检察日报》2020年8月27日。

36. 季美君、赖敏娟、徐旭：《论办案与监督一体的检察理念——以刑事案件办理为切入点》，载《人民检察》2020年第20期。

37. 季美君：《新时代法律监督工作高质量发展的思考》，载《检察日报》2021年11月16日。

38. 季美君、徐旭：《刑事检察精准监督理念及实现路径》，载《人民检察》2022年第3期。

39. 季美君：《论通用合规》，载《民主与法制》2022年第19期。

40. 季美君、董彬：《民营企业刑事合规的检察进路》，载《中国检察官》2022年第7期。

41. 姜洪：《坚定"四个自信"抓好"五个结合"　为新时代检察工作提供强有力理论支撑》，载《检察日报》2018年4月25日。

42. 姜洪、史兆琨：《认罪认罚从宽"控辩审"三人谈——大检察官大法官大律师以同堂讲授形式开展培训》，载《检察日报》2019 年 11 月 21 日。

43. 江必新：《论公益诉讼的价值及其建构》，载《人民法院报》2009 年 10 月 29 日。

44. 江国华、张彬：《检察机关提起民事公益诉讼的现实困境与完善路径》，载《河南财经政法大学学报》2017 年第 4 期。

45. 金自宁：《风险行政法研究的前提问题》，载《华东政法大学学报》2014 年第 1 期。

46. 江帆、朱战威：《惩罚性赔偿：规范演进、社会机理与未来趋势》，载《学术论坛》2019 年第 3 期。

47. 胡鸿高：《论公共利益的法律界定——从要素解释的路径》，载《中国法学》2008 年第 4 期。

48. 李强、常海蓉：《民事检察调查核实制度若干问题探究》，载《人民检察》2017 年第 2 期。

49. 黄学贤：《行政公益诉讼回顾与展望——基于"一决定三解释"及试点期间相关案例和〈行政诉讼法〉修正案的分析》，载《苏州大学学报（哲学社会科学版）》2018 年第 2 期。

50. 黄学贤：《公共利益界定的基本要素及应用》，载《法学》2004 年第 10 期。

51. 黄学贤：《行政公益诉讼若干热点问题探讨》，载《法学》2005 年第 10 期。

52. 黄旭东：《论民事检察调查核实权的适用法理与制度构建——基于程序保障论的省思》，载《法治论坛》2018 年第 1 期。

53. 黄大芬、华国庆：《生态环境公益损害赔偿资金统筹监管研究》，载《学术探索》2022 年第 4 期。

54. 韩波：《公益诉讼制度的力量组合》，载《当代法学》2013 年第 1 期。

55. 赖斯诺：《检察建议在司法实践中的应用与规范》，载《中国检察官》2008 年第 5 期。

56. 郄建荣：《社团环境公益行政诉讼第一案立案》，载《法制日报》2009 年 7 月 29 日。

57. 梁慧星等：《关于公益诉讼》，吴汉东主编：《私法研究》（创刊号），中国政法大学出版社 2002 年版。

58. 刘长：《首例环保公益行政诉讼破冰背后》，载《民主与法制时报》2009 年 8 月 10 日。

59. 刘华：《检察机关公益诉讼调查程序立法研究》，载《人民检察》

2020 年第 13 期。

60. 刘艺：《公益诉讼检察与其他检察业务的融合发展》，载《人民检察》2019 年第 19—20 期。

61. 李兴东：《谈检察机关提起行政公益诉讼的几点设想》，载《检察日报》2014 年 12 月 10 日。

62. 龙宗智：《论依法独立行使检察权》，载《中国刑事法杂志》2002 年第 1 期。

63. 刘家璞、董长青、庞文远：《生态环境和资源保护领域检察公益诉讼大案办理思路——以"万峰湖流域生态环境受损公益诉讼专案"为例》，载《人民检察》2021 年第 12 期。

64. 刘家璞、董长青、庞文远：《浅谈公益诉讼检察大案办理思路——以"万峰湖流域生态环境受损公益诉讼专案"为例》，载《检察日报》2021 年 5 月 13 日。

65. 刘家璞：《"万峰湖专案"办案记》，载《方圆》2021 年第 3 期。

66. 刘家璞：《"南四湖专案"办案记》，载《方圆》2022 年第 11 期。

67. 刘亮：《行政公益诉讼受案范围的确定》，载《成都行政学院学报》2014 年第 6 期。

68. 刘辉、姜昕：《检察机关提起民事公益诉讼试点情况实证研究》，载《国家检察官学院学报》2017 年第 2 期。

69. 刘本荣：《检察民事公益诉讼的"潜功能"》，载《检察日报》2021 年 1 月 14 日。

70. 刘佑生：《司法官素养和职业培训》，载国家检察官学院编：《第四届国家高级检察官论坛论文集》，2008 年 11 月。

71. 刘梦洁：《聚焦民事公益诉讼 推进民事程序法治现代化——民事诉讼法学研究会 2020 年会述要》，载《人民检察》2020 第 22 期。

72. 林莉红：《公益诉讼的含义和范围》，载《法学研究》2006 年第 6 期。

73. 林莉红：《论检察机关提起民事公益诉讼的制度空间》，载《行政法学研究》2018 年第 6 期。

74. 林莉红：《检察机关提起民事公益诉讼之制度空间再探——兼与行政公益诉讼范围比较》，载《行政法学研究》2022 年第 2 期。

75. 刘青、邓毅林：《检察公益诉讼调查核实权的行使及保障》，载贵州省人民检察院法律政策研究室编：《2020 年贵州省检察院理论研究年会优秀论文集》。

76. 林仪明：《我国行政公益诉讼立法难题与司法应对》，载《东方法学》

2018 第 2 期。

77. 刘竹梅、刘牧晗：《〈关于审理生态环境侵权纠纷案件适用惩罚性赔偿的解释〉的理解与适用》，载《人民司法》2022 年第 7 期。

78. 陆军、杨学飞：《检察机关民事公益诉讼诉前程序实践检视》，载《国家检察官学院学报》2017 年第 6 期。

79. 梁鸿飞：《拓展行政公益诉讼案件范围以解决实质性地方治理问题》，载《兰州大学学报（社会科学版）》2022 年第 4 期。

80. 马超：《行政公益诉讼诉前磋商机制》，载《华南理工大学学报（社会科学版）》2021 年第 4 期。

81. 马新彦、邓冰宁：《论惩罚性赔偿的损害填补功能——以美国侵权法惩罚性赔偿制度为启示的研究》，载《吉林大学社会科学学报》2012 年第 3 期。

82. 倪晓一：《论民事公益诉讼原告资格的研究》，载《学理论》2012 年第 19 期。

83. 彭波：《试点半年，最高检首晒成绩单——公益诉讼 好做法，拟立法》，载《人民日报》2016 年 1 月 7 日。

84. 秦前红：《两种"法律监督"的概念分野与行政检察监督之归位》，载《东方法学》2018 年第 1 期。

85. 区树添：《生态环境损害救济路径的类型化重构》，载《湖湘法学评论》2022 年第 3 期。

86. 彭波：《公益诉讼 促进依法行政》，载《人民日报》2017 年 8 月 27 日。

87. 潘剑锋、郑含博：《行政公益诉讼制度目的检视》，载《国家检察官学院学报》2020 年第 2 期。

88. 邱春艳：《让人民群众切实感受到公平正义就在身边——检察机关以"讲政法顾大局谋发展重自强"践行习近平法治思想纪实》，载《检察日报》2022 年 3 月 11 日。

89. 阮大强：《论在我国建立经济公益诉讼制度的根据》，载《天津师范大学学报（社会科学版）》2001 年第 4 期。

90. 孙谦：《设置行政公诉的价值目标与制度构想》，载《中国社会科学》2011 年第 1 期。

91. 孙谦：《关于中国特色社会主义检察制度的几个问题》，载《人民检察》2016 年第 12—13 期。

92. 孙传玺、崔雪：《检察机关行政违法行为监督的差异化发展路径——以监察制度及行政公益诉讼为参照的规范分析》，载《中国检察官》2022 年第

5 期。

93. 台建林：《农工党中央：由检察机关挑起行政公益诉讼重担》，载《法制日报》2007 年 3 月 14 日。

94. 汤维建：《公益诉讼实施机制的生成路径——公益诉讼地方立法述评》，载《人民检察》2021 年第 11 期。

95. 童瑞、霍敬裕：《检察机关诉前程序强制性适用的识别与审查》，载《合肥工业大学学报（社会科学版）》2021 年第 5 期。

96. 田凯：《完善检察公益诉讼调查核实权的三条现实路径》，载《检察日报》2020 年 8 月 25 日。

97. 韦磊：《守护游子逐梦寻根的"乡愁印记——广东汕头：开展涉侨文物和文化遗产保护公益诉讼专项监督行动》，载《检察日报》2022 年 6 月 20 日。

98. 王景琦：《论民事行政公诉的范围》，载《法制日报》2001 年 2 月 12 日。

99. 王太高：《国外行政公益诉讼制度述论》，载《山西省政法管理干部学院学报》2002 年第 3 期。

100. 王太高：《论行政公益诉讼》，载《法学研究》2002 年第 5 期。

101. 王晋：《以修改人民检察院组织法为契机 完善检察权依法独立行使的保障制度》，载《人民检察》2016 年第 12—13 期。

102. 王春业：《论检察机关提起"预防性"行政公益诉讼制度》，载《浙江社会科学》2018 年第 11 期。

103. 王小钢：《环境法典风险预防原则条款研究》，载《湖南师范大学社会科学学报》2020 年第 6 期。

104. 王春业：《独立行政公益诉讼法律规范体系之构建》，载《中外法学》2022 年第 1 期。

105. 王敬文：《面向合作治理的行政公益诉讼诉前协议》，载《天津法学》2021 年第 4 期。

106. 袁纯清：《不受监督的权力必然导致腐败》，载《人民日报》2013 年 4 月 22 日。

107. 闫晶晶：《从万峰湖到南四湖》，载《检察日报》2021 年 9 月 2 日。

108. 徐淑琳、冷罗生：《反思环境公益诉讼中的举证责任倒置——以法定原告资格为视角》，载《中国地质大学学报（社会科学版）》2015 年第 1 期。

109. 谢伟：《德国环境团体诉讼制度的发展及其启示》，载《法学评论》2013 年第 2 期。

110. 薛刚凌：《行政公益诉讼类型化发展研究——以主观诉讼和客观诉讼划分为视角》，载《国家检察官学院学报》2021 年第 2 期。

111. 徐全兵：《在公益诉讼检察中彰显一体化优势效能》，载《检察日报》2022 年 8 月 25 日。

112. 徐日丹、常璐倩：《"质量建设年"已过半，办案质量有哪些新变化——最高检案管办负责人就 2022 年 1 至 6 月全国检察机关主要办案数据答记者问》，载《检察日报》2022 年 7 月 21 日。

113. 肖新喜：《论网络安全的公益诉讼保护》，载《上海政法学院学报（法治论丛）》2022 年第 3 期。

114. 吴凯杰：《论环境行政决策的调适模式及其法律控制》，载《华中科技大学学报（社会科学版）》2021 年第 1 期。

115. 杨秀清：《我国检察机关提起公益诉讼的正当性质疑》，载《南京师大学报（社会科学版）》2006 年第 6 期。

116. 杨建顺：《应当赋予检察院有足够穿透力和覆盖面的调查取证权》，载《检察日报》2020 年 8 月 25 日。

117. 杨金顺：《检察机关提起民事公益诉讼若干问题探析》，载《宁夏社会科学》2015 年第 5 期。

118. 余怡然：《扩张与限制：检察刑事附带民事公益诉讼的案件范围》，载《周口师范学院学报》2019 年第 4 期。

119. 禹竹蕊：《建立我国的预防性行政诉讼制度——以反政府信息公开诉讼为视角》，载《广西大学学报（哲学社会科学版）》2017 年第 3 期。

120. 于文轩、宋丽容：《论环境司法中预防原则的实现路径》，载《武汉大学学报（哲学社会科学版）》2022 年第 1 期。

121. 易小斌：《检察公益诉讼参与国家治理的实践面向》，载《国家检察官学院学报》2020 年第 6 期。

122. 易小斌、徐衍：《光污染防治中的检察公益诉讼担当》，载正义网 2021 年 12 月 23 日。

123. 颜运秋、余彦：《公益诉讼司法解释的建议及理由——对我国〈民事诉讼法〉第 55 条的理解》，载《法学杂志》2013 年第 7 期。

124. 章志远：《行政公益诉讼热的冷思考》，载《法学评论》2007 年第 1 期。

125. 朱孝清：《检察官客观公正义务及其在中国的发展完善》，载《中国法学》2009 年第 2 期。

126. 朱孝清：《论执法办案的"三个效果"统一》，载《中国刑事法杂志》2022 年第 3 期。

127. 张贵才、董芹江：《公益诉讼调查核实程序有待完善》，载《检察日报》2016 年 9 月 18 日。

128. 张晓玲：《行政公益诉讼原告资格探讨》，载《法学评论》2005 年第 6 期。

129. 张军：《强化新时代法律监督　维护宪法法律权威》，载《学习时报》2019 年 1 月 2 日。

130. 张平龙：《论检察机关提起公益行政诉讼》，载《检察日报》2014 年 6 月 17 日。

131. 张晓飞、潘怀平：《行政公益诉讼检察建议：价值意蕴、存在问题和优化路径》，载《理论探索》2018 年第 6 期。

132. 张榕：《集团诉讼初探》，载《政治与法律》1990 年第 1 期。

133. 张峰、张嘉军：《人民检察院提起公益诉讼的立法模式》，载《人民论坛·学术前沿》2018 年第 8 期。

134. 张宝：《生态环境损害政府索赔制度的性质与定位》，载《现代法学》2020 年第 2 期。

135. 赵德金、张源：《行政公益诉讼诉前程序司法化改良》，载《社科纵横》2021 年第 5 期。

136. 庄永廉等：《深化研究积极稳妥拓展公益诉讼"等外"领域》，载《人民检察》2020 年第 1 期。

137. 郑少华、王慧：《环境法的定位及其法典化》，载《学术月刊》2020 年第 8 期。

138. 郑雅方：《中国特色检行协作型行政公益诉讼模式研究》，载《经贸法律评论》2022 年第 2 期。

139. 周晓然：《论预防性环境民事公益诉讼的制度化路径》，载《湖湘法学评论》2022 年第 2 期。

140. 朱凯：《惩罚性赔偿制度在侵权法中的基础及其适用》，载《中国法学》2003 年第 3 期。

141. 《老阁楼的铃声走进居民的新生活——山东平度：检察建议助推文物保护与城市建设融合发展》，载《检察日报》2022 年 6 月 27 日。

三、英文论文和判例

1. Athanassoglou v Switzerland（2001）31 EHRR 13：Balmer – Schafroth v Switzerland（1998）25 EHRR 598.

2. Ashby v. Ebdon, [1984] 3 All ER 869.

3. Australian Law Reform Commission Report. Managing Justice: A Review of the Federal Civil Justice System (2000) ALRC 89.

4. Associated Industries of New York State, Lnc. v. Ickes, 134 F. 2 d694 (2d Cir. 1943).

5. Australian Conservation Foundation v. Commonwealth, (1980) 146 CLR 493.

6. Australian Conservation Foundation v. Minister for Resources (1989) 76 LGRA 200, 206.

7. Australian Law Reform Commission Report, Costs Shifting – Who Pays For Litigation (1995) ALRC 75.

8. Australian Conservation Foundation v. Minister for Resources, (1989) 76 LGRA 200, 205 – 206.

9. Case C – 321/95P Stichting Greenpeace Council v Commission [1998] ECR 1 – 01651.

10. Christine J. Lee, "Pollute First, Control Later" No More: Combating Environmental Degradation In China Through an Approach Based in Public Interest Litigation and Public Participation, Pacific Rim Law and Policy Journal June, 2008.

11. Christian Schall, "Public Interest Litigation concerning Environmental Matters before Human Rights Courts: A Promising Future Concept", Journal of Environmental Law 20, no. 3 (2008).

12. Carl Tobias, Public Law Litigation and the Federal Rules of Civil Procedure, 74 Cornell L. Rev. 270 (1989) Available at: https://scholarship.law.cornell.edu/clr/vol74/iss2/3.

13. Daniel Carpenter – Gold, "Castles Made fo Sand: Public Interest Litigation and China's New Environmental Protection Law", Harvard Environmental Law Review 2015 39 Harv. Envtl. L. Rev. 241.

14. Cf K McCallion, "International Environmental Justice: Rights and Remedies", (2003) 26.

15. EPA V Sydney Water Corporation [2020] NSWLEC 153. Ex parte Helena Valley /Boya Association (inc); State Planning Commission and Beggs, (1989) 2 WAR 422, 437.

16. FCC V. Sanders Brothers Radio Station, 309 U. S. 470 (1940).

17. Hastings International and Comparative Law Review 427.

18. Harriet Samuels, "Public Interest Litigation and the Civil Society Factor",

Legal Studies. The Journal of the Society of Legal Scholars. 38, no. 4 (December 2018).

19. Kyrtatos v Greece (2005) 40 EHRR 16.

20. Lord Denning in the Mcwhirtercase, supra note 34, (1973) 1 All 11E. R. at699.

21. Lujan v. Defenders of Wildlife, 504 U. S. 555 (1992).

22. Li Jiangfeng, "Climate Change Litigation: a Promising Pathway to Climate Justice in China?", Virginia Environmental Law Journal 2019 37 Va. Envtl. L. J. 132.

23. Michael G. Faure, Liu Jing, "Compensation for Environmental Damage in China: Theory and Practice", Pace Environmental Law Review Winter, 2014 31 Pace Envtl. L. Rev. 226, Liu Jing.

24. Metropolitan Nature Reserve v Panama, Case 11. 533, Report no 88/03, IACtHR, OEA/SerL/V/11. 118 Doc 70 Rev 2 at 524 (2003).

25. North Coast Environment Council Inc v Minister of Resources (No. 2), (1994) 55 FCR 492, 512 – 513.

26. Naznen Rahman, "Comparative Analysis of Air Pollution in Delhi and Beijing: Can India's Model of Judicial Activism Affect Environmental Change in China?", Tulane Journal of International and Comparative Law Winter, 2018 27 Tul. J. Int' l & Comp. L. 151.

27. Oshlack v Richmond River Council [1998] HCA 11, p. 53 and p. 70 (McHugh J, High Court of Australia).

28. Ontario Law Reform Commission, Report on the Law of Standing, 1989. Right to Life Association v. Department of Human Services, (1994) 52 FCR 209.

29. R v. Mullaly; Ex parte Attorney General, [1984] VR 745.

30. Sun Qian, Jack Tuholske, "An Exploration of and Reflection on China's System of Environmental Public Interest Litigation", Environmental Law Reporter News & Analysis June, 2017 47 Envtl. L. Rep. News & Analysis 10497.

31. Scott L. Cummings and Deborah L. Rhode, Public Interest Litigation: Insights From Theory and Practice , 36 Fordham Urb. L. J. 603 (2009). Availableat: https: //ir. lawnet. fordham. edu/ulj/vol36/iss4/1.

32. Sophie Zander , "How Effective a Weapon is the New EPL in China's 'War Against Pollution?': the Past Triumphs and Future Challenges of Environmental Public Interest Litigation", New York University Journal of International Law &

Politics Winter, 2018 50 N. Y. U. J. Int' l L. & Pol. 605.

33. Truth About Motorways Pty Ltd v. Macquarie Infrastructure Investment Management Ltd , (2000) 200 CLR 591.

34. William H. Roders, JR, "Where Environmental Law and Biology Meet: Of Pandas' Thumbs, Statutory Sleepers, and Effective Law", University of Colorado Law Review, Vol. 65 (1993) .

35. Tethyan Copper Co. Pty Ltd. v. Islamic Republic of Pakistan, No. 1: 19 – CV – 02424 (TNM), 2022 WL 715215 (D. D. C. Mar. 10, 2022) .